BARBARA BECKER-JÁKLI

DAS JÜDISCHE KÖLN

GESCHICHTE UND GEGENWART

EIN STADTFÜHRER

UNTER MITARBEIT
VON NICOLA WENGE

HERAUSGEGEBEN VOM
NS-DOKUMENTATIONSZENTRUM
DER STADT KÖLN

EMONS

EIN STADTFÜHRER

BARBARA BECKER-JÁKLI

DAS JÜDISCHE KÖLN

GESCHICHTE UND GEGENWART

emons:

Für Franz Josef Becker – für immer

Bibliografische Informationen
der Deutschen Bibliothek
Die Deutsche Bibliothek verzeichnet
diese Publikation in der
Deutschen Nationalbibliografie,
detaillierte bibliografische Daten
sind im Internet über
http://dnb.d-nb.de abrufbar.

Lektorat:
Christina Kuhn
Umschlag und Innengestaltung:
Hans Schlimbach AGD
Druck und Weiterverarbeitung:
B.O.S.S Druck und Medien GmbH,
Goch

Printed in Germany 2013
Erstausgabe 2012
ISBN 978-3-89705-873-6

www.emons-verlag.de

MIX
Papier aus verantwortungsvollen Quellen
FSC® C010135

Bildnachweis für Umschlagbilder
Cover:
Synagoge Roonstraße, um 1905
Regina, Margot und Oskar Fink, um 1935
Umschlag vorne, innen:
Synagoge Roonstraße, 1899
Umschlag hinten, innen:
Kindergedenkstätte Löwenbrunnen,
Erich-Klibansky-Platz, 2011
Rückseite:
Judengasse am Rathaus, 2011

VORWORT

Der Stadtführer »Das jüdische Köln« ist gleich in mehrfacher Hinsicht ein außergewöhnliches Buch. In sechs Rundgängen durch die Stadt bietet er eine Entdeckungsreise durch eine längst verschüttete und vergessene Zeit – zu der heute weitgehend unbekannten Geschichte des jüdischen Kölns. Die meisten Gebäude, die ans jüdische Leben erinnern könnten, sind zerstört; vorhanden gebliebene Spuren erhalten erst durch den Stadtführer – für viele überraschend – ihre jüdischen Wurzeln zurück.

Dieses Buch ist Stadtführer und Geschichtsbuch in einem. Auf 400 Seiten und mit annährend 800 Fotos bietet es einen kompakten Überblick über die Geschichte der Juden in der Stadt von der Spätantike bis heute. Über 1.700 Jahre – eine lange und wechselvolle, eine streckenweise geglückte und doch insgesamt eine bedrückende und erschreckende Geschichte. Phasen von Anerkennung und Integration gab es im Mittelalter und insbesondere in der Zeit des Deutschen Kaiserreichs seit 1871 sowie in der Weimarer Republik. Doch sie blieben vergleichsweise kurz und brüchig. Betrachtet man die gesamte Geschichte, so erscheint jüdisches Leben in Köln zumeist ein Leben unter Vorbehalt gewesen zu sein, von einer dauerhaften und grundsätzlichen Gefährdung bedroht. Vielfacher Mord und Vertreibung markieren den Weg über Jahrhunderte hinweg: die Pogrome von 1096 und 1349; die vom Rat der Stadt angeordnete Vertreibung von 1424; das damit verbundene Verbot für Juden, sich in der Stadt anzusiedeln, das bis 1798 – 375 Jahre lang! – andauerte und sich nicht durch späte Einsicht der Kölner Stadtgesellschaft änderte, sondern von der französischen Besatzungsmacht aufgehoben wurde; und schließlich Ermordung und Vertreibung in der NS-Zeit.

Diese so leidvolle Geschichte legt dieser Stadt eine besondere Verpflichtung gegenüber den heute in Köln lebenden Juden sowie für die Bewahrung des Andenkens des jüdischen Kölns auf. Dazu können – jeweils in ihren Bereichen – verschiedene Institutionen wie das Jüdische Museum im ehemaligen jüdischen Viertel (am Rathaus), die Germania Judaica, das Kölnische Stadtmuseum und das NS-Dokumentationszentrum einen wichtigen Beitrag leisten. Und gewiss wird auch dieses Buch seinen Anteil daran haben, die Erinnerung an die jahrhundertealte Geschichte der jüdischen Gemeinschaft in der Stadt zu erwecken und wachzuhalten.

Außergewöhnlich an diesem Buch ist jedoch nicht allein die große Zeitspanne, die behandelt wird, sondern die Fülle an Informationen und Details, die beschrieben werden. So entsteht ein sehr farbenreiches Bild vom jüdischen Leben in Köln, das Biographien in den Mittelpunkt rückt und religiöse, soziale und kulturelle Aspekte beschreibt. Es offenbart sich dabei auch der große Beitrag von Juden zur Entwicklung der Stadt und damit zugleich das Ausmaß von Verfolgung und Zerstörung in der Zeit des NS-Regimes – für die Kölner Juden, aber auch der Verlust für die Stadt insgesamt, den die Vertreibung und Ermordung der Juden im Nationalsozialismus für Köln bedeutet hat.

Auf jeder Seite des Buches ist zu spüren, dass hier eine ausgesprochene Expertin zu Wort kommt: Dr. Barbara Becker-Jákli, seit bald einem Vierteljahrhundert im NS-Dokumentationszentrum zuständig für die jüdische Geschichte. Mit größter Sorgfalt und viel Herzblut hat sie über Jahre hinweg an diesem Buch gearbeitet. Ihr sei in ganz besonderem Maße gedankt. Dr. Nicola Wenge sei für das Verfassen des Kapitels über das Mittelalter gedankt. Insbesondere haben wir vielen jüdischen ehemaligen Kölnerinnen und Kölnern, die den Holocaust überlebten, bzw. ihren Kindern zu danken, dass sie uns Materialien überlassen haben, von denen zahlreiche in diesem Buch zum ersten Mal veröffentlicht werden können. Auch das ist keineswegs selbstverständlich. Nach mehreren Jahrzehnten Tätigkeit verfügt das NS-Dokumentationszentrum heute über eine einzigartige Sammlung zur Geschichte des jüdischen Kölns, nicht allein der NS-Zeit, sondern seit dem letzten Drittel des 19. Jahrhunderts und auch für die Zeit nach 1945. Insgesamt 300 kleine und 30 größere Nachlässe, zahlreiche Dokumente und Tausende Fotografien belegen dies. Damit konnte das NS-Dokumentationszentrum auch zu einer Art Familienarchiv für die Überlebenden und ihre Kinder und Kindeskinder werden.

Außergewöhnlich ist ohne Frage auch die Gestaltung des Buches, die Hans Schlimbach – wie immer – meisterlich bewältigt hat. Ihm sei dafür gedankt, ebenso dem Emons Verlag für die Herausgabe dieses wichtigen und auch schönen Buches.

Dr. Werner Jung
Direktor des NS-Dokumentationszentrums der Stadt Köln

EINLEITUNG

Köln hat, wie jede Großstadt, fast unzählige Facetten. Man kann sich seiner Vergangenheit und Gegenwart daher von ganz unterschiedlichen Aspekten her nähern. Doch keiner dieser Aspekte ist isoliert, immer ist er mit anderen Seiten verknüpft. Wer sich also auf den Weg macht, das jüdische Köln und seine 1.700 Jahre umfassende Geschichte zu entdecken, wird zugleich eine Reihe anderer Seiten der Stadt kennen- oder auf neue Weise sehen lernen.

Unser Stadtführer umfasst diese ganze Zeitspanne und streift somit alle Epochen des wechselvollen jüdischen Lebens – Phasen der Anerkennung und der Ausgrenzung, der Integration und der Diskriminierung – bis zur Vertreibung und Ermordung fast der gesamten jüdischen Bevölkerung während des NS-Regimes. Darüber hinaus befasst er sich auch mit der Entwicklung

oben: Synagoge in der Glockengasse, 1861
linke Seite oben: Judengasse am Rathaus, 2011
links: Erzengel Michael besiegt den Drachen. Detail des Apokalypse-Fensters im Dom, das 2008 vom Bankhaus Sal. Oppenheim gestiftet wurde

seit der Wiedergründung der Kölner jüdischen Gemeinde im Jahr 1945 bis zur Gegenwart.

In Anbetracht der langen Geschichte der Juden in Köln ist der Stadtführer vor allem historisch ausgerichtet. In seinen sechs Rundgängen schildert er die jüdischen Lebenswelten verschiedener geschichtlicher Perioden und versucht dabei, Entwicklungen und Zusammenhänge deutlich zu machen. Vier Rundgänge führen durch die Innenstadt und informieren über so unterschiedliche Themen wie das mittelalterliche Viertel am Rathausplatz, das ehemalige Zentrum der jüdischen Orthodoxie in der St.-Apern-Straße oder die Bezüge des Doms zum Judentum. Zwei weitere Wanderungen erkunden die jüdischen Spuren in den Stadtvierteln Deutz und Ehrenfeld.

Das Kölner jüdische Leben mit seinen religiösen, sozialen und kulturellen Einrichtungen war in den ersten Jahrzehnten des 20. Jahrhunderts äußerst differenziert. Die jüdische Bevölkerung, zu der auch viele bedeutende Persönlichkeiten gehörten, schien, trotz deutlicher antisemitischer Strömungen, akzeptiert und in die Kölner Gesellschaft weitgehend integriert zu sein. Hunderte von Biografien und Familiengeschichten dieser Zeit sind eng mit Kölner Stadtvierteln, mit Straßen und Häusern verbunden. Angesichts dieser Vielfalt ist das Ausmaß nationalsozialistischer Verfolgung und Zerstörung seit 1933

kaum zu erfassen. Unsere Rundgänge führen zu den wichtigsten Orten des antisemitischen NS-Terrors, etwa zur Kölner Messe und zum Bahnhof Deutz-Tief – Sammel- und Ausgangspunkt der Deportationen – und zum EL-DE-Haus – dem ehemaligen Sitz der Gestapo. Der Stadtführer zeigt die Verfolgung aber vor allem am Beispiel von Lebens- und Familiengeschichten und macht damit die Auswirkungen der Entrechtung auf das Schicksal des Einzelnen bewusst.

Die Zeit des Nationalsozialismus ist die schrecklichste Periode der Stadtgeschichte, mit Konsequenzen, die bis zur Gegenwart reichen und weit in die Zukunft zu spüren sein werden. Sie ist tief im Gedächtnis der überlebenden jüdischen Familien eingegraben und beeinflusst das Leben nachfolgender Generationen – in welchem Teil der Welt sie heute auch leben. Seit den 1980er Jahren sucht das Kölner NS-Dokumentationszentrum Kontakt zu Überlebenden der Verfolgung, sodass es mit Hilfe dieser Zeitzeuginnen und Zeitzeugen gelang, ein umfangreiches Archiv von Berichten, Fotografien und

oben: Jüdisches Wohlfahrtszentrum in Ehrenfeld
linke Seite: Die Brüder Michele, Giorgio und Andrea Sacerdoti, deren Mutter Ilse Klein aus Köln emigrieren musste, bei einem Besuch im NS-Dokumentationszentrum 2011
unten: Stolperstein in der Mainzer Straße

Dokumenten zur jüdischen Geschichte Kölns zusammenzutragen. Aufgrund dieser über Jahre hinweg gesammelten Informationen wie aktueller Recherchen im In- und Ausland speziell für den Stadtführer kann das Buch neue Erkenntnisse und zahlreiche bisher unveröffentlichte Abbildungen und Dokumente vorlegen. Das so entstandene komplexe Bild des ehemaligen jüdischen Kölns ist daher vor allem der Hilfe seiner vertriebenen Bürgerinnen und Bürger zu verdanken.

Recherchen, die im Historischen Archiv der Stadt Köln begonnen wurden, fanden durch den Einsturz des Archivs 2009 ein plötzliches Ende. Manches, was anhand der im Stadtarchiv

Gottesdienst in der Jüdischen Liberalen Gemeinde; rechts: Rabbiner Walter Rothschild

aufbewahrten Quellen dargestellt werden sollte, ist nun, zumindest für die nähere Zukunft, nicht darzustellen.

Die weitaus meisten Gebäude, die für die jüdische Geschichte wichtig waren, existieren nicht mehr. Das mittelalterliche jüdische Viertel wurde Anfang des 15. Jahrhunderts aufgelöst, verwüstet und umgenutzt. Gebäude des 19. und der ersten Jahrzehnte des 20. Jahrhunderts wurden durch nationalsozialistische Gewalt oder durch die Bomben des Zweiten Weltkriegs zerstört, vieles wurde schließlich in den Jahren des »Wiederaufbaus« abgebrochen. In unseren Rundgängen geht es deshalb häufig um Verschwundenes, nicht mehr Sichtbares, das nur erläutert und durch Berichte sowie historische Abbildungen belegt werden kann. An zahlreichen Orten jedoch lassen sich Hinweise auf jüdische Geschichte entdecken: Originalbauten oder ihre Überreste, Gedenktafeln und die Stolpersteine des Kölner Künstlers Gunter Demnig: Von den bis 2011 in Köln verlegten circa 1.700 Gedenksteinen erinnert die größte Zahl an jüdische Opfer des NS-Regimes.

Nicht einbezogen in unsere Rundgänge wurden die jüdischen Friedhöfe Kölns – ihre historische und kulturelle Bedeutung soll in einer eigenen Publikation dargestellt werden.

Der Stadtführer ist nicht nur historisch orientiert, er gibt auch einen Einblick in das gegenwärtige jüdische Leben. Heute ist die Kölner Synagogen-Gemeinde mit rund 5.000 Mitgliedern nach Berlin, München und Frankfurt am Main die viertgrößte Gemeinde in der Bundesrepublik. Vor allem in den letzten 15 Jahren ist die jüdische Bevölkerung Kölns durch Zuwanderung aus den Staaten der ehemaligen Sowjetunion erheblich gewachsen, sodass sich das Spektrum an Einrichtungen der Gemeinde kontinuierlich erweiterte und noch erweitert. Auch eine zweite jüdische Gemeinde, die der liberalen Richtung des Judentums angehört, zählt zum jüdischen Leben in Köln.

Köln hat also eine vielfältig organisierte, aktive jüdische Bevölkerung. Ihre Mittelpunkte sind das Gemeindezentrum an der in den 1950er Jahren wieder aufgebauten Synagoge in der Roonstraße und das Jüdische Wohlfahrtszentrum in Ehrenfeld, das 2003/04 am Ort des ehemaligen jüdischen Krankenhauses eröffnet wurde. Beide Einrichtungen werden ausführlich dargestellt. Darüber hinaus gibt ein spezieller Informationsteil des Stadtführers einen Überblick über diejenigen Kölner Einrichtungen und Angebote, die sich mit jüdischen Themen und Belangen befassen. Hier finden sich Informationen zu den Angeboten der Synagogen-Gemeinde, zu Archiven, Bibliotheken und Museen, zu Gedenkorten und Begegnungsstätten sowie zu kulturellen Programmen und Projekten.

Jüdische und nicht jüdische, alteingesessene und neu zugezogene Kölnerinnen und Kölner sowie interessierte Besucher der Stadt werden feststellen: Es lohnt sich, Kölns jüdische Seite zu entdecken.

Gemeindeblatt der Synagogen-Gemeinde

JUDEN IM RÖMISCHEN UND MITTELALTERLICHEN KÖLN

von Nicola Wenge

Wohl keine andere deutsche Stadt ist so lange mit jüdischer Geschichte verbunden wie Köln. Die jüdischen Wurzeln der Stadt reichen bis in die Antike zurück, als Köln Hauptstadt der römischen Provinz Niedergermanien war. Vermutlich ließen sich Juden bereits zwischen dem 1. und 3. Jahrhundert n.d.Z. als römische Legionäre, Handwerker und Kaufleute im Rheinland nieder, wo sie in Köln, Mainz und Trier eigene Gemeinden gründeten. Doch nur für Köln, das damals den Namen Colonia Claudia Ara Agrippinensium trug, existiert hierzu ein schriftlicher Nachweis: das Dekret Kaiser Konstantins aus dem Jahr 321, adressiert an die Dekurionen, die Mitglieder des Stadtrates: »Mit einem allgemeinen Gesetz erlauben wir allen Stadträten, Juden in den Rat zu berufen. Doch damit ein Rest der früheren Regelung

Id A. decurionibus agrippinensibus
cunctis ordinibus generali lege con
cedimus iudaeos uocari ad curiam.
uerum ut aliquid ipsis ad solacium pris
tinae obseruationis relinquatur,
binos uel ternos priuilegio perpeti
patimur, nullis nominationibus oc
cupari. dat. III id. dec. crisp. II et const
antino II cc. conss.

oben: **Goldmünze mit dem Porträt Konstantins, um 315** *unten:* **Dekret Kaiser Konstantins von 321**

ihnen zum Trost bestehen bleibe, gestehen wir mit einem immerwährenden Privileg je zwei oder drei von ihnen zu, von keinen Nominierungen in Anspruch genommen zu werden.«[1] Bis dahin waren Juden von der Ausübung des Amts aus Rücksicht auf ihre religiösen Grundsätze befreit. Zudem waren die führenden Familien der Stadt nicht an einer Machtbeteiligung anderer Gruppen interessiert. Als sich jedoch Ende des 3. Jahrhunderts die allgemeine

Juden unter römischer Herrschaft

Mit der römischen Eroberung Palästinas 63 n. d. Z. und der Zerstörung des jüdischen Tempels im Jahr 70 begann die Zeit der Diaspora. Viele Juden ließen sich im Mittelmeerraum nieder und siedelten entlang den antiken Handelsstraßen. So entstand auch am Rhein die Kölner jüdische Gemeinde. Die Stadt lag günstig am Schnittpunkt zweier Handelswege und erlangte als römischer Garnisonsstandort und Verwaltungssitz eine erste Blüte. Da die Bevölkerung Kölns aus vielen Teilen des Reiches stammte, war sie ethnisch und sprachlich bunt gemischt. Ähnlich vielfältig war die Stadt in religiöser Hinsicht. Offizieller Kult des römischen Staates war die Verehrung der traditionellen römischen Götter, doch es galt weitgehende Religions- und Kultusfreiheit, sodass es auch in Köln zahlreiche religiöse Kulte, Tempel und Kultstätten gab. Neben den römischen Gottheiten wurden Götter gallischer, germanischer und ägyptischer Herkunft oder auch kleinasiatische Göttinnen verehrt. Das Christentum hatte erst wenige Anhänger. Die jüdische Gemeinschaft war also nur eine religiöse Gruppe unter vielen anderen; für ihre Mitglieder galten im Wesentlichen die gleichen staatsbürgerlichen Rechte und Pflichten wie für die übrigen Einwohner. Allerdings gestand der römische Staat Juden bestimmte Privilegien zu, die ihre streng monotheistische Religion berücksichtigten und sie von manchen religiösen Handlungen – etwa der Pflicht, den römischen Göttern zu opfern – befreiten.

oben: Römischer Ziegel
links: Römische Keramik aus dem Ausgrabungsareal *unten:* Bronzefigur des römischen Gottes Merkur

wirtschaftliche Situation verschlechterte, waren immer weniger Familien in der Lage, die mit hohen Kosten verbundenen öffentlichen Ämter zu tragen. Sie baten daher den Kaiser, die Begünstigung für Juden aufzuheben, um sich so selbst entlasten zu können. Das im Codex Theodosianus, einer Gesetzessammlung des 5. Jahrhunderts, überlieferte Edikt belegt, dass die Kölner jüdische Gemeinde wohlhabend und gut organisiert war, denn Grundbesitz und Prestige waren eine Voraussetzung zur Berufung in den Rat. Der Kaiser folgte der Bitte, allerdings mit der Einschränkung, dass weiterhin einige der jüdischen Gemeindemitglieder von der Amtsausführung freigestellt bleiben

sollten. Das Dekret Konstantins, das in der Bibliothek des Vatikans in Rom aufbewahrt wird, erwähnt erstmals die Kölner jüdische Gemeinde und ist zugleich das früheste schriftliche Zeugnis einer jüdischen Gemeinde in Mitteleuropa. Aus diesem Grund bezeichnet sich die heutige Kölner Synagogen-Gemeinde auch als die »älteste jüdische Gemeinde nördlich der Alpen«.

Wie viele Juden im spätantiken Köln lebten und wo sie innerhalb der Stadt wohnten, ist unbekannt. Unklar ist außerdem, ob es bis zum Mittelalter durchgängig eine jüdische Gemeinde in der Stadt gab, denn mit der Zerstörung Kölns durch die Franken im Jahr 456 verlieren sich die Spuren jüdischen Lebens. Neue archäologische Ausgrabungen, die seit 2007 auf dem Rathausplatz durchgeführt werden, richten sich gerade auch auf diese Frage und versuchen, Anhaltspunkte für eine Kontinuität zwischen Antike und Mittelalter zu finden.

Schachfigur (Bauer) aus Bergkristall, 10. Jahrhundert; Fund der Ausgrabung

Bodenfliese mit Bild eines Hirsches, 13. Jahrhundert; Fund der Ausgrabung

Schriftliche Hinweise auf eine jüdische Gemeinde in Köln gibt es erst wieder für das 11. Jahrhundert, für 1075 wird ein eigenes jüdisches Viertel erwähnt. Zu dieser Zeit war Köln zur größten deutschen Stadt und einer der wichtigsten europäischen Handelsplätze aufgestiegen. Im Rahmen dieser Entwicklung prosperierte auch die jüdische Gemeinde. Im Hochmittelalter kamen Zuwanderer aus ganz Europa, vor allem aus Frankreich und Italien, nach Köln und ließen sich im jüdischen Viertel rund um den heutigen Rathausplatz nieder. Unter ihnen waren wohlhabende Kaufleute, die sich von Köln aus im Nah- und Fernhandel engagierten. Für ihren Aufenthalt in Köln mussten die Juden Aufnahme- und Schutzgelder zahlen, als Gegenleistung wurden ihnen freie Religionsausübung, Rechtsschutz und wirtschaftliche Privilegien zugesichert. Aus der Höhe der geleisteten Abgaben ist zu ersehen, dass die Kölner jüdische Gemeinde eine der bedeutendsten im deutschen

Codex Maimuni Von einer heute noch erhaltenen vierbändigen Pergamenthandschrift, dem Codex Maimuni, wissen wir, dass sie zu Anfang des 15. Jahrhunderts im Besitz eines jüdischen Kölners gewesen ist. Sie gehörte Ephraim ben Uri Halevi, genannt Gumprecht Halevi, einem offenbar sehr gebildeten Mann, der im Codex neben einer Vielzahl von Anmerkungen auch die Datierung 2. Nissan 173 der Kleinen Zählung, das heißt 5. März 1412, hinterließ. Autor des Werks, einer Sammlung halachischer wie philosophischer Ausführungen, ist Maimonides (1135–1204), der bedeutendste jüdische Gelehrte des Mittelalters. Die Handschrift entstand 1295/96 und zählt mit ihren farbenprächtigen Miniaturmalereien – floralen Ornamenten und phantasievollen Fabeltieren – zu den schönsten Werken der Gotik. Sie wird heute in der Ungarischen Akademie der Wissenschaften in Budapest aufbewahrt.

Illustrationen aus dem Codex Maimuni
***unten:* Im Grabungsareal gefundene Skulptur eines Affenkopfs**

Raum war und mit Speyer, Worms und Mainz den Mittelpunkt jüdischen Lebens im Nordwesten Europas bildete. Zur Kölner Gemeinde gehörten herausragende Gelehrte, die sprichwörtlichen »Weisen Cöllns«. So lebte der Kabbalist Abraham Axelrad um 1240 in Köln, bevor er nach Spanien auswanderte, ebenso wie einige Jahrzehnte später Ascher ben Jechiel, eine berühmte rabbinische Autorität in seiner Zeit.

Das Zusammenleben von Christen und Juden im mittelalterlichen Köln gestaltete sich wechselhaft, Perioden eines relativ ruhigen Mit- und Nebeneinanders lösten sich ab mit Zeiten, in denen die jüdische Bevölkerung bedrängt und verfolgt wurde. Einen ersten schweren Einschnitt bildete der Pogrom von 1096, der während des ersten, von Papst

Auszug aus dem Klagelied des Joel ben Isaak Halevi (um 1115–1200) Joel Halevi, der in Bonn geboren wurde und einige Jahre in Köln als Rabbiner tätig war, ist Verfasser eines Klagelieds auf die durch die Kreuzfahrer ermordeten Kölner Märtyrer.
»Wie hat sich Gottes Hand so schwer gelegt auf die hochgeschätzte, herrliche Gemeinde zu Köln! Gebeugt ist mein Haupt, es schaudert meine Seele ob ihres schrecklichen Schicksals. Die Feinde wollten zu fremden Dienste sie verleiten, sprechend: ›Führt sie zu Tode, wer nicht zu unserem Glauben sich bekennen will!‹ […] Die tückischen Feinde verdammten sie zum Tode, stachen sie nieder mit Schwert und Lanze; dennoch blieb ihre Seele anhänglich ihrem Gotte. Väter küßten ihre winselnden Säuglinge, sie, wie einst auf Moriah, zum Opfer weihend; Mütter verbargen das Angesicht, um nicht den Tod ihrer Kinder zu schauen […]. Alles dies ist über uns gekommen, doch fielen wir nicht ab von Dir und murrten nicht gegen Deinen Willen.«[2]

rechts: Ein 2010 im Schutt des Pogroms von 1349 gefundener Goldring
links: Das Pogrom von 1349 in Köln in einer Darstellung von 1904. Die mittelalterliche Synagoge wurde hier entsprechend der 1861 in der Glockengasse errichteten Synagoge gestaltet

Urban II. ausgerufenen Kreuzzuges stattfand. Fanatisierte Kreuzfahrergruppen zogen auf ihrem Weg ins »Heilige Land« durch die rheinischen Gebiete, ermordeten die jüdischen Bewohner vieler Städte, plünderten und verwüsteten ihre Häuser und Synagogen. Im Mai 1096 drangen Kreuzfahrer, unterstützt von Teilen der Bürgerschaft, in das Kölner jüdische Viertel ein, zerstörten und brandschatzten auch hier. Die Bewohner des Viertels hatte der Kölner Erzbischof versucht, in Sicherheit zu bringen, indem er ihnen Unterschlupf in verschiedenen befestigten Orten der Umgebung bot. Doch sie wurden entdeckt und ermordet. Nur wenige entkamen den Massakern. Bereits kurz nach dem Pogrom ließen sich wieder Juden in Köln nieder, bauten Wohnhäuser und Synagoge auf und versuchten erneut, sich trotz aller Unsicherheit und Anfeindung eine Existenzgrundlage zu schaffen. Die Erfahrungen von Mord und Martyrium hinterließen jedoch in der Erinnerung der jüdischen Bevölkerung tiefe Spuren.

Nachdem der Kölner Erzbischof die jüdische Bevölkerung der Stadt während des zweiten Kreuzzuges (1147–1149) erfolgreich schützen konnte, folgte zunächst eine längere Periode, die für die Kölner Juden einen relativen Aufschwung bedeutete. Im 14. Jahrhundert jedoch begann sich die Situation erneut zu verschlechtern. Die katholische Kirche drang zunehmend auf eine strenge Abtrennung und Entrechtung der Juden, und die sich verschärfende kirchliche Judenfeindschaft ergriff bald alle Schichten der Bevölkerung. Auch ökonomische Interessen gegenüber den Juden, die man in Geld- und Pfandgeschäfte abgedrängt hatte, wurden nun zu einem Motiv für ihre

Anfeindung. Die explosive Mischung aus religiöser und wirtschaftlicher Judenfeindschaft mündete in den Jahren 1348 bis 1350 in Pogrome ungekannten Ausmaßes, als die Pest ihre Schrecken in Europa verbreitete und man keine Erklärung für den »Schwarzen Tod« fand. Zum äußeren Anlass der Gewaltausbrüche wurde das Gerücht, die Juden seien die Verursacher der Pest, da sie die Brunnen vergiftet hätten. Während des Kölner Pogroms in der Nacht vom 23. auf den 24. August 1349 kamen

Der Münzfund von 1953

1953 wurde bei Ausgrabungen im nördlichen Bereich des jüdischen Viertels ein Münzschatz entdeckt, der einem bestimmten Haus und dessen Besitzer zugeordnet werden kann. Da eine Reihe von Geldstücken aus den 1340er Jahren stammt, keine aber aus der Zeit nach 1349, dem Jahr des Pestpogroms, kann zudem angenommen werden, dass die Münzen kurz vor der Erstürmung des Judenviertels vergraben wurden, in der Hoffnung, den Pogrom zu überstehen und sie später bergen zu können. Eigentümer des Hauses war um diese Zeit Joel ben Uri Halevi, der zu einer bekannten rheinischen Familie gehörte, selbst in Dortmund lebte, aber viele Beziehungen zu Köln hatte. So amtierten zwei seiner Brüder zeitweise als Mitglieder des Vorstands der Kölner Gemeinde. Der Fund, der heute im Kölnischen Stadtmuseum zu sehen ist, umfasst 38 Gold- und 249 Silbermünzen vor allem aus dem Kölner Raum, aber auch aus anderen deutschen und europäischen Regionen.

oben: Münzfund von 1953
links und rechts: Aus dem Münzfund

fast alle jüdischen Frauen, Männer und Kinder um – sie töteten sich selbst, um nicht in die Hände des Mobs zu fallen, oder wurden ermordet. Das jüdische Viertel setzten die christlichen Angreifer in Brand und zerstörten Synagoge und einen Großteil der Gebäude. Zwar hatte der Rat der Stadt versucht, das Morden zu verhindern, doch nach dem Pogrom zeigten weder Ratsherren noch Erzbischof Skrupel, um die Aufteilung des Besitzes der Vertriebenen und Ermordeten zu streiten.

Erst 1372 wurde es einigen jüdischen Familien wieder gestattet, sich in Köln niederzulassen, nun aber zu weit schlechteren Rechtsbedingungen als zuvor. Gegen hohe Gebühren räumten ihnen die städtischen Schutzbriefe nur noch ein auf jeweils zehn Jahre befristetes Wohnrecht ein. Darüber hinaus verfügte der Rat 1404 eine sogenannte »Judenordnung«, die das Alltagsleben der jüdischen Bevölkerung umfassend reglementierte. Zwei Jahrzehnte später, im Jahr 1424, endete die Geschichte der mittelalterlichen jüdischen Gemeinde: Alle Juden hatten nun die Stadt zu verlassen, nicht infolge eines Pogroms, sondern aufgrund einer kühl kalkulierten politischen Entscheidung. Hintergrund des Ratsbeschlusses, den Aufenthaltsvertrag der Juden nicht zu verlängern, war ein viele Jahrzehnte dauernder Machtkampf zwischen Stadt und Erzbischof, in dem auch das »Schutzrecht« über die Kölner Juden und die hohen Einnahmen aus diesem Recht eine große Rolle spielten. Mit seiner Entscheidung beendete der Rat den Konflikt auf rigorose Weise: Er verzichtete selbst

Panorama Kölns, Koelhoff-sche Chronik, 1499

auf das »Schutzrecht« und wies zugleich alle Ansprüche des Erzbischofs auf dieses Recht ab. Der Verzicht auf die Einkünfte aus dem »Judenschutz« war möglich geworden, da nun mehr und mehr christliche Kaufleute die bisherige Funktion der Juden im Geld- und Kreditwesen übernahmen. Die Freie Reichsstadt Köln entschied sich als eine der ersten im Heiligen Römischen Reich Deutscher Nation für die Vertreibung »ihrer« Juden. Diese Verbannung sollte jahrhundertelang andauern. Erst 1798, als Köln unter französischer Herrschaft stand, wurde das Niederlassungsverbot für Juden aufgehoben.

Hinweis: *Bei der Fertigstellung des Stadtführers 2012 ist der Rathausplatz in großen Teilen von Ausgrabungen bestimmt. Wann der Platz neu gestaltet und der Bau des geplanten Museums realisiert sein wird, ist ungewiss. Zeitweise werden Teile des Platzes – vermutlich auch die Mikwe – für die Öffentlichkeit geschlossen sein. Die folgende Beschreibung des Areals versucht, diese Situation zu berücksichtigen, kann aber die zukünftigen Veränderungen nicht einbeziehen.*

TOUR 1
VOM RATHAUSPLATZ ZU DOM UND MA'ALOT AUF DEM HEINRICH-BÖLL-PLATZ

Länge der Tour: ca. 1,5 Kilometer

1 Rathausplatz, vor dem Wallraf-Richartz-Museum & Fondation Corboud

Unser erster Rundgang durch das jüdische Köln beginnt vor dem Wallraf-Richartz-Museum. Von hier aus überblicken wir fast den gesamten Rathausplatz und damit den südlichen Teil des Geländes, an dem sich im Mittelalter bis zur Vertreibung im Jahr 1424 das jüdische Viertel befand. Erste Ausgrabungen auf diesem und dem weiter nördlich gelegenen Terrain erfolgten in den 1950er Jahren durch den Kölner Archäologen Otto Doppelfeld. Sie ergaben nicht nur entscheidende Befunde zu Topographie und Struktur des Quartiers, sondern auch viele Details, die Einblick in den Alltag der ehemaligen Bewohner ermöglichen.

Um 1340, zum Zeitpunkt seiner größten Ausdehnung, lebten in den schmalen Gassen des einstigen Quartiers circa 800 Menschen, das waren fast zwei Prozent der Gesamtbevölkerung Kölns von 40.000 Personen. Ein rekonstruierter Plan zeigt uns, wie das jüdische Viertel zur Zeit seiner größten Ausdehnung aussah:

Die Synagoge befand sich etwa in der Mitte des vor uns liegenden Platzes. Sie war Ort des Gebets und des Studiums von Tora und Talmud, aber auch der Ort, an dem das Rabbinatsgericht tagte. Alle Prozesse, die Juden gegeneinander oder Christen gegen Juden anstrengten, wurden nach jüdischem Recht geführt. Die jüdische Gemeinde des Mittelalters erfüllte damit – entsprechend den christlichen Gemeinden der Stadt – auch juristische Aufgaben. Nur schwere Verbrechen kamen vor das Hohe Weltliche Gericht des Erzbischofs. Die Synagoge war flankiert von der Mikwe sowie vom Bade- und

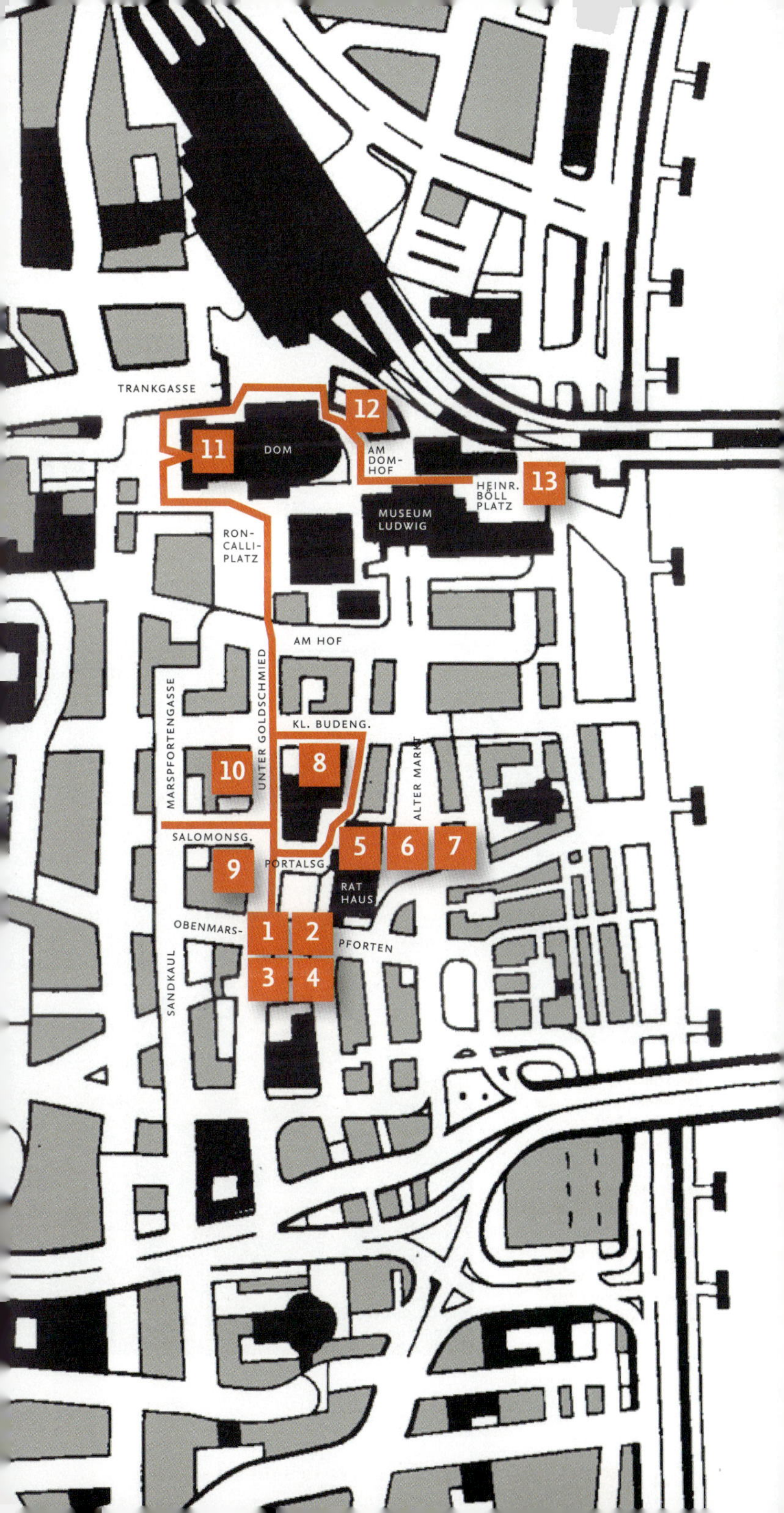

TRANKGASSE
DOM
11
12
AM DOM-HOF
13
HEINR. BÖLL PLATZ
MUSEUM LUDWIG
RON-CALLI-PLATZ
AM HOF
UNTER GOLDSCHMIED
MARSPFORTENGASSE
KL. BUDENG.
8
10
ALTER MARKT
SALOMONSG.
5
6
7
9
PORTALSG.
RAT HAUS
OBENMARS-
PFORTEN
1
2
3
4
SANDKAUL

oben: Blick auf das Areal der Grabungen, auf das Pyramidendach der Mikwe und das Grabungszelt mit den Relikten der Synagoge, 2009
rechts: Südliche Grabungsfläche mit Mikwe, 2010. Die Mauerfragmente im Vordergrund gehörten zu den Häusern christlicher Bewohner

unten: Adolf Kober/Sven Schütte: Plan des südlichen jüdischen Viertels für die Zeit um 1350. Der rötliche Bereich zeigt Häuser jüdischer, der grüne Bereich Häuser christlicher Eigentümer

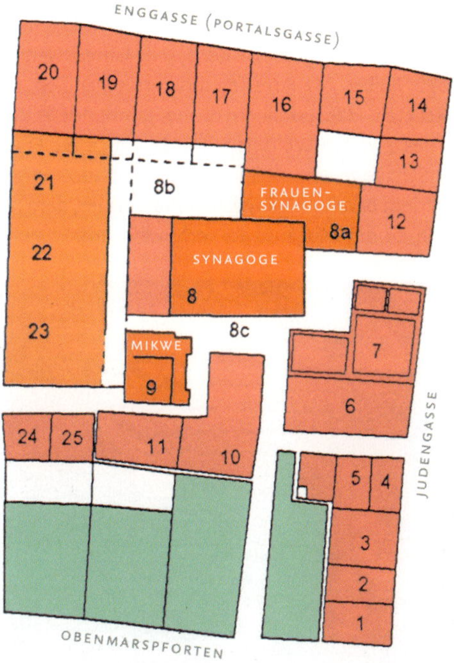

Backhaus. In der Backstube gab es einen für alle Bewohner nutzbaren Ofen zum Warmhalten der Speisen am Schabbat; auch Mazze, das ungesäuerte Brot für das Pessachfest, wurde hier gebacken. In unmittelbarer Nachbarschaft befand sich das Hospital, das vor allem als Herberge für arme Reisende, Talmudstudenten oder Flüchtlinge diente. Im Gemeindehaus, das auch Tanz- und Festhaus war, spielten bei Hochzeiten und anderen Feiern Musiker auf. Alle diese Einrichtungen wurden, mit Unterbrechungen nach den Pogromen von 1096 und 1349, bis zur Vertreibung von 1424 genutzt. Das Gemeindezentrum umfasste circa 2.400 Quadratmeter, was etwa einem Drittel des gesamten jüdischen Viertels entsprach. In diesem Areal befanden sich alle für die Ge-

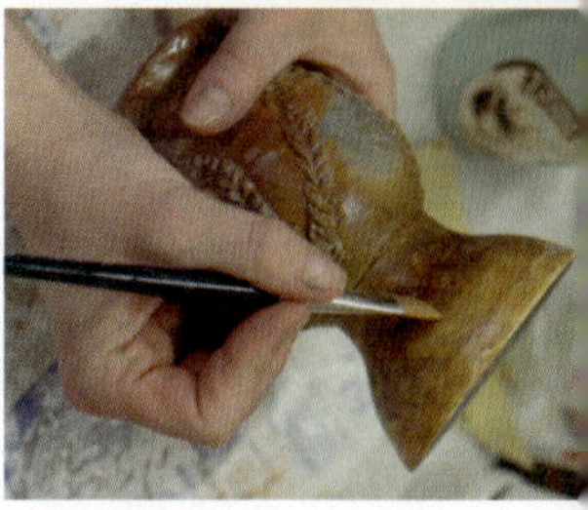

von oben nach unten:
Grabungsarbeiten in der Mikwe, 2010; Bestimmung von Knochenfunden, 2009; Restaurierung eines Fundes, 2010

meinde notwendigen Einrichtungen bis auf den Friedhof, der außerhalb der Stadtmauern vor dem Severinstor am »Judenbüchel« lag.

Ein Teil dieses südlichen Bereichs ist heute (Ende 2011) von einem großen weißen Plastikzelt überspannt, durch dessen Fensterseiten an der Portalsgasse man auf archäologische Ausgrabungen hinabsehen kann. Die neue Ausgrabung, die 2007 begann und die Ergebnisse der 1950er Jahre erweitert, fördert Faszinierendes zutage: Neben Mauerresten aus römischer Zeit, romanischen und gotischen Relikten, Häusermauern des 19. Jahrhunderts und Zeugen der Zerstörungen des Zweiten Weltkriegs werden auch die Fragmente der mittelalterlichen Synagoge komplett freigelegt. Seit 2006 ist geplant, das gesamte Areal mit dem bereits zugänglichen Praetorium, dem römischen Statthalterpalast, in einem Museum zu verbinden und in einer

Vorraum der Mikwe, ganz rechts: Treppe zum Tauchbecken, 2010

»Archäologischen Zone« begeh- und erfahrbar zu machen. Darüber hinaus ist beabsichtigt, ein in diese Zone integriertes Jüdisches Museum zu errichten. Dieses Museum wird selbst im europäischen Maßstab Besonderes bieten, da es mit dem einmaligen archäologischen Ensemble des Rathausplatzes und den dortigen einzigartigen Fundobjekten die Geschichte einer jüdischen Gemeinde von der Antike bis zur Gegenwart präsentieren kann.

Wir wenden uns zunächst dem einzigen vollständig erhaltenen Relikt des jüdischen Viertels zu, der mittelalterlichen Mikwe, die seit 1989 von einem pyramidenförmigen Glasdach überdeckt ist und einige Jahre lang den wichtigsten Anziehungspunkt des Platzes bildete. Nun ist sie in den Ausgrabungsfeldern kaum zu erkennen. Wir erreichen sie von der Straße Unter Goldschmied aus über einen schmalen provisorischen Zugang.

Romanisches Fenster am Beginn der Treppe zum Tauchbecken, 2010

Die zum Teil rekonstruierte Treppe zum Tauchbecken, 2010

2 **Mikwe** *(Besichtigung der Mikwe und Führungen im Areal siehe Anhang S. 361f.)*

Eine Mikwe (hebr. Ansammlung) dient im Judentum seit biblischen Zeiten der rituellen Reinigung, die für Frauen nach Menstruation und Geburt vorgeschrieben ist, für Männer etwa nach der Berührung mit einem Toten. Die Kölner Anlage besteht aus einem Vorraum und einem knapp 17 Meter tiefen Brunnenschacht, der zu einem Tauchbecken hinabführt. Der Vorraum lässt sich aufgrund architektonischer Elemente auf 1140 datieren, die Anlage ist aber vermutlich älter. Im Mittelalter gelangte man von einem kleinen Hof an der Synagoge in das rituelle Tauchbad, sodass der damalige Eingang, den man heute noch im Vorraum der Mikwe sehen kann, dem heutigen gegenüberliegt. Vor dem Besuch der Mikwe wusch man sich zunächst im benachbarten Badehaus, betrat dann den unterhalb des Straßenniveaus liegenden Vorraum, über dem sich vermutlich ein Turm erhob, und stieg die vielen Stufen in den Schacht hinunter. Eine größere Nische auf halber Höhe diente dem Ablegen der Kleidung, zwei weitere Nischen boten Raum für Öllämpchen und Kerzen, kurz bevor das Wasserbecken aus rotem Sandstein erreicht war. Nach dem jüdischen Religionsgesetz ist für das rituelle Bad »lebendiges Wasser« erforderlich, das heißt fließendes Wasser oder sich natürlich ansam-

Blick auf die romanischen Fenster der Mikwe, 2009

melndes Grund- oder Regenwasser. Das Tauchbad in der Kölner Mikwe entstand durch Grundwasser.

Nach der Vertreibung der jüdischen Gemeinde 1424 wurde die Anlage zum großen Teil mit Erde verfüllt und als Latrine missbraucht, der obere Raum als Stall zweckentfremdet. Das Bad geriet in Vergessenheit. Erst bei den Ausgrabungen in den 1950er Jahren wurde die Mikwe wiederentdeckt. Seit einer Neugestaltung des Platzes 1989 ist sie öffentlich zugänglich. Heute kann man im Vorraum einige Informationstafeln zur Mikwe studieren und die Treppe zum Tauchbecken hinabsteigen.

Rundgang um das jüdische Viertel

Mit einem Rundgang um das gesamte mittelalterliche Viertel, der nur wenige Minuten dauert, können wir uns seine räumliche Ausdehnung verdeutlichen. Wir gehen die Straße Unter Goldschmied nach Norden und passieren rechter Hand die Einmündung der Portalsgasse (früher Enggasse), die im Mittelalter das Viertel von Osten nach Westen in zwei Bereiche teilte: Im Süden lagen das Gemeindezentrum sowie einige Privathäuser, der nördliche Teil war durch Wohngebäude geprägt. Weiter geht es an den Gebäuden des Rathauses vorbei bis zur Ecke Kleine Budengasse – hier ist das Stück eines römischen Abwasserkanals zu sehen. Wir folgen der Budengasse, gehen am Eingang zum Praetorium vorbei und biegen rechts in die Bürgerstraße ein, über die wir zur Rathauslaube, dem Eingang zum Historischen Rathaus, gelangen. Damit haben wir das ehemalige jüdische Quartier fast umrundet.

Die Lage des Viertels an dieser Stelle der mittelalterlichen Stadt hatte für die jüdische Bevölkerung entscheidende Vorteile. In Notsituationen konnte von hier aus unverzüglich der Hof des erzbischöflichen Schutzherrn erreicht werden, der an die heutige Budengasse angrenzte. Zudem grenzte das Quartier an die alte römische Stadtmauer, die es nach Osten hin zum Rhein abschloss und ebenfalls Schutz gewährte. Darüber hinaus befand sich der Alter Markt, ein wichtiger Warenumschlagplatz, in unmittelbarer Nähe. Für die jüdischen Kaufmannsfamilien, die am Aufstieg Kölns zu einem bedeutenden Wirtschaftszentrum maßgeblich beteiligt waren, bot diese Situation daher äußerst günstige Bedingungen.

Über die Lage des jüdischen Viertels herrscht unter den Historikern Einigkeit. Es wird jedoch umso heftiger darüber gestritten, wann das Viertel entstand. Der Leiter der Archäologischen Zone, Sven Schütte, ist davon überzeugt, dass sich schon das spätantike Gemeindezentrum auf dem Gelände des mittelalterlichen Judenviertels befunden habe. Da die frühesten schriftlichen Belege einer mittelalterlichen jüdischen Gemeinde aus dem 11. Jahrhundert stammen, sind die archäologischen Überreste wichtige Argumente in dieser Debatte. Diskutiert wird dabei auch über einige oberirdische Relikte, die auf dem Rathausplatz in dem umzäunten Halbrund zu besichtigen sind. Sie waren, wie die Mikwe, bei den Grabungen der 1950er Jahre entdeckt worden, als man unter dem sogenannten Spanischen Bau, dem schlichten Nachkriegs-

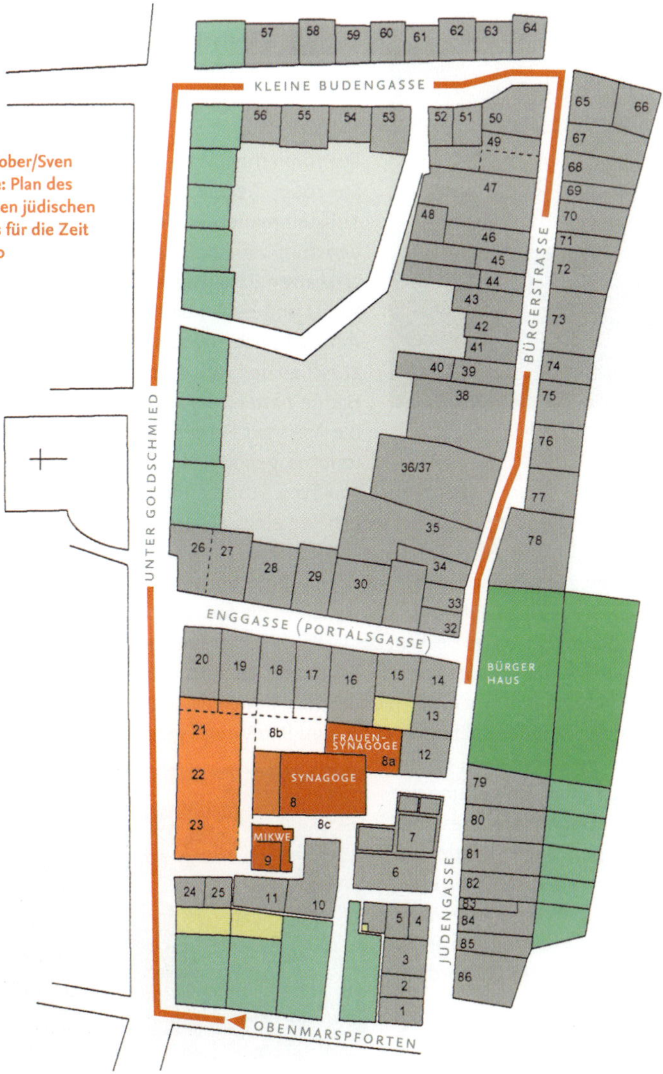

Adolf Kober/Sven Schütte: Plan des gesamten jüdischen Viertels für die Zeit um 1350

gebäude gegenüber dem Rathausturm, auch auf die Fundamente des Praetoriums stieß. Während diese römische Anlage partiell als unterirdisches Museum zugänglich gemacht wurde, ließ man die Funde auf dem Rathausplatz nach dem Abschluss der Grabungen wieder verfüllen.

Wenige Meter links neben der Rathauslaube – unterhalb des heutigen Straßenniveaus und 2011 hinter einer Abzäunung fast verdeckt – sind eine römische Apsis, eine halbkreisförmige Nische, ein Brunnen und einige mittelalterliche Mauerreste zu sehen.

Brunnen innerhalb der römischen Apsis, 2010

3 Römische Apsis: Teil einer antiken Synagoge?

Die römischen Mauern sind an den Bändern aus roten Ziegeln zu erkennen, die das helle Tuffsteinmauerwerk in regelmäßigen Abständen durchziehen. Das Mauerwerk aus großen schwarzen Basaltsteinen in der Ecke des Halbrunds und neben dem Brunnen stammt von mittelalterlichen Gebäuden, die hier über und zwischen den römischen Mauern ihre Fundamente hatten. Bislang vermutete man, dass die Apsis zur Palastaula, einem Teil des Praetoriums, gehörte. Nach der Neuinterpretation von Sven Schütte und Marianne Gechter war die Apsis in der Spätantike jedoch Teil eines anderen Gebäudes, das möglicherweise bereits als Synagoge diente, bevor es im 8. Jahrhundert einem Erdbeben zum Opfer fiel. Als Indizien führen die beiden Wissenschaftler verschiedene neue Funde vor Ort an, die in die Spätantike zurückreichen, unter anderem ein ovales Becken, das vielleicht jüdischen Kultzwecken diente. Darüber hinaus konnten sie den Brunnen sicher als römisch – und nicht, wie bisher angenommen, als mittelalterlich datieren – und folgern hieraus, dass die Apsis in der Spätantike nicht zum Praetorium gehört haben könne. Man darf gespannt sein, ob die endgültige Auswertung der Grabungen ihre These bestätigen. Sollte dies der Fall sein, wäre in Köln eine wirkliche Sensation zu bewundern: die einzige bekannte antike Synagoge nördlich der Alpen.

4 Die mittelalterliche Synagoge

Der Standort der mittelalterlichen Synagoge ist jedoch ohne jeden Zweifel gesichert. 2011 sind ihre Fundamente von der Portalsgasse aus im hinteren, linken Bereich des Grabungszelts zu sehen. Der Grundriss der Synagoge von circa 9 × 15 Metern blieb seit ihrer Errichtung vor 780 gleich, obwohl sie in den folgenden Jahrhunderten mehrfach verändert wurde. Zweimal, nach den Pogromen von 1096 und 1349, musste sie wieder aufgebaut werden. In der zweiten Hälfte des 13. Jahr-

oben: Relikte der Synagoge (rechts), 2008 *unten:* Rekonstruktionsentwurf des Almemors von Sven Schütte

Arbeiten an der 3-D-Rekonstruktion des Almemors, 2009

hunderts ließ die Gemeinde sie im Stil der Zeit restaurieren und eindrucksvoll umgestalten, ein Zeichen für die Prosperität der jüdischen Bevölkerung und für ihr Vertrauen in die Zukunft. Der steinerne Almemor – das Vorlesepult in der Mitte des Raums – wurde kunstvoll neu gestaltet und mit einem filigranen Baldachin ausgestattet. Von den gemauerten Überresten des fünf Meter hohen Almemors, der im Pogrom 1349 zerstört wurde, sind noch so viele Fragmente erhalten, dass eine detaillierte Rekonstruktion möglich ist. Die hohe Qualität dieses gotischen Sakralkunstwerks lässt vermuten, dass es von Beschäftigten der Dombauhütte angefertigt wurde. Durch die Grabung der letzten Jahre konnten weitere Teile des Almemors gefunden werden: Kapitelle mit Blattschmuck, Darstellungen von Vögeln und anderen Tieren. Darüber hinaus entdeckte man eine Vielfalt von Objekten: Schiefertafeln mit hebräischen Schriftzeichen, Hausrat, Keramik, verzierte Bodenfliesen, Münzen und Schmuck.

In den Jahrzehnten der Neugestaltung wurde auch ein schon bestehender Kellerraum unter der Synagoge ausgebaut. Er diente vielleicht als Archivraum für Urkunden, als sichere Stätte für Wertobjekte oder als Genisa – als Ort zur Aufbewahrung unbrauchbar gewordener Kultobjekte. Spätestens zu dieser Zeit erhielt die Synagoge an der Nordostecke einen Anbau für die Frauen, von dem ein kleiner Mauerteil im Bereich der römischen Apsis freigelegt ist. Diese Frauensynagoge oder Frauenschul war nur durch schmale Fenster mit dem Betraum der Männer verbunden. Da die Frauen hinter den kleinen Öffnungen nur wenig vom Gottesdienst hörten, entwickelte sich im Mittelalter der Brauch, dass Frauen, die religiös gebildet waren und die hebräischen Gebete kannten, als Vorbeterinnen fungierten. Zwar weiß man kaum etwas über diese Frauen, doch aus dem 14. Jahrhundert sind immerhin die

Fragmente des Almemors

links: **Ratskapelle, um 1910** *rechts:* **Fenster aus der Sakristei der Ratskapelle: Anbetung der Hl. Drei Könige, 1474** *unten:* **Rathaus mit Umgebung, Mercator-Plan, 1571**

Namen von drei gebildeten jüdischen Kölnerinnen überliefert: die talmudkundige Pura und ihre Schwestern Jenta und Vromut.

Nach der Vertreibung der Juden aus Köln 1424 übernahmen die christlichen Bürger die Synagoge. Nach verschiedenen baulichen Veränderungen – und nicht, wie häufig behauptet, nach einem Abriss – wurde sie zur Ratskapelle umfunktioniert und unter dem Namen St. Maria in Jerusalem am 8. September 1426, dem Fest Mariä Geburt, geweiht. In den nächsten Jahrhunderten versammelten sich die Ratsherren vor ihren Sitzungen in dieser Ratskapelle zur Messe, vor dem berühmten Gemälde von Stefan Lochner, dem »Altar der Stadtpatrone« (siehe S. 59). Die Ratskapelle überstand das Ende der Reichsstadt, die Säkularisation und die Umgestaltung des Rathausbereichs im 19. Jahrhundert. Im Zweiten Weltkrieg allerdings wurde sie während eines Bombenangriffs völlig zerstört und nicht mehr aufgebaut.

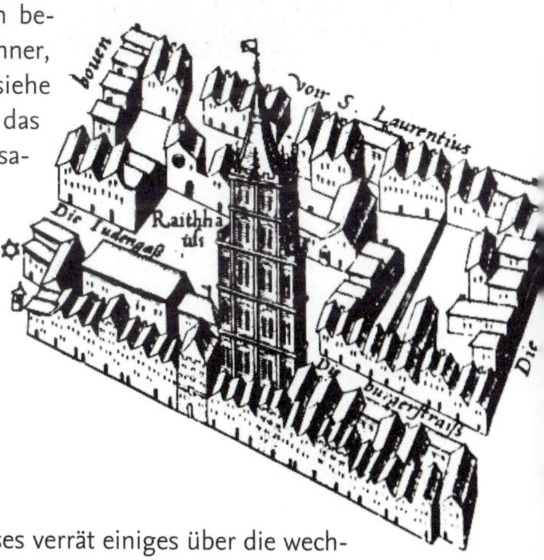

5 Rathaus

Auch die Geschichte des Rathauses verrät einiges über die wechselvollen Beziehungen zwischen Juden und Nichtjuden im Mittelalter: Bereits um 1135 stand hier das sogenannte Bürgerhaus der »Richerzeche« (Vereinigung der Reichen), der Elite der damaligen Stadtgesellschaft. Es war

Rathaus, 1842

von den christlichen Kaufleuten der Patrizierfamilien in unmittelbarer Nachbarschaft zum jüdischen Viertel auf der Ostseite der Judengasse errichtet worden und wird daher auch in einem Dokument von 1149 als »domus civium inter iudeos sita« (Haus in jüdischer Umgebung) beschrieben. Diese Nachbarschaft war tatsächlich so nah, dass der Hauptbalken des Bürgerhauses von dem angrenzenden Haus jüdischer Eigentümer gestützt wurde. Aus dem Bürgerhaus entwickelte sich um 1330 das eigentliche Rathaus mit einem großen Ratssaal, dem »Langen Saal«, im Obergeschoss. Wenn die Ratsherren im neuen gotischen Bau tagten, was sich bis in die späten Abendstunden hinziehen konnte, mussten die Pforten des jüdischen Viertels so lange geöffnet bleiben, bis auch der letzte Ratsherr das Gebäude verlassen hatte.

Mit dem weiteren Aufstieg der Freien Reichsstadt Köln konnte aber auch das neue Rathaus nicht mehr alle Verwaltungs- und Repräsentationsaufgaben erfüllen. Eine »günstige« Möglichkeit, das bisherige Gebäude zu erweitern, bot sich nach dem Pogrom von 1349. Anstelle einer Reihe von Wohnhäusern, die zerstört und niedergebrannt worden waren, entstand der Rathausplatz mit einem Treppenaufgang zum »Langen Saal«. Die jüdischen Bewohner des Viertels waren vor dem Rathaus bald nicht mehr gern gesehen. Die 1404 vom Rat erlassene Judenordnung bestimmte: »Sie [die Juden] dürfen unter der Halle vor dem Rathaus nicht gehen, stehen oder sitzen, außer wenn der Rat sie vorgeladen hat. Auf dem Rathausplatz haben sie keine Versammlung im Gehen oder Stehen abzuhalten, während der Rat im Rathaus tagt; doch dürfen sie zu zweien oder dreien aus ihrer Schule [das heißt Synagoge] dann hinaus- oder in sie hineingehen.«[3]

Grabstein für Rachel

Die Grabsteine von Sara und Rachel

An der Nordwestecke des Rathauses fand man bei den Grabungen 1953 in einem großen Bombentrichter zwei vollständig erhaltene Grabsteine, die vermutlich vom jüdischen Bestattungsplatz vor dem Severinstor stammen. Der Friedhof wurde im Umfeld des Pogroms von 1349 geplündert, Grabsteine wurden gestohlen und andernorts als Baumaterial missbraucht. Vielleicht aber hatten Angehörige der Toten auch versucht, die Grabsteine vor den Plünderungen in Sicherheit zu bringen, und sie im Keller ihres Hauses versteckt. Die gut lesbaren hebräischen Inschriften erinnern in schlichter Form an die Kölnerinnen Sara (gest. 1302) und Rachel (gest. 1323). Die Inschrift des Grabsteins für Rachel lautet: »Und es verstarb Rachel, Tochter des Herrn Schneior am 15. im Elul Tag 3 [Dienstag] des Jahres 83 des sechsten Jahrtausends. Ihre Seele sei eingebunden ins Bündel des ewigen Lebens, Amen, Sela«.[4]

Mit dem Bau des Rathausturms in den Jahren 1407 bis 1414 erfolgte eine erneute Erweiterung des Rathauses. Der spätgotische Turm diente nicht nur der sicheren Aufbewahrung von Urkunden oder Geldbriefen, sondern demonstrierte als höchstes Gebäude Kölns jener Zeit auch die neue Macht der Zünfte. Der Turm, schon damals mit einem umfangreichen Figurenschmuck ausgestattet, war vom Rathaus zunächst noch durch ein jüdisches Wohnhaus getrennt. Als man jedoch nach der Vertreibung der Juden aus Köln 1424 das gesamte Areal der jüdischen Gemeinde für eigene Zwecke nutzen konnte, wurde ein Verbindungsbau errichtet. So verkörpert das Rathaus als steinernes Zeugnis die Entwicklung von engem Mit- und Nebeneinander zu Verdrängung und Vertreibung.

Wenden wir uns nun einzelnen Elementen des Gebäudekomplexes sowie dem Rathausvorplatz genauer zu.

6 **Hansasaal** *(Besichtigung des Rathauses ist nur im Rahmen einer bei KölnTourismus gebuchten Führung möglich. Tel.: +49-(0)221/221-2 33 32*

Im ersten Stock des Rathauses, rechts neben dem Portal, befindet sich noch immer der »Lange Saal«, der heute »Hansasaal« genannt wird, in Erinnerung an den Hansetag 1367, zu dem sich die Vertreter der Hansestädte in Köln trafen. Der knapp 30 Meter lange Raum mit seinem eindrucksvollen Gewölbe enthält ein besonderes kunsthistorisches Juwel, das auch eine Verbindung zu jüdischer Geschichte und Religion aufweist. Als die Ausstattung des Saals im 14. Jahrhundert geplant wurde, entschied man sich zur figürlichen Darstellung einer Reihe von Männern der Geschichte oder Sage. Diese Statuen der »Neun Guten Helden« finden wir links des Eingangs an der südlichen Schmalwand. Zu sehen sind von rechts nach links die drei »heidnischen« Helden der Antike: Alexander der Große, Hektor von Troja und Julius Caesar, drei Vertreter des Alten Testaments: Judas Makkabäus, König David

oben: **Die jüdischen Guten Helden: 2. von links: Prophet Josua, im Mittelpunkt des Ensembles König David *(Detail rechts)*, daneben rechts: Judas Makkabäus** *linke Seite:* **Hansasaal mit den Skulpturen der Neun Guten Helden, 1846** *rechts:* **Kriegszerstörter Hansasaal, 1944**

– im Mittelpunkt des ganzen Ensembles – und Prophet Josua, sowie drei Vertreter des Christentums: der Kreuzfahrer Gottfried von Bouillon, König Artus und Karl der Große. Die Figuren der Neun Guten Helden sollten die Ratsherren an eine »gute Regierung« gemahnen. Doch so ausdrucksstark die überlebensgroßen Steinskulpturen auch waren – sie zählen zu den besten deutschen Skulpturen ihrer Zeit –, sie haben die Kölner doch nicht zu einer »guten Regierung« gegenüber ihren jüdischen Nachbarn inspirieren können.

Nachdem der gotische Prunksaal im Zweiten Weltkrieg völlig ausgebrannt war, wurde er sorgfältig restauriert und bildet heute das Herzstück des historischen Rathauses. Die Stadt nutzt ihn vor allem zu Repräsentationszwecken, für Empfänge und Versammlungen. Im Rahmen dieser Funktion ist der Hansasaal immer wieder Schauplatz von Zusammenkünften, die den jüdisch-nicht jüdischen Beziehungen sowie dem kölnisch-israelischen Verhältnis gelten. So wurde hier im August 1979 die Städtepartnerschaft Köln–Tel Aviv-Yafo vertraglich besiegelt. Ein 1995 gegründeter Verein bemüht sich engagiert um die Zusammenarbeit beider Städte und Kontakte zwischen ihren Bürgerinnen und Bürgern. Unter den Gästen, die der Kölner Oberbür-

Seit 1986 ist der Hansasaal ein Ort von besonderen kölnisch-jüdischen Begegnungen: Tausende jüdischer Kölnerinnen und Kölner mussten nach Beginn des NS-Regimes 1933 aus Deutschland flüchten und sich in der Emigration eine neue Existenz aufbauen. Sie und ihre Nachkommen leben heute in vielen Ländern, vor allem in Israel und den USA. Jedes Jahr lädt die Stadt einige dieser ehemaligen Bürgerinnen und Bürger zu einem offiziellen Besuch nach Köln ein. Nach ihrem Eintreffen in Köln begrüßt sie der Oberbürgermeister im Rathaus. Einladung und Betreuung während des Aufenthalts werden vom Büro des Oberbürgermeisters aus organisiert. Teil des den Gästen angebotenen Programms sind Besuche der Synagogen-Gemeinde und des Kölner NS-Dokumentationszentrums.
Zum Einladungsprogramm des Oberbürgermeisters siehe S. 363 f.

oben: **Restaurierter Hansasaal**
rechts: **Doris Blom-Cahn geb. Cahn, die mit ihrer Familie 1933 aus Köln flüchtete, bei der Einschreibung in das Goldene Buch der Stadt Köln, 2010**

germeister oder seine Vertreter im Hansasaal begrüßen, sind auch Repräsentanten des israelischen Staates sowie prominente jüdische Gäste. So fanden in den letzten Jahren Empfänge für den israelischen Botschafter, für die beiden Oberrabbiner Israels und für den für seine Holocauststudien mehrfach ausgezeichneten Historiker Saul Friedländer statt.

7 Rathausturm

Wie das Rathaus selbst wurde auch der Rathausturm im Zweiten Weltkrieg fast völlig zerstört. Nachdem sein Wiederaufbau 1975 beendet war, entschloss man sich, ihn entsprechend seinem ursprünglichen reichen Figurenschmuck erneut mit Skulpturen auszustatten. Von 1988 bis 1995 entstanden 124 Figuren berühmter Persönlichkeiten der Kölner Stadtgeschichte, die den Rathausturm auf lange Dauer schmücken sollten. Tatsächlich jedoch waren die Tuffstein-Skulpturen schon nach wenigen Jahren marode geworden, sodass schließlich alle aus Savonnières-Stein neu hergestellt werden mussten.

Rathausturm, 1935

Rathausturm, links: Hansasaal, 1946

Die Skulpturen befinden sich auf fünf Ebenen: Auf unterster Ebene, dem Erdgeschoss, sind Kaiser und andere Herrscher zu sehen, darüber auf drei Ebenen bedeutende Männer und Frauen der Stadtgeschichte, zuoberst 22 für Köln wichtige Heilige. Acht Figuren stellen Kölnerinnen und Kölner jüdischen Glaubens oder jüdischer Herkunft dar.

Figuren am Rathausturm, die an Kölnerinnen und Kölner jüdischer Religion und jüdischer Herkunft erinnern:
Südseite (Richtung Wallraf-Richartz-Museum)
3. Ebene: 1. von rechts.: **Jacques Offenbach** (1819–1880), als Sohn des Kölner Kantors Isaac Offenbach geboren, lebte seit 1833 in Paris. Insbesondere mit seinen Operetten wurde er zu einem der beliebtesten Komponisten seiner Zeit (siehe S. 92). 2. von rechts: **Karl Marx** (1818–1883), Philosoph und politischer Journalist, Revolutionär und Begründer der internationalen Arbeiterbewegung und des Kommunismus, war einer der einflussreichsten Kritiker und Analytiker der bürgerlichen Gesellschaft. Sein Vater, Anwalt in Trier, war zum Protestantismus konvertiert und hatte auch seine Kinder taufen lassen. In Köln war Marx von 1842 bis 1843 als Redakteur der oppositionellen »Rheinischen Zeitung« tätig. Nach ihrem Verbot siedelte Karl Marx nach Paris über, kehrte jedoch 1848 zurück, um nun Chefredakteur der »Neuen Rheinischen Zeitung« zu werden. Verfolgt von den preußischen Behörden, floh er 1849 nach London, wo sein bedeutendstes Werk »Das Kapital« entstand. Karl Marx starb 1883 in London.

Nordseite (Richtung Dom) 5. *(oberste) Ebene:* 2. von rechts: **Edith Stein** (1891–1942), Tochter einer Breslauer Kaufmannsfamilie, konvertierte nach ihrer Promotion in Philosophie 1922 zum katholischen Glauben. Sie verfasste zahlreiche wissenschaftliche Abhandlungen und engagierte sich in der Frauenbildung. 1933 trat sie in Köln in den Orden der Karmeliterinnen ein, 1938 floh sie in ein Kloster in den Niederlanden. Sie wurde dort im August 1942 verhaftet, nach Auschwitz deportiert und ermordet. 1998 sprach sie die katholische Kirche heilig. *4. Ebene:* 1. von rechts: Der Jurist **Max Isidor Bodenheimer** (1865–1940), der seit 1890 in Köln lebte, war Mitbegründer des Zionismus. Er starb 1940 in Jerusalem (siehe S. 103 ff.). **Ostseite (Richtung Alter Markt)** 3. *Ebene:* 3. von links: **Hertha Kraus** (1897–1968) wurde in Prag geboren und wuchs in Frankfurt a. M. auf. 1919 schloss sie ihr Studium mit einer Promotion in Sozialwissenschaften ab. Bereits während des Studiums war sie Mitglied der Quäker geworden. 1923 trat sie der SPD bei. Im gleichen Jahr wurde sie zur Leiterin des städtischen Sozialwesens in Köln ernannt und war damit die einzige Frau in einem hohen Verwaltungsamt. Nach der Entlassung aus ihrem Amt im Jahr 1933 emigrierte sie in die USA, wo sie als Professorin für Sozialökonomie lehrte. Hertha Kraus starb 1968 in den USA. 2. *Ebene:* 3. von links: Der Schriftsteller und Philosoph **Moses Hess**

Links und Mitte: Spanischer Bau, um 1900

(1812–1875) wurde als Sohn einer orthodoxen jüdischen Familie in Bonn geboren, seit seiner Jugend lebte er in Köln. Hess, der zu den frühen Vertretern des Sozialismus gehörte und mit Karl Marx zusammenarbeitete, ging 1845 ins Exil nach Paris. 1861 kehrte er für einige Zeit nach Deutschland zurück und veröffentlichte hier die Schrift »Rom und Jerusalem«, in der er die Bildung einer jüdischen Nationalbewegung befürwortete. Nach weiteren Jahren im Exil starb Moses Hess 1875 in Paris. Er wurde auf dem jüdischen Friedhof in Deutz begraben, 1961 nach Israel überführt. 5. *von links:* **Ferdinand Hiller** (1811–1885) zählte zu den wichtigsten Musikern des 19. Jahrhunderts. Als Sohn eines Kaufmanns in Frankfurt a. M. geboren, erhielt er seine musikalische Ausbildung in Weimar, Wien und Paris. Bereits international hochgeschätzt, wurde er 1850 als städtischer Musikdirektor nach Köln berufen. Als Leiter der Rheinischen Musikschule und der Gürzenich-Konzerte, als Publizist und Musikpädagoge gelang es Hiller, das Musikleben Kölns dauerhaft zu prägen. Er schuf weit über 300 kompositorische Werke, darunter das Oratorium »Die Zerstörung Jerusalems«, seine wohl bedeutendste Komposition. Er wurde auf dem Melatenfriedhof begraben. 3. *von rechts:* Der Bankier und Unternehmer **Abraham von Oppenheim** (1804–1878) setzte sich für die Gleichstellung der Juden in Preußen ein und stiftete die Synagoge in der Glockengasse (siehe S. 88 f.).

Schräg gegenüber dem historischen Rathaus liegt der Spanische Bau, ein Backsteingebäude aus den 1950er Jahren.

8 Spanischer Bau und jüdische Stadträte

(Öffnungszeiten des Spanischen Baus Mo, Do 8.00–16.00, Di 8.00–18.00 Uhr, Mi, Fr 8.00–12.00 Uhr. Bei Veranstaltungen können Öffnungszeiten abweichen.)

Sein Name leitet sich von einem Treffen der Spanischen Liga her, einem Militärbündnis aus dem Dreißigjährigen Krieg. Seit den frühen 1660er Jahren trafen sich hier, in einem anspruchsvollen Gebäude der Spätrenaissance, die Kölner Ratsherren. Als Vertreter der rein katholischen Reichsstadt gehörten sie bis zum Ende der Reichsstadtzeit 1794 ausnahmslos der katholischen Konfession an. Mit der offiziellen Gleichstellung der religiösen Minderheiten wurden Anfang des 19. Jahrhunderts auch Protestanten in den Rat aufgenommen. Es dauerte allerdings noch einige Jahrzehnte, bis 1846 mit dem Bankier Abraham von Oppenheim der erste jüdische Kölner Mitglied des Rats wurde. Er ebnete als Vorkämpfer der politischen und bürgerlichen Emanzipation den Weg für die aktive Mitarbeit jüdischer Kölnerinnen und Kölner in der Kommunalpolitik.

In der Weimarer Republik waren Politiker jüdischer Religion oder jüdischer Herkunft in verschiedenen Parteien engagiert, so war der Jurist Bernhard Falk eine führende Persönlichkeit der linksliberalen Deutschen Demokratischen Partei und Georg Beyer Politiker der Sozialdemokratischen Partei. Zu nennen sind außerdem Louis Hagens Tätigkeit für die Zentrumspartei und Paul Silverbergs Eintreten für die rechtsliberale Deutsche Volkspartei. Seit 1921 trafen sich die Kölner Stadträte, die zu dieser Zeit Stadtverordnete hießen, in einem neuen Tagungssaal im Spanischen Bau. Hier bildeten sie

Ratssaal, um 1922

Die jüdische Kunsthistorikerin und Journalistin Luise Straus-Ernst (1893–1944), Ehefrau von Max Ernst, berichtete von ihrem Besuch im Spanischen Bau am 13. März 1933 bei einem Freund, der im Rathaus beschäftigt war: »Das Ergebnis der Reichstagswahlen erstaunte niemand mehr. Trotzdem fand in der Woche danach, die den Stadtratwahlen vorausging, noch eine Pressekonferenz im Rathaus statt, sogar in dem eigentlich nur bei ganz offiziellen Gelegenheiten benutzten Hansasaal mit seinen gotischen Täfelungen und den schönen strengen Holzstatuen biblischer Könige. Es war, als wollte der Oberbürgermeister uns und sich selbst beweisen, dass immer noch nichts verändert war. [...] Die Sitzung dauerte nur kurz. Als ich dann in meinen Mantel schlüpfen wollte, sprang jemand zu, mir zu helfen. Es war der Stadtrat, der uns am Rosenmontag in sein Haus eingeladen hatte. ›Tja, Frau Doktor‹, sagte er leise über meine Schulter, ›jetzt gibts keinen Karneval mehr.‹ [...]. Am Morgen nach der Stadtratswahl ging ich [...] ins Rathaus zu Jo. – Um vier Uhr früh hatten die Nazis den Oberbürgermeister Adenauer zum Rücktritt gezwungen. Das hatte schon in den Zeitungen gestanden. Aber ich wollte mehr wissen, vor allem sehen, ob Jo überhaupt noch da war. Er war noch da, ernst und gedrückt. ›Hast Du das schon gesehen?‹, fragte er mit verhaltener Stimme und führte mich ans Fenster. Das Büro lag in einem Anbau, sodass man über den Platz weg auf den Rathausturm sehen konnte, den schönen, stolzen, spätgotischen Turm, den die Kölner Bürger zum Zeichen ihrer Unabhängigkeit errichtet hatten. Hoch flatterte auf diesem Turm die Hakenkreuzfahne. ... Nein, ich wollte nicht weinen vor diesem Symbol unserer Niederlage. Ich kniff die Augen fest zusammen, sah scheu zu Jo hinüber. Dem liefen die Tränen übers Gesicht. ... Da weinten wir zusammen.«[5]

eine parteienübergreifende Mehrheit gegen die antisemitischen Angriffe und Eingaben der nationalsozialistischen Abgeordneten, sodass sich judenfeindliche Positionen unter Oberbürgermeister Konrad Adenauer bis 1933 nicht durchsetzen konnten. Doch unmittelbar nach der offiziellen Machtübernahme der Nationalsozialisten in Köln am 13. März 1933 wurden die aus politischen und rassistischen Gründen unerwünschten Stadträte aus ihrem Amt

Gedenktafel für die ermordeten Ratsmitglieder (neben dem Eingang zum Ratssaal), 2011

entlassen. Bereits seit Februar war die politische Opposition in Köln wie andernorts offenem Terror ausgesetzt.
Eine Gedenktafel neben dem Eingang zum Sitzungssaal im ersten Stock führt die Namen der elf Stadträte – fünf Kommunisten, fünf Sozialdemokraten und ein Zentrumsmitglied – auf, die während des Nationalsozialismus vertrieben oder ermordet wurden. Unter ihnen waren auch die SPD-Politiker Georg Beyer und Robert Ransenberg, die als politische Gegner des Regimes und wegen ihrer jüdischen Herkunft doppelter Verfolgung ausgesetzt waren.

Robert Ransenberg

Georg Beyer, geboren 1884 in Breslau, war Journalist und Kulturpolitiker. Nach einem Studium der Nationalökonomie und Geschichte arbeitete er von 1912 bis 1933 als Redakteur der sozialdemokratischen »Rheinischen Zeitung« in Köln und vertrat die SPD von 1919 bis 1933 im Stadtrat. Beschimpft als »Ostjude« und »Kulturbolschewist« wurde Beyer von den Kölner Nationalsozialisten schon vor 1933 massiv bedroht. 1933 musste er emigrieren. Beyer fand unter falschem Namen Zuflucht in einem südfranzösischen Kloster, wo er 1943 starb.
Robert Ransenberg, geb. 1876 in Celle, war Gewerkschafter und Politiker. Der gelernte Buchdrucker vertrat von 1919 bis 1933 die SPD im Stadtrat. 1924 bis 1933 war er Vorsitzender des Ortskartells des Allgemeinen Deutschen Gewerkschaftsbundes in Köln. Im Dezember 1941 wurde Robert Ransenberg mit seiner Familie nach Riga deportiert, von dort in das Vernichtungslager Treblinka verschleppt und ermordet.

Chanukka-Feier auf dem Rathausplatz, 1999

Chanukka-Feier auf dem Rathausplatz

Seit 1997 wird auf dem Rathausvorplatz mit der jährlichen Chanukka-Feier ein besonderes Fest begangen, zu dem die Kölner Synagogen-Gemeinde jeweils im Dezember einlädt. Ein großer Chanukka-Leuchter wird aufgestellt und im Beisein des Gemeinderabbiners und von Vertretern der Stadt eines der acht Lichter des Leuchters entzündet. Chanukka erinnert an den erfolgreichen Aufstand der Juden gegen die hellenistische Herrschaft und die Wiedereinweihung des zweiten jüdischen Tempels in Jerusalem im jüdischen Jahr 3597 (164 v. d. Z.). Nach einer Legende war für den Leuchter des Tempels nur noch ein kleiner Krug mit kultisch reinem Öl erhalten. Durch ein Wunder brannte dieses wenige Öl dennoch acht Tage; lang genug, um neues Öl herzustellen. Das Anzünden der Chanukka-Lichter wird seit einigen Jahren in verschiedenen deutschen Städten begangen, etwa in Berlin vor dem Brandenburger Tor oder in München auf dem Jakobsplatz. In London, Paris oder New York ist dieser Brauch schon lange üblich. Mit der Feier in Köln auf dem Rathausplatz greifen Synagogen-Gemeinde und Stadt Köln bewusst auf die jüdische Geschichte dieses Ortes zurück und stellen damit eine Kontinuität zwischen Vergangenheit und Gegenwart her. Darüber hinaus ist die Feier ein Versuch, jüdische Religion und Tradition auch den nicht jüdischen Kölnerinnen und Kölnern näherzubringen.

Wir gehen nun über die Portalsgasse zur Straße Unter Goldschmied und betreten den Innenhof der Wohnunlage »An Farina«.

9 Innenhof »An Farina«; Der Frauenbrunnen

Hier steht der Frauenbrunnen, der 1987 von der Keramikerin Anneliese Langenbach geschaffen wurde. Er trägt den Titel »Die Kölner Frauen im Wandel der Jahrhunderte« und zeigt zehn Relieffiguren, die – als typisierte Darstellungen – Kölner Frauen verschiedener Epochen verkörpern: von der Ubierin und der Römerin bis zur Kölnerin von heute. Eine der Figuren repräsentiert eine Jüdin und ist mit der Jahreszahl 1424 datiert, also mit dem Zeitpunkt der Vertreibung der jüdischen Einwohner aus Köln.

Frauenbrunnen

Zurück auf der Straße Unter Goldschmied folgen wir ihr in Richtung Dom bis zum Laurenzplatz, der linker Hand liegt. Die hier angrenzende Salomonsgasse bezieht sich übrigens nicht auf eine jüdische Persönlichkeit, sondern ist möglicherweise die Umdeutung der Bezeichnung Salmenack für ein Haus, das an dieser Stelle stand.[6]

10 St. Laurentius und das Judenschreinsbuch

Hier stand bis 1808 die Pfarrkirche St. Laurentius, an die eine Gedenktafel am Gebäude der Bürger-Gesellschaft erinnert. Die Pfarre St. Laurenz umfasste im Mittelalter die umliegenden Straßen und, rein räumlich, auch einen Großteil des jüdischen Viertels. Seit der ersten Hälfte des 12. Jahrhunderts wurden für den gesamten Bezirk der Pfarre sogenannte Schreinskarten und -bücher geführt, in denen man alle Liegenschaftsgeschäfte schriftlich festhielt, einschließlich der Grundstücksgeschäfte im jüdischen Viertel. Für die Zeit von etwa 1230 bis 1347 gab es sogar ein eigenes Judenschreinsbuch, dem zahlreiche hebräische Urkunden beigefügt wurden. Damit stellt es die bedeutendste Sammlung hebräischer Urkunden des 13. und 14. Jahrhunderts für den deutschen Raum dar.

Judenschreinsbuch

Eintrag im Judenschreinsbuch vom 28. März 1287: »Wir Endesunterzeichneten bezeugen: Herr Elasar, Sohn des Herrn Uri Halevi, und sein Weib Frau Pura, Tochter des Herrn Elasar aus Bonn, haben einen Theil des ihnen gehörigen Hauses, das im Judenviertel steht und sich zwischen der Straße, genannt Engergasse, und dem Hochzeitshause befindet, mit dessen Hofe, aus ihrem ganzen Besitze, nämlich ein Siebentel des Ganzen, an die Brüder Herr Joseph und Herr Alexander, die Söhne des Herrn Jakob, im vollständigen, völlig übergebenen Verkaufe veräussert. Jetzt gehört ihnen das Haus gänzlich mit Ausnahme des darin befindlichen Siebentels. Was wir wissen und vor uns geschehen ist, haben wir am 11. Nissan des Jahres 47 nach der Kleinen Zählung im sechsten Jahrtausend niedergeschrieben und unterzeichnet. Jakar, der Bescheidene, Sohn des Rabbiners Herrn Samuel Halevi seeligen Andenkens.«[7]

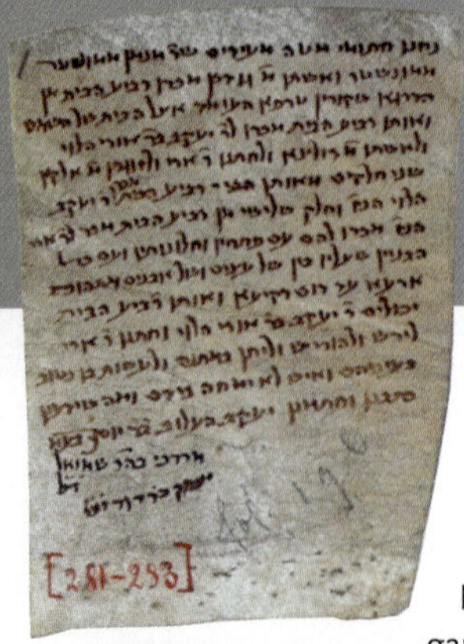

Dokumente aus dem Judenschreinsbuch

Aufgrund dieser umfangreichen Quellen lassen sich nicht nur Besitz- und Wohnverhältnisse der Kölner Juden, Biographien einzelner Personen und ganze Familiengeschichten rekonstruieren, es ist auch dokumentiert, wie sich das Verhältnis zwischen christlichen und jüdischen Nachbarn entwickelte. Um 1135 gab es etwa 30 Häuser jüdischer Eigentümer, in denen weniger als 300 Personen wohnten. Bis 1340 stieg die Zahl der jüdischen Bewohner auf rund 800 Personen an, die in 75 Häusern und Hofstätten lebten. Obwohl Juden zumeist nur innerhalb ihres Viertels Besitz und Wohnraum erwerben durften, war das Viertel bis zum 14. Jahrhundert keineswegs strikt von den Straßen und Wohnungen der christlichen Einwohner getrennt, sondern befand sich in einem dynamischen Entwicklungsprozess. Für das 12. und 13. Jahrhundert verbürgen die Schreinsbücher zudem ein relativ einvernehmliches Miteinander von Christen und Juden. Dies lässt sich am hohen Anteil der gemeinsamen Rechtsgeschäfte, ihrer gleichberechtigten Abwicklung und der Gleichrangigkeit von

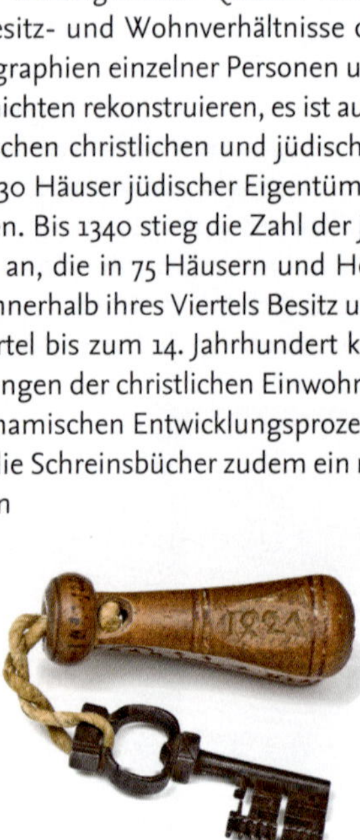

Der Schlüssel mit hebräischer und deutscher Beschriftung verschloss vermutlich den Kasten, in dem das Judenschreinsbuch aufbewahrt wurde.

lateinischer und hebräischer Rechtskultur ablesen. Aus der Nähe christlicher und jüdischer Häuser ergaben sich außerdem gemeinsame Interessen und gelebte Nachbarschaftsbeziehungen. So einigte man sich über Nutzungsrechte benachbarter Grundstücke und teilte eine Kloake sowie die Kosten ihrer Reinigung. Die Bürger der Pfarre St. Laurentius und die Bewohner des jüdischen Viertels verteidigten die mittelalterliche Stadtmauer 1106 und 1180 Seite an Seite vor feindlichen Angriffen. Im späten 13. Jahrhundert, so zeigen die Schreinsbücher, verschlechterten sich die Beziehungen jedoch. Der Erwerb von Grundbesitz durch Juden wurde eingeschränkt, und das jüdische Viertel musste sich aus Gründen der Sicherheit stärker von seiner Umgebung abschließen. Die Türen und Fenster jüdischer Häuser, die auf die Straßen christlicher Bewohner führten, wurden nun zum Teil mit Holzpfosten verbarrikadiert, die Pforten zum Viertel nachts durch die jüdische Gemeinde selbst verriegelt. Zwei Jahre vor dem Pestpogrom 1349 bricht die Überlieferung der Schreinsbücher ab, ein drohender Vorbote des Kommenden. Das Judenschreinsbuch, ein unschätzbares Zeugnis Kölner jüdischer Stadtgeschichte, gehörte zu den wenigen Dokumenten, die beim Einsturz des Historischen Archivs der Stadt Köln im März 2009 nicht verschüttet wurden – es ist unversehrt erhalten geblieben.

Einer der bedeutendsten Wissenschaftler zur Erforschung der mittelalterlichen Geschichte des kölnischen und rheinischen Judentums war der Kölner Rabbiner und Historiker **Dr. Adolf Kober** (1879–1958). In seinem 1920 veröffentlichten »Grundbuch des Kölner Judenviertels« erstellte er einen detaillierten Plan der Straßen und Hausparzellen des Viertels im Mittelalter, dessen Angaben im Wesentlichen bis heute gelten.

Detail aus dem Codex Maimuni

Vom Laurenzplatz sind es nur wenige hundert Meter bis zu unserer nächsten Station. Über den Roncalliplatz gelangen wir zum Haupteingang unter den Domtürmen.

11 Der Dom und das Judentum

In der Kölner Kathedrale sind zahlreiche mittelalterliche Darstellungen von Juden und konkrete Bezüge zur jüdischen Gemeinde Kölns zu entdecken. In ihnen manifestiert sich das ganze Spektrum des mittelalterlichen Verhaltens der Kirche gegenüber der jüdischen Bevölkerung: von Akzeptanz und Schutz bis zu Abwertung und Dämonisierung.

rechts: Blick zum Altar
unten: Grundriss des Doms mit den Haltepunkten

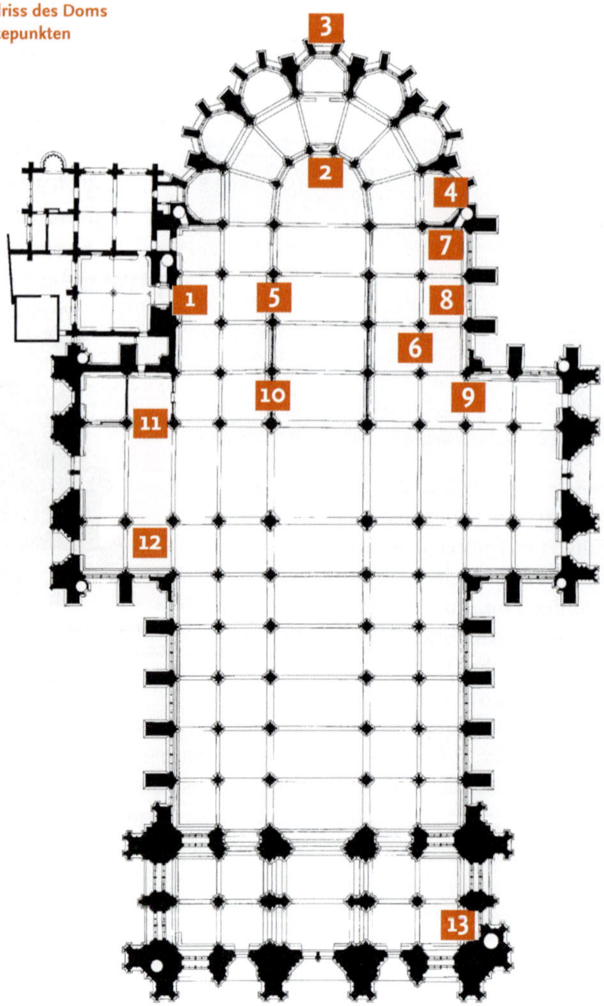

Öffnungszeiten des Doms
Nov. bis Apr.: Mo–So 6.00–19.30 Uhr, Mai bis Okt.: Mo–Do 6.00–21.00 Uhr. An hohen kirchlichen Feiertagen wie auch an Karneval gelten besondere Öffnungszeiten. Führungen durch den Innenraum sind beim Domforum, gegenüber dem Haupteingang des Doms, zu buchen.
Öffnungszeiten Mo–Do 10.00–12.00 Uhr, 13.00–15.00 Uhr
Fr 10.00–12.00 Uhr
Tel.: +49-(0)221/92 58 47-30

11[1] Das »Judenprivileg«

Durch den Haupteingang, das Petersportal, betreten wir nun den Dom und beginnen unseren Rundgang durch den riesigen Kirchenraum. Wir gehen durch das Mittelschiff, das fast 120 Meter lang und über 43 Meter hoch ist. Seine Gewölbe werden von zahlreichen Strebepfeilern und Strebebögen getragen, gedämpftes Licht dringt durch die farbigen Glasfenster. Unser Weg durch das Kirchenschiff führt unmittelbar auf den modernen Vierungsaltar zu. Links davon geht es an der Krypta vorbei in den mit einem schmiedeeisernen Gitter abgetrennten Chorbereich, dem ältesten Teil des Doms. Unsere erste Station befindet sich vor dem berühmten Gerokreuz links am Eingang zur Sakramentskapelle. Hier ist das »Judenprivileg« des Erzbischofs Engelbert von Falkenburg von 1266 angebracht. Die über zwei Meter hohe steinerne Urkunde in lateinischer Sprache formuliert das Schutzversprechen des Erzbischofs und die Rechte der Kölner Juden. Schon auf den ersten Blick fällt der gute Erhaltungszustand des Monuments auf. Sockel und abschließender Zinnenkranz wurden nach Entwürfen von Dombaumeister Arnold Wolff 1981 neu geschaffen. Wolff restaurierte zugleich die originale Sandsteintafel und ließ die Urkunde dann an dieser Stelle neu anbringen, nachdem sie an einem abgelegenen Standort fast in Vergessenheit geraten war.

Steinernes »Judenprivileg«, 1266

Ein kurzer Blick auf die mittelalterliche Rechtsgeschichte erklärt die Bedeutung des »Judenprivilegs«: Hatten die Juden im antiken Römischen Reich als gleichberechtigte Staatsbürger gegolten, so zeigte sich ihre Rechtsstellung im christlichen Mittelalter extrem eingeschränkt und war wechselnden Bedingungen unterworfen. Grundsätzlich stand dem König das Recht zu, Juden in seinem Gebiet zur Ansiedlung zuzulassen und von ihnen für dieses Recht hohe finanzielle Leistungen einzufordern. Dieses »Judenregal« konnte er jedoch an weltliche und geistliche Feudalherren übergeben und ihnen damit umfangreiche Einkünfte sichern. Auch der Kölner Erzbischof, der zugleich Kurfürst von Köln war, übte einen solchen »Judenschutz« aus. Damit stand ihm zu, Juden in sein Territorium aufzunehmen, die Bedingungen, unter denen sie dort leben sollten, festzusetzen

Zu Beginn des »Judenprivilegs« heißt es: »Wir, Engelbert, von Gottes Gnaden Erzbischof der heiligen Kölner Kirche, tun allen und auf ewige Zeit kund: Weil wir erfahren haben, dass die Juden in der Diözese Köln in eine ungünstige Rechtslage geraten sind und verschiedene Ungerechtigkeiten zu erleiden hatten, haben wir mit Zustimmung unseres Domkapitels und unserer Prioren sowie nach Beratschlagung mit unseren Gläubigern veranlasst, dass ihre alten Freiheiten, die unten aufgeführt sind, wiederhergestellt werden.«[8]

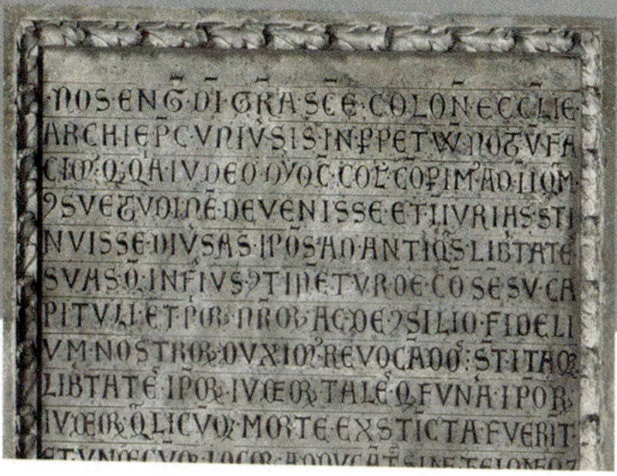

»Judenprivileg«, Detail

und sie für dieses Privileg zu besteuern. Mit dem Aufstieg der Stadt Köln zu einer konkurrierenden politischen Macht war der Kölner Erzbischof gezwungen, sein »Judenregal« gegenüber den Ansprüchen der Stadt zu verteidigen, da die Stadt den einträglichen »Judenschutz« für sich forderte. In diesem Zusammenhang ist auch die Darstellung seines »Judenprivilegs« in seiner Amtskirche, dem Dom, zu sehen, denn Erzbischof Engelbert zeigte so »allen und auf ewige Zeit«, wie es in der Urkunde heißt, dass ihm allein das »Schutzrecht« über die Juden zukam. Der Standort des »Judenprivilegs« im Dom weist aber auch darauf hin, dass sich die Situation der Kölner Juden seit der ersten Hälfte des 13. Jahrhunderts verschlechtert hatte und die zugesagten Rechte öffentlich gemacht werden mussten, um ihnen Gewicht zu verleihen.

Wie der Text detailliert formuliert, sicherte Erzbischof Engelbert den Kölner Juden zu, ihre »früheren Freiheiten« wiederherzustellen. Konkret gehörte dazu das ungehinderte Begräbnis der Toten auf dem jüdischen Friedhof, der sich im Süden vor der Stadt befand. Darüber hinaus wurde verboten, Todesurteile an Christen oder Juden auf dem Friedhof oder einem benachbarten Grundstück vollstrecken zu lassen – offensichtlich vorher eine gängige Praxis. Engelbert garantierte »seinen Juden« ferner die Sicherung ihrer wirtschaftlichen Verhältnisse, insbesondere die weitere Zulassung zu Geldgeschäften.

Trotz des steinernen Manifests im Dom setzte sich der Konflikt zwischen Stadt Köln und Kölner Erzbischof um das »Judenregal« in den folgenden Jahrzehnten fort. Für die jüdischen Einwohner bedeutete dies, dass sie schließlich an beide Obrigkeiten zu zahlen und den Anweisungen beider nachzukommen hatten. Der erste »Schutzbrief« der Stadt an die Kölner Juden wurde 1321 ausgestellt, finanziell belastet waren sie aber bereits zuvor. Das Jahr 1424 bildete schließlich den Endpunkt der Auseinandersetzung: Gegen Interesse und Votum des Erzbischofs entschied der Kölner Rat, alle Juden auf Dauer aus der Stadt zu vertreiben.

Unsere nächste Station ist das bekannteste Kunstwerk im Dom und der eigentliche Anlass für die Errichtung des gotischen Baus: der Schrein der Heiligen Drei Könige. Er ist in der äußersten Rundung des Binnenchors, genau auf der Mittelachse der Kirche, hinter dem Hochaltar aufgestellt.

11² Dreikönigenschrein

Die vom Altarraum aus zu sehende Vorderseite des Dreikönigenschreins entstand um 1200 und zeigt die Anbetung der Könige und die Taufe Christi

Der Bilderschmuck dieses größten und bekanntesten Reliquienschreins in Europa zeigt einige Darstellungen, die wir uns genauer ansehen wollen. Der Schrein entstand von circa 1190 bis 1220 in der Werkstatt des damals berühmten Goldschmieds Nikolaus von Verdun. Das Reliquiar sollte eine würdige Ruhestätte für die Gebeine der Heiligen Drei Könige darstellen, die der Kölner Erzbischof Rainald von Dassel 1164 von Mailand nach Köln gebracht hatte. Da die Reliquien immer mehr Pilger nach Köln zogen, wurde der alte karolingische Dom abgebrochen, mit dem Ziel, an gleicher Stelle eine Kirche

Darstellung der Geißelung Christi auf der Rückseite des Schreins
unten: Gesicht des linken Folterknechts

der Superlative zu errichten. Obwohl der 1248 begonnene Bau bis in das 19. Jahrhundert unvollendet blieb, wurde der Dom zu einem der meistbesuchten Wallfahrtsziele Europas.

Der Schrein ist mit einer Reihe von Darstellungen verziert, in denen die Heilsgeschichte von der Schöpfung bis zum Jüngsten Gericht erzählt wird. Die schmale Rückfront, vom Scheitelpunkt des Chorumgangs gut sichtbar, zeigt im unteren Teil die Geißelung und die Kreuzigung Jesu. Die beiden Folterknechte in der linken Hälfte tragen runde Hüte mit einem kleinen Knauf auf dem Scheitel und damit eine Kopfbedeckung, wie sie im Mittelalter zunächst Teil der jüdischen Tracht war und später zeitweise und in bestimmten Regionen für Juden vorgeschrieben wurde. Bereits das 4. Laterankonzil hatte 1215 beschlossen, dass Juden durch äußere Kennzeichen – einen spitzen »Judenhut« oder einen gelben Ring an ihrer Kleidung – von Christen unterschieden sein sollten.

In Köln wurde eine entsprechende Verordnung erst durch die Judenordnung von 1404 eingeführt, inwieweit sie allerdings im Alltag realisiert wurde, ist unbekannt. Während die spezielle jüdische Tracht in Abbildungen zunächst vor allem genutzt wurde, um dargestellte Personen als Juden identifizierbar zu machen, finden sich in der christlichen Kunst des 13. und 14. Jahrhunderts immer öfter abwertende Darstellungen von Juden. So auch am Dreikönigenschrein. Die beiden Männer im »Judenhut« zeigen karikaturhaft verzerrte Gesichtszüge und vermitteln damit eine deutlich negative Wertung. Der Schrein gilt als das früheste Beispiel antijüdischer Ikonographie, die die Physiognomie

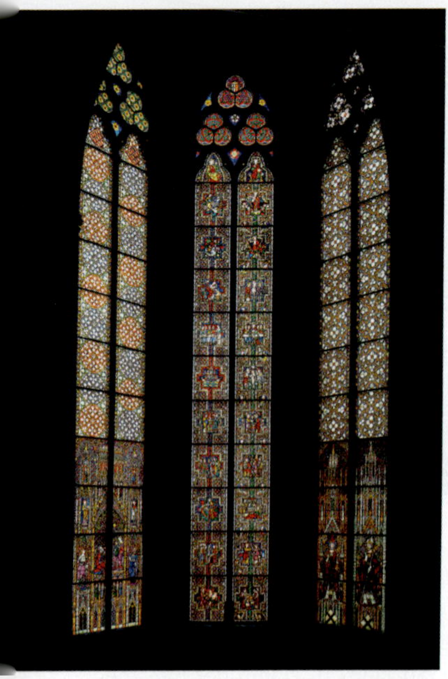

in herabsetzender Absicht einbezieht. Inhaltlich zeugt die Geißelszene ebenfalls von einer antijüdischen Haltung, indem die Juden – und nicht die römischen Herrscher – unmittelbar und allein für die Kreuzigung Jesu verantwortlich gemacht werden. Dieser Gottesmordvorwurf, der von der christlichen Kirche kollektiv gegen Juden erhoben wurde, begründete über Jahrhunderte die Abwertung und Verfolgung des Judentums.

Wenn wir uns vom Dreikönigenschrein umwenden, sehen wir vor uns die Dreikönigenkapelle.

11³ Das Ältere Bibelfenster

In dieser Achskapelle des Chorumgangs mit farbigen Boden- und Wandornamenten und meisterhaften Glasfenstern wurde der Schrein über Jahrhunderte aufbewahrt. Das Ältere Bibelfenster in der Mitte entstand um 1260. Es ist das älteste Fenster des Doms und zählt wegen seiner herausragenden Qualität zu den schönsten Kunstwerken der Kathedrale. Es zeigt die biblische Heilsgeschichte in einer Gegenüberstellung von jeweils zehn Szenen aus dem Alten Testament (links) mit Szenen des Neuen Testaments (rechts), wobei die Bilderfolge von unten nach oben verläuft. In zwei der linken Szenen sind Juden durch spitze »Judenhüte« gekennzeichnet: In der Darbringung Samuels im Tempel (5. Fenster von unten) werden Samuels Vater Elkana und ein Diener durch diese Kopfbedeckung als Repräsentanten des Alten Testaments gezeigt. Im Gastmahl Abrahams (7. Fenster von unten), das er und seine Frau Sara zur Feier der Abstillung ihres Sohnes Isaak gaben,

von oben nach unten: Fenster der Dreikönigenkapelle, in der Mitte das Ältere Bibelfenster, um 1260; darin: Darbringung Samuels im Tempel *(mitte)*; Gastmahl Abrahams *(unten)*

tragen die Frauen Hauben, wie sie der jüdischen Tracht entsprachen, die Männer »Judenhüte«.

Nach Verlassen der Dreikönigenkapelle gehen wir nach rechts weiter und erreichen die Stephanuskapelle, die letzte der sieben Kapellen im Chorumgang.

Jüngeres Bibelfenster in der Stephanuskapelle, um 1280; Detail: Aufrichtung der Ehernen Schlange *(unten links)*

11 4 Das Jüngere Bibelfenster

Hier befindet sich das 1280 entstandene Jüngere Bibelfenster, das ebenfalls mit parallelen Bildszenen Begebenheiten des Alten und Neuen Testaments kontrastiert. Es gehörte ursprünglich zur 1804 abgebrochenen Kölner Dominikanerkirche und wurde erst später an dieser Stelle eingesetzt. In einer der Szenen – die Aufrichtung der Ehernen Schlange – in der linken Bilderfolge (3. Bild von oben) sehen wir Moses und seinen Bruder Aaron mit Mützen, während die übrigen Juden spitze Hüte tragen. Keine dieser Abbildungen in den Bibelfenstern zeigt eine erkennbar judenfeindliche oder abfällige Tendenz.

An anderer Stelle im Dom gibt es jedoch eine Darstellung, in der die christliche Judenfeindschaft auf äußerst perfide Weise deutlich wird. Sie befindet sich im Binnenchor, dem umgrenzten Bereich mit Chorgestühl und Hauptaltar.

Die Aufrichtung der Ehernen Schlange wird als Gegenbild zum gekreuzigten Christus gezeigt. Das Motiv bezieht sich auf eine Erzählung des Alten Testaments, nach der Gott die Undankbarkeit des Volkes Israel bestrafte, indem er feurige Schlangen schickte. Nachdem Moses für sein Volk gebeten hatte, ließ Gott ihn eine ›Eherne Schlange‹ errichten, deren Anblick die tödlichen Schlangenbisse heilte. Die ›Eherne Schlange‹ wurde daher zum Zeichen der Rettung und ein Symbol für den gekreuzigten Christus.

11 5 Diffamierung der Juden im Chorgestühl

Der Binnenchor kann nur während einer Führung betreten werden. Auch im Mittelalter war er nicht frei zugänglich, sondern Erzbischof und Domkapitel vorbehalten. Durch das schmiedeeiserne Gitter kann man das hölzerne Chorgestühl sehen, in dem sich die Geistlichen des Doms zum Gebet versammelten. In den Schnitzereien dieses Gestühls am Mitteleingang der Nordseite, aus dem Chorumgang nicht einsehbar, sind zwei aggressiv-judenfeindliche Szenen abgebildet. Das linke Relief im reich verzierten Vierpassrahmen zeigt drei Personen, die durch spitze Hüte als Juden gekennzeichnet sind, in einer Variation des sogenannten »Judensau«-Motivs: Ein Jude hält eine Sau an den Vorderpfoten empor, ein zweiter füttert sie, und ein dritter saugt an ihren Zitzen. Juden werden damit in enger Verbindung zu einem Tier gezeigt, das in jüdischer Tradition als unrein gilt, mit dem jede Berührung vermieden wird und dessen Verzehr verboten ist. In der christlichen Ikonographie symbolisiert das Schwein zudem das Laster der Unmäßigkeit sowie den Teufel. Diese Verbindung von Judenkarikatur, Laster- und Teufelssymbolik, die im Lauf der Zeit immer drastischer ausgestaltet wurde, findet sich nur im deutschsprachigen Raum.

Mittlerer Eingang zum Chorgestühl an der Nordseite; rechts: beide diffamierenden Darstellungen

Verstärkt wird die antijüdische Aussage der Schnitzerei noch durch das benachbarte rechte Relief. Es kombiniert das »Judensau«-Motiv mit dem mittelalterlichen Ritualmordvorwurf, der Juden bezichtigte, christliche Kinder zu ermorden, um ihr Blut für geheime Rituale verwenden zu können. Gezeigt wird ein Jude, der eine Sau mit ihren Ferkeln aus einem Trog kippt. Neben ihm führt ein zweiter Jude einen Jungen an der Hand, der durch einen Heiligenschein als christlicher Heiliger zu erkennen ist. In die Randleiste sind die Buchstaben »WMART« eingekerbt, vermutlich als Hinweis auf den als Märtyrer verehrten Werner von Oberwesel. Sein Tod hatte 1287 zu einer Ritualmordhetze mit blutigen Pogromen im ganzen Rheinland geführt. Die aggressive Wirkungsmacht der »Judensau«-Darstellungen zeigt sich auch an vielen nachträglichen Beschädigungen des Reliefs; besonders in Mitleidenschaft gezogen wurden die Gesichter der dargestellten Juden.

Die Ritualmordlegende
Im christlichen Europa wurde der Ritualmordvorwurf gegen Juden erstmalig im 12. Jahrhundert erhoben. Meist waren unaufgeklärte Unglücks- oder Tötungsfälle der Anlass für die Verleumdungen, die häufig in Pogrome mündeten. Juden wurde dabei die Ermordung christlicher Kinder unterstellt, um ihr Blut für religiöse Rituale zu nutzen. Angeblich von Juden getötete Kinder wurden bis ins 20. Jahrhundert in der katholischen Kirche verehrt. Die Diözese Trier strich Werner von Oberwesel erst 1963 aus ihrem Heiligenkalender.

Eingang zum Chorgestühl;
links: »Judensaumotiv«,
rechts: Ritualmordmotiv

1998 und noch einmal 2002 machte der Münchner Aktionskünstler Wolfram P. Kastner auf die antijüdischen Darstellungen im Kölner Dom aufmerksam. Er beanstandete ihre unkommentierte Beibehaltung als mangelnde Aufarbeitung des kirchlichen Antijudaismus. Auch die Melanchthon-Akademie des Evangelischen Kirchenverbands Köln und Region forderte eine offensive Auseinandersetzung mit dem judenfeindlichen Erbe. Vorgeschlagen wurden etwa die Anbringung einer erklärenden Texttafel (wie am Wittenberger oder Regensburger Dom), die Entfernung des Motivs (wie in der Kölner Severinskirche) oder eine Kommentierung durch neue Kunstwerke. Die geistlichen Vertreter des Kölner Doms, die Dombauhüttenmeisterin und der Domarchivar lehnten diese Vorschläge mit dem Argument ab, dass die anstößigen Motive in ihrem künstlerischen Zusammenhang bleiben und nicht musealisiert werden sollten, zumal sie für die Öffentlichkeit ohnehin praktisch unsichtbar seien. 2006 lud die katholische Karl-Rahner-Akademie in Köln dazu ein, sich mit dem Thema zu beschäftigen. Die Ergebnisse der Tagung kann man in einer umfangreichen Edition des Zentral-Dombau-Vereins nachlesen. Hinweise oder Anmerkungen im Dom selbst blieben aus.

Wir gehen den Chorumgang weiter bis zur Marienkapelle.

116 Kannegießerbalken in der Marienkapelle

Kannegießerbalken, um 1410/20
in der Mitte: Der zwölfjährige Jesus im Tempel als Lehrer der vor ihm sitzenden Juden

In ungefähr drei Meter Höhe erkennen wir einen langen Balken, der als Tragfläche großer Kerzen diente. Er entstand um 1410/20 als Stiftung der Zunft der Kannengießer und war speziell der Verehrung Mariens gewidmet. Blickt man vom Kapellenraum auf den Balken, sieht man Szenen aus dem Leben Marias. Eine der Szenen zeigt den zwölfjährigen Jesus im Tempel als Lehrer der Juden, die durch ihre Hüte als solche gekennzeichnet sind. Belehrende Fingerhaltung wie der Sitz Jesu auf einem Podest demonstrieren symbolisch die Überlegenheit des Christentums gegenüber dem Judentum. Auf der anderen Seite des Balkens waren ursprünglich Szenen aus dem Leben des hl. Bischofs Nikolaus von Myra abgebildet, die ebenfalls jüdische Bezüge aufwiesen. Diese Darstellungen sind jedoch nur noch schemenhaft zu erkennen.

Stefan Lochner, Altar der Stadtpatrone, um 1442

117 Altar der Stadtpatrone

In engster Beziehung zur Vertreibung der Juden aus Köln steht das kunsthistorisch wichtigste Ausstattungsstück der Marienkapelle, der bereits erwähnte Altar der Stadtpatrone. Stefan Lochner schuf dieses bedeutendste Werk der spätgotischen Kölner Malerschule um 1442 im Auftrag des Stadtrats, und zwar speziell für die Ratskapelle St. Maria in Jerusalem auf dem Rathausplatz, zu der man die Synagoge nach der Vertreibung der Juden 1424 umfunktioniert hatte. Der Flügelaltar, der 1809 in den Dom gelangte, zeigt im Zentrum die Huldigung Marias und die Anbetung des Jesuskinds durch die Heiligen Drei Könige.

118 Skulpturen der Marienkapelle

Wichtiger Schmuck der Kapelle sind auch fünf kleine Sandsteinskulpturen, die um 1500 von dem Kölner Victor von Carben (1423–1515) gestiftet wurden. Von Carben, der ursprünglich Rabbiner war, trat zum Christentum über und wurde bald danach zum Priester geweiht. Die Figuren stellen die Heiligen Joachim und Josef, Barbara und Katharina dar, in der Mitte befindet sich eine Anna Selbdritt (Anna, Maria und

Anna Selbtritt, Konsole mit Stifterinschrift

Skulpturen des Victor von Carben in der Marienkapelle, Anfang 16. Jahrhundert

das Jesuskind). Auf den Konsolen der Skulpturen weist eine Inschrift auf den Stifter hin: »Victor sacerdos olim judeus«, Priester Victor, ehemals Jude.

Wenn wir die Kapelle verlassen und nach links weitergehen, erreichen wir linker Hand zwei etwas voneinander entfernt stehende, mit Figuren geschmückte Pfeiler.

11[9] Verkündigungsszene

Die beiden Skulpturen – links Maria, rechts ein Engel – bilden zusammen die Verkündigungsszene: Der Engel verkündigt Maria die Geburt eines Sohnes. Auch diese Figuren wurden von Victor von Carben gestiftet, der in einer knienden Figur neben dem Engel dargestellt ist. Victor von Carben veröffentlichte nach seiner Konversion eine Reihe von religiös-theologischen Schriften, die auch antijüdische Angriffe enthielten. In seinem 1508 in Köln veröffentlichten »Judenbüchlein« forderte er seine ehemaligen Glaubensbrüder und -schwestern zur Taufe auf. Er soll auch die Vertreibung der Juden aus Köln in einem Disput mit jüdischen Gelehrten vor dem Erzbischof von Köln verteidigt haben.

Wir wenden uns nun nach rechts und bleiben in der Vierung vor dem Altarraum stehen.

links: Hl. Maria
rechts: Verkündigungsengel, unten links: Die Darstellung des Stifters Victor von Carben

11[10] Silvesterlegende in den Chorschranken

Das Chorgestühl im Binnenchor wird von den Chorschranken umfasst, die als steinerne Wände den inneren Chor vom Chorumgang trennen. Die Wandflächen hinter dem Chorgestühl weisen figurenreiche Bemalungen aus dem 14. Jahrhundert auf, die in farbigen Bilderzyklen vom Leben einzelner im Dom besonders verehrter Heiliger erzählen. Die Bilder zur Silvesterlegende – von der Vierung aus gesehen links, gegenüber der Kanzel – widmen sich der Geschichte einer Bekehrung von Juden aus dem 4. Jahrhundert. Dargestellt wird ein Disput zwischen Christen und Juden um den wahren Glauben: Papst Silvester (314–335) wirbt so überzeugend für das Christentum, dass sich alle anwesenden Juden und Heiden, unter ihnen auch Helena, die Mutter Kaiser Konstantins, durch Silvester taufen lassen. Im Gegensatz zu dieser Legende waren in Antike und Mittelalter freiwillige Konversionen von Juden zum Christentum eher selten. Meist erfolgten sie aufgrund des massiven Drucks, den christliche Kirche und Gesellschaft auf die jüdische Bevölkerung ausübten, und manche »Bekehrung« wurde durch eine Zwangstaufe herbeigeführt. Um diesen drohenden Zwangstaufen zu entgehen, kam es immer wieder zu Selbsttötungen, so auch während der Pogrome von 1096 und 1349 in Köln.

Silvesterlegende auf den Chorschranken (zwischen 1332 und 1349): Taufe der Hl. Helena

Die Familie Oppenheim und die Vollendung des Doms

Wir lassen nun die Relikte des Mittelalters und der Frühen Neuzeit hinter uns und wenden uns Kunstwerken zu, die aus der Zeit stammen, als der Dom vollendet wurde. Rekapitulieren wir kurz: Zu Lebzeiten Victor von Carbens, im frühen 16. Jahrhundert, hatte sich der Dombau immer mehr verlangsamt, bis er um 1560 für mehrere Jahrhunderte ganz eingestellt wurde. In der ersten Hälfte des 19. Jahrhunderts jedoch bildete sich eine breite Allianz für die Vollendung des Baus – der Dom war nach den Befreiungskriegen gegen Napoleon und mit der Wiederentdeckung des Mittelalters durch die Romantik zum Ausdruck preußisch-deutschen Nationalgefühls geworden. Zugleich wurde er Symbol des im Rheinland erstarkenden Katholizismus sowie der wirtschaftlichen und politischen Kraft des Bürgertums, sodass sich für seine

Der unvollendete Dom, Ansicht von Südosten, um 1830 *rechts:* Simon von Oppenheim (1803–1880)

Vollendung schließlich Katholiken, Protestanten und Juden einsetzten. Nachdem man 1842 mit dem Weiterbau nach mittelalterlichen Plänen begonnen hatte, konnte der Dom 1880 eingeweiht werden. Die Baukosten übernahmen der preußische Staat und vor allem der Zentral-Dombau-Verein, der den Dombau entscheidend vorangetrieben hatte. In ihm hatten sich fast alle Gruppen der Kölner Bevölkerung, über soziale und konfessionelle Grenzen hinaus, engagiert. Zu den wichtigsten Mitgliedern des Vereins und kontinuierlichen Mäzenen des Dombaus gehörte die Bankiersfamilie Oppenheim. Abraham von Oppenheim, Stifter der Synagoge in der Glockengasse, war von 1842 bis zu seinem Tod Ehrenmitglied im Vorstand des Dombau-Vereins und, ebenso wie sein Bruder Simon (1803–1880), einer der größten Beitragszahler. Über diese stetige finanzielle Unterstützung des Dombaus hinaus verdankt der Dom auch einige seiner schönsten Fenster der Familie und dem Bankhaus Oppenheim.

Auch der Kölner jüdische Kaufmann Hartwig Lazarus Hellwitz (1788–1862) war ein Förderer des Dombaus

Insgesamt entstanden seit den 1840er Jahren bis 1880 in Quer- und Langhaus 28 vierbahnige Maßwerkfenster. Sie sollten in Struktur und Gestaltung den bereits vorhandenen Fenstern entsprechen und mit ihnen eine Einheit bilden. Die Fenster, die zum großen Teil von dem Kölner Maler Michael Welter

Blick zum Altar, um 1930
unten: Salomon-Fenster

(1808–1892) entworfen wurden, zeigten mehr als hundert Figuren. Finanziert wurden die Fenster durch eine Vielzahl von Mäzenen, unter ihnen der bayerische König, der die Unterstützung des Dombaus zur Ehrensache aller Deutschen erklärt hatte. Nur 52 der Figuren überstanden den Zweiten Weltkrieg, 28 von ihnen konnten nach dem Krieg wieder eingebaut werden. 24 Figuren allerdings waren stark beschädigt und wurden eingelagert, um sie nach und nach rekonstruieren und wieder einsetzen zu können.

Von unserem Standort in der Vierung geht es geradeaus weiter zum nördlichen Querhaus, wo wir zwischen den Ständern für die Opferkerzen halten. Hoch über der Schmuckmadonna befindet sich eines der Domfenster aus dem Jahr 1880, die von Mitgliedern der Familie Oppenheim gestiftet wurden, ihm auf gleicher Höhe gegenüber ein zweites. Betrachten wir zunächst das Fenster unmittelbar über der Madonna.

11[11] Salomon-Fenster

Auch wenn es von unten aus gesehen nur sehr klein erscheint, wirkt das mehr als 16 Meter hohe Glaskunstwerk eindrucksvoll. Es zeigt im oberen Teil ruhige, farblich zurückgenommene Ornamente, darunter vier Männerfiguren in prachtvoller Kleidung. Üppige, klare Farben verleihen den Darstellungen eine strahlende

Salomon-Fenster; von links: Jesaia, Josaphat, Salomon und Jesse *rechts:* Stifterinschrift im Salomon-Fenster *links:* Henriette von Oppenheim geb. Obermayer (1812–1885)

Aura. Abgebildet sind vier Persönlichkeiten des Alten Testaments – von links: Jesaia, Josaphat, Salomon und Jesse. Am unteren Rand sind neben den Wappenschildern der Oppenheims auch die Namen der Stifter, Simon und Henriette von Oppenheim, sowie der Anlass der Schenkung genannt: »Gestiftet am Tage ihrer goldenen Hochzeit, Köln den 19. October 1880.«

11[12] Fenster der Patriarchen

Gegenüber dem Salomon-Fenster befindet sich die zweite große Fensterstiftung der Oppenheims. Es ist eine Schenkung von Charlotte von Oppenheim geborene Beifus, die das Fenster dem Andenken an ihren 1878 gestorbenen Mann Abraham, den Stifter der Synagoge in der Glockengasse, widmete. Auch dieses Fenster stellt Personen des Alten Testaments dar: (von links) die Patriarchen Judas, Jakob, Isaak und Abraham. Beide Fenster beziehen sich also auf das Alte Testament und erinnern damit an die gemeinsame Geschichte von Judentum und Christentum.

Salomon-Fenster und Fenster der Patriarchen gehörten zu den im Krieg stark beschädigten Kunstwerken, die lange auf eine Restaurierung warten mussten. Als man in Vorbereitung des Papstbesuchs in Köln anlässlich des

Fenster der alttestamentarischen Patriarchen, 1880; von links: Judas, Jakob, Isaak und Abraham
rechts: Stifterinschrift

Weltjugendtags 2005 auch an eine Wiederherstellung von Domfenstern dachte, sagte das Bankhaus Sal. Oppenheim jr. & Cie. eine umfangreiche Schenkung zu, durch die beide Fenster restauriert und 2004/05 wieder eingesetzt werden konnten.

Unsere letzte Station im Dom ist ein weiteres historisches Fenster, dessen Rekonstruktion bzw. Neugestaltung das Bankhaus finanzierte. Wir finden es links nahe dem Hauptportal in der südlichen Turmhalle.

11[13] Apokalypse-Fenster

Das Fenster gehört zu einem Bildzyklus, der insgesamt acht Medaillonfenster in beiden Turmhallen umfasste und 1884 fertiggestellt wurde. Die Bildreihe, gestaltet von dem Wiener Künstler Johannes Klein (1823–1883), schilderte in circa 200 farbenprächtigen Szenen die Geschichte der Welt von der Schöpfung bis zum Letzten Gericht. Der Großteil des Zyklus wurde im Krieg zerstört, erhalten blieben jedoch die Originalentwürfe und Farbskizzen. Seit 1994 wurden die zerstörten Fenster mit der finanziellen Unterstützung verschiedener Stifter in der Glaswerkstatt der Dombauhütte nach und nach entsprechend den ursprünglichen Plänen neu angefertigt. Seit 2010 sind wieder alle

Apokalypse-Fenster in der Südturmhalle, Detail: Der todbringende Reiter

Turmhallenfenster zu sehen. Das Bankhaus Sal. Oppenheim übernahm die Kosten für die Rekonstruktion des Fensters, auf dem in 28 Medaillons Bilder aus der Apokalypse – der Offenbarung des Johannes – dargestellt sind. Das Fenster konnte 2008 eingesetzt werden. In der untersten Bildreihe des Fensters zeigen zwei Felder die Bedeutung der Familie und des Bankhauses Oppenheim für Köln, die Stifterzeile weist ausdrücklich auf die lange und enge Beziehung der Oppenheims zum Dom hin.

Wir verlassen den Dom durch den Hauptausgang und wenden uns nach rechts in Richtung Rhein. Der Blick fällt dabei auf das Gelände des Hauptbahnhofs, die Hohenzollernbrücke und den runden Hochhausturm in Deutz. Rechter Hand am Fuß des Domchors liegt der Domherrenfriedhof, der Begräbnisplatz für die Geistlichen der Kirche. Wir gehen einige Stufen zum Friedhof hinab und halten vor dem Gitter zum Friedhof.

Ein Bildfeld des Apokalypse-Fensters zeigt vier Kölner Bauten, die mit Unterstützung der Familie Oppenheim gebaut wurden; von links im Uhrzeigersinn: Glaspalast der Flora, Dom, Kinderkrankenhaus in der Buschgasse, Synagoge in der Glockengasse

Herstellung des Apokalypse-Fensters in der Glaswerkstatt der Dombauhütte und Einsetzung in der Südturmhalle, 2008

12 Wasserspeier

Wasserspeier in Form einer »Judensau« am Pfeiler des Chors, um 1280

Wenn wir den Blick nun am Pfeiler rechts neben der Figur des gekreuzigten Jesus emporsteigen lassen, erblicken wir am Abschlussgesims der Achskapelle eine weitere »Judensau«-Darstellung. Das auf den Hinterbeinen hockende Schwein ist mit bloßen Augen gut zu erkennen, kaum sichtbar ist jedoch die kleine männliche Figur, die an ihren Zitzen saugt. Der Wasserspeier wurde vermutlich um 1280 am Dom angebracht und stammt damit aus einer Zeit, als das Motiv der »Judensau« an zahlreichen Kirchenfassaden erschien. Wasserspeier wurden im Mittelalter

generell oft als Phantasiewesen mit dämonischen Fratzen gestaltet, um so an der äußeren Architektur der Kirche das Böse im Gegensatz zum christlichen Heil des Kircheninneren zu verkörpern. Die zunehmende Nutzung dieser deutlich sichtbaren Bauelemente zur Diffamierung des Judentums bezeugt damit nochmals den sich verstärkenden kirchlichen Antijudaismus des späten 13. Jahrhunderts.

Von hier aus sind es nur wenige Schritte zu einem der schönsten Museen Kölns, dem Museum Ludwig, das 1986 vom Kölner Architektenbüro Peter Busmann und Godfrid Haberer errichtet wurde.

13 Heinrich-Böll-Platz; Ma'alot

Blick vom Beginn der Eisenschiene auf die Skulptur des Ma'alot

Dass sich Köln hier, zwischen Dom, Museum Ludwig und Rhein, einmal von seiner großstädtischen Seite zeigen kann, ist in erster Linie dem israelischen Künstler Dani Karavan zu verdanken, der den vor dem Museum liegenden Heinrich-Böll-Platz spannungsvoll gestaltete. Sein Gesamtkunstwerk Ma'alot (hebr. Stufen, Aufstieg oder auch Wallfahrt), das genau auf die topographischen Eigenheiten des Ortes zugeschnitten ist, wollen wir als letzte Station unseres Rundgangs erkunden. Anzumerken ist, dass sich das Kunstwerk schon seit Längerem in einem desolaten Zustand befindet; um es dauerhaft zu erhalten, wäre eine Restaurierung dringend notwendig.

Ausgangspunkt unserer Erkundung ist eine Eisenplatte, die im Boden vor dem Museumseingang liegt. Die in die Platte eingekerbten Zahlen geben die Maße an, auf denen das mathematisch ausgeklügelte Kunstwerk, das mit Zahlen, ihrer Beziehung zueinander und ihrer symbolischen Bedeutung spielt, beruht. Das zugrunde liegende Modul (0,90 Meter) entspricht der Achsbreite der vertikalen Fassadengestaltung des Museums. Der mit diesem Maß in Beziehung gesetzte Wert 6 wird immer wieder aufgegriffen: Sechs aneinandergelegte Eisenbahnschienen teilen den aus hellen Granitplatten bestehenden Streifen, der von der Eisenplatte zu dem sechsstufigen Turm am Ende des rot gepflasterten Platzes führt. Sechs Kreise zählt auch die Bodenskulptur aus grauem Granit und schwarzem Gusseisen vor dem

Museumscafé auf halbem Weg zum Turm. Sechs Akazien sind entlang einem roten Ziegelbau, gegenüber dem Museum Ludwig, angepflanzt. Ein Schild an diesem Gebäude nennt die Materialien des Kunstwerks: Granit, Gusseisen, Ziegelsteine, Eisen und Schienen, Gras und Bäume.

Das Kölner Kunstwerk **Ma'alot** gehört zu einer Reihe großräumiger Projekte des vielfach ausgezeichneten Bildhauers und Objektkünstlers **Dani Karavan** (geb. 1930 in Tel Aviv). Seine zur »Environment-Kunst« oder »Land Art« gehörenden Arbeiten, die sich oft mit Erinnerung und Gedenken befassen, sind als begehbare Kunstwerke konzipiert. Sie verwenden die vorhandenen Strukturen einer Natur- oder Stadtlandschaft, der skulpturale Elemente hinzugefügt werden. Weitere Werke Karavans in Deutschland sind der »Garten der Erinnerung« in Duisburg, ein Park, in den aufgegebene Industriebauten einbezogen sind, die »Straße der Menschenrechte« in Nürnberg sowie ein Werk, das den Grundriss der im 16. Jahrhundert zerstörten Regensburger Synagoge als Bodenrelief nachzeichnet.

Zur Deutung des Ma'alot gibt es zwei Lesarten, die miteinander konkurrieren – oder sich ergänzen. Die erste Interpretation rückt den Dom als Wallfahrtsort in den Mittelpunkt und stellt eine Beziehung her zwischen Ma'alot (Stufen) und dem Shirei ha Ma'alot (Lied der Stufen), der Bezeichnung für die Psalmen 120 bis 134 des Alten Testaments. Diese auch als »Reise-« oder »Wallfahrtslieder« bezeichneten Psalmen sangen die Juden in hellenistisch-römischer Zeit zu verschiedenen Festen, an denen eine Wallfahrt nach Jerusalem unternommen werden konnte – vielleicht wurden sie beim Anstieg der Stufen zum Tempel gesungen. Bis heute sind die Lieder sowohl in der jüdischen wie der christlichen Tradition von großer Bedeutung.

Ein Bezug der »Stufenlieder« zum Dom liegt daher durchaus recht nahe. Von der Mitte des Heinrich-Böll-Platzes fällt der Blick nach links auf den Dom oder nach rechts auf den Rhein, über den im Mittelalter viele christliche Pilger zum Ziel ihrer religiösen Reise gelangten. Es mag sein, dass diese Wall-

oben: Kirche Maria ad gradus (Maria zu den Stufen), 1660
links: Stufenturm und Dom

fahrer ebenfalls die Stufenpsalmen sangen, während sie vom unterhalb gelegenen Rheinufer zum Dom emporstiegen. Bis ins 19. Jahrhundert passierten sie auf ihrem Weg hinauf die romanische Stiftskirche »Maria ad gradus« (Maria zu den Stufen), die 1827 abgebrochen wurde. Schaut man heute Richtung Westen durch Dani Karavans Stufenturm, fällt der Blick ungehindert auf den Domchor mit dem goldenen Kreuz als zentralem Fluchtpunkt.

Die zweite Interpretation setzt das Kunstwerk in den Rahmen jüngerer deutscher Geschichte und versteht es als Holocaustmahnmal. In diesem Verständnis symbolisiert der Stufenbau den Wachturm eines nationalsozialistischen Konzentrationslagers. Blickt man durch die Fensterschlitze des Turms Richtung Osten, liegt auf der anderen Rheinseite das Deutzer Messegelände, auf dem während der NS-Zeit verschiedene Lager

Blick auf Turm und Dom
rechte Seite: Blick durch den Stufenturm nach Deutz

eingerichtet waren, und auf den Deutzer Bahnhof. Die Eisenbahnschienen vor dem Stufenturm sind demnach eine Erinnerung an die Deportation der jüdischen Bevölkerung vom Bahnhof Deutz-Tief in die Ghettos und Vernichtungslager Osteuropas (siehe S. 299 ff.). Die sechs Stufen des Turms, die sechs Kreise im Boden und die sechs Akazien stehen in dieser Interpretation für die sechs Millionen europäischer Juden, die während der NS-Zeit ermordet wurden. Dani Karavan selbst lässt die Interpretation seines Werkes offen.

Das Kölner Ma'alot kann somit zur Welt des biblischen Judentums und zu gemeinsamen jüdisch-christlichen Traditionen führen oder als Mahnmal gelesen werden. Wie im Platz vor dem Rathaus sind damit auch im Raum zwischen Dom und Rhein verschiedene Aspekte der Kölner jüdisch-nicht jüdischen Geschichte verdichtet.

Psalm 121: »Ein Aufsteiggesang. Zu den Bergen hebe ich meine Augen: / woher wird meine Hilfe kommen? / Meine Hilfe kommt von Ihm her, / der Himmel und Erde gemacht hat. / Nimmer gebe deinen Fuß er dem Wanken, / nimmer schlummre dein Hüter! / Wohl, nicht schlummert, nicht schläft er, / der Hüter Jisraels. / ER ist dein Hüter, / ER ist dein Schatten über deiner rechten Hand. / Tags schlägt dich nicht die Sonne / Noch Mond bei Nacht. / ER hütet dich vor allem Bösen, / Hütet deine Seele. / ER hütet deine Ausfahrt und Heimkunft / Von jetzt an bis hin in die Zeit.«[9]

JÜDISCHES LEBEN IN KÖLN: VON DER WIEDERANSIEDLUNG 1798 BIS ZUR GEGENWART

Salomon Oppenheim**)	mit	23	Reichsthaler		
Samuel Cohen	„	9	„		
Wolf Cassel	„	9	„		
Joseph Mühlheim (Stern)	„	9	„		
Joseph Dahlen	„	9	„		
Herz Paris	„	6	„		
Samuel der Levite	„	5	„	24	Stüber
Anschel Wallerstein	„	5	„	24	„
Isaac Möderath	„	4	„	30	„
Samvil	„	4	„	30	„
Süßkind	„	4	„	30	„
Meyer Brüll	„	4	„	30	„
Abraham Holländer	„	4	„	30	„
Wolf Weßlinger	„	4	„	30	„
Moses Frankfurt	„	4	„		
Kaufmann Heidelberg	„	3	„		
Elias von Bochum	„	3	„		
Nathan Neuwied	„	3	„		

Der Neuanfang

Nach der Vertreibung der jüdischen Einwohner Kölns 1424 verließen viele von ihnen die Region ganz, andere siedelten sich im Umland an, etwa auf rechtsrheinischem Gebiet: in Mülheim, das zum Herzogtum Berg, oder in Deutz, das zum Kurfürstentum Köln gehörte. In diesen Territorien konnten Juden weiterhin leben, allerdings nur unter strikten Auflagen und in eng begrenzter wirtschaftlicher Tätigkeit (siehe Rundgang durch Deutz). Die Freie Reichsstadt Köln jedoch hielt jahrhundertelang am Niederlassungsverbot fest und erlaubte Juden das Betreten der Stadt lediglich für Stunden oder wenige Tage.

Erst mit der Besetzung des Rheinlands durch die Franzosen Ende des 18. Jahrhunderts trat eine entscheidende Wende ein. Nachdem das revolutionäre Frankreich seinen jüdischen Einwohnern schon 1791 alle bürgerlichen Rechte zugesprochen hatte, wurden diese Rechte 1798 auf die jüdische Bevölkerung der eroberten Gebiete aus-

Salomon Oppenheim (1772–1828), in Bonn geboren, gründete dort 1789 ein Kommissions- und Wechselgeschäft, das er um 1800 nach Köln verlegte. Schon nach kurzer Zeit hatte sich Sal. Oppenheim jr. & Cie. zu einem bedeutenden Unternehmen entwickelt. 1822 erhielt Salomon Oppenheim, der auch intensiv an der Entwicklung der Rheinschifffahrt beteiligt war, als erster Jude in einem öffentlichen Amt, einen Sitz in der Kölner Handelskammer. Innerhalb der jüdischen Gemeinde nahm er eine führende Rolle ein und vertrat engagiert die Interessen der jüdischen Bevölkerung gegenüber französischen wie preußischen Behörden.

links: Die wichtigsten Steuerzahler der Kölner jüdischen Gemeinde um 1802
oben: Kuppel der Synagoge in der Glockengasse im Panorama Kölns, um 1861
rechts: Therese Oppenheim geb. Stein (1775–1842) führte nach dem Tod ihres Mannes das Bankhaus über viele Jahre

gedehnt. Damit fiel auch das Verbot der Niederlassung in Köln. Noch im selben Jahr erhielten die ersten jüdischen Zuwanderer, Joseph Isaac Stern und seine Frau Sara aus Mülheim, die Genehmigung der städtischen Behörden zur Ansiedlung in Köln, 1801 waren schon 18 jüdische Familien zugezogen. Diese kleine Gruppe gründete, fast vierhundert Jahre nach der Auflösung der mittelalterlichen Gemeinde, die erste Kölner jüdische Gemeinde der Neuzeit. Deren Vorsteher war der Kaufmann und Bankier Salomon Oppenheim. Kurz darauf konnte in der Glockengasse ein kleines Bethaus eingeweiht werden.

Die Gleichstellung der Juden war jedoch auch nach der Eingliederung Kölns und der Rheinlande in den preußischen Staat 1815 noch lange nicht erreicht; erst die Verfassung des Deutschen Reichs garantierte 1871 allen jüdischen Einwohnern volle politische und bürgerliche Rechte.

Die Gemeinde entwickelt sich

Immerhin jedoch hatten sich die wirtschaftlichen und gesellschaftlichen Möglichkeiten für Juden erweitert, sodass die jüdische Bevölkerung Kölns allmählich anwuchs. 1808 lebten 170 Juden in Köln, 1860 bei einer Gesamtbevölkerung von 120.000 Personen 2.300. Da die meisten von ihnen zunächst zu unteren Einkommensschichten zählten und viele arm waren, hatte die Gemeinde wenig finanzielle Möglichkeiten und sah sich weder in der Lage, einen eigenen Rabbiner noch eigene Einrichtungen zu unterhalten. Lange blieb die Kölner Gemeinde daher von der jüdischen Gemeinde in Bonn abhängig, und erst 1857 konnte ein

Mit der Berufung von **Dr. Israel Schwarz** (1828–1875) als Rabbiner hatte die Kölner Gemeinde eine außergewöhnliche Führungspersönlichkeit gefunden. Dr. Schwarz war selbst religiös konservativ orientiert, unterstützte jedoch Reformbestrebungen innerhalb der Gemeinde und nahm insgesamt eine zwischen Reformern und Orthodoxen vermittelnde Haltung ein. Während seines Rabbinats vollzog sich die Neuorganisation der Gemeinde sowie der Aufbau religiöser und karitativer Einrichtungen.

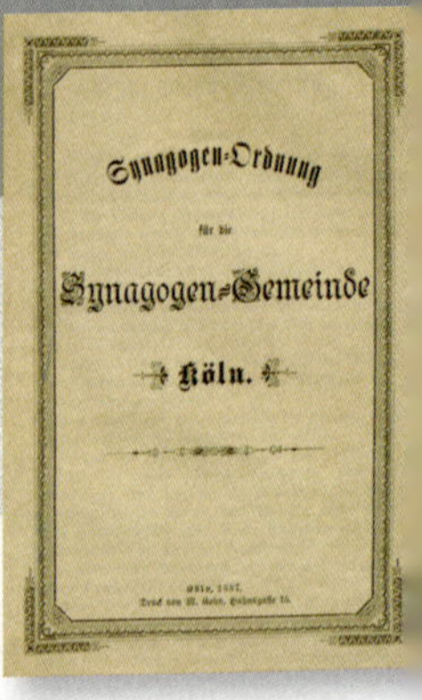

oben: **Briefkopf der Kölner Gemeinde, 1859**
rechts: **Satzung der Synagogen-Gemeinde, 1887**

erster Rabbiner eingestellt werden. Wenige Jahre später kam es zu einer grundlegenden Reform der Gemeindeorganisation, die 1861 zu einer staatlich anerkannten Verfassung und dem Recht, Kultussteuern einzuziehen, führte. Zugleich entstand in der Glockengasse eine neue, repräsentative Synagoge.

Damit waren die Grundlagen für die weitere Entwicklung geschaffen. 1885 hatte Köln schließlich bei insgesamt 145.000 Einwohnern 5.300 jüdische Einwohner, die 3,3 Prozent der Bevölkerung ausmachten, den höchsten Anteil, den die jüdische Bevölkerung in Köln je erreichen sollte. Auch die soziale Struktur der Gemeinde änderte sich. Da viele Juden in das Bürgertum aufsteigen konnten, gab es um 1900 einen breit gefächerten jüdischen Mittelstand sowie einen kleinen Kreis von Familien, die zur wirtschaftlichen Elite

oben: Salon der Bankiersfamilie Simon von Oppenheim, Am Domkloster 1, um 1870
darunter: Mitgliedskarte des 1849 gegründeten Israelitisch-religiösen Wohltätigkeits-Vereins, 1908
links: Metzgerei Ehrlich, Follerstr. 77–79, 1910

Kölns gehörten. Eine neue Gruppe meist sehr armer Juden kam seit Ende des 19. Jahrhunderts nach Köln. Es waren Zuwanderer aus Osteuropa, die Zuflucht vor Not und Verfolgung in ihren Heimatländern suchten und um 1925 schließlich ungefähr ein Fünftel der jüdischen Einwohner ausmachten.

Der soziale Aufstieg der Juden vollzog sich gleichzeitig mit der Entwicklung Kölns zur modernen Handels- und Industriemetropole, deren Bevölkerung in rasantem Tempo anwuchs. Nach dem Abbruch der mittelalterlichen Stadtmauer in den 1880er Jahren wurden Ringstraße und Neustadt angelegt und umliegende Ortschaften eingemeindet. Einen beträchtlichen Anteil an diesem Aufschwung der Wirtschaft hatten jüdische Unternehmer mit Fabriken, Warengroßhandlungen, Banken und Kaufhäusern, vor allem

aber auch mit einer Vielzahl von kleinen Läden und Gewerbebetrieben. Eigene jüdische Wohn- oder Geschäftsviertel gab es weder innerhalb der Stadtmauern des alten Köln noch in den durch die Stadterweiterung entstehenden Gebieten. Die jüdischen Kölnerinnen und Kölner lebten als enge Nachbarn ihrer nicht jüdischen Mitbürger im gesamten Stadtgebiet.

Religiöse Orientierungen

Schon um 1860 hatten sich im Kölner Judentum unterschiedliche religiöse Richtungen ausgebildet, die sich allmählich weiter voneinander entfernten. Während eine liberale Mehrheit zu Reformen des Gottesdienstes und zur Aufgabe als altmodisch empfundener Gebräuche bereit war, blieben die Anhänger der Orthodoxie der Tradition verpflichtet. Sie schlossen sich zur Gemeinde Adass Jeschurun zusammen und errichteten 1884 in der St.-Apern-Straße eine eigene Synagoge. 1899 konnte in der Roonstraße eine dritte Synagoge eingeweiht werden, die bald zum Zentrum des

oben: Festschrift des 1819 gegründeten Israelitischen Wohlthätigkeits-Vereins, 1889
rechts: Siegerurkunde des Jüdischen Turnvereins ITV, 1931
unten: Kölner Adressbuch 1910
darunter: Jüdisches Kindertagesheim, Blankenheimer Str. 55, 1930

Israelitischer Frauen-Verein e. V. Vorf.: Frau Geheimrat Auerbach, Mohrenstr. 35. ☎ 217875. Geschäftsf.: Rosi Karfiol, Hochstadenstr. 26; Geschäftsstelle: Rubensstr. 33. ☎ 216517.

liberalen Judentums wurde. Darüber hinaus existierten Synagogen in einzelnen Vororten. Verstärkt wurde die Kölner Orthodoxie durch die osteuropäischen Zuwanderer, die sich zu Gebet und Gottesdienst auch in eigenen kleinen Betsälen trafen.

Jüdische Einrichtungen

Mit dem Anwachsen der Gemeinde entstand – neben dem breiten Spektrum der Kölner katholischen, evangelischen wie überkonfessionellen Einrichtungen – eine Vielfalt jüdischer Vereine und Organisationen. Ende der Weimarer Republik gab es schließlich rund 60 jüdische Organisationen und Institutionen: Sport- und Jugendvereine, religiöse, kulturelle und karitative Vereine, Kinderheime und Kindergärten, ein jüdisches Krankenhaus mit Altersheim und ein Lehrlingsheim. Viele dieser Einrichtungen leisteten wichtige Beiträge zum Wohlfahrtswesen der Stadt. Zugleich hatte sich ein eigenes jüdisches Schulwesen herausgebildet. 1918 wurde im Vorort Bocklemünd auch ein neuer, großer Begräbnisplatz eingerichtet, der den bisherigen jüdischen Friedhof in Deutz ersetzte.

unten: Orden des Kleinen Kölner Karnevalsklubs, 1928
links: Aus dem Nachlass von Hans Tobar (1888–1956)

Viele jüdische Kölnerinnen und Kölner waren begeisterte Karnevalisten, manche traten den Karnevalsgesellschaften bei und übernahmen hier auch verschiedene Ämter. Der bekannteste jüdische Karnevalist und Kleinkünstler war Hans Tobar, der bis 1933 zwei Jahrzehnte lang mit seinen Auftritten große Erfolge feierte. 1922 entstand mit dem Kleinen Kölner Karnevalsklub KKK ein eigener jüdischer Verein, der sich innerhalb des Karnevals zunächst etablieren konnte. Schon während der Weimarer Republik machten sich jedoch auch im Kölner Karneval antisemitische Strömungen bemerkbar. Verschiedene Vereine – so die Ehrengarde der Stadt Köln und die Roten Funken – ließen Juden nun nicht mehr als aktive Mitglieder zu. Nach der Machtübernahme der Nationalsozialisten wurden Juden schließlich aus allen Karnevalsvereinen ausgeschlossen. Bereits der Karnevalszug von 1934 führte einen Wagen mit antisemitischer Propaganda mit sich.

Weltanschauliche Einstellungen

In Köln lebten um 1925 circa 16.000 Einwohner jüdischer Religion, die 2,3 Prozent der Bevölkerung ausmachten. Für viele von ihnen war die Zugehörigkeit zum Judentum in den Hintergrund gerückt, sie waren »assimiliert« und hatten sich schon lange im Alltagsleben an ihre christliche Umgebung angepasst. Zahlreiche jüdische Männer und einige jüdische Frauen hatten einflussreiche Positionen in Politik, Wirtschaft, Wissenschaft und Kultur erreicht. Trotz eines erstarkenden Antisemitismus glaubten sich die meisten – als deutsche Patrioten und oft fest im Rheinland und in Köln verwurzelt – von ihrem Umfeld akzeptiert. Gesetzliche Gleichstellung und zunehmende soziale Chancen konnten aber nicht darüber hinwegtäuschen, dass es sowohl einen unterschwelligen als auch offenen Antisemitismus gab. Traditionelle Distanz zu Juden und religiös motivierte Judenfeindlichkeit wurden seit dem Ende des 19. Jahrhunderts von einem rassistisch begründeten Antisemitismus abgelöst, der sich auch in Köln in einzelnen Bereichen deutlich zeigte. Auf jüdischer Seite hatten sich daher schon früh Vereinigungen gebildet, die den antisemitischen Strömungen entgegentraten und jüdisches wie deutsch-jüdisches Selbstbewusstsein stärken wollten, so 1888 die Rheinlandloge, um 1905 die Kölner Ortsgruppe des Central-Vereins deutscher Staatsbürger jüdischen Glaubens, 1920 die lokale Gruppe des Reichsbundes jüdischer Frontsoldaten.

Wimpel der Kölner Ortsgruppe des Reichsbundes jüdischer Frontsoldaten, Vorderseite und Rückseite, um 1925

Während des nationalsozialistischen Regimes

Die Kölner NSDAP hatte schon in den letzten Jahren der Weimarer Republik eine aggressive antisemitische Hetze betrieben. Unmittelbar nach der Machtübernahme der Nationalsozialisten im Januar 1933 setzte die systematische Entrechtung und Enteignung der jüdischen Bevölkerung ein. Einen ersten Schritt bildete der Boykott Anfang April 1933, mit dem die Verdrängung der Juden aus Wirtschaft und sozialem Leben begann.

In den folgenden Wochen und Monaten wurden die ersten Berufsverbote angeordnet und alle »nicht arischen« Beschäftigten aus Stadtverwaltung, Schulen und Universitäten, aus Theatern und Krankenhäusern entlassen. Weitere Beschränkungen folgten, sodass Juden schon 1934 aus vielen Bereichen der Erwerbstätigkeit und des Alltagslebens ausgegrenzt waren. Zugleich hatte unter der Bezeichnung »Arisierung« ein äußerst perfider Prozess der

In den Tagen um den 1. April 1933 organisierte das neue Regime im ganzen Deutschen Reich einen Boykott der Unternehmen jüdischer Eigentümer. Vorbereitet durch eine gezielte Hetzpropaganda, wurde der Boykott auch in Köln systematisch durchgeführt. Juden wurden misshandelt und beschimpft, vor jüdischen Geschäften, Betrieben, Rechtsanwalts- und Arztpraxen standen SA- und SS-Posten, die Ein- und Ausgehende bedrohten und schikanierten. Widerspruch vonseiten der nicht jüdischen Bevölkerung gegen diese Aktionen gab es nur sehr vereinzelt.

links: Eugen Szenkar (1891–1977), seit 1924 Generalmusikdirektor der Kölner Oper, wurde 1934 entlassen
rechts: Publikation zur »Arisierung« in Köln, 2004

Ausplünderung begonnen, in dem ihnen Vermögen, Firmen, Häuser und mobiles Eigentum entzogen wurden. Profiteure waren neben Staat und Stadt alle Kreise der Bevölkerung – letztlich bereicherten sich Zehntausende von Kölnerinnen und Kölnern an der Enteignung ihrer jüdischen Nachbarn, Geschäftspartner oder Konkurrenten. Nachdem die sogenannten »Nürnberger Gesetze« 1935 Juden von sämtlichen politischen Rechten ausgeschlossen hatten, setzte im Herbst 1938 eine neue Phase der Verfolgung ein. Ende Oktober wurde im Rahmen der im ganzen Deutschen Reich durchgeführten »Polenaktion« ein Großteil der in Köln ansässigen Juden mit polnischer Staatsangehörigkeit nach Polen ausgewiesen, einige Tage später zeigte der Pogrom vom 9. und 10. November 1938 unübersehbar die Brutalität des Regimes.

Der Kölner Lutz Kann, links, mit einer Gruppe Jugendlicher auf der Überfahrt nach Palästina, 1939

Während dem von Staat und Partei im ganzen Deutschen Reich organisierten Novemberpogrom, zynisch als »Reichskristallnacht« bezeichnet, wurde die jüdische Bevölkerung auch in Köln bedroht und angegriffen, ein Mann wurde erschlagen. Hunderte von Männern verhaftete man und verschleppte sie in das Konzentrationslager Dachau. Ohne Proteste vonseiten der Bevölkerung, teils mit ihrer Unterstützung wurden die Synagogen der Innenstadt wie der Vororte zerstört, jüdische Einrichtungen, Wohnungen und Geschäfte in allen Stadtvierteln verwüstet und geplündert. Nur in Einzelfällen fanden Juden Hilfe bei nicht jüdischen Nachbarn oder Bekannten.

Jüdische Kultusvereinigung
Synagogen-Gemeinde Köln e.V. Köln, den 11. Sept. 1941

An alle Juden in Köln.

Die Polizeiverordnung über die Kennzeichnung der Juden tritt Freitag, den 19. September 1941 in Kraft. Beginnend mit diesem Tage ist es verboten, dass sich Juden in der Öffentlichkeit ohne Kennzeichen zeigen.

Im Einzelnen wird auf die Veröffentlichung im "Jüdischen Nachrichtenblatt" vom 12.d.Mts. verwiesen.

Jeder Jude erhält zunächst nur ein Stück der Kennzeichen zum Preise von 10 Pfennig. Sobald weitere Stücke zur Verfügung stehen, ergeht neue Bekanntmachung.

oben: **Anweisung zum Tragen des »Judensterns«, 1941**
unten: **Zu einem der größten Ghettohäuser Kölns wurde das Gebäude der jüdischen Rheinlandloge, Cäcilienstr. 18–22**

Bereits seit 1933 waren viele Juden geflohen, andere waren in der Hoffnung auf ein baldiges Ende der Verfolgung geblieben. Als diese Hoffnungen durch den Pogrom zerstört waren, war für viele keine Auswanderung mehr möglich. Seit Ende 1938 und noch einmal verstärkt mit Kriegsbeginn im September 1939 erhöhte das Regime seinen Druck. Im Sommer 1941 schließlich ordneten die Behörden die Zusammenlegung der jüdischen Bevölkerung in einigen linksrheinischen Stadtvierteln an, wo sie in circa 270 sogenannten »Judenhäusern« ghettoisiert wurden. Einige Monate später, als in Köln noch 6.300 und in der Region 1.400 Juden lebten, wurde im Vorort Müngersdorf ein Sammellager eingerichtet, in dem man sowohl Juden aus Köln wie aus dem Umland inhaftierte. Im Oktober 1941 setzten die Deportationen ein. In sechs großen Deportationen wurden bis Mitte 1942 fast 6.000 Menschen von Köln aus in Ghettos und Lager in Osteuropa verschleppt. Weitere, kleinere Deportationen fanden bis Anfang 1945 statt. Kaum einer der Verschleppten überlebte die Lager.

Vom Ende der Verfolgung bis zur Gegenwart

Kurz nach der Befreiung des linksrheinischen Kölns im März 1945 fand sich in der weitgehend zerstörten Stadt eine kleine Gruppe von Juden zusammen – Menschen, die sich in einem Versteck hatten retten können, bald auch Überlebende der Konzentrationslager. Kurz darauf konstituierte sich eine neue jüdische Gemeinde, die nun im buchstäblichen Sinne vor den Ruinen ihrer Vergangenheit und vor einer völlig ungesicherten Zukunft stand. Von ihren vielfältigen Einrichtungen war nichts geblieben: weder Gebäude noch finanzielle Mittel. Auch personelle Kontinuitäten mit der Zeit vor der Verfolgung gab es kaum, da nur wenige der aus Köln deportierten Menschen überlebt hatten und nur wenige jüdische ehemalige Kölnerinnen und Kölner aus der Emigration zurückkehrten. Die Kölner Gemeinde der Nachkriegszeit war daher im Wesentlichen eine Gemeinschaft von Neukölnern, denen ein dauerhaftes Bleiben zunächst kaum vorstellbar schien. Trotz der fast unüberwindlichen Schwierigkeiten entwickelte sich sehr bald ein geregeltes Gemeindeleben mit zahlreichen Einrichtungen und Vereinen, die versuchten, den Überlebenden eine erste materielle Versorgung und den Halt einer Gemeinschaft zu geben.

Bundeskanzler Konrad Adenauer bei der Einweihung der Synagoge in der Roonstraße, 1959

Das Ende des NS-Regimes war nicht das Ende nationalsozialistischer und antisemitischer Gesinnung, sodass die Überlebenden der Verfolgung immer wieder bittere Erfahrungen machen mussten – etwa mit städtischen Behörden, in denen meist dieselben Beschäftigten tätig waren wie während der Zeit des Nationalsozialismus. Zudem mussten jüdische Organisationen wie Einzelpersonen sich in Auseinandersetzungen um die materielle Entschädigung für das erlittene Unrecht und Leid behaupten. Seit 1952 hatten Alliierte und die neu gegründete Bundesrepublik Deutschland verschiedene Abkommen für die »Wiedergutmachung« an Opfern des Nationalsozialismus vorgelegt, um so die Rückerstattung von Grundstücken und die Entschädigung für Einbußen an Leben, Gesundheit, Freiheit oder Vermögen zu regeln. Nur zu oft allerdings entsprach die reale Durchführung dieser Regelungen in keiner Weise den tatsächlichen Verlusten. Das Einklagen der gesetzlichen Vorgaben war für die Antragsteller in jedem Fall ein demütigender Prozess.

Parallel zur Wiedereinweihung der Synagoge in der Roonstraße 1959 gab Rabbiner Zvi Asaria eine umfangreiche Publikation zur Geschichte der Juden in Köln heraus. Der Entwurf zum Titelbild stammte von dem damals in Köln lebenden israelischen Künstler Ber Warzager (1912–1985)

Dennoch wurde Mitte der 1950er Jahre deutlich, dass die kleine jüdische Gemeinschaft nicht nur ein Provisorium war, sondern sich, wenn auch immer wieder zweifelnd, auf ein Bleiben in Köln einzurichten begann. Die Entscheidung zum Wiederaufbau der Synagoge in der Roonstraße ein Jahrzehnt nach Kriegsende war offensichtlicher Ausdruck dieser Zukunftsorientierung. 1959 konnte die Synagoge feierlich eingeweiht werden.

Synagoge in der Roonstraße, Blick auf den Tora-Schrein

In den folgenden Jahrzehnten wuchs die Kölner Gemeinde nur sehr langsam an, sodass sie noch Ende der 1980er Jahre nicht mehr als 1.300 Personen zählte und zudem stark überaltert war. Eine neue Entwicklung ergab sich erst seit 1990, als nach dem Zerfall der Sowjetunion viele Juden aus den ehemaligen Sowjetrepubliken als sogenannte »Kontingentflüchtlinge« nach Deutschland einwanderten. Im Jahr 2000 gehörten der Gemeinde schon über 3.000 Mitglieder an, 2011 sind es 5.000 Menschen, von denen etwa 80 Prozent aus Osteuropa stammen.

Die starke Zuwanderung bedeutete für die Gemeinde enorme organisatorische und finanzielle Probleme, da sie binnen kurzer Zeit spezielle Dienstleistungs- und Beratungsstellen schaffen musste, die den Bedürfnissen der Immigranten entsprachen und ihre Integration in Gemeinde und Gesellschaft unterstützten. Neben besonderen religiösen Angeboten entstanden

Papst Benedikt XVI. bei seinem Besuch in der Kölner Synagoge, 2005

Sprachkurse sowie zahlreiche Hilfsangebote für Wohnungs- und Arbeitssuchende. Insgesamt führte das Anwachsen der Gemeinde rasch zu Erweiterung und Gründung verschiedener Einrichtungen: 2003/04 wurde auf dem Areal des ehemaligen jüdischen Krankenhauses in Ehrenfeld das Jüdische Wohlfahrtszentrum eröffnet, 2004 und 2009 entstanden in den Stadtvierteln Porz und Chorweiler, in denen sich viele der Zugewanderten niedergelassen hatten, Begegnungszentren. Sie bieten den neuen Gemeindemitgliedern innerhalb ihres Wohngebietes einen eigenen religiösen, sozialen und kulturellen Mittelpunkt.

Im Gegensatz zur Situation in der Vorkriegszeit, als die überwiegende Mehrheit der Kölner Juden liberal orientiert war und die orthodoxen Gläubigen eine Minderheit bildeten, wird die heutige Gemeinde, wie die meisten Synagogen-Gemeinden in Deutschland, seit der Neugründung 1945 als orthodoxe Einheitsgemeinde geführt. In den letzten Jahren bietet die Gemeinde jedoch auch liberale Gottesdienste an.

In den 1990er Jahren bildete sich in Köln neben der orthodoxen Einheitsgemeinde eine liberal ausgerichtete Gemeinde. Diese Jüdische Liberale Gemeinde Köln – Gescher LaMassoret (hebr.: Brücke zur Tradition) setzt sich, so ihr Selbstverständnis, in »vollem Umfang für eine progressive Sichtweise des Judentums« ein und steht in der Tradition des seit dem 19. Jahrhundert in Deutschland entstandenen Reformjudentums. Die kleine Gemeinde, die eine eigene Synagoge in Köln-Riehl unterhält und seit vielen Jahren von Rabbiner Dr. Walter Rothschild betreut wird, konnte in wenigen Jahren ein aktives Gemeindeleben aufbauen.

Synagoge der liberalen Gemeinde in Köln-Riehl, 2011

Unser kurzer Blick auf die jüdische Bevölkerung Kölns und auf die heutige Synagogen-Gemeinde, der nach Berlin, Frankfurt a. M., München und Düsseldorf fünftgrößten jüdischen Gemeinde in der Bundesrepublik, zeigt eine wachsende, sich stetig weiterentwickelnde Gemeinschaft. Die Stadt Köln mit ihrer religiösen, kulturellen und ethnischen Vielfalt kann somit in Gegenwart wie in Zukunft auf ein aktives und bewusstes jüdisches Leben zählen.

TOUR 2 VON DER GLOCKENGASSE ZUM APPELLHOFPLATZ

Länge der Tour: ca. 2,3 Kilometer

1 Glockengasse/Seiteneingang der Oper; Synagoge und Gemeindezentrum bis 1938

Vor dem Zweiten Weltkrieg war die Glockengasse eine schmale, dicht bebaute Straße, an der Wohngebäude, Geschäftshäuser und das städtische Schauspielhaus lagen. Heute ist sie kaum mehr als eine Durchfahrtsstraße, die am Offenbachplatz und an den Opernpassagen vorbeiführt und keine Bauten aus der Zeit vor 1945 aufweist – auch das so original aussehende 4711-Haus ist ein Neubau aus den 1960er Jahren.

Eine Gedenktafel nahe dem Eingang der Oper erinnert daran, dass sich in dieser Straße von 1802 bis 1938 eines der wichtigsten Zentren des Kölner jüdischen Lebens befand – die erste Synagoge Kölns in der Neuzeit. Ihr Standort war allerdings nicht, wie häufig angenommen wird, an der Stelle der heutigen Oper, ihr Standort befand sich circa 40 Meter weiter, an der nördlichen Ecke des Offenbachplatzes und der Einmündung der Glockengasse in die Tunisstraße.

Nachdem sich 1801, einige Jahre nach der Wiederzulassung der Juden in Köln, eine jüdische Gemeinde gegründet hatte, mussten geeignete Räumlichkeiten für Gottesdienst und Verwaltung gefunden werden. Die Wahl fiel auf die leer stehenden Gebäude des Klosters St. Clarissa in der Glockengasse. Das Kloster war kurz zuvor im Rahmen der Säkularisation, der Einziehung des Kirchenbesitzes durch den napoleonischen Staat, in den Besitz der französischen Verwaltung gelangt. Von ihr mietete die jüdische Gemeinde einen Teil des Anwesens an, das neben einer kleinen Kirche verschiedene Wohn- und Wirtschaftsräume, dazu Hof und Garten umfasste. 1804 konnte sie es

BEZ.-
REG.
11
ZEUGHAUSSTR
BURGMAUER
14
ELISENSTR
12
APPELLHOFPLATZ
9
13
10
HELENENSTR
AUF DEM BERLICH
ST.APERN-STR
8
DUMONTSTR
TUNISSTR
BREITE
STRASSE
4
KOLUMBASTR
GLOCKENGASSE
1
2
OFFEN-
BACH-
PLATZ
3
OPER
BRÜCKENSTR
5
6
HERZOGSTR
RICHMODSTRASSE
7

mit finanzieller Unterstützung ihres wohlhabendsten Mitglieds, Salomon Oppenheim, erwerben. Die jüdische Gemeinde ließ Schulzimmer und Wohnräume für Gemeindeangestellte einrichten und im Hof, hinter dem an der Straße gelegenen Vorderhaus, ein Bethaus mit Mikwe bauen. Diese kleine Synagoge war ein bescheidener Bau mit einfacher Ausstattung und Sitzen für etwa 120 Personen. Seine Schlichtheit entsprach der finanziellen Situation der Gemeinde, die kaum Einkünfte und kein Vermögen besaß. Die Anstellung eines eigenen Rabbiners war daher lange Zeit nicht möglich, immerhin aber konnte man schon früh Lehrer und Kantor beschäftigen.

oben: Abraham von Oppenheim (1804–1878)
links: Charlotte von Oppenheim geb. Beifus (1811–1887)
unten: Dankschreiben der rheinischen Juden an Abraham von Oppenheim für seine Verdienste um die Emanzipation der Juden, 1847. Das Schmuckblatt wurde von dem jüdischen Kölner Maler und Lithografen David Levy Elkan (1808–1865) gestaltet

Abraham von Oppenheim (1804–1878) baute zusammen mit seinem Bruder Simon das Waren- und Geldgeschäft seines Vaters Salomon Oppenheim zu einer bedeutenden Bank aus, die vor allem in der Finanzierung des Eisenbahnbaus und der Schwerindustrie sowie der Gründung von Banken und Versicherungen engagiert war. Abraham von Oppenheim war der erste Jude in Preußen, der geadelt wurde, darüber hinaus auch der erste Jude als Mitglied des Kölner Stadtrats. In den Auseinandersetzungen der 1840er Jahre um die Gleichstellung der Juden in Preußen spielte er eine führende Rolle und vertrat 1847 die Interessen der rheinischen Juden als Deputierter vor dem Vereinigten Landtag in Berlin. In Köln gehörte er zu den wichtigsten Förderern des Dombau-Vereins und des Kunstvereins. Nach seinem Tod stiftete seine Frau **Charlotte geborene Beifus** der Stadt im Andenken an ihn – neben einem Fenster im Dom – ein Kinderkrankenhaus.

oben: Idealisierte Innenansicht der Synagoge Glockengasse, um 1861
rechts oben: Virtuelle Rekonstruktion der Kuppel und des Innenraums, 2000
links: Detail der Innengestaltung, 1867

Nachdem das Bethaus um die Jahrhundertmitte zu beengt und auch baufällig geworden war, erklärte sich 1856 der Bankier Abraham von Oppenheim bereit, den Bau einer neuen, »würdigen« Synagoge zu finanzieren. Der bisherige Gebäudekomplex konnte abgerissen und 1861 der Neubau eingeweiht werden. Mit dem Entwurf zum Synagogenbau hatte man den zu dieser Zeit renommiertesten Kölner Architekten, den protestantischen Dombaumeister Ernst Friedrich Zwirner, beauftragt.

Ernst Friedrich Zwirner wählte einen Baustil, der in Deutschland erstmals um 1840 von Gottfried Semper für die Dresdner Synagoge – hier nur für die innere Gestaltung – verwendet worden war und Elemente sehr unterschiedlicher Traditionen miteinander verband. Diese damals als »maurisch«, heute als neoislamisch bezeichneten Formen wurden in den folgenden Jahrzehnten zum maßgeblichen Stil deutscher Synagogenbauten. Er entstand aus dem Versuch, sich von der gotischen und romanischen Architektur der christlichen Kirchen abzusetzen und einen eigenen »jüdischen« Stil zu entwickeln. Dabei fügte man byzantinische, maurische und islamisch-ägyptische, in geringem Maße auch gotische und romanische Elemente zu einem als orientalisch empfundenen Stil zusammen, der auf die Herkunft der Juden aus dem Orient und die Blüte jüdischer Kultur während der Maurenherrschaft in Spanien verweisen sollte.

Da das Grundstück an der Glockengasse keinen frei stehenden Bau ermöglichte, musste die Synagoge in die Häuserzeile der recht engen Straße eingefügt werden. Auf quadratischem Grundriss entstand ein kompakter Würfel aus hellem Kalksandstein, der von horizontalen Bändern aus rotem Sandstein durchzogen war. Über diesem 360 Quadratmeter großen Kubus erhob sich ein mit vielen Fenstern durchbrochener Tambour, der eine kupferverkleidete Kuppel trug. Nach Norden zur Straße hin war die Front durch einen Vorsprung sowie ein dreigeteiltes Fenster mit einer darübergesetzten Rosette gegliedert. Zinnen und vier schlanke Türmchen in Form von Minaretten gaben ihr orientalische Akzente. Vor der Fassade lag eine niedrige Vorhalle, deren Zinnen und kleine Minarette diese Akzente verstärkten.

Blick auf Almemor und Galerien

Die Gestaltung des Innenraums mit Sitzplätzen für 230 Männer und 140 Frauen war von der Ausstattung der Alhambra in Granada beeinflusst und bot eine farbenfrohe Ornamentik in Blau, Rot und Gold. Kuppel und Gewölbe waren als sternenbesetztes Firmament gestaltet, Stuckarbeiten und arabeskenartige Malerei zogen sich über alle Wandflächen, Pfeiler und Geländer, sodass sich eine prachtvolle Einheit ergab. Der aus weißem italienischem Marmor gefertigte Tora-Schrein an der Ostseite wurde von zwei minarettähnlichen Säulen eingerahmt, die damit Elemente der Außenarchitektur aufgriffen. Im Halbrund des Schreins war der Spruch zu lesen: »Denn siehe, Finsternis bedeckt die Erde und Wolkendüster die Völker« (Jesaja 60,2). Über dem Schrein befand sich ein großes Rosettenfenster mit aufwendigem Sternenmuster, durch das ein vielfarbiges Licht in den Raum fiel. Der Almemor, von dem aus die Tora gelesen wurde, stand unmittelbar unterhalb der Kuppel und damit im Zentrum des einfallenden Lichts. An drei Seiten des Innenraums liefen zweigeschossige Frauenemporen entlang. Sie wurden von zierlichen, mit Bögen verbundenen Säulen aus Gusseisen gestützt und durch ornamentreiche Balustraden vom Hauptraum abgeteilt.

Dombaumeister Zwirner war mit dem Kölner Bau eine der schönsten Synagogen des 19. Jahrhunderts gelungen, ein nicht großes, doch eindrucksvolles und innerhalb des Stadtbildes exotisches Gebäude, in dem sich das neue Selbstbewusstsein der jüdischen Gemeinde ausdrückte.

Artur Joseph beschrieb die Atmosphäre des Gottesdienstes um 1910: »An der Wand gegen Osten, gen Jerusalem, unter den Gesetzestafeln befand sich der heilige Schrein, in dem die Thora-Rollen verwahrt waren, abgeschlossen durch einen Vorhang, der am Schabbat aus dunkelrotem Samt war, geschmückt mit einer aus Silberfäden gestickten Krone und einem hebräischen Spruch. An Feiertagen waren es hellroter Seidensamt und Goldfäden, während am Großen Versöhnungsfest – dem Jom Kippur – weiße, fließende Seide mit Gold dies Allerheiligste barg, das die eigentliche Mitte des Raums bildete. Die Thora-Rollen, die nach feierlicher, von Gesang und Gebeten begleiteter Öffnung dem Schrein entnommen wurden, waren mit Mänteln aus jeweils dem Vorhang entsprechendem Stoff bekleidet, und immer war es mein kindliches Entzücken, wenn ihre Kronen das Licht der Lampen widerspiegelten. Fast während des ganzen Gottesdienstes stand der Kantor beim Schrein, vorbetend und vorsingend, im würdigen Schwarz seines langen Talars und seines hohen Baretts, den weißen Tallit um die Schulter. Zuweilen wiegte er im Gesang den Körper vor und zurück oder blickte hinauf zu der Ampel mit dem Ewigen Licht, die über ihm schwebte. Rechts von ihm, an der Südwand, saß an seinem Pult der Oberrabbiner Dr. Ludwig Rosenthal, der ein Freund des Vaters war. Unser eigener Platz übrigens, der bereits dem Großvater gehört hatte, befand sich ebenfalls ungefähr in der Mitte des Raums, nahe dem ›Almemor‹, einem von Gittern umgrenzten und von Kandelabern flankierten Podium, zu dem in feierlichem Umgang die Schriftrollen zur Verlesung getragen wurden. Fenster aus farbigem Glas und sparsam verteiltes Licht zusammen mit der schweren, mit dunkelblauen und dunkelroten Feldern und Goldborten verzierten Ledertapete gaben dem Saal, der die Höhe eines Kirchenschiffes hatte, die dämmrige Stimmung, die zur Andacht ermutigt.«[1]

oben: Synagoge in der Glockengasse, um 1925
rechts: Synagoge nach dem Pogrom, 1938/39

Mehr als zwanzig Jahre lang blieb die Synagoge in der Glockengasse das einzige jüdische Gotteshaus der Stadt. Nach dem Bau der Synagogen in der St.-Apern-Straße und in der Roonstraße entwickelte sich die »alte« Synagoge, betreut von den Rabbinern Dr. Ludwig Rosenthal und Dr. Lazar Dünner, schließlich zum Mittelpunkt des konservativen Judentums.

1933 begann unter dem Druck des NS-Regimes der Niedergang des Gemeindelebens. 1938, zwei Jahre nach der Feier des 75-jährigen Bestehens, wurde die Synagoge während des Novemberpogroms in Brand gesetzt und

Der seit 1897 als Gemeinderabbiner in Köln tätige **Dr. Ludwig Rosenthal** (1870–1938) wurde in der Öffentlichkeit durch seine vielfältige literarisch-publizistische Tätigkeit bekannt. Von 1904 bis 1933 rezensierte er für die Kölnische Zeitung Neuerscheinungen der jüdischen Literatur, in zahlreichen Rundfunkvorträgen bot er Einblick in jüdische Geschichte und Kultur. Er starb im Juni 1938 in Köln, seine Frau **Johanna geborene Seliger,** die sich über Jahrzehnte sowohl im karitativen Bereich der jüdischen Gemeinde wie in der Frauenbewegung engagiert hatte, emigrierte wenig später zu ihrer Tochter nach Südafrika, wo sie 1943 starb.

zerstört. Kurz darauf mussten die verbliebenen Gebäudereste auf Anordnung des Kölner Regierungspräsidenten abgebrochen werden. Nachdem das Erzbistum Köln 1939 mehrere Angebote zum Kauf des Grundstücks abgelehnt hatte, erwarb die Stadt Köln 1943 das Areal. Es blieb unbebaut und wurde nach dem Krieg in die Planung der neuen Nord-Süd-Fahrt einbezogen. Die Fundamente von Synagoge und Mikwe sind vermutlich unter Platz und Straße erhalten.

Jacques Offenbach (1819–1880)

2 Offenbachplatz

Der Platz vor der Oper, einer der wenigen großen Plätze Kölns, wurde mit der Eröffnung des Opernhauses 1957 nach dem Komponisten Jacques Offenbach benannt. Sein Vater Isaac war 1816 mit Ehefrau und mehreren Kindern von Deutz nach Köln zum Großen Griechenmarkt gezogen, wo der Sohn Jakob, später Jacques, 1819 geboren wurde. Den Lebensunterhalt für sich und seine Familie verdiente Isaac Offenbach als Musiklehrer und als Kantor der Synagoge. Seinem hochbegabten Sohn gab er zunächst selbst Cello- und Geigenunterricht, ließ ihn jedoch schon 1833 zur musikalischen Ausbildung nach Paris ziehen. Dort reüssierte der junge Offenbach innerhalb kürzester Zeit als Cellist und Theaterleiter, schließlich vor allem als Komponist heiterer, satirischer Operetten. Mit der Uraufführung der Operette »Orpheus in der Unterwelt« 1858 wurde er weltberühmt. Noch heute gehören seine Werke, etwa die Oper »Hoffmanns Erzählungen«, zu den beliebtesten Stücken der Musiktheater. Jacques Offenbach, der 1860 französischer Bürger wurde, blieb zeitlebens in Frankreich ansässig. Er starb 1880 in Paris und wurde auf dem Friedhof Montmartre bestattet. In Köln erinnern eine Gedenktafel am Operngebäude sowie eine Figur auf dem Rathausturm an ihn.

Die jüdische Bildhauerin, Kostüm- und Bühnenbildnerin **Marianne Ahlfeld-Heymann,** geb. 1905 in Köln, schuf 1929 Entwürfe zu »Hoffmanns Erzählungen«. Die Oper wurde im Kölner Opernhaus, damals am Habsburgerring gelegen, aufgeführt. 1933 emigrierte Marianne Ahlfeld-Heymann nach Frankreich, 1949 nach Israel.

Kostümentwurf zu Hoffmanns Erzählungen von M. Ahlfeld-Heymann, 1929

3 Glockengasse 3–5; Oppenheim-Palais

An das Gelände der Synagoge angrenzend – heute im Bereich der Fahrbahn der Tunisstraße – befand sich ein herrschaftlicher, um 1752 im Stil des Barock errichteter Wohnsitz, der ursprünglich Eigentum der Kölner Patrizierfamilie von Groote gewesen war. Nachdem die französischen Behörden dieses Groote'sche Palais beschlagnahmt hatten, wurde es nach 1816 für einige Jahre Sitz des preußischen Oberpräsidenten der Provinz Jülich-Kleve-Berg. Seit circa 1825 gehörte es dem katholischen Kaufmann Philipp Engels. Seine Tochter Paula heiratete 1858 Albert Oppenheim, den Enkel des Bankiers Salomon Oppenheim, und zog mit ihm zunächst in ein relativ schlichtes Anwesen in der Elisenstraße. 1865 verkaufte Philipp Engels das Palais, das nun unmittelbar neben der neuen Synagoge lag, an seine Tochter. Das Areal umfasste zu diesem Zeitpunkt das eigentliche Palais mit einer kleinen Kapelle, Stallungen, Treibhaus, Gärtnerwohnung, Gewächshäuser sowie einige Hintergebäude, die bis an die Streitzeuggasse reichten. Bevor Paula und Albert Oppenheim 1869 in ihr neues Domizil einzogen, ließen sie umfangreiche Umbauten durchführen, die das barocke Interieur weitgehend beseitig-

Oppenheim-Palais und Synagoge, um 1900

ten. Es entstand ein imposantes marmornes Treppenhaus sowie ein Tanzsaal, der sich über zwei Etagen erstreckte. Auch in den folgenden Jahrzehnten wurden immer wieder bauliche Veränderungen vorgenommen, so wurde die bereits von Philipp Engels errichtete Galerie zwischen Palais und Synagoge durch einen größeren Verbindungsbau ersetzt. Die Oppenheims, bald von Oppenheims, machten ihr Palais zum Zentrum eines glanzvollen gesellschaftlichen Lebens. Inmitten eleganter Räume mit üppigen Draperien, kostbaren Teppichen und erlesenen Kunstwerken feierten sie Familienfeste und luden zu Bällen, Hauskonzerten oder Diners ein, bei denen sich die Haute Volée Kölns zusammenfand.

Albert von Oppenheim (1834–1912), Sohn des Bankiers Simon von Oppenheim, trat früh in das Familienunternehmen ein, dessen Leitung er 1880 zusammen mit seinem Bruder Eduard übernahm. Während ihr Vater jüdisch blieb, entfernten sich die Söhne von jüdischer Religion und Tradition. Albert konvertierte zum Katholizismus, sein Bruder zum Protestantismus. Ihre Kinder wurden christlich erzogen und schlossen wie schon die Väter Ehen mit Mitgliedern christlicher Familien der Kölner und rheinischen Oberschicht. Damit hatte sich die dritte Generation der Oppenheims, die nun von Oppenheim hieß, da Simon 1867, sein Bruder Abraham 1868 geadelt wurden, endgültig vom Judentum entfernt. Das Bewusstsein ihrer Herkunft ging der Familie jedoch nie verloren.

Paula von Oppenheim geb. Engels (1837–1919)

Da Albert von Oppenheim ein begeisterter Sammler war, gehörten viele Kunstliebhaber und Kunsthändler zu den Freunden des Hauses. Nachdem bereits sein Großvater Salomon die Grundlage zu einer bedeutenden Gemäldesammlung gelegt hatte, gelang es Albert, den ererbten Bestand durch eine Vielfalt von Werken, unter ihnen Gemälde von Rubens, Rembrandt und van Dyck, zu erweitern, darüber hinaus auch spezielle Kollektionen – etwa eine herausragende Keramiksammlung – zusammenzutragen. Die außerordentliche Qualität der Sammlungen brachte ihnen schließlich Weltruf. Zur Präsentation ausgewählter Gemälde hatte Albert von Oppenheim im Galeriebau einen eigenen Saal errichten lassen, doch auch alle übrigen Räume des Palais waren mit einer Fülle exquisiter Kunstwerke ausgestattet.

Salon im Oppenheim-Palais, über dem Kamin ein Werk von D. Velázquez, um 1880
unten: Max von Oppenheim (1860–1946) mit der von ihm entdeckten Skulptur einer thronenden Herrscherin, 1931

Ein Kölner im Orient: **Max von Oppenheim** (1860–1946), als Sohn von Paula und Albert von Oppenheim geboren, wuchs in der von Kunstliebe geprägten Atmosphäre des Palais in der Glockengasse auf. Statt in das Familienunternehmen einzutreten, widmete er sich der Orientalistik und Archäologie, seinen eigentlichen Interessen. 1893 unternahm er eine erste Forschungsreise in den Nahen Osten, 1899 entdeckte er die Ruinen von Tell Halaf, einer mesopotamischen Siedlung, deren Ausgrabungen er zeitweise leitete. Einen bedeutenden Teil der ausgegrabenen Objekte brachte er in ein von ihm gegründetes Museum in Berlin. Nach großen Schäden während des Zweiten Weltkriegs geriet die Sammlung – wie Max von Oppenheim selbst – in Vergessenheit. Erst Ende der 1990er Jahre wurde sein Werk wiederentdeckt und bald darauf mit der Restaurierung der archäologischen Objekte aus 27.000 Bruchstücken begonnen. 2011 ist ein großer Teil der Skulpturen und Reliefplatten wiederhergestellt und wird in einer faszinierenden Ausstellung im Berliner Pergamonmuseum gezeigt.

Die Sammlung blieb nicht im Besitz der Familie, sie blieb nicht einmal in Köln. Um 1900 musste Albert von Oppenheim einen Teil der Objekte aufgrund wirtschaftlicher Schwierigkeiten verkaufen, nach seinem Tod 1912 wurde die Sammlung schließlich versteigert. Viele der Werke sind heute in den bedeutendsten Museen der Welt zu sehen.

Das Oppenheim-Palais wurde 1921 an das Erzbistum Köln verkauft, das hier ein Wohnheim für Frauen einrichtete. Im Juni 1943 zerstörte ein Bombenangriff die Gebäude vollständig; über ihren Standort führt heute die Tunisstraße/Nord-Süd-Fahrt. An das prachtvolle Palais, in dem Jahrhunderte Kölner Geschichte verkörpert waren, erinnert nichts mehr – nicht einmal eine Gedenktafel.

Nur wenige Schritte von unserem Standort auf dem Offenbachplatz entfernt, in der Häuserzeile, die der Synagoge gegenüberlag und heute nicht mehr existiert, stand das Haus Glockengasse 2.

oben: Café Silberbach, um 1937
rechts: Annonce, in: Jüdisches Gemeindeblatt für Rheinland und Westfalen, 1938

4 Glockengasse 2; Café und Restaurant Silberbach

In diesem Haus, das 1933/34 errichtet wurde, eröffnete der jüdische Kaufmann Leo Silberbach um 1936 eine Gaststätte. Das Café Silberbach gehörte in der folgenden Zeit zu den wenigen für Juden noch zugänglichen Lokalen. Nach Berichten von Zeitzeugen konnten hier auch Kontakte zur Organisation einer Flucht über die Grenze nach Belgien angebahnt werden. Während des Novemberpogroms wurde die Gaststätte verwüstet, die Tische und Stühle mit Äxten zerhackt. Das Schicksal von Leo Silberbach ist unbekannt.

Noch während wir die Tunisstraße/Nord-Süd-Fahrt überqueren, fällt unser Blick auf das Disch-Haus, ein halbrundes Eckgebäude, das mit seiner schwungvollen Architektur den Beginn der Brückenstraße dominiert.

5 Brückenstr. 19; Disch-Haus

Das Büro- und Geschäftsgebäude, dessen Name sich von dem Vorgängerbau, dem traditionsreichen Hotel Disch, herleitet, entstand 1928 bis 1930 nach Plänen der Architekten Bruno Paul und Franz Weber. Es gehört zu den herausragenden Kölner Beispielen des Neuen Bauens, einer Architekturrichtung, die sich von Historismus und Jugendstil abwandte und sich an Funktionalität und Sachlichkeit orientierte. Bauherr des Gebäudes war eine Ak-

oben: Disch-Haus, 1936
rechts: Annonce, in: Mitteilungen des Jüdischen Kulturbundes Rhein-Ruhr, 1934
unten: Susanne Levinger bei einem Kleinkunstabend, 1934

tiengesellschaft, in der eine Reihe von jüdischen Unternehmern vertreten war. 1933 zählten zu den vielen Mietern im Disch-Haus auch Firmen jüdischer Eigentümer, außerdem die Büros einiger jüdischer Juristen.

Seit Ende 1933 war das Disch-Haus zudem Sitz des »Jüdischen Kulturbundes Rhein-Ruhr«, der wichtigsten jüdischen Kultureinrichtung in Köln und der Region während der NS-Zeit.

Bereits kurz nach der Machtübernahme der Nationalsozialisten, mit den ersten Berufsverboten und dem Ausschluss jüdischer Künstlerinnen und Künstler aus der neu gegründeten Reichskulturkammer, verloren alle Juden, die in Theatern, Opernhäusern, Orchestern oder Museen beschäftigt waren, ihre Arbeit. Bald war auch die Tätigkeit der freischaffenden jüdischen Künstler durch einschränkende Maßnahmen betroffen. Die Reihe der jüdischen Personen, die in Köln aus dem Kulturbereich ausgeschlossen wurden, ist lang und umfasst zahlreiche bekannte Künstlerinnen und Künstler, aber auch viele Menschen, die im Hintergrund des Kulturbetriebs arbeiteten.

Angesichts der Berufsbeschränkungen bildeten sich rasch Hilfsorganisationen, die neue Erwerbsmöglichkeiten bieten wollten und dabei dem Leitgedanken folgten: Jüdische Künstler sollten für ein jüdisches Publikum tätig sein. Nachdem einige Monate zuvor in Berlin der erste Kulturbund deutscher Juden entstanden war, gründete sich im Herbst 1933 der Jüdische Kulturbund Rhein-Ruhr mit Sitz in

Rigide Verbote bestimmten auch das inhaltliche Angebot des Kulturbundes. Seit 1934 war die Aufführung der Werke Schillers, seit 1936 der Werke Goethes und schließlich aller deutschen Autoren untersagt. Ab 1937 galt dies zudem für die Musik Beethovens, ab 1938 für die Werke Mozarts. Damit waren große Teile des bürgerlichen Kulturkanons aus dem Programm verbannt. Das jüdische Publikum jedoch sah sich dieser Kultur weiterhin eng verbunden und stand Versuchen des Kulturbundes, in seinen Produktionen speziell jüdische Themen aufzugreifen, eher distanziert gegenüber. Dennoch bedeuteten die Veranstaltungen des Kulturbundes neben der Ablenkung vom bedrückenden Alltag vor allem auch eine Stärkung jüdischen Selbstwert- und Gemeinschaftsgefühls.

oben: Friedl Münzer (1892–1967)
links: Szene aus »Stella« von J.W. von Goethe, 1934

Köln. Kölner Initiator der Gründung war die Zentralstelle für jüdische Wirtschaftshilfe, eine Einrichtung der Kölner Synagogen-Gemeinde.

Die neue Organisation, die 1935 schon 1.600 Mitglieder in Köln und 5.000 Mitglieder insgesamt zählte, war für die ganze Region tätig. Zeitweise beschäftigte der Kulturbund fast 200 Personen in fester Anstellung und bot darüber hinaus Arbeit für jüdische Handwerker und Zulieferer. In den folgenden Jahren gelang es, ein anspruchsvolles Angebot mit Theatervorstellungen, Vorträgen, Konzerten, Tanz und Filmvorführungen zu organisieren. Der Kulturbund Rhein-Ruhr widmete sich vor allem dem Theater und präsentierte sowohl Gastspiele anderer regionaler Kulturbünde wie eigene Produktionen. Eine der beliebtesten Schauspielerinnen war die aus den städtischen Bühnen entlassene Friedl Münzer.

Seit Mitte der 1930er Jahre konnten die Veranstaltungen des Kulturbundes nur noch in Räumen jüdischer Einrichtungen stattfinden, alle anderen städtischen und privaten Aufführungsorte wurden ihnen nicht mehr zur Verfügung gestellt. Der Kulturbund unterlag der strikten Kontrolle der NS-Behörden, musste für seine Veranstaltungen die Genehmigung des zuständigen Ministeriums in Berlin einholen und das monatliche Programm beim Kölner Polizeipräsidium einreichen. Beauftragte der Gestapo oder der NSDAP kontrollierten die einzelnen Veranstaltungen.

Als Ende 1938 alle regionalen jüdischen Kulturbünde gezwungen wurden, sich in einer zentralen Organisation zusammenzuschließen, war die Existenz des Kulturbundes Rhein-Ruhr beendet. In den nächsten Jahren konnten nur

Blick auf die kriegszerstörte Brückenstraße/Herzogstraße

noch wenige jüdische Kulturveranstaltungen in Köln organisiert werden. Im September 1941 wurde die Arbeit des Kulturbundes endgültig verboten, sein Eigentum beschlagnahmt.

Die Büroräume im Disch-Haus hatte der Kulturbund schon Anfang 1938 räumen müssen, nachdem die Stadt Köln das Gebäude erworben hatte, um darin vor allem städtische Dienststellen unterzubringen. Da jüdische Firmen und Organisationen spätestens zu diesem Zeitpunkt als Mieter unerwünscht waren, verlegte der Kulturbund seine Verwaltungsstelle in die Ehrenstr. 80–82. Im Novemberpogrom 1938 wurden die dortigen Büros verwüstet.

Nach erheblicher Beschädigung des Disch-Hauses im Zweiten Weltkrieg führten Wiederaufbau und Umbau zu großen Veränderungen. Erst durch eine umfassende Sanierung 1983/84 konnte die Fassade des Gebäudes weitgehend nach historischem Vorbild rekonstruiert werden. Als Originalteile sind im Inneren die Spiraltreppe und der Paternoster erhalten. Die ehemaligen Büroräume des Kulturbundes existieren nicht mehr.

Georg Falck (1878–1947), nach dessen Plänen Wohn- und Geschäftsbauten, Villen und Warenhäuser entstanden, war neben Robert Stern der bedeutendste jüdische Architekt der Zeit vor 1933 in Köln. Für jüdische Belange hatte er 1910, kurz vor der Errichtung des Hauses für S. J. Salomon und als einen seiner ersten Aufträge in Köln, das jüdische Waisenhaus in der Aachener Straße errichtet. Ende der 1920er Jahre gehörte Georg Falck zu den wichtigsten Architekten des Warenhausbaus im Deutschen Reich. Vor allem für den Leonhard Tietz-Konzern entwarf er eine Reihe von Bauten in und außerhalb Kölns. Georg Falck emigrierte mit seiner Familie 1933 in die Niederlande, wo er die Zeit der deutschen Besatzung, zeitweise untergetaucht, überlebte. 1947 wanderte er in die USA aus. Wenige Wochen nach seiner Ankunft starb er in New York.

6 Brückenstr. 17; Geschäftshaus S. J. Salomon

Unmittelbar an das Disch-Haus schließt sich ein fast zwanzig Jahre älteres Gebäude aus hellem Sandstein an. Es zeigt eine Architektur, wie sie sich für Geschäftsbauten um 1910 ausprägte, und gehörte bei seiner Eröffnung 1912 zu den modernsten Warenhausbauten Kölns. Auftraggeber des Baus war die Firma S. J. Salomon, eine 1855 gegründete Großhandlung für Kurzwaren, die sich vom Standort in der Brückenstraße einen weiteren Entwicklungsschub versprach. Denn hier, in nächster Nähe der damals renommierten Hohe Straße, hatten sich seit Ende des 19. Jahrhunderts zahlreiche Textil- und Bekleidungsgeschäfte angesiedelt. So gab es in der Brückenstraße schon 1899 neben mehreren Modewarenhandlungen unter anderem eine Zuschneideschule und eine Handschuhfabrik, ein Theaterkleidergeschäft und eine Damenmäntelfabrik. Jüdischen Besitzern gehörten die Posamentenfabrik Gebr. Levy und die Spitzengroßhandlung Merfeld & Herz, beide im Haus Nr. 15.

oben: Geschäftshaus S. J. Salomon, 1912
links: Reklamemarke der Firma Merfeld & Herz, um 1925

links oben: Johanna Salomon geb. Mendel, Ehefrau des Geschäftsgründers Salomon Josef Salomon *rechts oben:* Berta Salomon (4. von links) und ihre Geschwister *rechts:* Reklamemarke der Firma S. J. Salomon, um 1920

Der neue Geschäftsbau entstand nach einem Entwurf Georg Falcks, der um diese Zeit seine Laufbahn als richtungsweisender Architekt gerade begonnen hatte.

Das Gebäude, das, wie es in einem zeitgenössischen Artikel hieß, den Auftraggebern wie dem Architekten »zur Ehre« gereichte,[2] fand beim Publikum großen Anklang. Breite Schaufenster entlang einer geschwungenen Front und eine streng gegliederte Fassade ließen das Gebäude repräsentativ, zugleich jedoch sachlich wirken. Durch ein schmiedeeisernes Hauptportal betrat man einen glasbedeckten »Prunklichthof«, von dem eine monumentale Haupttreppe aus Marmor in die oberen Etagen führte. Dort hatte man luftige, lichtdurchflutete Räume mit großzügigem Ambiente geschaffen. In dieser Umgebung präsentierte das Modehaus in den folgenden Jahrzehnten sein breites Angebot an Knöpfen, Spitzen, Handschuhen, Strümpfen, Schleiern, Rüschen, Kragen, Blusen und Morgenröcken und bot seinen Kundinnen die Anfertigung von Ball- und Gesellschaftskleidern an. Neben dem Unternehmen S. J. Salomon beherbergte der Geschäftsbau eine Reihe anderer Firmen, darunter auch Unternehmen jüdischer Kaufleute.

Geschäftsführer des Modehauses S. J. Salomon war der jüdische Kaufmann Louis Eliel, der Berta Salomon, die Tochter des Firmengründers, geheiratet hatte. Nach dem Tod Eliels im Jahr 1919 führten seine Witwe und sein Sohn die Firma weiter. 1936 wurden Unternehmen und Gebäude »arisiert«, die Familie musste emigrieren. Während des Kriegs erlitt das Gebäude

Figuren zur Geschichte »Des Kaisers neue Kleider«

starke Schäden und wurde nach 1945 ohne Rücksicht auf die historischen Strukturen wieder aufgebaut. Nachdem Mitte der 1980er Jahre ein drohender Abbruch verhindert werden konnte, wurde das Gebäude weitgehend nach originalem Vorbild rekonstruiert. Das ursprüngliche Treppenhaus, einst architektonischer Mittelpunkt des Gebäudes, stellte man allerdings nicht wieder her. Die Skulpturen an der Fassade, die Szenen aus dem Märchen »Des Kaisers neue Kleider« darstellen, sind Neuschöpfungen und sollen an die Geschichte des Hauses als Sitz einer Textilfirma erinnern.

Über die Kolumbastraße erreichen wir die Breite Straße, die erst seit der Nachkriegszeit von der Tunisstraße durchschnitten wird.

Breite Straße

Schon Ende des 19. Jahrhunderts hatte sich die Breite Straße zu einer lebendigen Geschäftsader entwickelt, in der sich kleine Einzelhandelsgeschäfte und Gewerbebetriebe aneinanderreihten. Seit 1910 entstand hier, nicht weit von Schildergasse und Hohe Straße entfernt, ein neues Geschäftszentrum

Kurz-, Weiß- und Wollwarenhandlung Karfiol, Breite Str. 31/ Ecke Schwertergasse, um 1910

Reklame des Kaufhauses Landauer, Breite Str. 137/ Ecke Richmodstraße, 1934

Breite Straße; rechts (mit Markise):
Schuhhaus Gebr. Fischel,
Breite Str. 58–60, um 1915

mit größeren Gebäuden und einer modernen Kaufhausarchitektur. Unter den Kaufleuten der Breite Straße waren im Laufe der Jahrzehnte zahlreiche jüdische Ladenbesitzer, die vor allem Geschäfte der Bekleidungs- und Textilbranche führten. Zu ihnen gehörten, um nur einige zu nennen, die Kurz-, Weiß- und Wollwarenhandlung Karfiol, das Schuhgeschäft Gebrüder Fischel und das Textil- und Bekleidungskaufhaus Brüder Landauer.

Wir folgen der Breite Straße etwa 300 Meter in Richtung Westen bis zur Richmodstraße, in die wir nach links einbiegen.

7 Richmodstr. 6; Dr. Max Isidor und Rosa Bodenheimer

Im Pflaster des Bürgersteigs vor dem Haus Nr. 6, einem Gebäude aus dem Anfang der 1990er Jahre, liegt eine bronzene Gedenktafel mit großem Davidstern, die auch unaufmerksamen Fußgängern ins Auge fällt. Sie verweist auf den Kölner Zionisten Dr. Max I. Bodenheimer und die Bedeutung Kölns für die frühe zionistische Bewegung, die ihren Mittelpunkt zeitweise an diesem Standort hatte. Da der Hausbesitzer seine Zustimmung verweigerte, konnte die Gedenktafel nicht, wie eigentlich geplant, an der Fassade des Gebäudes angebracht, sondern musste auf dem Gehweg verlegt werden.

Der Zionismus als politische Bewegung entwickelte sich innerhalb des europäischen Judentums am Ende des 19. Jahrhunderts, als Pogrome in Russland und zunehmender Antisemitismus in Deutschland und anderen Ländern die Idee eines jüdischen Nationalstaats entstehen ließen. Unter dem

Max Isidor Bodenheimer beschrieb seinen Weg zum Zionismus wie die Erleuchtung durch einen göttlichen Auftrag: »Der zionistische Gedanke war das Erzeugnis einer plötzlichen Eingebung. Es war wie ein Licht, das plötzlich in meinem Innern auftauchte.« 1891 fasste er diese Erfahrung in seinem Gedicht »Vision« zusammen, aus dem der Text der Gedenktafel zitiert: »Und ein Ruf erging an mich von der Höhe des Himmels / und schrie mir in die Ohren: / Rette Dein Volk, daß es nicht sterbe! [...] / Ich aber schritt zum Steuerrad, / griff in die knarrenden Speichen / und wandte das Schiff nach der Richtung von Zion. [...] / Erhebt euch, ihr Schläfer, wacht auf, ihr Träumer, / regt eure Arme, richtet die Segel nach dem Lande der Freiheit! / Wir fahren nach Zion, dem Land unserer Väter, unserem erblichen Besitz!«[3]

links: **Gedenkplatte, 2008**
rechts: **Dr. Max Isidor und Rosa Bodenheimer mit ihren Kindern, 1910**
unten: **David Wolffsohn (1856–1914)**

Motto »Juden aller Länder, vereinigt Euch«, wie es Bodenheimer 1896 formulierte, wurden die über die Welt verstreut lebenden Juden zur Gründung eines eigenen Staates aufgerufen. Territorium dieses Staates sollte Palästina, »Zion«, sein, das historische Herkunftsgebiet der Juden, das zu diesem Zeitpunkt Teil des Osmanischen Reiches war. Die Ziele der Zionisten trafen in Deutschland auf wenig Zustimmung, da sich die große Mehrheit der Juden hier verwurzelt sah und ihr die Errichtung eines jüdischen Staates in einem weit entfernten, unbekannten Land mehr als phantastisch erscheinen musste.

Bedeutendste Wegbereiter des Zionismus waren neben dem Wiener Journalisten Theodor Herzl die Kölner Dr. Max I. Bodenheimer und David Wolffsohn. Bodenheimer, 1865 in Stuttgart als Sohn einer Kaufmannsfamilie geboren, zog 1890 nach Köln und eröffnete hier 1893 eine Anwaltskanzlei. Zu diesem Zeitpunkt hatte er sich bereits seit einigen Jahren mit der Idee eines jüdischen Staates befasst, konnte die Kölner jüdische Bevölkerung aber kaum

Richmodstraße vom
Neumarkt aus, um 1905

für seine Vorstellungen interessieren. In David Wolffsohn, einem aus Litauen stammenden Kaufmann, fand er jedoch einen überzeugten Mitstreiter, der wie Bodenheimer selbst Sendungsbewusstsein und politischen Pragmatismus miteinander verband. Gemeinsam gelang es ihnen, in Köln eine kleine Gruppe von Anhängern zu gewinnen und erste zionistische Organisationen zu gründen. Die Anstrengungen der Kölner Zionisten erhielten einen entscheidenden Anstoß durch die Zusammenarbeit mit Theodor Herzl, der nach 1896 zur wichtigsten Führungspersönlichkeit des Zionismus aufstieg.

Im gleichen Jahr veröffentlichte Bodenheimer die sogenannten »Kölner Thesen«, in denen er seine Vorstellung von den Zielen des Zionismus zusammenfasste: »Die staatsbürgerliche Gleichstellung der Juden hat nicht genügt, die soziale und kulturelle Zukunft des jüdischen Stammes zu sichern. Die endgültige Lösung der Judenfrage kann nur in der Bildung eines Staates bestehen, der imstande ist, die Juden völkerrechtlich zu vertreten und die Juden aufzunehmen, die in ihrem Heimatland nicht bleiben können oder wollen.« Grundlage für die Bildung eines solchen Staates sollte die »Kolonisation in Syrien und Palästina« sein.[4] Bodenheimers Thesen bestimmten in den folgenden Jahren die Richtlinien der zionistischen Bewegung und bildeten letztlich die Basis für die Gründung des Staates Israel.

Während Theodor Herzl in Basel zum ersten Präsidenten der Zionistischen Weltorganisation gewählt wurde, übernahm Bodenheimer die Leitung der Zionistischen Vereinigung für Deutschland. Damit war Köln wesentlicher Standort der zionistischen Arbeit in Deutschland geworden. Zentrum dieser Arbeit war zunächst die Wohnung Dr. Bodenheimers und seiner Frau Rosa am Hohenzollernring 18, später jedoch das schlichte dreigeschossige Haus Richmodstr. 6, das die Bodenheimers 1899 gekauft und bezogen hatten.

Die Zielsetzungen der Zionisten weckten bei den jüdischen Kölnerinnen und Kölnern auch weiterhin nur äußerst geringes Interesse. »Verrat am deutschen Vaterland, Gefahr für das Judentum, Wasser auf die Mühlen der Antisemiten, Aussichtslosigkeit des Planes, Utopie, Phantasie weltfremder Literaten« lauteten die empörten Urteile aus der Kölner Gemeinde über die neue Bewe-

rechts: **Sammelbüchse des Jüdischen Nationalfonds**
unten: **Annonce, in: Gemeindeblatt für die jüdischen Gemeinden in Rheinland und Westfalen, 1934**
rechts unten: **Grab David Wolffsohns in Jerusalem, 2010**

Kölner Zionistische Vereinigung
Dienstag, den 30. Januar, 20[30] Uhr Großer Saal der Rheinlandloge
Dr. Josef Neuberger
Leiter des zion. Gruppenverbandes Rheinland-Westfalen
Deutscher Jude, – wohin?
Eine Auseinandersetzung mit dem RJF
Karten zu RM 0.60 u. RM 0.20 für Jugendliche u. Erwerbslose gegen Ausweis

gung, wie sich Bodenheimer später erinnerte.[5] Doch die Bedeutung Kölns für den Zionismus nahm bald zu: David Wolffsohn trat 1905 Herzls Nachfolge als Präsident der Zionistischen Weltorganisation an, Max I. Bodenheimer übernahm gleichzeitig die Leitung des Jüdischen Nationalfonds (Keren Kajemeth Lejisrael), der Gelder für den Siedlungsbau in Palästina sammelte. Nur wenige Jahre später verlor Köln seine Rolle für den Zionismus wieder, da die Einrichtungen verlegt wurden und sich schließlich in Jerusalem ansiedelten.

Seit 1933 allerdings gewann der Zionismus eine bis dahin nicht gekannte Zustimmung. Auch für viele Kölner wurde die Vision eines jüdischen Staates nun zur neuen Orientierung ihres Lebens und Palästina zum Ausweg aus der Verfolgung in Deutschland.

Weder Bodenheimer noch Wolffsohn erlebten die Gründung des Staates Israel. Wolffsohn starb 1914 und wurde auf dem jüdischen Friedhof in Köln-Deutz bestattet, 1952 nach Jerusalem überführt und dort neben Theodor

Rosa Bodenheimer geborene Dahlberg (1876–1938) heiratete Max I. Bodenheimer 1896. Als überzeugte Frauenrechtlerin war sie in den folgenden Jahrzehnten an zahlreichen Initiativen für Frauenrechte und Frauenwahlrecht beteiligt: Sie war unter anderem Mitgründerin und Vorstandsmitglied der Kölner Gruppe des Allgemeinen Deutschen Frauenbundes, Mitglied des Verbands für Frauenstimmrecht und des Stadtverbands der Kölner Frauenvereine. Zugleich engagierte sie sich für die zionistische Bewegung. So gehörte sie 1907 zu den Gründerinnen des Verbandes jüdischer Frauen in der Kulturarbeit in Palästina, Vorläufer der WIZO (Women's International Zionist Organisation).

Herzl beigesetzt. Max I. und Rosa Bodenheimer emigrierten 1933 nach Amsterdam, 1935 nach Palästina. Dort starb Rosa 1938, Max I. Bodenheimer 1940.

Wir gehen zurück zur Ecke Breite Straße/Auf dem Berlich und halten auf dem Hans-Hartmann-Platz an.

8 Breite Str. 92–98; Agrippinahaus

Hier stand das Agrippinahaus, ein großer Büro- und Geschäftsbau, der 1913 eröffnet wurde und zu einer Reihe von modernen, nach 1910 im Viertel nördlich des Neumarkts errichteten Geschäfts- und Warenhäusern gehörte. Bauherrin war die Agrippinahaus-Aktiengesellschaft, Architekt Georg Falck, der das Agrippinahaus damit fast gleichzeitig mit dem nicht weit entfernten Gebäude für S. J. Salomon, Brückenstr. 17, plante. Falck entwickelte für das

Agrippinahaus, um 1930

links: Agrippina-Lichtspiele, Foyer
rechts: Kölner Adressbuch 1927

Agrippinahaus, seinen ersten Großbau, einen ambitionierten Entwurf, der es zu einem aufsehenerregenden Geschäftspalast machen sollte. Tatsächlich gehörte es zu den herausragenden Werken Georg Falcks und zu den wichtigsten Geschäftsbauten dieser Zeit.

Das Gebäude war mit seiner Hauptfassade zur Breite Straße ausgerichtet und blickte auf das gleichzeitig geplante, 1914 fertiggestellte Kaufhaus Carl Peters, heute Karstadt. Der massige, um einen Innenhof gebaute Komplex des Agrippinahauses war sowohl vertikal als auch horizontal streng gegliedert. Während Erdgeschoss und darüberliegendes Stockwerk durch Halbpfeiler und Gesims zusammengefasst waren, bestimmten schmale Fenster, die wie Bänder um die Fronten liefen, die weiteren Geschosse. Reliefs vor allem über den Schaufenstern und zwischen den Fenstergruppen im dritten Geschoss bildeten einen reizvollen, aber unaufdringlichen Bauschmuck. Im Erdgeschoss entlang den beiden Fronten zur Breite Straße und zur Straße Auf dem Berlich hin befanden sich, in hellen Räumen mit großen Schaufenstern, die Ladengeschäfte unterschiedlicher Branchen. In den übrigen Stockwerken waren die

Das Selbstverständnis der rheinischen deutschen Juden äußerte sich prägnant in einem 1925 erschienenen Artikel mit dem Titel »Der deutsche Jude auf rheinischer Erde«. Verfasser war der prominente Politiker Bernhard Falk, auch er Mitglied des Centralvereins:
»Die rheinischen Juden haben sich auch in unseren Tagen des Rechts, freie deutsche Bürger zu sein, wert gemacht. Die Ehrentafeln auf den jüdischen Friedhöfen und in den Synagogen nennen eine schmerzlich-stolze Reihe von Männern, die für das Vaterland gestorben sind. [...] Freilich läßt sich nicht leugnen, daß wir Juden immer noch um unser Recht am deutschen Boden und am deutschen Volkstum kämpfen müssen. Wir haben ein Recht an diesem Boden und an diesem Volke, in dem wir wurzeln und dem wir dienen. Wir haben ein Recht, anerkannt zu werden als das, was wir sind und was wir sein wollen: Gleichberechtigte, freie deutsche Bürger. Unser deutsches Vaterland, unsere Zugehörigkeit zum Deutschen Volke lassen wir uns nicht aus dem Herzen reißen.«[6]

oben: **Reklamemarke der Firma Bamberger & Hertz, um 1930**
links: **Passage, 1929**

Büros von Firmen, Kanzleien und Organisationen untergebracht. Einen besonderen Glanzpunkt des Hauses stellten die Agrippina-Lichtspiele dar, die in ihren luxuriös gestalteten Räumen Platz für 900 Besucher boten. Ebenfalls aufregend modern gestaltet war das beliebte Agrippina-Café im ersten Stock.

Bis 1938/39 zählten zu den vielen Mietern des Hauses auch Firmen jüdischer Unternehmer, etwa das 1896 gegründete Immobiliengeschäft Ludolf Marx sowie seit 1928 eine Filiale des in München ansässigen Bekleidungshauses Bamberger & Hertz. Darüber hinaus hatte in den 1930er Jahren der Centralverein deutscher Staatsbürger jüdischen Glaubens seinen Sitz im Agrippinahaus.

Der Centralverein, gegründet 1893, war die wichtigste politische Organisation der Juden im Deutschen Reich. Er repräsentierte die bürgerliche jüdische Bevölkerung, die eine Integration in die Mehrheitsgesellschaft anstrebte und die zionistische Idee eines eigenen jüdischen Staates lange Zeit ent-

Justizrat Bernhard Falk (1867–1944), engagierter Vertreter der linksliberalen Deutschen Demokratischen Partei, gehörte zu den wichtigsten jüdischen Politikern im Rheinland. Er war von 1908 bis 1930 Mitglied des Kölner Stadtrats, seit 1919 Abgeordneter im Rheinischen Provinziallandtag und 1924 bis 1932 im Preußischen Landtag sowie Vorsitzender seiner Partei in der Rheinprovinz. Falk emigrierte 1939 mit seiner Frau **Else geborene Wahl** nach Belgien und starb 1944 in Brüssel.

schieden ablehnte. Ausgehend von der seit 1871 gesetzlich festgelegten Gleichstellung der deutschen Juden, forderte der Centralverein dieses Recht in der Realität ein und wandte sich gegen jede antijüdische Diskriminierung. In seiner Arbeit vertraute er auf die Kraft der Aufklärung über das Judentum, auf Stärkung des jüdischen und des deutsch-jüdischen Bewusstseins wie auf juristische Maßnahmen gegen konkrete Angriffe. Nachdem sich schon um 1905 eine aktive Kölner Ortsgruppe des Centralvereins gebildet hatte, entstand 1920 ein eigenständiger Landesverband für das linksrheinische Rheinland, der bald viele lokale Gruppen umfasste. Um 1924 gehörten ihm mehr als 5.000 Personen an.

Annonce, in: Gemeindeblatt für die jüdischen Gemeinden in Rheinland und Westfalen, 1934

Als gegen Ende der Weimarer Republik die noch kleine, aber aggressive Gruppe der Kölner Nationalsozialisten durch antisemitische Aktionen auf sich aufmerksam machte, trat der Centralverein ihr durch juristische Schritte, durch Veröffentlichungen und Veranstaltungen entgegen. Mit dem Beginn des NS-Regimes 1933 waren die Prinzipien des Rechtsstaates allerdings bald aufgehoben, zudem führte das neue Regime, das Juden die Zugehörigkeit zum deutschen Volk grundsätzlich absprach, die Überzeugungen des Centralvereins ad absurdum. Gleichwohl arbeitete der Centralverein zunächst auch in Köln weiter. Noch 1934 hieß es zu seiner Arbeit, er trete »in unbeirrbarer Pflege des Deutschtums und Judentums für die Wahrung der staatsbürgerlichen und gesellschaftlichen Gleichstellung der deutschen Juden« ein.[7] Tatsächlich war er in den folgenden Jahren vor allem im Bereich der Rechtsberatung und – völlig im Widerspruch zu seiner einstigen Überzeugung – in der Auswanderungsberatung tätig. Als der Centralverein im November 1938 verboten wurde, musste die Kölner Niederlassung ihre Arbeit einstellen.

Etwa gleichzeitig mit dem Centralverein hatten drei eng miteinander verbundene Einrichtungen der zionistischen Bewegung Räume im Agrippinahaus angemietet: die Kölner Zionistische Vereinigung, eine Geschäftsstelle des Jüdischen Nationalfonds sowie der Provinzial-Ausschuss für Rheinland-Westfalen des Jüdischen Palästinawerks.

1938/39 wurde das Agrippinahaus von der Commerz- und Privatbank Berlin übernommen, im Zweiten Weltkrieg wurde es weitgehend zerstört. Auf dem nördlichen Teil des Grundstücks entstanden in den 1960er Jahren Verwaltungsgebäude des WDR.

Es geht nun die Breite Straße weiter bis zur St.-Apern-Straße, der wir bis zur Ecke Helenenstraße folgen.

Synagoge der Adass Jeschurun,
St.-Apern-Straße

9 St.-Apern-Str. 29–31; Synagoge, orthodoxes Gemeinde- und Schulzentrum bis 1942

Auf der linken Seite, wenige Schritte hinter dem ehemaligen Kreishaus – der heutigen eleganten Kreishausgalerie –, befand sich das Zentrum des Kölner jüdisch-orthodoxen Lebens. Eine Gedenktafel am Eckgebäude informiert über die Geschichte des Ortes.

Rabbiner Dr. Emanuel Carlebach und seine Frau Minna geb. Joel mit den Söhnen Daniel, Joseph und Alexander, um 1925. Dr. Carlebach (1874–1927) leitete als Nachfolger von Dr. Hirsch Plato die Adass Jeschurun von 1904 bis 1927.

Die Anfänge der orthodoxen Gemeinde Adass Jeschurun (hebr.: Gemeinde Israels) gehen in die 1860er Jahre zurück, als sich innerhalb des deutschen Judentums reformorientierte Strömungen verstärkten. Als Antwort auf diese Entwicklung schlossen sich »gesetzestreue« Gemeinschaften zusammen, die in Gottesdienst und Alltag streng an der religiösen Überlieferung festhalten wollten. Anfang der 1870er Jahre entstand in Köln aus verschiedenen orthodoxen Gruppierungen die Gemeinde Adass Jeschurun. Ihre Tätigkeit nahm einen deutlichen Aufschwung, als 1876 das Jüdische Lehrerseminar nach Köln zog. Direktor des Seminars war Rabbiner Dr. Hirsch Plato, ein engagierter Vertreter der Orthodoxie, dem nun auch die Leitung der Adass Jeschurun übertragen wurde. 1884 konnten in der St.-Apern-Straße eine eigene Synagoge sowie ein Seminar- und Schulgebäude eingeweiht werden.

Wir gehen links circa 50 Meter in die Helenenstraße hinein. Ungefähr dort, wo heute die Straße verläuft, befanden sich die Einrichtungen der Gemeinde. Der viergeschossige Seminar- und Schulbau enthielt Schlaf- und Arbeitsräume für die Seminaristen, Schulräume, Wohnungen für Direktor, Lehrer und

Pinkas Götzoff (1897–1960), Absolvent des Lehrerseminars, um 1916

Das 1867 in Düsseldorf gegründete Jüdische Lehrerseminar hatte eine streng orthodoxe Orientierung, auf deren Grundlage es junge Männer, später auch junge Frauen, zu Lehrkräften für Volksschulen und zu Religionslehrern ausbildete. Bis 1933 absolvierten insgesamt 500 jüdische Lehrerinnen und Lehrer das Seminar, das seit 1910 zur staatlichen Lehrerprüfung berechtigt war. Bereits in den 1920er Jahren nahm die Bedeutung des Seminars aufgrund der Reform der preußischen Lehrerausbildung entscheidend ab. Seit 1933 war nur noch die Ausbildung von Religionslehrern zugelassen.

Gottesdienst in der Synagoge der Adass Jeschurun: »An Werktagen, Schabbath, Festtagen und Hohen Feiertagen wurden Heilige Lade, Pulte und Almemor mit je besonderen Garnituren von Vorhängen und Decken ausgestattet. An den Hohen Feiertagen waren nicht nur die genannten Garnituren ganz in Weiß gehalten, sondern auch alle Thoramäntel sowie die Pulte aller Beter mit weißen Decken belegt. Am Schabbath und den Feiertagen erschienen fast alle Mitglieder im Zylinder zu den Gottesdiensten. Beim Morgengottesdienst der beiden Rosch Haschanatage und während des ganzen Versöhnungsfestes trugen alle Männer weiße Käppchen, die verheirateten außerdem ihre weißen Sterbegewänder, was dem Gottesdienste eine besonders feierliche Note verlieh. Der Gottesdienst in der Synagoge, der immer sehr würdig verlief, wies viele erhabene Momente auf. Den Höhepunkt der ernsten Feierlichkeit stellte jedoch die Awoda, die poetische Schilderung des hohepriesterlichen Tempeldienstes am Jom Kippur, dar, wenn sich Gemeinde und Kantor unter Absingen der traditionellen Weisen vor dem Allerhöchsten viermal niederwarfen.«[8]

Schul- und Seminargebäude, im Vordergrund die Synagoge, um 1910

Personal, eine Bibliothek sowie Wirtschaftsräume. Gegenüber lag die Synagoge, ein relativ kleiner, gedrungen wirkender Bau aus rötlichem und gelbem Backstein, der 160 Plätze für Männer und 80 für Frauen bot. Ähnlich wie die mehr als zwei Jahrzehnte zuvor entstandene Synagoge in der Glockengasse war er im »maurischen Stil« errichtet, einer Verbindung verschiedener als orientalisch empfundener Formelemente. Rundbogenfenster setzten starke Akzente, eine zwiebelförmige Kuppel krönte den Bau.

Nachdem die Adass Jeschurun zunächst in der Gesamtgemeinde verblieben war, kam es zur Loslösung, als 1906 in der Synagoge Roonstraße eine Orgel eingebaut wurde. Da dies orthodoxen Gläubigen als eine Nachahmung christlichen Gottesdienstes und daher als nicht annehmbar erschien, erklärte die Adass Jeschurun ihren Austritt aus der Großgemeinde. 1908 wurde sie als selbstständige Synagogen-Gemeinde staatlich anerkannt. Die Adass Jeschurun bildete trotz der Zuwanderung von orthodoxen Gläubigen aus Osteuropa und mit bis zu 1.200 Mitgliedern eine Minderheit im Kölner Judentum. Sie entwickelte jedoch ein reges Gemeindeleben, zu dem religiöse und karitative Vereine, Jugendorganisationen, eine Religionsschule und seit 1910 ein eigener Friedhof in Deckstein zählten.

כשר כשר
Ochsenmetzgerei u. Wurstwarenfabrik
unter Aufsicht d. Synagogemeinde Adaß Jeschurun, Köln.
A. ALTER, KÖLN
Gr. Griechenmarkt 80-82. Tel. Rhld. 3971
Ia Ochsenfleisch, Kalbfleisch, Pökelfleisch, Wurstwaren, Geflügel, Fettmasthühner usw. nur Ia Qual.

Als streng gesetzestreue Gemeinde bemühte sich die Adass Jeschurun, die Versorgung der orthodoxen Bevölkerung Kölns und der Region mit koscheren, das heißt entsprechend den jüdischen Speisegesetzen hergestellten Lebensmitteln zu ermöglichen. Eine Reihe von Geschäften befand sich unter ihrer rituellen Aufsicht und garantierte so, dass die dort angebotenen Lebensmittel koscher waren. Zu diesen meist kleineren Geschäften gehörten Metzgereien, Geflügel- und Milchläden, Lebensmittelgeschäfte und Bäckereien sowie einige Hotels und Restaurants. Sie lagen vor allem im Stadtzentrum, insbesondere im Umkreis der St.-Apern-Straße und im Viertel um den Griechenmarkt. Die Gemeinde unterhielt darüber hinaus auf dem städtischen Schlachthof in Ehrenfeld eine eigene Schechita, in der Beauftragte der Gemeinde die religiös vorgeschriebene Schächtung des Schlachtviehs überwachten.

Mit ihrer Selbstständigkeit entschloss sich die Adass Jeschurun zum Aufbau eines eigenen Schulwesens. 1907 wurde die bereits existierende Übungsschule als private orthodoxe Volksschule Moriah neu organisiert und erweitert. 1919 konnte die Jawne, ein Realgymnasium mit Realschule, als einzige

Private jüdische Volksschule „Morijah"
Köln — St. Apernstraße 29-31 — Fernsprecher 21 42 29
Sechsklassige Volksschule / Unterrichtsplan der städt. Volksschulen / Besondere Förderung der Schüler durch neuhebräische und englische Kurse
Anmeldungen für alle Schuljahre Montags und Donnerstags 12½-1 Uhr

oben: Annonce, in: Kölner Jüdisches Wochenblatt, 1928
links: Annonce, in: Mitteilungen des Jüdischen Kulturbundes Rhein-Ruhr, 1934
unten: Lehrkräfte und Absolventen des Lehrerseminars, um 1930

links: Schülerinnen der Jawne auf dem Schulhof,
rechts: Klasse der Jawne beim Zeichenunterricht mit Lehrer Peter Hallerbach, 1930er Jahre

jüdische höhere Schule dieser Art im Rheinland eröffnet werden. Bis 1933 wurden die Schulen vor allem von Kindern orthodoxer, aus Osteuropa stammender Familien besucht. Als 1933 die Ausgrenzung der jüdischen Kinder aus dem öffentlichen Schulwesen begann, traten jedoch immer mehr Kinder liberaler und säkularer Eltern ein. Die Schulen bereiteten nun auch auf eine Emigration vor, verstärkten den Englischunterricht, boten Palästinakunde und modernes Hebräisch an. Vielen Kindern und Jugendlichen gelang bis 1938 die Auswanderung, sodass die Klassen nach dem Höchststand 1937 schnell wieder kleiner wurden.

Während des Pogroms 1938 wurde auch das Gemeindezentrum der Adass Jeschurun angegriffen, das Innere der Synagoge völlig zerstört, das Schulhaus teilweise verwüstet. Durch Flucht und Emigration nach dem Pogrom verlor die Gemeinde einen Großteil ihrer Mitglieder – das eigentliche Gemeindeleben hörte auf, der Schulunterricht konnte dagegen trotz der Verwüstungen wenige Tage nach dem Pogrom wieder aufgenommen werden. Dr. Erich Klibansky, seit 1929 Direktor der Jawne, begann nun, die Verlegung der ganzen Schule nach Großbritannien zu planen. Es gelang ihm, von Januar bis Juli 1939 in vier Kindertransporten mehr als 130 Mädchen und Jungen sowie einige Lehrkräfte in Sicherheit zu bringen; für ihn selbst und seine Familie war eine Emigration nicht mehr möglich.

Nachdem man 1939 auch die Klassen der städtischen jüdischen Volksschule in die St.-Apern-Straße eingewiesen hatte, wurde hier noch bis zum staatlichen Verbot jüdischer Schulen 1942 Unterricht angeboten. Schon Mitte 1941, als die Kölner Behörden die Zusammenlegung der jüdischen Bevölkerung anordneten, hatte jedoch eine neue Phase in der Geschichte der Gebäude der Adass Jeschurun begonnen – die Nutzung als eines der größten Ghettohäuser Kölns. Hunderte von Menschen mussten hier in drangvoller Enge leben, bis man sie einem der Deportationszüge zuteilte. Im Sommer 1942 wurden auch die Bewohner des jüdischen Kinderheims und des Wai-

senhauses in das Ghettohaus eingewiesen. Als man die Kinder aus den Heimen und Schulen am 20. Juli 1942 nach Minsk verschleppte, gehörten zu den Deportierten Dr. Erich Klibansky, seine Frau Meta und ihre drei Söhne. Kurz nach Ankunft des Zuges in Minsk wurden alle Insassen des Zuges ermordet.

Nach der Verschleppung aller Bewohner zog die städtische Königin-Luise-Schule in die Schulgebäude ein, im Mai 1943 erwarb die Stadt Köln das Grundstück. Kurz danach wurden die Gebäude während eines Bombenangriffs stark beschädigt. Nach dem Abriss der Ruinen Ende der 1950er Jahre wies nichts mehr auf die Geschichte des Ortes hin.

An die Helenenstraße grenzt ein kleiner Platz, der nach Dr. Klibansky benannt ist.

oben: **Verlobung von Dr. Erich Klibansky (1900–1942) und Meta David (1902–1942), 1927**
rechts: **Ruine der Synagoge in der St.-Apern-Straße, um 1958**

Als Alexander Carlebach (1908–1992), Sohn von Rabbiner Emanuel Carlebach, in den 1950er Jahren nach Köln zurückkam, suchte er lange nach den Überresten der Gebäude der Adass Jeschurun, »bis er schließlich gegenüber der Holzhütte eines Bauunternehmens auf eine Trümmerwand stieß, die deutlich die Aufschrift ›Zum Sekretariat‹ erkennen ließ, wohinter er im Geiste der schmalen Treppe folgte, die in das Büro der Gemeinde führte. Rechts davon konnte man noch die geborstene Säule mit daran hängendem Mauerwerk der in romanischer Stilform erbauten Synagoge wahrnehmen. Links dahinter, wo einst aus dem Tore des imposanten Gebäudes von Seminar, Moriah und Jawne pulsierendes Leben ausströmte, umgab ein Bretterzaun ein von Dornen und Disteln überzogenes Grauen. Auch jene geborstene Säule ist längst über Nacht in die Vergangenheit untergetaucht.«[9]

10 Erich-Klibansky-Platz; Kindergedenkstätte Löwenbrunnen, Lern- und Gedenkort Jawne (*Öffnungszeiten siehe Anhang S. 366*)

Es ist das Verdienst des Kölner Ehepaars Corbach, dass der Name Erich Klibansky und die Geschichte dieses Ortes im Zentrum Kölns – gegen die Unbeweglichkeit der Behörden, gegen das Desinteresse von Politik und Öffentlichkeit – wieder in das Bewusstsein der Stadt gerückt wurde. Irene und Dieter Corbach, beide Synodalbeauftragte im Kirchenkreis Köln, gehörten zu den Ersten, die Mitte der 1980er Jahre mit der Spurensuche zur Kölner jüdischen Geschichte begannen. Sie bemühten sich vor allem darum, an das Schicksal jüdischer Kinder und an jüdische Einrichtungen für Kinder zu erinnern. Durch ihre Initiative wurde 1990 auf einem Teil des ehemaligen Schulhofs von Moriah und Jawne ein kleiner Platz gestaltet und nach Dr. Klibansky benannt. 1997 konnte die Kindergedenkstätte Löwenbrunnen, ein Denkmal für die 1.100 ermordeten jüdischen Kinder aus Köln, eingeweiht werden – auch dies eine Initiative der Corbachs. Die Namen der ermordeten Kinder sind auf Bronzeplatten an den Seitenwänden des achteckigen Brunnens vermerkt, auf der Brunnensäule befindet sich eine Skulptur, die von Hermann Gurfinkel, einem ehemaligen Schüler der Jawne, geschaffen wurde. Sie stellt den Löwen von Juda dar, ein Symbol für das jüdische Volk, der sich auf die Gesetzestafeln und die Erdkugel stützt und sich zugleich mit einer flehenden Geste zum Himmel reckt.

oben: Irene Corbach geb. Fleschmann (1937–2005) und Dieter Corbach (1931–1994), um 1990 *darunter:* Löwenbrunnen auf dem Erich-Klibansky-Platz *unten:* Hermann Gurfinkel bei der Arbeit an der Figur des Löwen, um 1997.

Unmittelbar am Erich-Klibansky-Platz liegen die Ausstellungsräume des Lern- und Gedenkortes Jawne, einer Initiative von engagierten Kölnerinnen und Kölnern, die sich in Nachfolge des Ehepaars Corbach vor allem mit der Geschichte der Kölner jüdischen Kinder und Jugendlichen befasst und mit Veranstaltungen und wechselnden Ausstellungen Informationen zu jüdischen Schulen, zu Biographien von Schülerinnen, Schülern und Lehrkräften vermittelt.

Lern- und Gedenkort Jawne, 2011

Von der Helenenstraße geht es nach links in die Straße Auf dem Berlich und nach Überquerung der Kreuzung Magnusstraße/Burgmauer nach rechts in die Zeughausstraße.

11 Zeughausstr. 1–3; Kölnisches Stadtmuseum, Judaica-Sammlung (*Öffnungszeiten siehe Anhang S. 365*)

Schmuckblatt für eine Sukka (Laubhütte), Mitte 19. Jahrhundert; 1926 für das Rheinische Museum angekauft

In der Zeughausstr. 1–3, im ehemaligen Zeughaus, der um 1600 errichteten Waffenkammer der Stadt, befindet sich seit 1958 das Kölnische Stadtmuseum, das einen Überblick über die Geschichte der Stadt vom Mittelalter bis in die Gegenwart gibt. Zum Bestand des Museums zählt eine umfangreiche Judaica-Sammlung. Die Anfänge dieser Sammlung gehen auf ein Mitte der 1920er Jahre geplantes Rheinisches Museum zurück. Da das Konzept dieses Museums auch die Darstellung des jüdischen Lebens vorsah, wurden bis 1933 zahlreiche Objekte zu jüdischem Alltag und Ritus aus Köln und der ganzen rheinischen Region zusammengetragen – darunter eine Anzahl synagogaler Gegenstände, vor allem Tora-Vorhänge und Tora-Mäntel, aus der Deutzer Gemeinde.

Diese Judaica-Sammlung, die NS-Zeit und Krieg weitgehend unbeschädigt überdauerte, wurde nach Kriegsende in den Bestand des Kölnischen Stadtmuseums integriert. Kontinuierlich erweitert, umfasst die Sammlung heute einige hundert Objekte aus Kultus und Brauchtum, daneben Handschriften, Grafiken, Fotografien und Bücher.

rechts: Vitrine mit Objekten der Judaica-Sammlung
unten: Objekte aus dem Synagogen-Kultus

links: Gegenstände des religiösen Brauchtums
unten: Ausgestellt ist auch das Beschneidungsbuch von Isidor Blumenthal (1844–1924), einem der bedeutenden deutschen Kantoren seiner Zeit, der an der Synagoge in der Glockengasse wirkte

1963/64 wurde in den Räumen des Stadtmuseums die große Ausstellung »Monumenta Judaica. 2000 Jahre Geschichte und Kultur der Juden am Rhein« präsentiert. Sie versuchte – kaum zwanzig Jahre nach der Vertreibung und Ermordung der jüdischen Bevölkerung –, einem breiten Publikum grundlegende Kenntnisse zu Judentum und jüdischer Geschichte zu vermitteln. Die Ausstellung, die auch die Verfolgung während des Nationalsozialismus thematisierte, zeigte mehr als 2.000 Exponate und wurde in einer internationalen Zusammenarbeit mit vielen Institutionen zusammengestellt. Zu den vielen Beratern und Förderern in Israel gehörte auch Hannah Bodenheimer, Tochter des Kölner Zionisten Max Isidor Bodenheimer. Über Köln und das Rheinland hinaus bildete die Monumenta Judaica einen entscheidenden Impuls für die Erforschung deutsch-jüdischer Geschichte.

Heute ist in der Dauerausstellung des Kölner Stadtmuseums nur ein Teil der Judaica-Sammlung zu sehen, darunter jedoch historisch und künstlerisch bedeutende Objekte. Das Museum zeigt sie im Obergeschoss des Hauses unter dem Themenbereich »Glauben und Wissenschaft«. Zwei Vitrinen informieren über jüdische Religion und Kultur sowie über die Geschichte der Juden in Köln. Die präsentierten Gegenstände beziehen sich auf den Bereich der Synagoge und das häusliche religiöse Brauchtum: unter anderem sind Tora-Rolle und Tora-Schmuck, Schabbat- und Chanukka-Leuchter, Besomim, Sederteller und Kidduschbecher zu sehen. Einige dieser Objekte waren ursprünglich im Besitz der Deutzer Gemeinde. Nicht weit von den Vitrinen entfernt sind zwei Grabsteine für Sara, gestorben 1302, und für Rachel, gestorben 1323, aufgestellt, die Anfang der 1950er Jahre bei Ausgrabungen am Rathausplatz gefunden

oben: Vitrine im Erdgeschoss; links: Kapitell aus St. Severin, rechts: Grabsteinfragment von ca. 1306, gefunden 1951 in Trümmern des Rathauses
links: Aus dem Münzschatz von 1349, gefunden 1953

wurden und vom mittelalterlichen jüdischen Friedhof vor dem Severinstor stammen (siehe S. 35). Auf unserem Weg zum Museumsausgang passieren wir im Erdgeschoss zwei Vitrinen, deren Exponate die Geschichte von Judenfeindlichkeit, Antisemitismus und Judenverfolgung in Köln bis in die Zeit des Nationalsozialismus widerspiegeln: Ein Kapitell aus dem späten 12. Jahrhundert mit einer Darstellung der sogenannten »Judensau« (siehe S. 56 f., 68 f.) und ein wahrscheinlich während des Pogroms 1349 versteckter Münzschatz, der 1953 im ehemaligen jüdischen Viertel entdeckt wurde (siehe S. 20), verweisen auf Diffamierung und Verfolgung der Juden im Mittelalter. Die Verfolgung während der NS-Zeit ist durch das Fragment einer im Pogrom 1938 zerstörten Tora-Rolle und durch einen »Judenstern« thematisiert.

Es wäre zu wünschen, dass dem Judaica-Bestand des Museums, der zu den herausragenden Sammlungen in Deutschland gehört, mehr Raum gegeben werden könnte. Vielleicht wird dies nach einer Erweiterung und Umgestaltung des Museums möglich sein – vielleicht aber wird er in das für Köln geplante Haus der jüdischen Geschichte und Kultur integriert und dort entsprechend seiner Bedeutung präsentiert werden.

Nach Verlassen des Stadtmuseums wenden wir uns nach rechts, gehen die kurze Treppe am Römerbrunnen empor und überqueren die Straße Burgmauer in Richtung Appellhofplatz. Wir biegen rechts in die Elisenstraße ein, eine ruhige Verbindung zwischen Appellhofplatz und der betriebsamen Geschäftsstraße Auf dem Berlich.

12 Elisenstraße

Die schmale, nüchterne Straße ist durch Nachkriegsbauten geprägt, von denen viele in den letzten Jahren modernisiert oder ersetzt wurden. Bis auf das EL-DE-Haus an der Ecke zum Appellhofplatz weist keines der Gebäude noch Originalfassaden aus der Zeit vor dem Zweiten Weltkrieg auf.

Die Elisenstraße hatte sich seit Mitte des 19. Jahrhunderts allmählich zu einer renommierten, für Rechtsanwälte, Kaufleute, Ärzte und Firmenverwaltungen attraktiven Adresse entwickelt. Unter den Mietern und Eigentümern der Häuser waren auch Juden, die hier Wohnung, Geschäftssitz oder Praxis unterhielten.

1858 kaufte Albert von Oppenheim, Sohn des jüdischen Bankiers Simon von Oppenheim, das Haus Elisenstr. 9, ein Anwesen, das einem Zuckerfabrikanten gehört hatte, und bewohnte es mit seiner Familie bis zum Umzug um 1869 in das neue Domizil in der Glockengasse. Das Haus ging nun in den Besitz des katholischen Kaufmanns Michels über, Inhaber einer Woll- und Tuchhandlung, der es umbaute und schließlich um 1885 verkaufte. Käufer war der be-

Elisenstraße; links: die Häuser Nr. 9, 11, 13, 15 und 17–19, um 1940

Die Tochter von Dr. Samelsohn, Hannah Dreyer (1877–1967), beschrieb in ihren Memoiren die beschaulich-bürgerliche Atmosphäre, in der ihre Familie lebte. Auch an die Elisenstraße und ihr Haus erinnerte sie sich deutlich: »Die kurze Privatstrasse, in der hauptsächlich Akademiker wohnten, und in der jeder jeden kannte, war trotzdem eine lebhafte Durchgangsstrasse zum Gerichtsgebäude, einer Kirche mit wundertätiger Muttergottes und einem Gesellschaftshaus der Lesegesellschaft. [Wir wohnten in der Elisenstr. 9], einem grossen, wirklich herrschaftlichen Hause, in dem bisher eine reiche Kaufmannsfamilie gewohnt hatte. Die Eltern kauften dieses Haus und nahmen noch ziemlich grosse bauliche Veränderungen vor, denn das Haus, das für gesellschaftliche Zwecke bestimmt war, passte nicht für die Praxis eines vielbeschäftigten Arztes. Es hatte eine breite Einfahrt für die Equipage und Stallungen und Remisen am Ende eines gepflasterten Hofes, der sich an die Einfahrt anschloss, die Waschküche nicht zu vergessen. Das alles musste den neuen Bedürfnissen weichen. Anstelle der Remisen entstand ein Garten mit gedecktem Gartenzimmer, in dem wir uns auch bei Regen aufhalten konnten, die Einfahrt wurde verkleinert und ein Wartezimmer aus einem Teil derselben gemacht. [...] Die vielen Zimmer als solche blieben: das dreifenstrige Esszimmer mit einem gemalten Plafond wie in italienischen Palästen. Das danebenliegende, zum Garten hin, wurde Vaters Sprechzimmer mit merkwürdigerweise schon bestehender Dunkelkammer, einem fensterlosen Raum, in dem vormals der Diener geschlafen hatte, und dem eben dazugebauten Wartezimmer, auch gartenwärts.«[10]

Rachel Apfel geb. Bürger (1857–1912), um 1885 und Dr. Simon Apfel (1852–1932), um 1885

kannte jüdische Augenarzt Dr. Julius Samelsohn, der zu den Initiatoren der 1874 gegründeten Kölner Augenheilanstalt für Arme gehörte und sie bis zu seinem Tod 1899 leitete. Er und seine Familie hatten zunächst in einem kleinen Drei-Fenster-Haus in der Elisenstr. 21 gewohnt, das gekaufte »herrschaftliche« Haus ließen sie zu Praxis und Wohnung umbauen.

Um 1895 ließ sich im Haus Nr. 15, einem schmalen Gebäude, das ein adeliger Rittergutsbesitzer bewohnt hatte, der jüdische Facharzt für Geburtshilfe und Frauenkrankheiten Dr. Simon Apfel nieder. Dr. Apfels Frau Rachel, weitläufig mit Heinrich Heine verwandt, war hochgebildet und führte lange Zeit einen in Köln bekannten Salon, in dem »über Probleme der Gegenwart, über Fragen der Kunst und Wissenschaft, über alle literarischen Erzeugnisse der jüdischen und nicht jüdischen Welt« diskutiert wurde.[11] Sie war eng mit Dr. Max I. Bodenheimer befreundet und unterstützte seine zionistische Arbeit.

Ein weiterer jüdischer Arzt, Dr. Salli Moses, kaufte einige Jahre später das Haus Elisenstr. 3, zog mit seiner Familie dort ein und eröffnete eine Praxis für Hals-, Nasen- und Ohrenkrankheiten.

Dr. Salli Moses (1861–1945) war über vierzig Jahre am jüdischen Krankenhaus in Ehrenfeld sowie lange auch am katholischen St. Franziskus-Hospital tätig. Er amtierte mehrmals als Vorsitzender des Kölner Allgemeinen ärztlichen Vereins und wurde 1931 zum Vorsitzenden der Vereinigung westdeutscher HNO-Ärzte berufen. Seine Frau **Louise geborene Rothschild** war Vorstandsmitglied des Kölner Vereins für jüdische Krankenpflegerinnen. Paul Moses, der Sohn des Ehepaars, wurde ebenfalls Arzt, die Tochter Elisabeth arbeitete als promovierte Kunsthistorikern am städtischen Kunstgewerbemuseum.

rechts: Dr. Salli Moses, um 1907
unten: Verwaltungsgebäude der Firma Lissauer & Cie., Elisenstr. 17–19, 1925

Bedeutendste Firma der Elisenstraße war das Unternehmen Lissauer & Cie., das sich seit circa 1920 im Haus Nr. 17–19 befand. Gegründet 1903 von den Brüdern Meno und Henry Lissauer, war das Unternehmen bereits vor dem Ersten Weltkrieg eine der größten deutschen Firmen der Erz- und Metallverhüttung und des Metallhandels. Ende der 1920er Jahre hatte die Firma ihre Geschäftsbeziehungen auf große Teile Europas, auf Nordamerika und Russland ausgeweitet und besaß nun eigene Hüttenwerke, Gruben und chemische Fabriken. Die Brüder Lissauer, beide orthodox, waren Mitglieder der Adass Jeschurun. Meno Lissauer war Kuratoriumsmitglied des Jüdischen Lehrerseminars und wie Henry zeitweise Kurator der Jawne. Aufgrund der religiösen Einstellung ihrer Eigentümer war die Firma Lissauer & Cie. am Schabbat und an den jüdischen Feiertagen geschlossen, sodass ihre zahlreichen jüdischen Beschäftigten die religiös vorgeschriebene Ruhepflicht einhalten konnten.

Werfen wir einen Blick auf die Bewohner der Elisenstraße im Jahr 1930. Zu diesem Zeitpunkt gab es hier 13 Rechtsanwaltskanzleien, unter ihnen die Büros dreier jüdischer Juristen: Im Haus Nr. 8–10 praktizierte Dr. Eugen Rosenberg, im Haus Nr. 17–19, dem Bürohaus der Firma Lissauer & Cie., waren Dr. Walter Rothschild und Dr. Otto Weil als Syndizi des Unternehmens tätig. Unter den acht Ärzten der Straße waren drei jüdische Mediziner: Dr. Salli

Elisenstraße bei Kriegsende

Moses praktizierte in Haus Nr. 3, sein Sohn Dr. Paul Moses hatte einige Jahre zuvor im Haus Nr. 9 eine eigene HNO-Praxis eröffnet. Im Haus Nr. 15 wohnte Dr. Apfel, außerdem die Familie seines Sohns, des Kaufmanns Samuel Apfel.

Nach 1933 vollzog sich die Enteignung und Vertreibung der jüdischen Bewohner innerhalb nur weniger Jahre: Dr. Rosenberg konnte nach Palästina, Dr. Rothschild mit seiner Familie in die USA auswandern. Dr. Weil emigrierte in die Niederlande, wo er zunächst weiter für die Firma Lissauer & Cie. tätig war. Er wurde deportiert und im Januar 1945 in Bergen-Belsen ermordet. Dr. Moses und seine Familie emigrierten um 1936 in die USA, 1937 beschlagnahmten die NS-Behörden ihr Haus, Anfang 1938 wurde es an einen Kaufmann verkauft. Möglicherweise wurde es nicht nur von ihm genutzt, sondern zeitweise auch von der Gestapo, deren Zentrale sich seit 1935 im unmittelbar danebenliegenden Eckhaus zum Appellhofplatz befand. Die Familie Apfel wanderte nach Südamerika aus, ihr Haus kaufte ein Arzt, um dort Praxis und Wohnung einzurichten. Die Familie Lissauer konnte mit Hilfe der Bankiers von Oppenheim in die USA auswandern, ihre Firma und ihr Haus wurden vom Kölner Unternehmen Rheinischer Erz- u. Metallhandel »arisiert«.

Während des Krieges wurden fast alle Gebäude der Elisenstraße stark beschädigt oder zerstört. Das Haus Nr. 3 blieb im Wesentlichen intakt, allerdings wurden 1950 Stuckaturen und Erker der Straßenfront beseitigt, sodass sie kaum noch an die ursprüngliche Fassade erinnert.

Keiner der ins Exil Getriebenen kehrte zurück.

13 Appellhofplatz 23–25; EL-DE-Haus: 1935–1945 Sitz der Gestapo Köln, seit 1988 NS-Dokumentationszentrum der Stadt Köln (*Öffnungszeiten siehe Anhang S. 367*)

Das Haus Ecke Appellhofplatz/Elisenstraße war von Ende 1935 bis zur Befreiung Kölns im März 1945 Sitz der Geheimen Staatspolizei (Gestapostelle) Köln und damit Ausgangsort für die Überwachung der Bevölkerung und Verfolgung der Regimegegner. Zu den Terrormaßnahmen der Gestapo gehörten Verhaftung, Folterung, Exekution und Einweisung in Konzentrationslager.

Das Gebäude, heute das unmittelbarste Zeugnis der NS-Gewaltherrschaft in Köln, wurde im Auftrag des katholischen Kölner Kaufmanns Leopold Dahmen als Wohn- und Geschäftshaus geplant, jedoch 1935 noch vor der Fertigstellung von der Gestapo übernommen und für ihre Zwecke eingerichtet. Nach den Initialen des ursprünglichen Bauherrn trägt es die Bezeichnung EL-DE-Haus.

Eine Anlehnung an klassizistische Stilformen, die vertikale Akzentuierung der Fassaden und hohe Fenster lassen das Haus zweckmäßig erscheinen, geben ihm aber auch eine monumentale Wirkung, die durch die Verkleidung mit großen Tuffsteinplatten betont wird. Das Gebäude überstand den Krieg fast ohne Schäden. In den 1950er Jahren erhielt es ein zusätzliches Dachgeschoss, zudem wurden nach beiden Seiten hin Neubauten errichtet, für die man sich – ohne jedes Bedürfnis der Distanzierung – an der Gestaltung der Gestapo-Zentrale orientierte.

Seit 1945 wurde das gesamte Gebäude von verschiedenen Einrichtungen, vor allem städtischen Behörden, genutzt. Eine Auseinandersetzung mit der Geschichte des Hauses fand bis zum Ende der 1970er Jahre nicht statt. Erst

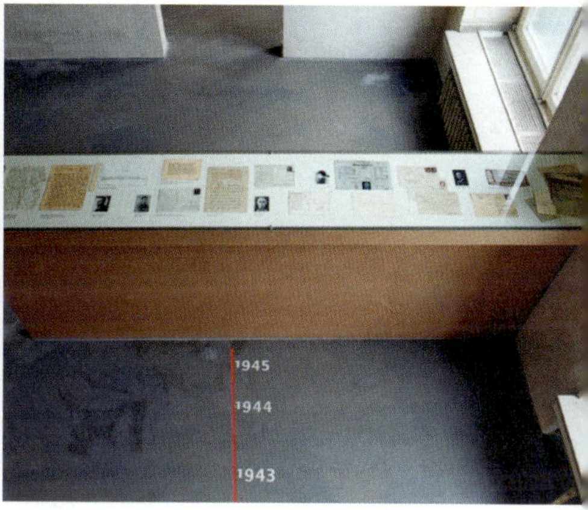

Dauerausstellung: Räume zur jüdischen Geschichte

1981 richtete die Stadt im Keller des Gebäudes, dem ehemaligen Gestapogefängnis, eine Gedenkstätte ein, 1988 bezog das 1979 gegründete NS-Dokumentationszentrum einige Räume des Hauses. Seit 1997 befindet sich im ersten und zweiten Stock die Dauerausstellung »Köln im Nationalsozialismus«. Das Dokumentationszentrum ist heute eine der wichtigsten lokalen Gedenkstätten und Forschungseinrichtungen in Deutschland.

Als Sitz der Gestapo war das EL-DE-Haus der Ort, von dem aus die Diskriminierung der jüdischen Bevölkerung Kölns und des Umlandes organisiert und durchgeführt wurde. Die Gestapo setzte die antisemitischen Anordnungen von Staat und Partei um, vollzog die Befehle übergeordneter Behörden und erließ selbst Verfügungen, die der Entrechtung und Ausplünderung dienten. So war sie maßgeblich an der Durchführung des Pogroms und den Verhaftungen im November 1938 beteiligt, ordnete im Mai 1941 die Ghettoisierung der jüdischen Bevölkerung in »Judenhäusern« an und war für die Organisation der Deportationen verantwortlich. Hunderte von jüdischen Frauen und Männern wurden im EL-DE-Haus verhört, viele im Gestapogefängnis inhaftiert und misshandelt.

Das NS-Dokumentationszentrum befasst sich in einem Schwerpunkt seiner Arbeit mit der Erforschung der jüdischen Geschichte in Köln während Weimarer Republik und Nationalsozialismus. Zu diesem Themenbereich wurde eine Vielzahl von Publikationen, Sonderausstellungen, Projekten und Veranstaltungen erarbeitet. Ein Überblick über die Geschichte des Kölner

oben: Sonderausstellung »Köln und seine jüdischen Architekten«, 2010
rechts: Publikationen des NS-Dokumentationszentrums zur jüdischen Geschichte Kölns

Judentums wird anhand von eindrucksvollen Exponaten und Interviews in der Dauerausstellung gezeigt. Informationen zur jüdischen Thematik finden sich auch im Internetangebot des Dokumentationszentrums, vor allem in den interaktiven Datenbanken »Stolpersteine in Köln« und »Gedenkbuch der jüdischen Opfer« sowie im Videoarchiv »Erlebte Geschichte«, das eine Reihe von Interviews mit jüdischen Zeitzeuginnen und -zeugen enthält.

Zu den wichtigsten Arbeitsbereichen des Dokumentationszentrums gehört die Klärung des Schicksals der jüdischen Einwohner Kölns zwischen 1933 und 1945. Nachdem 1995 ein Gedenkbuch der jüdischen Opfer aus Köln veröffentlicht wurde, das die Namen von mehr als 7.000 ermordeten Frauen, Männern und Kindern verzeichnet, werden die Recherchen kontinuierlich weitergeführt. In Zusammenarbeit mit Überlebenden und ihren Familien, mit Archiven und Gedenkstätten im In- und Ausland sammelt das NS-Dokumentationszentrum biographische Angaben, Dokumente, Fotografien, Zeitzeugenberichte und Interviews, sodass ein umfangreiches, sich stetig erweiterndes Archiv entstanden ist. Es wird von betroffenen Familien in aller

oben: **Aus dem Nachlass der Kölner Familien Salomon, Capell und Zilken**
rechts: **Monitor zum Alltag der jüdischen Bevölkerung in den 1920er und 1930er Jahren**

Welt, von Genealogen, Studierenden, Journalisten und Wissenschaftlern genutzt. Für viele Nachkommen ehemaliger Kölner ist das Dokumentationszentrum eine wichtige Einrichtung bei der Suche nach dem Schicksal ihrer Familien, und es ist für sie zugleich ein eindrucksvoller Ort des Erinnerns.

Das Dokumentationszentrum ist seit 2000 auch der Kölner Ansprechpartner für das Projekt Stolpersteine des Künstlers Gunter Demnig. Es recherchiert zu den Biographien und Wohnorten der Opfer und stellt diese Informationen zur Verfügung. Bis 2011 wurden in Köln circa 1.700 Stolpersteine verlegt – die ganz überwiegende Mehrheit erinnert an jüdische Opfer.

Das EL-DE-Haus, ehemals Inbegriff von Unterdrückung und Gewalt, ist heute ein Ort des Gedenkens an die Opfer des Nationalsozialismus; es ist darüber hinaus eine Einrichtung zur Dokumentation der Geschichte Kölns während der NS-Zeit und vor allem ein Lern- und Bildungsort, dessen Ziel es ist, das erarbeitete Wissen einem breiten Publikum zu vermitteln.

Unmittelbar dem EL-DE-Haus gegenüber, in einem 1893 errichteten Gebäude, befindet sich heute das Finanz- und Verwaltungsgericht Köln.

14 Appellhofplatz; Justizgebäude

Während der Weimarer Republik und NS-Zeit war hier der Sitz des Kölner Land- und Amtsgerichts sowie der Strafkammern, seit 1933 auch der NS-Sondergerichte. Nach 1935 fanden im Gericht am Appellhofplatz Prozesse statt, die im Rahmen von Anklagen wegen sogenannter »Rassenschande« in extrem entwürdigender Weise in das Leben jüdischer und nicht jüdischer Menschen eingriffen. Grundlage für diese Anklagen bildeten die 1935 erlassenen »Nürnberger Rassengesetze«. Sie hoben die seit 1871 gültige politische und bürgerliche Gleichstellung der Juden auf, entzogen der jüdischen Bevölkerung das aktive und passive Wahlrecht und teilten die Bevölkerung in rassistische Kategorien ein. Darüber hinaus waren nun Eheschließungen wie generell sexuelle Beziehungen zwischen Juden und Nichtjuden bei Androhung von Gefängnis- und Zuchthausstrafen verboten. Die Kölner »Rassenschandeprozesse«, deren Zahl auf etwa 70 geschätzt wird, endeten häufig mit mehrjährigen Zuchthausstrafen, in einem Fall mit der Verhängung der Todesstrafe. Die Juristen, die an diesen Urteilen mitgewirkt hatten, wurden in der deutschen Nachkriegsgesellschaft nicht belangt.

1979/80, 35 Jahre nach dem Ende des NS-Regimes, wurde das Gerichts-

links: Gerichtsgebäude, um 1900
oben: Demonstration vor dem Gerichtsgebäude, 1979/80
rechts: Veranstaltung im Gerichtsgebäude zur Erinnerung an den Prozess gegen Kurt Lischka, 2010

gebäude Ort eines Strafprozesses, in dessen Mittelpunkt Verbrechen standen, die gegenüber Juden während der Zeit des Nationalsozialismus begangen worden waren. Angeklagt vor dem Kölner Landgericht waren der Jurist und ehemalige SS-Obersturmbannführer Kurt Lischka sowie zwei weitere während der deutschen Besatzung in Frankreich tätige NS-Funktionäre.

Kurt Lischka, geboren 1909 in Breslau, trat 1933 der SS bei, seit 1935 war er beim Geheimen Staatspolizeiamt in Berlin tätig und dort seit 1938 mit »jüdischen Angelegenheiten« befasst, so etwa mit den Verhaftungen im Rahmen des Novemberpogroms. Im Jahr 1940 leitete er die Kölner Gestapostelle im EL-DE-Haus, war also in dieser Zeit für Anordnung und Durchführung antisemitischer Maßnahmen in Köln zuständig. Im November 1940 wurde er nach Frankreich versetzt, wo er bis Herbst 1943 als stellvertretender Befehlshaber bzw. als Befehlshaber der Sicherheitspolizei und des Sicherheitsdienstes amtierte. In diesen Funktionen war er maßgeblich an der Deportation und Ermordung der französischen Juden beteiligt. Seit 1950 lebte Lischka in Köln. Obgleich ihn in diesem Jahr ein französisches Militärgericht in Abwesenheit zu lebenslänglicher Zwangsarbeit verurteilte, wurde er in Deutsch-

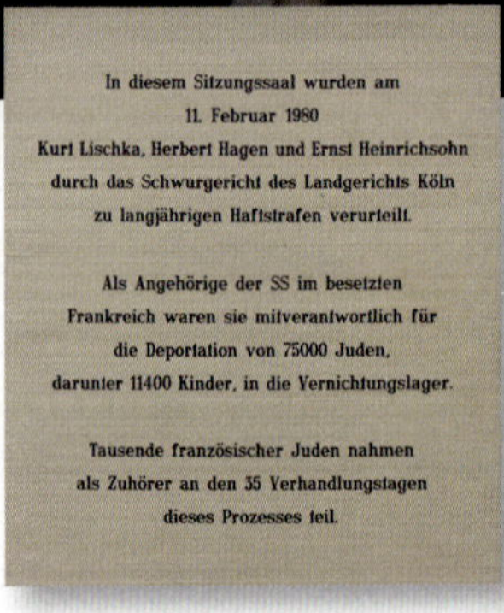

In diesem Sitzungssaal wurden am
11. Februar 1980
Kurt Lischka, Herbert Hagen und Ernst Heinrichsohn
durch das Schwurgericht des Landgerichts Köln
zu langjährigen Haftstrafen verurteilt.

Als Angehörige der SS im besetzten
Frankreich waren sie mitverantwortlich für
die Deportation von 75000 Juden,
darunter 11400 Kinder, in die Vernichtungslager.

Tausende französischer Juden nahmen
als Zuhörer an den 35 Verhandlungstagen
dieses Prozesses teil.

oben: Enthüllung der Gedenktafel; rechts: Beate Klarsfeld, 2010
rechts: Gedenktafel im 1. Stock des Gerichts vor dem Sitzungssaal
rechte Seite: Aus der im NS-Dokumentationszentrum gezeigten Ausstellung zum Prozess gegen Kurt Lischka, 2006

land weder durch einen Prozess zur Rechenschaft gezogen noch an Frankreich ausgeliefert. Wie viele andere an NS-Verbrechen Beteiligte war er problemlos in der deutschen Nachkriegsgesellschaft untergetaucht, einer Gesellschaft, die ihre Geschichte rigoros verdrängte. Nachdem Lischka bis Anfang der 1970er Jahre in Köln bürgerlich angepasst als Prokurist einer Firma gearbeitet hatte, deckte das deutsch-französische Ehepaar Beate und Serge Klarsfeld seine Vergangenheit mit zum Teil spektakulären Aktionen auf. Im Oktober 1979 schließlich eröffnete die Kölner Staatsanwaltschaft nach mehrjähriger Ermittlung das Verfahren gegen Lischka und seine Mittäter.

Bereits in den Jahren vor dem Prozess hatte in Deutschland ein allmählicher Wandel im politischen, gesellschaftlichen wie juristischen Denken begonnen, sodass die Bereitschaft zur Auseinandersetzung mit der Zeit des Nationalsozialismus wuchs. 1979 wurde die Leugnung des Völkermordes an den europäischen Juden unter Strafe gestellt, zugleich führte die Fernsehserie »Holocaust« einem breiten Publikum anschaulich und emotional berührend die antisemitische Verfolgung während der NS-Herrschaft vor Augen.

Der Lischka-Prozess wurde so zum Brennpunkt der Diskussion um demokratisches Rechtsbewusstsein, Schuld, Verantwortung und angemessene Strafverfolgung. Das Verfahren endete mit der Verurteilung Kurt Lischkas zu zehn Jahren Haft wegen Beihilfe zum Mord an 76.000 französischen Juden. Bereits 1985 entlassen, starb Lischka 1989. In Erinnerung an den Prozess wurde 2010 vor dem Raum, in dem die Verhandlung stattfand, eine Gedenktafel angebracht.

Im Umfeld des Prozesses geriet auch das EL-DE-Haus mit seiner Geschichte als Sitz der Gestapo und ehemalige Dienststelle Lischkas in den Blick der Öffentlichkeit. Im Dezember 1979 beschloss der Kölner Rat – auf massiven Druck vonseiten engagierter Bürgerinnen und Bürger – die Einrichtung eines NS-Dokumentationszentrums für Köln, zwei Jahre später wurde die Gedenkstätte im ehemaligen Gestapogefängnis eröffnet. 2006 schließlich zeigte das Dokumentationszentrum eine eindrucksvolle Ausstellung, die an den Lischka-Prozess erinnerte und dabei vor allem seine Bedeutung für den Umgang der deutschen Nachkriegsgesellschaft mit ihrer Vergangenheit und mit den Tätern der NS-Zeit thematisierte.

Die beiden sich gegenüberliegenden Gebäude, EL-DE-Haus und Gericht, verweisen somit auf die Verfolgung der jüdischen Bevölkerung Kölns während der nationalsozialistischen Herrschaft, sie verweisen zugleich auf die Auseinandersetzung mit dieser Geschichte.

TOUR 3 VOM WALLRAFPLATZ ZUM GRIECHENMARKTVIERTEL

Länge der Tour: ca. 4 Kilometer

Mit dem Ausgangspunkt dieser Tour auf dem Wallrafplatz stehen wir am Zugang zum wichtigsten Einkaufszentrum Kölns – dem Viertel um Hohe Straße und Schildergasse. Wir wollen uns in den nächsten Stationen vor allem mit jüdischen Kaufleuten und ihren Unternehmen befassen, aber auch andere Aspekte der jüdischen Geschichte Kölns aufgreifen.

Eine erste Konzentration von Geschäften, Läden und Kaufhäusern war im Bereich der inneren Altstadt seit Mitte des 19. Jahrhunderts entstanden. Während man vor 1900 vor allem Gebäude in historischen Stilformen – etwa Formen der Neogotik oder des Neobarocks – errichtete, die mit Stuck, Erkern und aufwendigen Giebeln verziert waren, setzte nach der Jahrhundertwende eine neue Entwicklung ein – Köln sollte nun einen modernen weltstädtischen Charakter und eine »neue Physiognomie« erhalten. An die Stelle uralter Gassen traten Durchbrüche und verbreiterte Straßen, neben kleinen Läden, Familienbetrieben und schmalen Wohnhäusern entstanden monumentale Büro- und Geschäftszentren, die Funktionalität und Modernität ausstrahlten, sowie erstmals riesige Kaufhäuser. Nach einer Unterbrechung des Baubooms während des Ersten Weltkriegs begann bereits in der unmittelbaren Nachkriegszeit eine neue Phase in der Bebauung der Innenstadt. Bald entstanden auch Geschäfts- und Warenhäuser, die sich an den sachlichen, kühlen Formen des Neuen Bauens orientierten und damit dem Charakter des Kölner Einkaufsviertels neue Akzente zeitgenössischer Architektur hinzufügten.

An der Entwicklung von Hohe Straße und Schildergasse seit Mitte des 19. Jahrhunderts waren viele jüdische Kaufleute, Investoren, Unternehmerinnen und Unternehmer sowie jüdische Beschäftigte der Firmen beteiligt. Das Spektrum ihrer Geschäfte umfasste die verschiedensten Branchen, hatte

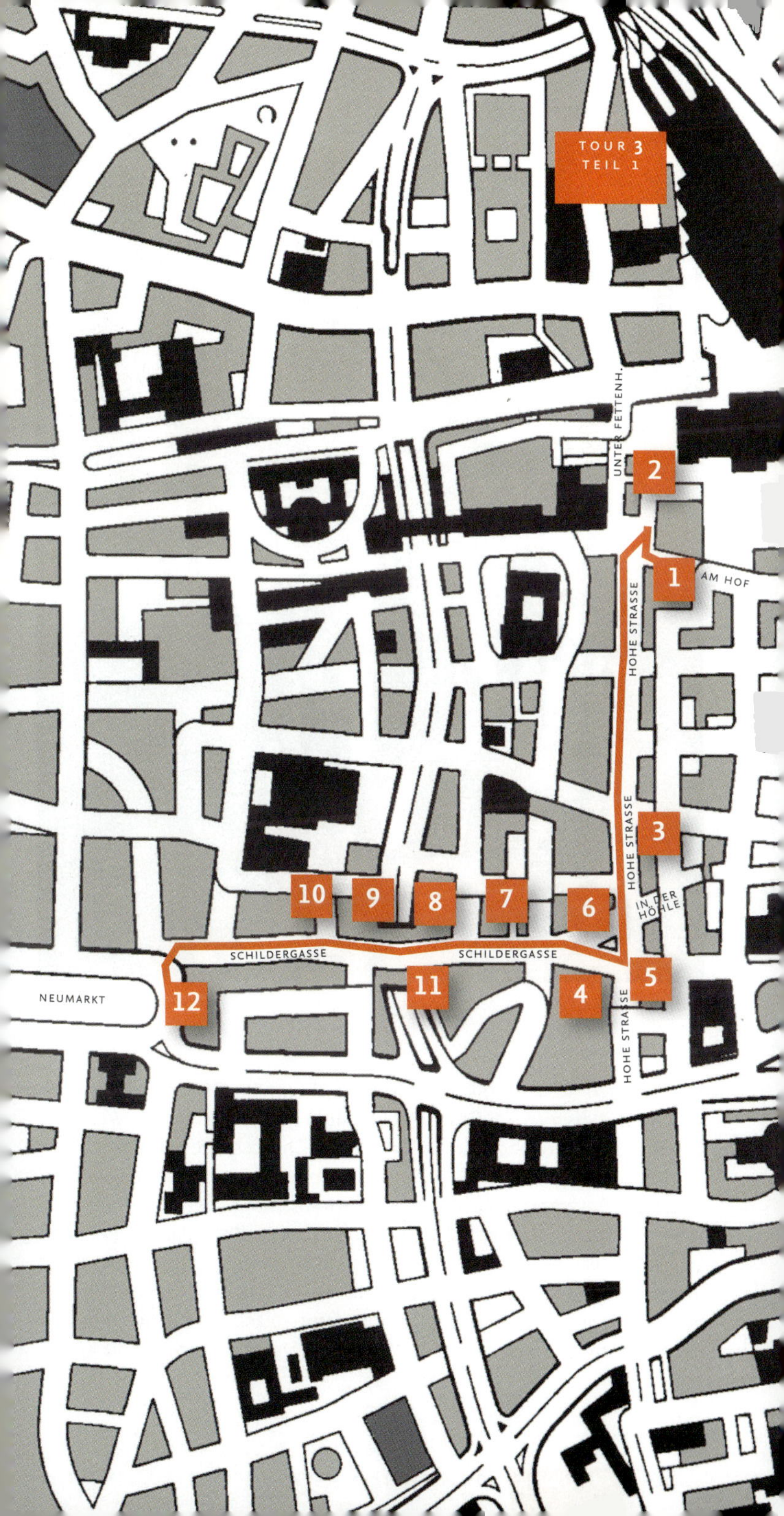
TOUR 3
TEIL 1
UNTER FETTENH.
2
1
AM HOF
HOHE STRASSE
3
HOHE STRASSE
IN DER HÖHLE
10
9
8
7
6
SCHILDERGASSE
SCHILDERGASSE
5
11
4
HOHE STRASSE
NEUMARKT
12

Hohe Straße, um 1905

jedoch einen Schwerpunkt im Textilbereich. Innerhalb der Geschäftswelt waren die jüdischen Kaufleute etabliert, und noch am Ende der Weimarer Republik schienen ihnen für die Zukunft alle Chancen offenzustehen.

Mit dem Beginn des NS-Regimes war diese Entwicklung abrupt beendet. Schon der Boykott vom April 1933, der die »Arisierung« des Eigentums jüdischer Besitzer einleitete, traf viele Firmen schwer. Bis Anfang 1939 hatten schließlich alle jüdischen Kaufleute ihre Unternehmen auflösen oder – fast immer weit unter Wert – verkaufen müssen. Falls sie und die vielen Mitarbeiterinnen und Mitarbeiter ihrer Firmen Deutschland nicht hatten verlassen können, wurden sie deportiert und ermordet. Unser Gang durch die Kölner

Hauptgeschäftsstraßen wird daher immer wieder diese Verfolgung, Vertreibung und Enteignung thematisieren.

Wenn wir heute die Hohe Straße und Schildergasse entlanggehen, sehen wir nur noch vereinzelt originale Fassadenelemente aus der Zeit vor 1939. Keines der Gebäude in der Innenstadt blieb während des Zweiten Weltkriegs unbeschädigt, und nur wenige Bauten wurden nach dem Krieg entsprechend der ursprünglichen Form rekonstruiert. Der Verlauf der Häuserfronten hat

Schildergasse, um 1905

sich vor allem in der Schildergasse gegenüber der Vorkriegszeit stark verändert, es ist deshalb gelegentlich schwierig, den historischen Standort eines Gebäudes zu identifizieren. Noch für die Zeit um 1900 müssen wir uns die Straße sehr viel schmaler vorstellen, während sie in den 1920er und 1930er Jahren schon in Teilen erheblich verbreitert war.

Wir betrachten zunächst das links am Eingang zur Hohe Straße stehende Eckgebäude.

1 Hohe Str. 168 / Wallrafplatz, Stollwerck-Haus; Hofjuwelier E. Goldschmidt

Im Bereich des heutigen Stollwerck-Hauses wurde 1906/07 nach Plänen des Kölner Architekten Carl Moritz ein großer Gebäudekomplex errichtet. Auftraggeber des Baus war die berühmte Kölner Schokoladenfirma Stollwerck. Der Neubau, an prominenter Stelle der Innenstadt gelegen, entsprach voll und ganz dem Konzept eines weltstädtischen Köln, das in seinen Geschäfts-

straßen zunehmend auch gehobenen und höchsten Ansprüchen genügen wollte. Schwungvolle Jugendstilformen, riesige Fenster in Erdgeschoss und erster Etage, reizvoll gestaltete Ober- und Dachgeschosse und ein Türmchen mit Kuppel als Dachreiter prägten das Gebäude. Hinzu kam eine prachtvolle, mit Glas überdachte Passage, die zum Flanieren einlud.

Heute ist von dieser reich gegliederten Fassade nichts geblieben. Das im Krieg schwer beschädigte Gebäude wurde zunächst ohne Rücksicht auf die historische Architektur aufgebaut, eine 1986 erfolgte Umgestaltung versuchte allerdings, sich an ursprünglichen Merkmalen der Fassade zu orientieren.

Seit 1907 befand sich im Stollwerck-Haus neben dem Schokoladengeschäft der Eigentümer eine Reihe anderer Läden mit hochwertigen Produkten, darunter auch die Juwelier-Handlung E. Goldschmidt. Die Familie Goldschmidt stammte aus der Gegend an der Mosel. Elias Goldschmidt (1806–1864) hatte 1850 in Koblenz ein Geschäft für Schmuck, Silber- und Porzellanwaren gegründet, in das später seine drei Söhne eintraten. Um 1878 entschlossen sich die Goldschmidts, in Köln eine Filiale unter der Leitung der jüngeren Söhne Josef und Bernhard zu eröffnen. Die Brüder Goldschmidt gehörten damit zu den vielen – nicht jüdischen wie jüdischen – Kaufleuten, die in dieser Zeit aus dem nahen oder weiteren Umland nach Köln zuwanderten und so den wirtschaftlichen Aufschwung der Stadt mit begründeten. Das Unternehmen mietete zunächst Geschäftsräume im mittleren Bereich der Hohe Straße (Hohe Str. 93–95) an und warb als »Hof-Juwelier Sr. Majestät des

obere Reihe: Wallrafplatz mit Stollwerck-Haus, um 1905; Stollwerck-Haus, 2010; Schaufenster der Firma E. Goldschmidt, um 1917 *links unten:* Bernhard Goldschmidt (1857–1928) und Flora Goldschmidt geb. Simons (1871–1932), um 1910 *rechts:* Else, Alice und Richard, Kinder von Flora und Bernhard Goldschmidt, um 1905

Königs von Preußen, Sr. K. K. Hoheit des Kronprinzen des Deutschen Reiches u. von Preußen, Sr. Durchlaucht des Fürsten von Schwarzburg-Rudolstadt« für Gold- und Silberwaren. Aufgrund ihres Erfolgs erwarb die Firma schon einige Jahre später ein Haus in weitaus besserer Lage unmittelbar am Wallrafplatz und übersiedelte dorthin. Um 1906 verkaufte sie dieses Gebäude, das in den Neubau der Firma Stollwerck einbezogen wurde, mietete jedoch im luxuriösen Neubau des Stollwerck-Hauses die besten Räume im Erdgeschoss an und konnte damit das Geschäft am alten Standort weiterführen.

E. Goldschmidt war inzwischen in Köln und darüber hinaus zu einem Begriff für erlesenen Schmuck geworden. Neben dem Verkauf der in der eigenen Werkstatt hergestellten Produkte vertrat die Firma seit 1880 bis in die 1930er Jahre auch das Atelier der Brüsseler Juweliere Wolfers, das für seinen Jugendstil- und Art-déco-Schmuck berühmt war. Ende der 1920er Jahre kam es erneut zu einer Verbesserung der Geschäftslage. Am exklusiven Standort Am Domkloster 1, mit direktem Blick auf den Dom, ließ die Familie 1927/28 das »Haus Goldschmidt« errichten, einen Neubau, der dem Geschäft einen zeitgemäßen Rahmen bot und gleichzeitig repräsentativer Wohnsitz von Ernst Goldschmidt, Sohn von Josef und Caroline Goldschmidt, wurde.

Wir gehen über den Wallrafplatz Richtung Dom zum Domkloster 1, dessen Fassade nach Beschädigungen im Krieg und Wiederaufbau im Wesentlichen den ursprünglichen Anblick bietet.

2 Am Domkloster 1; Haus Goldschmidt

Am Domkloster 1, um 1930
unten: Skulpturen an der Fassade, 2010

Der Architekt des Gebäudes, Paul Bonatz, hatte sich für Stilelemente der traditionellen Moderne entschieden und damit eine ruhige, sachliche Wirkung erzielt. Das Erdgeschoss, in dem sich das Juweliergeschäft befand, ist in Werkstein gefasst, zwei Rundfenster mit vorgesetzten Skulpturen an den Außenachsen betonen den unteren Teil des Hauses. Die darüberliegenden Geschosse werden durch eine strenge Verteilung von schmalen Fenstern bestimmt, die den Mittelteil des Gebäudes hervorheben. Die ganzfigürlichen Skulpturen vor den Rundfenstern sind das Werk des Kölner Künstlers Willy Meller, eines während dieser Jahre beliebten Bildhauers, der nach 1933 auch vielfach im Sinne des NS-Regimes tätig war.

Es dauerte nur noch einige Jahre, bis die Erfolgsgeschichte der Firma Goldschmidt ein Ende fand. Nachdem alle Familienmitglieder bis auf Ernst Goldschmidt aus der Firma ausgeschieden und emigriert waren, verkaufte er im März 1939 das Geschäft an den Juwelier Ewald Bräckerbohm. Laut Zeitzeugen vollzog sich die Übernahme des Geschäftes auf einer freundschaftlichen Basis; Bräckerbohm schuf 1959 im Auftrag der jüdischen Gemeinde Tora-Kronen und Tora-Schilde für die wieder aufgebaute Synagoge in der Roonstraße.

Ernst Goldschmidt konnte noch 1939 mit seiner Familie in die USA emigrieren. Caroline Goldschmidt und ihr zweiter Sohn Hans Rudolf flüchteten nach Amsterdam, von dort wurden sie nach der Besetzung der Niederlande durch die deutsche Armee verschleppt und 1943 in Sobibor ermordet. Stolpersteine vor dem Haus erinnern an sie.

Wir wenden uns zurück zur Hohe Straße und folgen ihr bis zum Haus Nr. 88, auf der linken Seite, kurz nach der Einmündung der Straße Obenmarspforten.

3 Hohe Str. 88; Photo Brenner, Fotowarenhandel

Hier befand sich das Geschäft Photo Brenner, eines der ersten Unternehmen Kölns, das »arisiert« wurde. Die Eigentümer, Raphael und Leo Brenner, stammten aus einer ostjüdischen Familie, die um 1900 von Polen nach Köln zugewandert war. Nach der Teilnahme am Ersten Weltkrieg als deutsche Soldaten gründeten die Brüder ein Geschäft für optische Geräte, Fotografie- und Filmbedarf und investierten damit in einen wachsenden Markt, der neben professionellen Fotografen auch einen breiter werdenden Kreis von Amateuren ansprach. Mit hochwertigen Produkten, eigenen Werkstätten für Fotoarbeiten und Reparaturen sowie einem gut organisierten Versandhandel wurde Photo Brenner innerhalb weniger Jahre zu einem der größten Fachgeschäfte seiner Art in Deutschland.

Das erfolgreiche Unternehmen mit rund 50 Beschäftigten, das neben dem Geschäft in der Hohe Straße zwei Filialen in Köln unterhielt, geriet bereits Anfang 1933 in den Fokus einer nationalsozialistischen Hetzkampagne. Haltlose Anschuldigungen wegen unlauterer Werbung und Devisenvergehen, Hausdurchsuchungen, Inhaftierung eines Familienmitglieds und Boykottaufrufe setzten die Eigentümer auf per-

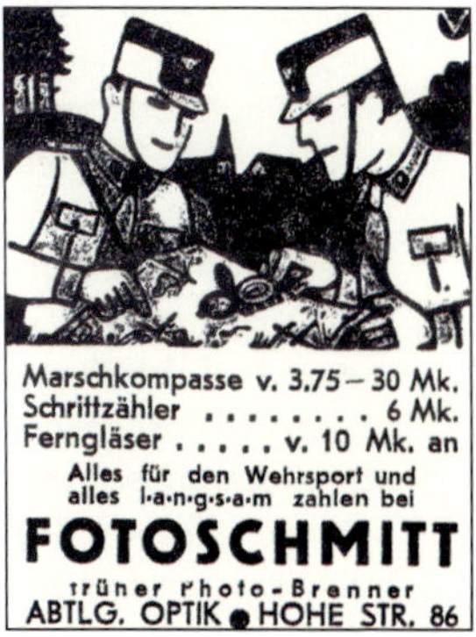

oben: Die Inhaber Leo und Raphael Brenner in ihrem Geschäft, 1930 *rechts oben:* Bearbeitung der Fotobestellungen, 1930 *unten:* Annoncen, 1932, und im Westdeutschen Beobachter, 4. Juli 1933

fide Weise unter Druck und ließen den Umsatz rasch sinken. Als die Firma daraufhin Personal entlassen musste, wurde Raphael Brenner im Juni 1933 wegen Wirtschaftssabotage zunächst für einen Tag festgenommen. Kurz darauf folgte eine weitere Verhaftung, dieses Mal mit dem Vorwurf der Hehlerei. Während der nun folgenden dreiwöchigen Haft wurde Raphael Brenner unter massiven Druck gesetzt. Bedroht mit der Verschleppung in das KZ Dachau, unterzeichnete er schließlich Ende Juni 1933 einen ihm vorgelegten Vertrag, der lediglich ein Viertel des Schätzpreises als Verkaufspreis festlegte. Bei seiner Entlassung, die auch den Protesten einiger Geschäftspartner zu verdanken war, musste Raphael Brenner schriftlich erklären, dass er in seiner Haft »keine schwere Zeit mitgemacht« habe. Neuer Besitzer der Firma Brenner wurde ein Mitglied der nationalsozialistischen Partei, dessen Interesse am Geschäft Photo Brenner vermutlich für die frühe, äußerst aggressive Strategie der Enteignungskampagne verantwortlich war. Am 4. Juli 1933 warb der Profiteur des Zwangsverkaufs in einer Anzeige der NS-Zeitung Westdeutscher Beobachter: »Das interessiert alle Photo-Amateure! Die Firma Photo-Brenner ist nun endlich und unter Mitwirkung der NSBO [Nationalsozialistische Betriebszellenorganisation] in rein arischen Besitz übergegangen. Das Unternehmen wird unter dem bisherigen Namen, jedoch unter deutscher Leitung und in deutschem Sinne weitergeführt.«[1] 1934 änderte sich auch der Geschäftsname. Von den Kunden wurde der Eigentümerwechsel ohne Protest hingenommen.

Fotoumschlag von Photo Brenner, Haifa, um 1938

Leo Brenner emigrierte 1933 mit seiner Familie nach Palästina und konnte dort wiederum ein erfolgreiches, noch heute in ganz Israel bekanntes Unternehmen aufbauen. Sein Bruder Raphael wanderte zunächst nach Rom aus. Nachdem ihm dort eine Neugründung gelungen war, floh er 1938 vor dem italienischen Faschismus in die USA, wo er in Washington einen Neuanfang machte. Für den erpressten Verkauf erhielten die ursprünglichen Eigentümer der Firma Brenner 1950 eine Ausgleichszahlung.

Weiter entlang der Hohe Straße erreichen wir die Kreuzung zur Gürzenichstraße und stehen damit auf einer der frequentiertesten Einkaufsstraßen Deutschlands.

4 Hohe Str. 41–53, Galeria Kaufhof; ehemals Kaufhaus Leonhard Tietz

Vor uns liegt der eindrucksvolle Bau des Kaufhauses Galeria Kaufhof, das bis zur NS-Zeit zum Konzern Leonhard Tietz gehörte. Die Kaufhauskette Tietz entstand in der zweiten Hälfte des 19. Jahrhunderts als Gründung des 1849 in Posen geborenen Kaufmanns Leonhard Tietz und seiner Frau Flora. Aus bescheidenen Anfängen entwickelten sich binnen weniger Jahre in vielen

Kaufhaus Leonhard Tietz, Hohe Str. 45, um 1898 ***rechts:*** **Leonhard Tietz (1849–1914), porträtiert von Max Liebermann, 1911** ***unten:*** **Flora Tietz geb. Baumann (1855–1943)**

deutschen Städten Zweigniederlassungen, die höchst erfolgreich arbeiteten, da sie den neuen Möglichkeiten von Massenproduktion und -konsumtion entsprachen. Sie setzten auf großen Umsatz bei geringer Gewinnspanne und boten unter einem Dach ein breites Warensortiment.

Das Kölner Kaufhaus Tietz zählte, als es 1891 eröffnete, zu den ersten Gründungen der Kette. Es war in angemieteten Räumen eines kleinen Gebäudes an der Hohe Str. 23–25 untergebracht und umfasste kaum 200 Quadratmeter. Zunächst nur als Textilkaufhaus für Trikotagen, Weiß- und Wollwaren angelegt, dehnte sich das Angebot bald auf andere Bereiche aus. Angesichts seines raschen Erfolgs kaufte Tietz schon kurz darauf das in der Nähe gelegene Grundstück Hohe Str. 45, gegenüber dem Burghöfchen, auf dem 1895 ein Geschäftsneubau entstand. Das neue Kaufhaus mit drei

»Welch' wundervolles und farbenprächtiges Bild bietet sich dem Eintretenden dar! Kaum kann das Auge alles umfassen: in langer Flucht stehen die blendendweißen Säulen, welche die lichtsprühenden Glastonnen und Kuppeln tragen, und in schier endlos scheinenden Reihen ziehen sich die Regale und Ladentische an den Wänden und der Mitte entlang. [...] Die ebenfalls weißgehaltenen Decken zeigen verschiedenartig gestaltete Stuckausbildungen und vervollständigen mit den in der Gebäudearchitektur übereinstimmenden und durchweg massiv in Eichenholz erstellten Regalen das Ganze zu einem harmonischen Gesamtbilde.«[2]

Geschossen, großen Schaufenstern in allen Etagen, mit raffinierter elektrischer Beleuchtung, Zentralheizung und Fahrstühlen präsentierte eine umfangreiche Warenauswahl: Von der Kücheneinrichtung bis zu Spielzeug, vom Korsett bis zum Fahrrad gab es fast alles zu kaufen, wobei über 200 Angestellte für Organisation und Verkauf sorgten. Wieder war der Erfolg so groß, dass Tietz schon bald eine Erweiterung in Angriff nehmen konnte. 1898 erwarb er die angrenzenden Grundstücke und ließ auf dem großen Areal zwischen Hohe Straße und An St. Agatha ein völlig neues Warenhaus errichten, diesmal in Formen des Jugendstils. Vermutlich beruhte das Gebäude, zumindest aber die Fassade, auf Plänen

links oben: Kaufhaus Leonhard Tietz mit Passage, um 1903 *links:* Tietz-Passage, um 1905 *oben:* Kaufhaus Leonhard Tietz, Ecke Hohe Straße/Gürzenichstraße, um 1930 *rechts:* Ankündigung der Eröffnung, 1914

des erst 22 Jahre alten Kölner jüdischen Architekten Philipp Fritz, dem damit ein ungewöhnliches Werk gelang. 1902/03 – vier Jahre früher als das Stollwerck-Haus am Wallrafplatz – konnte der Neubau eröffnet werden, den die Presse als eine »erste Sehenswürdigkeit unserer Stadt«,[3] »mit modernem achtungsgebietendem Gepräge« und »großartiger Wucht« feierte.[4]

Tatsächlich brachte das Kaufhaus Tietz einen ganz neuen Akzent in die bis dahin recht biedere Architektur des Kölner Geschäftszentrums. Die vielfach gegliederten Fassaden und aufwendig gestalteten Fenster wirkten heiter, die Innenarchitektur war überwältigend mit ihrem buntfarbigen Marmor, mit Bronzefiguren, Glasmalerei und vergoldeten Kunstschmiedearbeiten. Eine prachtvolle Fußgängerpassage, die Tietz-Passage, bot zudem Einkaufsmöglichkeiten in einer überdachten Verbindung zwischen Hohe Straße und An St. Agatha. In dieser glanzvollen Atmosphäre fanden die Kunden stilvoll arrangierte Gebrauchs- und Luxusgegenstände aller Art.

Nicht nur die Kölner Tietz-Kaufhäuser – es gab inzwischen mehrere Filialen in der Stadt – arbeiteten erfolgreich, insgesamt wuchs das marktorientierte und innovative Unternehmen kontinuierlich an. Ein markantes Symbol dieses wachsenden Erfolgs entstand in Köln, als sich 1912 mit dem Bau der Gürzenichstraße als breiter Weiterführung der Schildergasse neue Entwicklungsmöglichkeiten boten. Anstelle des kaum zehn Jahre alten Jugendstilbaus wurde nun, nach Plänen des bekannten Architekten Wilhelm Kreis, ein Gebäude errichtet, das den

links: Damenhut-Salon, 1914 *unten:* Werbung für den Teeraum, um 1920 *rechts:* Blick auf Palatium und Kaufhof gegen Kriegsende

In einer Beschreibung des Damenhut-Salons hieß es: »Ein Saal in silbergrauem Ahorn umfängt uns hier mit einer prunkvollen Stuckdecke […]. Auch die Wände sind teilweise mit zierlichem Stuckwerk, mit Amoretten, Delphinen und Arabesken nach Renaissance-Motiven geschmückt, und das Ganze in eine glückliche Mischung von Schwarz, Weiss und Grau gebracht, die diesen Raum zu den gelungensten Innenschöpfungen des ganzen Baues macht. Jedes laute Bunt ist hier mit Absicht vermieden, um einen schlichten stillen Hintergrund für die Hüte und den Putz, der hier anprobiert werden soll, zu gewinnen.«[5]

aktuellsten Konzepten des Warenhausbaus entsprach. Auch dieses 1914 eröffnete Kaufhaus war eines der Superlative: Es war das größte und modernste Kaufhaus Europas, riesig im Ausmaß wie im Warenangebot. Als massiger Komplex zog – und zieht – sich der streng neoklassizistische Bau in flachem Bogen an der Hohe Straße, mit geraden Fronten An St. Agatha und Gürzenichstraße entlang. Kantig wirkende Fassaden mit schmalen Hallenfenstern strahlen auch heute noch Solidität aus, wobei die strenge Gliederung durch kleine Rundfenster und eine Verzierung mit Relieffeldern aufgelockert wird. Im Innern, von dessen Gestaltung nichts mehr erhalten ist, zeigten sich aufsehenerregende Räume, deren Innenarchitektur die des Vorgängerbaus weit übertrafen. Ein drei Stockwerke hoher Lichthof mit Glaskuppel schuf ein atemberaubendes Raumgefühl, riesige Stuckverzierungen überzogen die Decken, üppige Mosaikfriese mit Gestalten der Antike und Reliefs aus Carrara-Marmor zogen sich an den Wänden hin. Der Erfolg des neuen Kaufhauses rechtfertigte die hohen Investitionen – Leonhard Tietz wurde zum beliebtesten Warenhaus Kölns und des Umlandes.

Leonhard und Flora Tietz waren mit ihrer Familie schon in den 1890er Jahren nach Köln gezogen. Hier engagierte sich die Familie, die bald zum Kreis des Kölner Großbürgertums gehörte, intensiv für jüdische Belange und unterstützte zahlreiche jüdische wie auch überkonfessionelle Einrichtungen. Innerhalb des Unternehmens umfassten die sozialen Leistungen für die Beschäftigten eine Betriebskrankenkasse, einen Hilfsfonds und ein Erholungsheim für weibliche Angestellte in der Eifel.

Nachdem Leonhard Tietz 1914 gestorben war, folgte ihm sein Sohn Dr. Alfred Leonhard Tietz in der Geschäftsleitung nach. Wie sein Vater setzte sich Alfred Tietz für karitative Einrichtungen ein, wobei viele Initiativen von seiner Frau, der Lehrerin und Sozialfürsorgerin Margarete geborene Dzialoszynski, ausgingen. Margarete Tietz war in einer Vielzahl von Institutionen aktiv tätig, unter anderem im Israelitischen Frauenverein und Jüdischen Frauenbund sowie im Verband für Mütter- und Kinderrecht.

Die Repressalien gegen den Leonhard Tietz-Konzern, der schon seit Jahren Ziel einer nationalsozialistischen Hetzkampagne gewesen war, verstärkten sich unmittelbar nach der Machtübernahme, sodass Alfred Tietz und andere Führungskräfte schon im April 1933 aus dem Firmenvorstand ausscheiden mussten. Unter extremem Druck wurde die Enteignung der jüdischen Besitzer vorangetrieben. Im Juli 1933 wurde die Umbenennung der Firma in Westdeutsche Kaufhof AG erzwungen, 1934 war die vollständige »Arisierung« durchgeführt. Alfred und Margarete Tietz emigrierten 1934 in die Niederlande, von dort 1940 nach Palästina. Alfred Tietz starb 1941 in Jerusalem, seine Frau 1972 in London.

Das Gebäude an der Hohe Straße war bei Kriegsende bis auf die Mauern ausgebrannt. Der schrittweise Wiederaufbau, der die historischen Strukturen der Außenarchitektur weitgehend berücksichtigte, dauerte schließlich bis um 1957. 1951 war es im Rahmen eines Entschädigungsverfahrens zu einer Regelung zwischen Kaufhof AG und den ehemaligen Eigentümern gekommen.

Alfred L. Tietz (1883–1941)

5 Hohe Str. 46/Gürzenichstr. 4, Modehaus Jacobi; ehemals Bekleidungshaus Michel & Co.

oben: Michel & Co., Hohe Str. 46, um 1914
rechts: Michel & Co., Hohe Str./Burghöfchen, um 1908

Links neben dem Kaufhof sehen wir das Modehaus Jacobi, das ebenfalls auf einer Gründung durch jüdische Kaufleute beruht. Um 1890 zogen die Brüder Hermann, Moritz und Heinrich Michel, die aus dem Hunsrück stammten, nach Köln und eröffneten 1894, zunächst in der Schildergasse 48, eine Manufakturwaren-, Weiß- und Modewarenhandlung. Wenig später konnte bereits ein größeres Ladenlokal an der Hohe Str. 42/Ecke Burghöfchen, ganz in der Nähe des Kaufhauses Tietz, übernommen werden. Da das Unternehmen rasch expandierte, wurde dieses Gebäude abgerissen und 1907 durch einen dreigeschossigen Eckbau mit großen Schaufenstern, einer mit Halbsäulen verzierten Fassade und einem Uhrentürmchen ersetzt. Wie Leonhard Tietz erkannten die Gebrüder Michel kurz darauf, dass sich durch die Anlage der Gürzenichstraße völlig neue Chancen boten. Sie kauften daher hier Areal auf und ließen 1913 ein großes Eckgebäude zur Gürzenich- und Hohe Straße hin errichten. Das Gebäude, entstanden nach einem Entwurf des Kölner Architekturbüros Benoit und Bergerhausen, orientierte sich an den Konzepten imposanter Warenhausbauten dieser Jahre. Von strengen Vertikalen geprägt, bot es mit breiten Schaufenstern im Erdgeschoss und schmalen, über mehrere Stockwerke reichenden Fenstern in den Obergeschossen einen monumentalen Anblick. Gemeinsam mit dem dane-

Köln. Hohestrasse.
MICHEL & Co

oben: **Gürzenichstraße; rechts: Kaufhaus Tietz, dahinter Michel & Co., links: Palatium, um 1920** *links:* **S. Guttmann & Co., Schildergasse 31–35, um 1913** *unten:* **Annonce, in: Jahrbuch der Synagogengemeinde Köln, 1934**

benliegenden Kaufhaus Tietz entstand so ein riesiger, wuchtig wirkender Warenhausblock.

Im neuen Warenhaus, in dem 500 Mitarbeiter beschäftigt waren, konnte Michel & Co. sein Angebot erheblich erweitern und nun Manufakturwaren, Kleiderstoffe, Modewaren, Damen- und Kinderkonfektion, Wäsche, Teppiche, Gardinen, Bettwaren und Tapisserien präsentieren. Ende der 1920er Jahre kam es zu einer erneuten Geschäftsvergrößerung, als Michel & Co. ein bestehendes Warenhaus auf der dem Kaufhaus Tietz gegenüberliegenden Seite, Schildergasse 31–35/Ecke An St. Agatha, übernahm. Hier, wo heute rechts des Kaufhofs ein Gebäude aus den 1990er Jahren steht, hatte sich 1890 die Manufaktur- und Modewarenhandlung S. Guttmann & Co. niedergelassen, die den jüdischen Kaufleuten Samuel Guttmann, wohnhaft in München, und Isidor Galicki aus Köln gehörte. Nach jahrzehntelanger erfolgreicher Tätigkeit löste sich die Firma um 1927 auf. An der Stelle ihres Geschäftshauses entstand im selben Jahr, ebenfalls nach Plänen von Benoit und Bergerhausen, ein Neubau, in den Michel & Co. mit einem Spezialhaus für Mäntel einzog.

Nachdem bereits 1934 eine schrittweise »Arisierung« begonnen hatte, gingen das Unternehmen Michel & Co. und seine Geschäftshäuser 1938/39 in den Besitz des Kölner Kaufmanns und bisherigen Geschäftsführers der Firma, Dr. Paul Jacobi, über. Er führte das Kaufhaus nun unter seinem Namen an beiden Standorten weiter. Nach dem Krieg, in dem die Bauten fast völlig zerstört wurden, baute die Familie Jacobi nur noch das Gebäude an der Gürzenichstraße wieder auf.

Hermann Michel war 1932 in Köln gestorben. Während das Ehepaar Heinrich und Grete Michel 1939 nach Belgien, 1940 nach Großbritannien fliehen konnte, wurden Moritz Michel und seine Frau Selma 1941 im Lager Müngersdorf interniert und im Juni 1942 in das Ghetto Theresienstadt deportiert. Sie sind dort umgekommen.

Wenn wir uns umdrehen, stehen wir unmittelbar vor dem Palatium, einem markanten Bau, der schräg in die Schildergasse hineinragt.

Palatium, im Erdgeschoss die Firma R. Marx, um 1928 *unten:* Annonce, in: Mitteilungen des Jüdischen Kulturbundes Rhein-Ruhr, 1934

6 Gürzenichstraße / Hohe Str. 59–61, Palatium; Rudolf Marx und Samson & Cie.

Der Entwurf für das 1912 fertiggestellte Gebäude stammte von Wilhelm Kreis, dem Architekten des gegenüberliegenden Tietz-Kaufhauses, der so beide Bauten in Beziehung zueinander planen konnte. Bauherr war die in Frankfurt a. M. ansässige Firma Cohn & Kreh, an der auch ein jüdischer Unternehmer beteiligt war. Nach der Fertigstellung des Palatiums wurde das Gebäude an die Leipziger Lebensversicherung verkauft.

In die noblen Räume im Erdgeschoss des neuen Geschäfts- und Bürohauses zog die im selben Jahr gegründete Firma Rudolf Marx ein, ein Geschäft für Leder- und Luxuswaren. 1938 wurde die Firma von dem Kölner Kaufmann Rudi Sander »arisiert«. Rudolf Marx und seine Frau Martha deportierte man im Januar 1943 von Köln über Berlin nach Auschwitz, wo sie ermordet wurden.

Fotografien aus dem Atelier Samson & Co. (Hans Tobar zur Bar-Mizwa, 1901 und Ilse Wolff, um 1914) *unten:* Annonce, in: Westdeutscher Beobachter, 21. August 1938

Im Palatium, dritte Etage, »erreichbar mit einem Fahrstuhl«, befand sich seit etwa 1915 auch das bekannte, um 1900 gegründete Photographische Atelier Samson & Cie., das seine Geschäftsräume von der Hohe Str. 53 hierher verlegt hatte. In den 1920er Jahren unterhielten die Firmeninhaber Alex Wolf und seine Frau Lina geborene Levi zeitweise auch Filialen in den Vororten Mülheim und Ehrenfeld, ab 1931 jedoch bestand nur noch das Atelier in der Stadtmitte. Nachdem Alex Wolf 1937 gestorben war, verkaufte seine Frau das Geschäft. 1942 wurde Lina Wolf nach Theresienstadt deportiert, von dort in das Vernichtungslager Treblinka verschleppt und ermordet. Das Palatium wurde nach dem Krieg, trotz schwerer Bombenschäden, im Wesentlichen entsprechend der historischen Fassade rekonstruiert.

Wir wenden uns nun zur Schildergasse. Auf der rechten Seite, wenige Schritte nach der Kreuzung zum Perlengäßchen und ehemals schräg gegenüber dem Mantel-Haus von Michel & Co., entstand 1929/30 ein Büro- und Geschaftsbau, der innerhalb der Schildergasse geradezu aufregend avantgardistisch wirkte.

7 Schildergasse 32–34, Indanthren-Haus; Bettwäsche-Fabrik S. & J. Weiss

Das sechsgeschossige Gebäude gehörte zu den ersten größeren Geschäftsbauten des nach 1945 für Köln so bedeutenden Architekten Wilhelm Riphahn und zeigte bereits deutlich sein Interesse für Glas- und Stahlstrukturen. Eingefügt in die bestehende Häuserzeile, war die Stahlkonstruktion durch Bänder aus mattierten Fenstern und Brüstungen aus Opakglas horizontal gegliedert und hob sich damit kontrastierend von den meist vertikal gestalteten Gebäuden im Umfeld ab. Neonreklamen wurden gezielt zur Verstärkung des Architekturkonzepts eingesetzt, Schaufenster und Vitrinen wiesen neue Möglichkeiten für das Bauen mit Glas. Das Indanthren-Haus – ein Mieter im Haus war die Firma Indanthren, die ihren Namen von einem synthetischen BASF-Farbstoff ableitete – bot großzügigen Raum für Büros, Warenlager und Fabrikationsstätten, zu denen auch die Bettwäsche-Fabrik S. & J. Weiss zählte.

oben: Nähraum mit Blick auf das Kaufhaus Tietz, um 1935
links: Indanthren-Haus, Schildergasse 32–34, mit Reklame der Firma S. & J. Weiss, 1930

Ehepaar Gretel und Siegmund Weiss, um 1920
rechts: Jacob Weiss (1883–1965)
unten: Bügelraum, um 1935

Jacob und Siegmund Weiss stammten aus der Euskirchener Gegend und zogen wohl als sehr junge Männer nach Köln. Jacob absolvierte zunächst eine kaufmännische Lehre im Kaufhaus Michel & Co., der Firma seiner Onkel. Nach Ende des Ersten Weltkriegs, an dem beide Brüder als Soldaten teilgenommen hatten, kehrten sie nach Köln zurück und machten sich mit der Gründung der Firma S. & J. Weiss selbstständig. Innerhalb der nächsten Jahre wurde die Firma zu einem führenden Unternehmen der Branche, das seine Produkte an Einzelhandelsgeschäfte wie Warenhäuser lieferte. 1930 konnte die Firma Büros und Fabrikation – Näherei, Bügel- und Lagerräume – von einem Gebäude am Perlenpfuhl in die großzügigen Räumlichkeiten des neu gebauten Indanthren-Hauses verlegen.

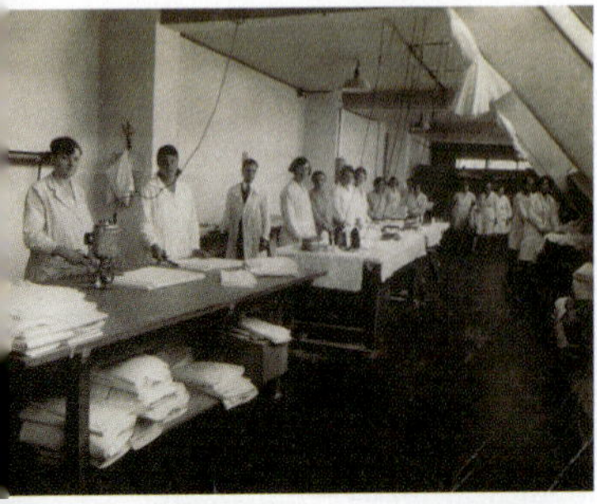

1933 begann der Niedergang der Firma. Während des Pogroms im November 1938 wurde Jacob Weiss in seiner Wohnung festgenommen, erst im Gefängnis Brauweiler, dann im KZ Dachau inhaftiert. Mit der Auflage, Deutschland sofort zu verlassen, entließ man ihn nach einigen Wochen. Kurz darauf emigrierte er mit seiner Familie in die Niederlande, Ende 1939 schließlich in die USA, wohin auch Siegmund Weiss geflohen war. Unter dem Druck des Regimes hatten die Brüder Weiss ihre Fabrik Ende 1938 verkauft.

Das Indanthren-Haus wurde im Krieg beschädigt, jedoch nicht zerstört. Umbauten in den 1950er und späteren Jahren lassen jedoch von der ursprünglichen Struktur nichts mehr erkennen.

Wir gehen die Schildergasse weiter bis fast auf die Höhe der Antoniterkirche.

Hermann Gompertz
(Theilh.: Georg Gompertz und Hermann Cohen.)
Schildergasse 72–. ☎ 239.
Kontorbedarfsgegenst., Papier-Groß- u. -Kleinhandlung, Zeichnenpapier u. -Materialien, Geschäftsbücherfabrik, Buchdruckerei und lithogr. Anstalt. (Prokurist: Hugo Arnolds.)

Papierhandlung Hermann Gompertz, Schildergasse 72–74, um 1910
links: Kölner Adressbuch 1898

8 Schildergasse 72–74; Papierhandlung Hermann Gompertz

Auf der rechten Straßenseite befand sich das Geschäft Hermann Gompertz, das bis in die NS-Zeit von den eng miteinander verwandten Familien Gompertz und Cohen betrieben wurde. Die Geschichte dieser Familien führt uns in die Jahre der napoleonischen Zeit zurück. 1801 zog Samuel Benjamin Cohen, geboren um 1770, mit seiner Frau Helene und dem kleinen Sohn Isaak als einer der ersten jüdischen Zuwanderer von Bonn nach Köln, um hier die neuen, für Juden sich gerade erst eröffnenden Möglichkeiten zu nutzen. Samuel Cohen kam aus einer bekannten Familie, denn sein Vater Simcha Benjamin Cohen war ein angesehener Rabbiner, der neben der Bonner auch die neue Kölner Gemeinde betreute.

Rabbiner **Simcha Benjamin Cohen** (1734–1816) wurde als Sohn des Rabbiners von Wallerstein, einer kleinen schwäbischen Gemeinde, geboren und amtierte selbst seit 1772 als Landesrabbiner für Wallerstein und die umliegenden Orte. 1788 wurde er kurkölnischer Landesrabbiner in Bonn, 1795, nach der Auflösung des Kurfürstentums durch die Franzosen, war er als Ortsrabbiner tätig. An der Neugründung der Kölner jüdischen Gemeinde und der Ausarbeitung ihrer Satzung 1801 war Rabbiner Cohen, der auch als bedeutender Talmudgelehrter bekannt war, maßgeblich beteiligt. 1807 vertrat er das Rhein-Mosel-Department bei dem von Napoleon einberufenen Großen Sanhedrin, einer nationalen Versammlung jüdischer Interessensvertreter.

Antoniterhof, Schildergasse 72–74; links: Firma Max Rosenthal, ganz rechts: Geschäft Hermann Gompertz, im 1. Stock: Blumenthal, Hertz & Cie., um 1914 *unten:* Annonce, 1925

In den folgenden Jahren reüssierte Samuel Cohen als Kaufmann und Bankier, sodass er bereits 1808 zu den einflussreichsten Mitgliedern der jüdischen Gemeinde gehörte. Sein Sohn Isaak heiratete 1830 Sara Gompertz, die Tochter eines ebenfalls früh von Bonn nach Köln zugezogenen Kaufmanns. Damit war eine Verbindung der beiden Familien geschaffen, die schließlich auch in eine geschäftliche Beziehung mündete. Hermann Gompertz, Bruder von Sara, gründete eine Firma für Buntpapier, Schreib- und Zeichenmaterial und nahm um 1850 den Sohn seiner Schwester, Hermann Cohen, in das Geschäft auf. Schon etwa 1856 konnte das Geschäft von einer kleinen Straße an den günstigen Standort Schildergasse 72–74 verlegt werden, in ein Haus, das der Familie gehörte. Die Firma erweiterte auch ihr Warenangebot und warb nun als »Fabrik bunter Papiere, Handlung in weißen Papieren, Geschäftsbüchern und Schreib- und Zeichenmaterialen en gros und en détail«. Dieses Sortiment blieb in den folgenden Jahrzehnten weitgehend unverändert. Nach der Jahrhundertwende verkaufte die Familie das Haus an einen Bauunternehmer, der es abreißen und an seiner Stelle 1905 ein neues Büro- und Geschäftshaus, den »Antoniterhof«, errichten ließ. Die Gestaltung der Fassade, die viele Ähnlichkeiten mit dem kurz zuvor entstandenen Kaufhaus Tietz aufwies, hatte vermutlich ebenfalls der jüdische Architekt Philipp Fritz übernommen. Reiche Jugendstilformen, große, schwungvoll wirkende Verglasungen und eindrucksvolle Giebelstrukturen gaben dem Bau eine elegante Prägung. Unter den Firmen, die sich in diesem Gebäude ansiedelten, waren neben der Papierhandlung Hermann Gompertz auch andere Unternehmen jüdischer Kaufleute, so die Firmen Max Rosenthal, Besatzartikel- und Modewarenhandlung; Blumenthal, Hertz & Cie., Modewarengroßhandlung, und die Spitzengroßhandlung Ullmann & Epstein. Das Geschäft Hermann Gompertz wurde um 1940 von einem Mitarbeiter übernommen und so »arisiert«. Im Krieg fiel das Gebäude den Bomben zum Opfer.

Wenige Schritte weiter, kurz vor der Ecke Kreuzgasse, ist unser nächster Halt.

9 Schildergasse 82; Städtische Israelitische Volksschule

Bereits kurz nach ihrer Neugründung 1801 hatte die jüdische Gemeinde elementaren Schulunterricht für die Kinder ihrer Mitglieder geschaffen, der jahrzehntelang in Räumen neben der Synagoge in der Glockengasse stattfand. Das Niveau von Lehrkräften und Unterricht entwickelte sich – wie in allen Kölner Volksschulen – trotz verschiedener Reformansätze allerdings nur lang-

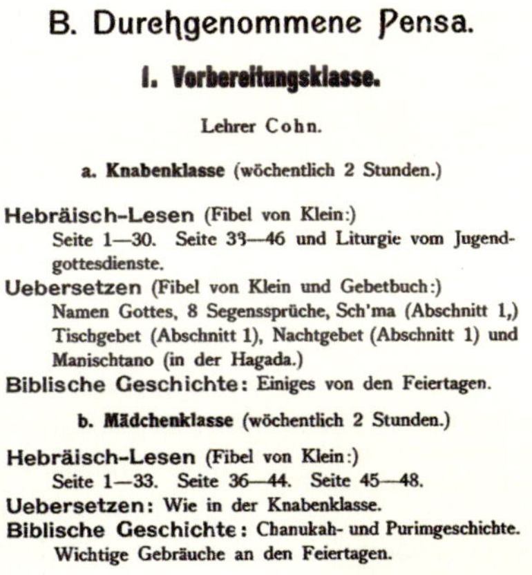

B. Durchgenommene Pensa.

I. Vorbereitungsklasse.

Lehrer Cohn.

a. Knabenklasse (wöchentlich 2 Stunden.)

Hebräisch-Lesen (Fibel von Klein:)
Seite 1—30. Seite 33—46 und Liturgie vom Jugendgottesdienste.
Uebersetzen (Fibel von Klein und Gebetbuch:)
Namen Gottes, 8 Segenssprüche, Sch'ma (Abschnitt 1,) Tischgebet (Abschnitt 1), Nachtgebet (Abschnitt 1) und Manischtano (in der Hagada.)
Biblische Geschichte: Einiges von den Feiertagen.

b. Mädchenklasse (wöchentlich 2 Stunden.)

Hebräisch-Lesen (Fibel von Klein:)
Seite 1—33. Seite 36—44. Seite 45—48.
Uebersetzen: Wie in der Knabenklasse.
Biblische Geschichte: Chanukah- und Purimgeschichte. Wichtige Gebräuche an den Feiertagen.

Elias Gut (1869–1946), 1891 bis 1901 Lehrer an der Religionsschule, um 1935 *rechts oben:* Auszug aus dem Jahresbericht der Religionsschule, 1900/01 *rechts:* Jahresbericht der Religionsschule, 1897

sam, und erst mit dem Wachstum der Gemeinde und ihrer finanziellen Möglichkeiten nach 1850 war eine Verbesserung des Schulangebots möglich. Insbesondere der erste Gemeinderabbiner Israel Schwarz gab der jüdischen Schule neue Impulse, sodass sie um 1865 Mädchen- und Jungenklassen mit insgesamt 200 Schülerinnen und Schülern umfasste. Dennoch besuchte ein Großteil der Kölner jüdischen Kinder die städtischen katholischen und evangelischen Volksschulen ihres Viertels. Zur weiteren Ausbildung standen jüdischen Jugendlichen ausschließlich die öffentlichen oder privaten höheren Schulen, die konfessionell oder überkonfessionell ausgerichtet waren, zur Verfügung.

Während die Schulaufsicht bei den städtischen Behörden lag, wurde die Schule zunächst im Wesentlichen allein von der jüdischen Gemeinde unterhalten. 1870 erklärte sich die Stadt auf Antrag der Synagogen-Gemeinde jedoch zur Übernahme der Schule in das städtische Schulwesen bereit. 1881, nach langen Verhandlungen darüber, wie sich die Rechte von Stadt und jüdischer Gemeinde in der Führung der Schule gestalten sollten, erhielt die Schule schließlich den Status einer öffentlichen Einrichtung.

Bereits 1873/74 hatte die Stadt an der Schildergasse ein Gebäude für die jüdische Schule errichten lassen. Architekt des Baus war Stadtbaumeister Hermann Weyer. Das dazu nötige Grundstück erwarb man von Julius Harff, einem jüdischen Kaufmann, der etwa zur gleichen Zeit das Jüdische Lehrerseminar durch die Schenkung von Immobilien unterstützte. Möglicherweise stellte Harff das Gelände günstig zur Verfügung. Das neue Schulgebäude war ein zweiflügeliger und wie alle Kölner Volksschulgebäude sehr einfacher Bau mit zunächst drei, später vier Geschossen. Er befand sich weit von der Straße zurückgesetzt an einem kleinen Hof und wurde durch einen Zugang zwischen den Häusern Schildergasse 82 und 84 erreicht. – Da die Schildergasse um 1900 noch recht schmal war, müssen wir uns den Verlauf der Häuserfront hier einige Meter zur heutigen Straßenmitte hin vorstellen. Trotz Neuorganisation und Neubau besuchte auch weiterhin nur eine Minderheit jüdischer Kinder die jüdische Volksschule, immerhin jedoch zählte sie um 1900 400 Schülerinnen und Schüler.

Bernhard Coblenz (1860–1932), ab 1901 Leiter der jüdischen Volksschule, Zeichnung von Otto Schloss

Schon Anfang der 1860er Jahre hatte sich Rabbiner Schwarz darum bemüht, in den Kölner höheren Schulen jüdischen Religionsunterricht einzurichten. Da sich dies nur sehr allmählich realisieren ließ, bot die Gemeinde ab 1875 im neuen Schulgebäude einen zentralen Religionsunterricht an und gründete hier schließlich 1891 eine spezielle Religionsschule. Sie führte in verschiedenen Kursen in biblische Geschichte, hebräische Sprache und jüdische Tradition ein. Um 1900 wurde dieser religiöse Unterricht von circa 250 Mädchen und Jungen aus Volksschulen und höheren Schulen besucht. Als das in der Kreuzgasse gelegene städtische Gymnasium um 1909 erweitert werden sollte, mussten jüdische Volksschule und Religionsschule das Schulhaus an der Schildergasse verlassen. Nach der Unterbringung an verschiedenen Standorten konnten sie 1922 in der Lützowstraße ein neues Gebäude beziehen.

10 Schildergasse 84a; Porzellan- und Glasgeschäft Jacob Marcan

Einige Schritte weiter, im Eckgebäude zur Kreuzgasse, befand sich das Geschäft Jacob Marcan. Die Gründer Jacob und Alwine Marcan waren vom Niederrhein nach Köln gezogen und hatten um 1868 eine »Handlung für landwirtschaftliche Maschinen, Haus- u. Küchengeräte, Holz- und Korbwa-

Glas- und Porzellanhandlung Jacob Marcan, Schildergasse 84a/Ecke Kreuzgasse, um 1935
links: Annonce, in: Mitteilungen des Jüdischen Kulturbundes Rhein-Ruhr, 1934
unten, v.l.: Jacob Marcan (1825–1891), um 1890; Brünette Marcan geb. Samuel (geb. 1876); Fritz Marcan (1898–1972)

ren« eröffnet, das mit einem Lager für Putzbaumwolle verbunden war. Zunächst in der Brückenstraße, dann in der Hohe Straße angesiedelt, variierte das Geschäft sein Angebot immer wieder und bot etwa um 1880 Porzellan, englische Glas- und Kristallwaren, eiserne Gartenmöbel und Petroleumlampen an. Kurz darauf zog das Geschäft in die Schildergasse 84a um, einen Neubau im historisierenden Stil dieser Jahre, der ein attraktives Ladenlokal mit mehreren Schaufenstern und großen Räumen bot. Nach dem Tod der Eheleute in den 1890er Jahren wurde das Unternehmen zunächst von Sohn Julius und seiner Frau Brünette, später von deren Sohn Fritz Marcan weitergeführt. In den 1920er Jahren entwickelte es sich schließlich durch Spezialisierung des Sortiments zu einem renommierten Fachgeschäft für Porzellan, Glas und Kristall.

Während des Novemberpogroms 1938 wurde das Geschäft geplündert und völlig verwüstet, die Glas- und Porzellanwaren auf die Straße geworfen, sodass dort, wie Zeitzeugen berichteten, eine dicke Schicht von Scherben lag. Kurz darauf waren die Eigentümer gezwungen, Geschäft und Haus zu einem niedrigen Preis zu verkaufen, wobei die Schäden durch die Zerstörungen als wertmindernd angerechnet wurden. Einige Mitglieder der Familie Marcan emigrierten nach Großbritannien, andere überlebten die Verfolgung in einem Versteck in Amsterdam.

Auf der gegenüberliegenden Straßenseite, auf der kleinen Freifläche rechts neben der Antoniterkirche, stand bis zur Zerstörung im Krieg das Geschäftshaus der Familie Joseph, das mit einer Seitenwand unmittelbar an die Kirche angebaut war.

11 Schildergasse 59; Schuhhaus Artur Joseph

1872 hatte Abraham Moses Joseph, geboren im hessischen Michelstadt, die Schuhhandlung A. M. Joseph gegründet, die um 1885 in der Hohe Straße lag. Als Abraham Joseph 1887 starb, übernahm sein Sohn Adolf die Leitung des Geschäfts und verlegte es circa zehn Jahre später zur Schildergasse 59. In den folgenden Jahren gelang es ihm, das Unternehmen zum bekanntesten Kölner Schuhgeschäft mit Filialen in Frankfurt a. M., Bonn und Koblenz auszubauen.

Nach dem Tod Adolf Josephs 1928 wurde sein Sohn Artur, geboren 1897, Inhaber der Firma. Er sah sich im Sommer 1938 gezwungen, das Geschäft an einen nichtjüdischen Konkurrenten, die Schuhhandlung Böhmer, zu verkaufen und mit seiner Frau Margot nach Palästina zu emigrieren. Seiner Mutter Jenny Joseph war die Emigration nicht möglich, sie wurde nach Theresienstadt deportiert und ermordet. Auch seine Tante Mathilde Joseph, die in einer Wohnung über dem Geschäft wohnte, konnte nicht auswandern.

oben: Annonce, in: Mitteilungen des Kulturbundes Rhein-Ruhr, 1934
rechts: Grabstein der Familie Joseph, Jüdischer Friedhof Köln-Bocklemünd

»Als das Dritte Reich kam«, so berichtete Artur Joseph, »und die Schildergasse zur Aufmarschstraße der Nazi-Kolonnen wurde, litt sie in ihrer Einsamkeit schwer unter den Liedern und Schmähungen gegen die Juden. Aber sie ergab sich nie: als sie nach Theresienstadt gebracht werden sollte, sprang sie tapfer aus dem Fenster und blieb tot auf der Straße liegen. Sie war siebenundsiebzig Jahre alt.«[6] Das Gebäude Schildergasse 59 wurde im Krieg völlig zerstört und nicht wieder aufgebaut.

In seinem Buch »Meines Vaters Haus«, das 1959 erschien, schilderte Artur Joseph seine Erinnerungen an Familie und Geschäft: »Für meine Kindheit war das Geschäft ein Reich, das der Vater errichtet hatte und in welchem er regierte – das Schuhhaus Joseph in einem weitausladenden, blockartigen Gebäude an der breitesten Stelle der Schildergasse, die zu den Hauptstraßen Kölns gehört. Für uns Kinder war es jedesmal ein Erlebnis, mit der Mutter einen Besuch dort zu machen. Von weitem schon sahen wir freudig erregt die vielfenstrige Fassade, die in ihrer großzügigen Architektur sich von den kleineren Häusern der Umgebung abhob. Mit Stolz las ich immer wieder das prächtige Schild mit unserem Namen, ließ den Blick über die Front schweifen und war begeistert, wenn vor den sieben Schaufenstern die Leute sich drängten. Drinnen wurde man fasziniert von den endlosen Reihen blinkend weißer Schachteln, die in vom Boden bis zur Decke die ganzen Wände entlang laufenden Regalen eingeordnet waren. Schaukästen, auch tagsüber beleuchtet, unterbrachen hie und da die Front der Schachteln und zeigten in strahlendem Licht die begehrten Hüllen zum Schutz der Füße. [...] Im dritten Stock hatte die Großmutter [Betty Joseph] ihre Wohnung, und neben dem Haus stand die Kirche, deren Mauern mit ihm zusammenstießen. Eine kleine Kirche, in gotischem Stil, nicht besonders schön, indes freundlich und ehrwürdig, und ich liebte dieses Gotteshaus wohl auch, weil es eine Orgel hatte, deren Klang mir vertraut war: sie stand an der Stelle, an der auf unsrer Seite die Küche der Großmutter lag. Als Kind habe ich oft dort gesessen und den Liedern und Fugen gelauscht, die von drüben über das Herdfeuer kamen. Später, als ich einen Stock tiefer im Büro saß, wehten die Orgeltöne mir über den Schreibtisch. Dann unterbrach ich gern die Arbeit und ließ mich von ihnen zurücktragen in die Tage der Kindheit, die ich bei der Großmutter verbracht hatte. Die Wohnung der alten Frau lag über dem Geschäft des Vaters. Ein hohes Treppenhaus führte außerhalb der Geschäftsräume zu ihr empor. [...] Stieg ich hinauf, so war mir, als begebe ich mich in ein geheimes Reich. [...] Kam der Freitagnachmittag, so zog sie ihr bestes Kleid an. Beim Eintritt der Dämmerung dann erhob sie sich feierlich, nahm die grüne Decke vom Tisch, legte schneeweißen Damast auf, strich ihn mit ihren Händen glatt. Dann stellte sie zwei Leuchter auf und entzündete die Kerzen, faltete ihre Hände, begann leise zu beten. [...] Lautlos bewegten sich die Lippen der Großmutter, die tief ins Gebet versunken vor dem Tisch stand. Nach einer Weile hob sie Kopf und Arme gegen die Decke, ließ darauf langsam die Hände zu den brennenden Kerzen sinken, beschrieb zum Abschluß der Gebärde mit geöffneten Fingern einen Bogen über dem Licht. Dann wandte sie sich zu mir und sagte leise mahnend: ›Der Schabbat ist zu uns gekommen. Nimm auch du ihn auf und genieße seinen Frieden‹, und legte segnend ihre Hände auf meinen Kopf.«[7] Betty Joseph starb 1917.

Seinen ersten Besuch in Köln 1950 nach seiner Emigration nach Israel beschrieb Artur Joseph eindrücklich: »Ich ging die Hohestraße entlang. Mit ihren einstöckigen Notbauten glich sie der Budengasse eines Volksfestes. Bis zur Schildergasse ... da geriet ich in Atemnot, rannte fast, sah von weitem die Antoniterkirche, beglückt, sie unversehrt zu finden, näherte mich, sah auf dem Boden des Geschäfts einen Notbau, Schaufenster mit Schuhen. Vom alten Haus stand nur ein Teil des Erdgeschosses noch und irgendwo darüber, als erster Stock, ein Fenster dessen, was die Damenabteilung gewesen war. Verrostete und verbogene Gitter. Überall auf den Resten des Gemäuers wild wuchernde Pflanzen. Man hat mich gefragt, ob ich nicht etwa ein Gefühl der Genugtuung empfunden habe, als ich das Geschäft nun zerstört wiedersah. Nein – nichts davon. Tiefe Trauer spürte ich: wie gern hätte ich nach der Befreiung alles wiedergefunden, wie ich es damals verließ. Wie gern wäre ich durch die unvergesslichen Räume des Geschäfts gegangen und durch die Wohnung der Großmutter! Wie schmerzlich die Gewissheit: All das gibt es nur noch auf Bildern und in Träumen.«[8]

Artur und Margot Joseph kehrten 1951 nach Deutschland zurück und siedelten sich in Frankfurt a. M. an. Artur Joseph, der nun als Theaterkritiker und Publizist tätig war, starb 1983. Ein Teil seines Nachlasses, der auch umfangreiche Fotoalben zu den Geschäften der Familie enthielt, wurde im Kölner Stadtarchiv aufbewahrt. Ob er im Archiveinsturz 2009 zerstört wurde oder erhalten blieb, ist bislang unbekannt.

Wir folgen nun dem letzten Abschnitt der Schildergasse zum Neumarkt, biegen nach links und halten vor dem Haus Neumarkt 3.

oben: Anzeige der »Arisierung«, Westdeutscher Beobachter, 30. September 1938 *rechts:* Artur Joseph, Theater unter vier Augen, 1969 *links:* Artur Joseph und seine Frau Margot bei der Überreichung der Goethe-Plakette der Stadt Frankfurt, 1977

12 Neumarkt 3; Kunst- und Auktionshaus Lempertz

Das weltweit renommierte Unternehmen residiert seit 1917 an dieser Adresse. In diesem Jahr hatten die Kunsthändler Hans und Josef Hanstein, Eigentümer der Firma, das aus der Mitte des 19. Jahrhunderts stammende Gebäude gekauft. Vermutlich übertrugen die Eigentümer bereits die ersten Sanierungs- und Umbauten des Hauses dem Kölner jüdischen Architekten Manfred Faber, in den folgenden Jahren zumindest führte Faber, der mit Josef Hanstein und dessen Frau befreundet war, zahlreiche Erweiterungsbauten sowie Aufträge zur Gestaltung von Ausstellungen und Interieurs durch. Auch

Zwangsversteigerung
im Auftrage des Herrn
Generalstaatsanwalts in Düsseldorf
Zirka 700 Gemälde neuzeitlicher Meister
darunter Werke von: A. Böcklin, Anselm Feuerbach, C. Pissarro, J. F. Millet, L. Knaus, H. v. Marées, J. W. Schirmer, C. Spitzweg, A. Achenbach, W. Amberg, E. Bracht, R. Burnier, A. Calame, Christoph Dörr, H. F. Gude, Th. Gudin, K. Heffner, Ed. Hildebrandt, C. Hilgers, F. Kallmorgen, F. v. Lenbach, L. Richet, Ed. Schleich, A. Schreyer, Joh. Sperl, C. Troyon u. v. a. Einige alte Gemälde von: P. P. Rubens, E. van der Poel, A. Molinari u. a.
Plastiken — Antiquitäten
Orient-Teppiche bester Provenienz und Qualität
aus nichtarischem Besitz
Katalog mit 15 Bildtafeln 1,— RM
Besichtigung: 9.—11 Dez. von 10—17 Uhr durchgehend.
Versteigerung: 12. u. 13. Dez. je 10—13 und ab 15 Uhr.
Math. Lempertz, Antiquariat, Köln
Inhaber: Josef Hanstein gegründet 1845 Neumarkt 3

oben: Neumarkt 3, um 1940
links: Auch der Westdeutsche Beobachter wies auf die Zwangsversteigerung hin, 3. Dezember 1939
unten: Versteigert: Peter Paul Rubens, Männliches Bildnis

Fünfzig Orientteppiche bester Provenienz in guten Vorkriegs-Qualitäten

oben: Auszug aus dem Katalog der Versteigerung *unten:* Versteigert: Adolph von Menzel, »Stilleben mit umgestürztem Teekessel«, 1856 *rechte Seite:* Versteigert: Unbekannter Künstler, »Mädchen vor einer Laube mit hohem Hut«, 19. Jahrhundert

nach der Mitte der 1930er Jahre war er noch für das Unternehmen tätig. Manfred Faber, dem die Emigration nicht gelang, wurde in Auschwitz ermordet. Nach der Zerstörung des Hauses Neumarkt 3 im Krieg entstand 1951/52 an seiner Stelle ein Neubau.

Wir wollen an diesem Standort einen Blick auf einen besonderen und viele Jahrzehnte fast völlig verdrängten Aspekt der nationalsozialistischen Enteignungsmaßnahmen werfen – auf die Enteignung jüdischer Kunstsammler und Kunsthändler, von der viele Museen, nicht jüdische Sammler und Händler profitierten. Eine der Versteigerungen von beschlagnahmten Kunstobjekten aus »nicht arischem Besitz« fand am 12./13. Dezember 1939 im Auktionshaus Lempertz statt. Ursprünglicher Eigentümer der angebotenen Sammlung war der Kunsthistoriker und -händler Walter Westfeld, geboren 1889, der seit 1920 eine Galerie in Wuppertal geführt hatte. Unter dem Druck des NS-Regimes hatte Walter Westfeld seine Galerie bereits vor dem Berufsverbot für jüdische Kunsthändler 1935 aufgegeben und war nach Düsseldorf gezogen. Als ihm die Behörden Ende 1936 den Verkauf seines wertvollen Kunstbesitzes verboten, versuchte er, die Emigration in die USA in die Wege zu leiten und zugleich einige seiner Kunstwerke zu verkaufen oder im Ausland in Sicherheit zu bringen. Wenige Tage nach dem Pogrom 1938 wurde er verhaftet, sein Vermögen und seine Kunstsammlung beschlagnahmt.

1939 schließlich ordnete der Düsseldorfer Generalstaatsanwalt die Versteigerung der etwa 700 Kunstwerke an, die noch in Westfelds Besitz waren. Da die Auktion auf Druck der Behörden vom Kölner Kunsthaus Lempertz übernommen wurde, überführte man den inhaftierten Walter Westfeld nach Köln, der hier an der Vorbereitung von Auktion und Katalog mitzuarbeiten hatte. Für die bevorstehende Auktion mit ihrem außergewöhnlichen Angebot – sie umfasste unter anderem Werke von Rubens, Böcklin, Feuerbach, Menzel, Pissarro und Spitzweg, darüber hinaus auch Plastiken und Orientteppiche – wurde in der Presse intensiv geworben.

Die Erwartung auf ein großes Kaufinteresse bestätigte sich, das Haus konnte »die Fülle der kauflustigen Bieter kaum fassen«.[9] Ein Zeitungsbericht schilderte die Atmosphäre der Versteigerung: »Das äußere Bild der Auktion war wieder das eines ›großen Tages‹: Spannung liegt in Aller Mienen, die Luft ist durchsättigt von Kauflust, der Versteigerer erscheint mit seinem Stabe auf dem Podium; ein kurzer Hinweis auf die im Katalog abgedruckten Bedingungen: die Auktion beginnt. Das Tempo wird gleich jetzt beim Start sehr lebhaft und hält unvermindert zwei Tage lang.« Bis auf einige Objekt wurde alles »flott und freudig« gekauft,[10] der Erlös der Versteigerung floss in die Kasse der Düsseldorfer Generalstaatsanwaltschaft.

Für Walter Westfeld waren diese Tage die schwärzesten seines Lebens und das Ende seines Lebenswerks. Einige Wochen nach der Versteigerung wurde er wegen Devisenvergehens angeklagt und im Juli 1940 zu einer Zuchthausstrafe verurteilt. Nach dem Ablauf der Strafe wurde Walter Westfeld jedoch nicht entlassen, sondern erneut unter Druck gesetzt, brutal verhört und schließlich im Oktober 1942 von Köln aus nach Theresienstadt deportiert. Von dort verschleppte man ihn nach Auschwitz, wo er ermordet wurde.

Als die Westfeld-Erben nach dem Zusammenbruch des NS-Regimes ihre Ansprüche auf Rückerstattung der enteigneten Kunstwerke geltend machten, erkannte das Gericht diese Ansprüche zwar an, allerdings wurden während des Verfahrens nur vier der Werke aufgefunden und zurückgegeben. Trotz vieler Bemühungen der Erben blieben die Werke unauffindbar, erst in den letzten Jahren tauchten mehrere Bilder in Privatbesitz oder in Museen, so im Museum of Fine Arts in Boston oder in der Staatsgalerie Stuttgart, auf. 2009 gab die Staatsgalerie das Gemälde Adolph von Menzels, »Stilleben mit umgestürztem Teekessel« von 1856, das es 2004 aus dem Kunsthandel erworben hatte, sowie das Bild »Mädchen vor einer Laube mit hohem Hut« eines unbekannten Malers der Romantik an die Erben zurück; 2010 kam es zwischen dem Auktionshaus Lempertz und den Erben Westfelds zu einer Einigung in Hinblick auf ein Gemälde von Anselm Feuerbach. Generell aber sind Restituierungen selten, da das Thema der Raubkunst immer noch verdrängt und die Rückerstattung von Kunstwerken an ihre ursprünglichen Eigentümer nicht oder nur äußerst widerwillig vollzogen wird.

Die nächste Station des Rundgangs erreichen wir nach Überquerung der Cäcilienstraße auf der südlichen Seite des Neumarkts.

13 Neumarkt 15–19, Gesundheitsamt der Stadt Köln; ehemals Geschäftshaus Gebr. Bing Söhne

Neumarkt, um 1910
rechts: Gebr. Bing, Neumarkt 15–19, 1909

Das Gebäude ist Sitz des Gesundheitsamts der Stadt Köln, beherbergte jedoch bis 1938 die Firma Gebr. Bing Söhne, deren Anfänge in Köln bis zur Mitte des 19. Jahrhunderts zurückgehen. Um 1850 hatten die Kaufleute Adolf, Hermann und Moritz Bing zunächst eine Großhandlung für Samt- und Seidenbänder in der Hohe Straße betrieben, aus der zu Beginn der 1880er Jahre die Firma Gebr. Bing, Samt- und Seidenband-Großlager mit Sitz in der Pipinstraße entstand. Das neue Geschäft entwickelte sich rasch, konnte Niederlassungen in Berlin und Krefeld eröffnen und die Produktpalette erweitern. Schließlich fasste man einen Geschäftsbau in zentraler Lage ins Auge, der 1909 als einer der ersten modernen Geschäftsbauten am Neumarkt fertiggestellt wurde. Architekt des

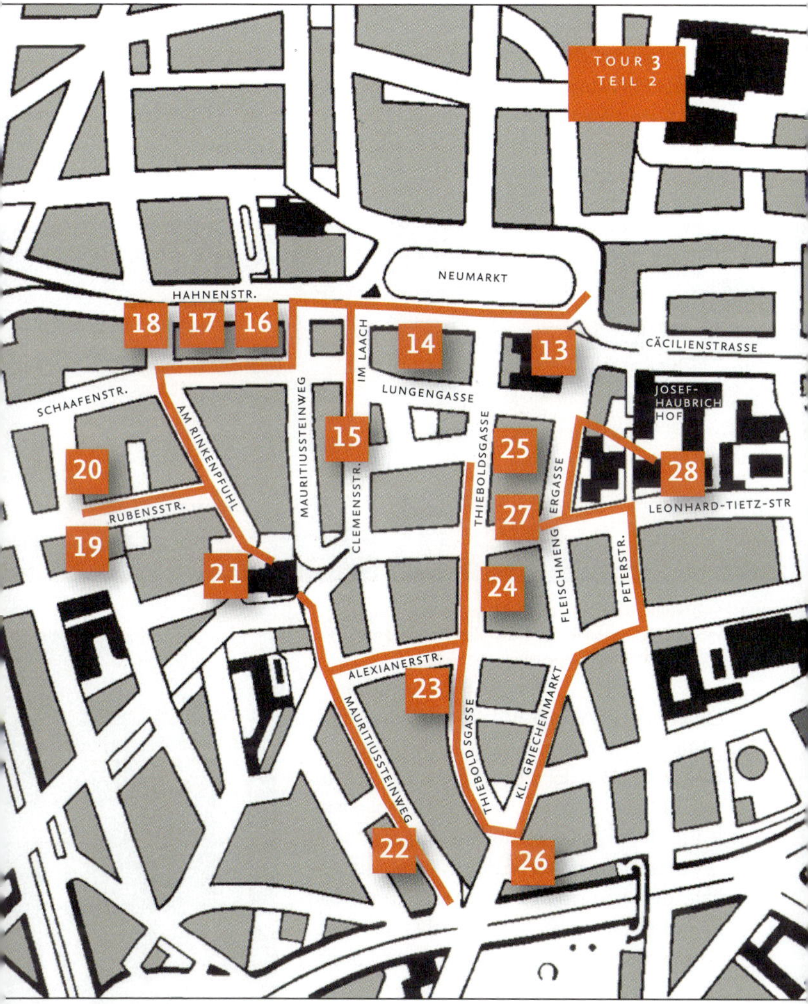

Gebäudes war der Kölner Heinrich Müller-Erkelenz, der in seinem Entwurf, so ein zeitgenössisches Urteil, traditionelle Elemente mit zeitgemäßer Zweckmäßigkeit verband und durch die Gestaltung einen »gesteigerten Eindruck des Hohen und Mächtigen« erzielte.[11]

Die heutige Fassade, durch vertikale, pfeilerartige Vorsprünge und schmale, halbrunde Erkerbauten in der Gebäudemitte gegliedert, entspricht bis auf das Dachgeschoss weitgehend der originalen Form. Ursprünglich führte der imposante Haupteingang in eine offene Vorhalle mit seitlichen Säulenreihen. Von hier aus gelangte man in eine weite Halle, von der eine Treppe aus Eichenholz durch die gesamte Höhe des Gebäudes emporführte.

Im Erdgeschoss befanden sich neben »lichten, luftigen Bureauräumen« mit »feiner Holzausstattung« die Pack- und Lagerräume der Firma. Bemerkenswert waren Konferenzzimmer und Chefbüros in der ersten Etage, die mit Marmorkamin, Ledermöbeln und »Beleuchtungskörpern in originellen Formen« ausgestattet waren.[12]

links: Gebr. Bing, Eingangshalle, 1909
rechts: Eingangshalle des Gesundheitsamts, 2010
unten: Gebr. Bing, Lagerraum, 1909

Durch den original erhaltenen Haupteingang betreten wir die Vorhalle des Gesundheitsamtes. Von der ursprünglichen opulenten Ausstattung ist so gut wie nichts geblieben, lediglich links und rechts des Eingangs sind je vier Säulen und halbrunde Nischen als Relikte des historischen Gebäudes zu sehen. Zwischen den zwei Säulen rechts fällt eine Gedenktafel ins Auge – sie erinnert an die Geschichte des Hauses während des Nationalsozialismus.

Auch im Geschäftsbetrieb der Firma Gebr. Bing setzte 1933 ein Rückgang ein, der die Eigentümer schließlich zwang, die Aufgabe der Firma in die Wege zu leiten. Als sie Anfang 1938 einen Makler mit dem Verkauf des Gebäudes beauftragten, zeigte das städtische Gesundheitsamt unter seinem Leiter Dr. Karl Coerper bereits starkes Interesse für das zentral gelegene Haus, zu einem Kauf kam es jedoch zunächst nicht. Während des Pogroms im November 1938 wurde das Gebäude – vermutlich um es für eine Übernahme durch die Stadt zu schonen – nicht verwüstet. Unter massiven Druck gesetzt, verkauften die Eigentümer das Haus im Februar 1939 zu einem von den Behörden erheblich unter dem Marktwert festgesetzten Preis an die Stadt Köln. 1940 zog das städtische Gesundheitsamt in das Gebäude ein. Coerper, seit 1926 Beigeordneter der Stadt Köln für das Gesundheits- und Wohlfahrtswesen, hatte sich seit 1933 als engagierter Initiator antisemitischer Maßnahmen im Bereich des Gesundheitswesens erwiesen. Unter seiner Leitung hatte das Gesundheitsamt rücksichtslos die Dis-

links: Säule im Vorraum, 2010 *rechts:* Gedenktafel in der Vorhalle des Gesundheitsamtes, 2010 *unten:* Kennzeichnung für jüdische Ärzte ab 1938/39

kriminierung der jüdischen Ärztinnen und Ärzte sowie die Ausgrenzung der gesamten jüdischen Bevölkerung aus dem städtischen Gesundheits- und Fürsorgewesen durchgeführt. Während um 1930 unter den rund 1.000 Ärztinnen und Ärzten in Köln circa 150 jüdische Medizinerinnen und Mediziner waren, war ihre Zahl 1937 auf acht Medizinerinnen und 84 Mediziner zurückgegangen. Viele von ihnen konnten in den nächsten Jahren noch emigrieren. 1938 entzogen die NS-Behörden allen jüdischen Ärzten im Deutschen Reich die Approbation, zugleich wurde einer kleinen Zahl als sogenannte »Krankenbehandler« die Versorgung jüdischer Patienten gestattet. In Köln waren dies 17 Mediziner verschiedener Fachrichtungen. Fast alle von ihnen wurden deportiert und ermordet.

Das Gesundheitsamt organisierte nicht nur antisemitische Maßnahmen, als Sitz der »Beratungsstelle für Erb- und Rassenpflege« war es auch verantwortlich für Gutachten, die zur Zwangssterilisierung und zur Ermordung behinderter Menschen führten. Hunderte von Menschen aus Köln wurden Opfer dieser von Staat und Behörden durchgeführten Aktionen.

Durch starke Bombenschäden war das Gebäude Neumarkt 15–17 gegen Kriegsende nicht mehr nutzbar. 1947 jedoch hatte das Gesundheitsamt, nach einer schrittweisen Instandsetzung, wieder alle Dienststellen in das Haus verlegt. Die Rückerstattungsansprüche der ehemaligen Eigentümer lehnte die Stadt Köln zunächst rigoros ab, 1952 schließlich kam es zu einem Vergleich. Bis in die 1990er Jahre wurde die Verstrickung des Gesundheitsamtes in die Terrorherrschaft der Nationalsozialisten verdrängt, erst 1997 wurde die Gedenktafel im Eingangsbereich eingeweiht.

Vom ehemaligen Bing-Haus gehen wir, über die Einmündung der Thieboldsgasse hinweg, geradeaus weiter.

Neumarkt 31, um 1910

14 Neumarkt 31; Arztpraxen Dr. Ernst Weiner und Dr. Hans Salomon Feldheim

Der praktische Arzt Dr. Feldheim, geboren 1886, lebte mit seiner nicht jüdischen Ehefrau und zwei Töchtern in Barmen, wo er eine Praxis führte. Da er dort zunehmenden Schikanen ausgesetzt war, entschloss er sich 1936, mit seinen Töchtern – seine Frau war bereits gestorben – nach Köln zu ziehen. Hier übernahm er die am Neumarkt 31 im ersten Stock gelegene Wohnung und Praxis des jüdischen Internisten Dr. Ernst Weiner, der kurz zuvor emigriert war.

In den nächsten beiden Jahren nahm die Zahl der Patienten stetig ab, sodass die wirtschaftliche Lage Dr. Feldheims immer schwieriger wurde. 1938 gehörte Dr. Feldheim zu den wenigen Ärzten in Köln, die als »Krankenbehandler« zur Versorgung jüdischer Patienten zugelassen wurden. Vermutlich gab er Ende 1938 seine Praxis am Neumarkt auf und zog mit den Töchtern in die Kamekestraße. Ihm und seiner älteren Tochter Annelise gelang die Auswanderung nicht, seine jüngere Tochter Helga flüchtete 1939 nach Amsterdam. Dr. Feldheim hielt in seiner Wohnung, im jüdischen Krankenhaus in Ehrenfeld sowie nach dessen Räumung auch im Sammellager Müngersdorf und zeitweise im Ghettohaus Utrechter Str. 6 Sprechstunden ab. 1943 wurde er von den NS-Behörden als »Vertrauensmann der Reichsvereinigung der Juden für Köln« eingesetzt und war damit einer der letzten jüdischen Interessenvertreter in Köln. Da er mit einer nicht jüdischen Frau verheiratet gewesen war, blieb er zunächst noch von der Deportation verschont, im Herbst 1944 jedoch stand auch ihm und seiner Tochter die Zuweisung zu einem Transport nach Osteuropa bevor. Zunächst konnten sie Schutz bei Bekannten finden, als man ihre Helfer aber mit Denunziation bedrohte, verließen Hans und Annelise Feldheim den Unterschlupf und nahmen am 28. September

v.l.n.r.: **Dr. Hans Salomon Feldheim, 1938; Annelise Feldheim, um 1935; Helga Feldheim, 1942**

1944 in einem Kölner Park eine Überdosis Veronal. Sie wurden sterbend aufgefunden. Wo sie begraben sind, ist unbekannt. Helga Feldheim überlebte Verfolgung und Krieg untergetaucht in Amsterdam.

Unser Weg führt uns nun weiter den Neumarkt entlang bis zur Straße Im Laach. Hier biegen wir ein und kommen damit in einen Bereich, der sich auch heute noch stark vom nahe liegenden hektischen Geschäfts- und Einkaufszentrum unterscheidet.

Das Viertel um Thieboldsgasse und Griechenmarkt

Dieses als Thieboldsgassen- oder Griechenmarktviertel bezeichnete Gebiet südlich des Neumarkts war vor dem Zweiten Weltkrieg großteils durch enge Straßen und einfache Häuser geprägt. Insgesamt lebten hier um 1925 20.000 Menschen, die vor allem zu unteren und kleinbürgerlichen Schichten zählten. In dieses Umfeld, in dem zunächst nur wenige Juden gewohnt hatten, waren seit der Jahrhundertwende zahlreiche jüdische Immigranten aus Osteuropa gezogen. Viele von ihnen kamen aus ländlichen Gebieten und waren von der orthodoxen, chassidischen Form des Judentums geprägt. Während sich manche rasch von dieser Tradition lösten, blieben andere ihren Gebräuchen verhaftet. Diese Familien hielten sich streng an die religiösen Speisegesetze und versammelten sich in eigenen Betsälen, von denen es um 1930 eine ganze

Geschäft Maringer, Poststr. 16, um 1918
unten: Milchgeschäft von Samuel Berger, Bayardsgasse 25

Anzahl gab, etwa in der Bayardsgasse, am Kleinen Griechenmarkt, in der Poststraße und der Agrippastraße. Auch einige orthodoxe Vereine waren im Viertel angesiedelt. Die Versorgung der orthodoxen Einwohner mit Lebensmitteln übernahmen koscher geführte Bäckereien, Metzgereien und Lebensmittelhandlungen. Daneben gab es zahlreiche Betriebe jüdischer Schreiner, Schlosser und Schneider sowie verschiedene Alt- und Haushaltswarengeschäfte, außerdem auch Praxen jüdischer Ärzte. Während der Großteil der Bewohner wenig Einkommen hatte, erreichten Einzelne einen wirtschaftlichen Aufstieg zu bescheidenem Wohlstand. Manche Familien konnten ein Haus kaufen oder ihr Geschäft erweitern; bei größerem Erfolg verließ man die Gegend und zog in eine der bürgerlichen Gegenden.

Insgesamt bildeten die jüdischen Bewohner eine kleine Minderheit im Viertel, die große Mehrheit der Haus-

Altkleiderhandlung Jakobowitsch, Kämmergasse 44, um 1925

eigentümer, Mieter und Geschäftsinhaber war nicht jüdisch. Das Zusammenleben vor 1933 wird auch von jüdischen Zeitzeugen als im Wesentlichen konfliktfrei, oft sogar als herzlich beschrieben. Die weitaus meisten der Neukölner versuchten, sich an ihr Umfeld anzupassen, Kontakte zu Nachbarn zu knüpfen und sich trotz eigener Traditionen in den Alltag des Viertels zu integrieren. Während die älteren Immigranten Jiddisch sprachen, die jüngeren sich bemühten, rasch Hochdeutsch zu lernen, wuchsen die Kinder mit Hochdeutsch und dem kölnischen Dialekt auf. Entsprechend den Regionen, aus denen die Zuwanderer stammten, hatten sie die polnische, russische oder österreichische Staatsangehörigkeit oder waren staatenlos, nur wenige ließen sich formell einbürgern. Dennoch wollten fast alle auf Dauer in Köln bleiben, sodass zionistische Vorstellungen zwar von einem Teil der Zuwanderer unterstützt wurden, es aber vor 1933 in den Familien keine konkreten Pläne zu einer Auswanderung nach Palästina gab. Da SPD und KPD unter den Arbeiterschichten des Viertels eine große Anhängerschaft hatten, fanden die jüdischen Bewohner hier gegenüber der zunehmenden Agitation der Kölner Nationalsozialisten zunächst erhebliche Unterstützung, und noch während des Boykotts 1933 zeigte sich Solidarität mit den jüdischen Nachbarn.

»Am vergangenen Sonntag, der im Zeichen der Ausschreitungen der uniformierten SA stand«, berichtete das Kölner Jüdische Wochenblatt im Juni 1932, »kam es am Nachmittag und in den Abendstunden zu Angriffen auf jüdische Personen, insbesondere im Thieboldsgassenviertel. [...] Die Thieboldsgasse und die benachbarten Straßen der Altstadt sind dadurch bekannt, daß dort ein relativ hoher Prozentsatz kleiner jüdischer Geschäftsleute und Händler wohnt. Schon seit Wochen versuchen die Nationalsozialisten gegen diese ›Kaftanjuden‹ eine regelrechte Pogromstimmung zu entfesseln. [...] Der Erfolg hat sich am Sonntag gezeigt. Ohne jeden Anlaß stürmten [...] mit Knüppeln bewaffnete SA-Leute über den Neumarkt nach der Thieboldsgasse zu. Rufe wie ›Straße frei! Los zur Thieboldsgasse!‹ ertönten andauernd. Es wurde auch geschossen. Einem älteren jüdischen Anwohner, der, weil er nicht recht die Ursache der Tumulte erfaßte, noch etwas an seiner Tür stehen geblieben war, wurde ein Knüppel über den Kopf geschlagen und als er auf dem Boden lag, noch mit schwergenagelten Stiefeln getreten. Auch andere Juden wurden in roher Weise beschimpft und geschlagen. Durch den Lärm waren jedoch die Anwohner allesamt alarmiert worden, die nun tatkräftig sich zur Wehr setzten und das rauflustige Gesindel vertrieben. Ferner trafen sofort starke Polizeikräfte ein.«[13]

Familie Wolkowicz, Bayardsgasse 32, vor ihrer Emigration in die USA, Oktober 1937

Doch schließlich beugten sich auch hier fast alle dem Druck des Regimes oder wechselten sogar zu ihm über. Die meisten der jüdischen Bewohner lösten ihre Geschäfte auf, verkauften ihre Häuser – eine Reihe von Gebäuden im Viertel erwarb die Stadt Köln – und wanderten in den folgenden Jahren aus. Von den in Köln Verbliebenen wurden viele im Oktober 1938 nach Polen ausgewiesen, wenige Tage danach wurden im Pogrom Wohnungen und Geschäfte verwüstet. Einige der Häuser, die jüdische Eigentümer hatten, nutzten die NS-Behörden seit 1941 zur Ghettoisierung der jüdischen Bevölkerung. Bis Mitte 1942 schließlich waren die jüdischen Einwohner des Viertels deportiert.

Bei Kriegsende bildeten die Straßenzüge um den Griechenmarkt ein einziges Ruinenfeld. Im Wiederaufbau veränderte sich ein Teil des Straßenverlaufs wie die gesamte Struktur des Viertels ganz wesentlich. Heute finden sich hier neben ruhigen Wohngebieten auch einige Straßen mit einer bunten Mischung von Werkstätten, Büros und Einzelhandelsgeschäften, unter der sich in den letzten Jahren eine Art Kölner asiatisch-indisches Zentrum entwickelte. Im östlichen Bereich entstanden größere Gebäude: die städtische Zentralbibliothek, die Volkshochschule und als neuester Großbau das Rautenstrauch-Joest-Museum, Kölns Völkerkundemuseum.

Mit einer Ausnahme ist an keinem der Orte, die wir aufsuchen wollen, das ursprüngliche Gebäude erhalten. Unser Gang orientiert sich daher nicht an real vorhandenen Bauten, sondern stützt sich allein auf die Berichte von Zeitzeugen, Überlebenden der Verfolgung sowie auf schriftliche Quellen und Fotografien.

Die nächste Station unseres Rundwegs finden wir nach wenigen Metern links im Mauritiussteinweg vor einem Wohngebäude aus der Zeit um 1960, an dessen Stelle bis vor dem Krieg zwei im 19. Jahrhundert errichtete Häuser standen.

15 Mauritiussteinweg 83; Familie Ochs

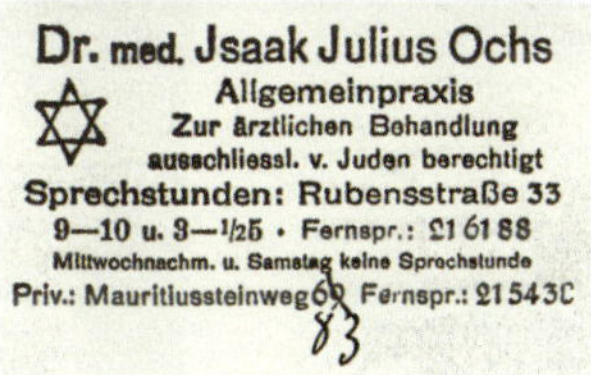

Dr. med. Jsaak Julius Ochs
Allgemeinpraxis
Zur ärztlichen Behandlung
ausschliessl. v. Juden berechtigt
Sprechstunden: Rubensstraße 33
9—10 u. 3—½5 · Fernspr.: 21 61 88
Mittwochnachm. u. Samstag keine Sprechstunde
Priv.: Mauritiussteinweg 69 Fernspr.: 21 543C
83

Das Haus Nr. 83, entstanden circa 1865, kaufte um 1895 der Allgemeinmediziner Sanitätsrat Dr. Anselm Ochs, zog mit seiner Frau Bertha geborene Stern ein und eröffnete eine Praxis. Dr. Ochs, geboren 1861, war engagiertes Mitglied der orthodoxen Gemeinde Adass Jeschurun und zudem Schularzt für die jüdischen Schulen und Kinderheime. 1933 verlegte sein Sohn, Dr. Julius Ochs, Kinderarzt und Nachfolger seines Vaters als Schularzt, seine Praxis, die sich lange am Salierring 48, dann im Mauritiussteinweg 69 befunden hatte, in das elterliche Haus. Seit Ende 1938 konnte er jedoch seine Sprechstunden nur noch im Wohlfahrtszentrum der Gemeinde Rubensstr. 33 abhalten. Nachdem die Familie das Haus im Sommer 1939 an einen nicht jüdischen Arzt verkauft hatte, emigrierten Anselm Ochs nach Großbritannien, Julius Ochs mit seiner Familie in die USA. Das Gebäude wurde wie fast alle Bauten des Viertels im Krieg zerstört.

Stolpersteine erinnern an vier Bewohner des Hauses Mauritiussteinweg 81, das seit Mitte 1941 als Ghettohaus genutzt wurde.

oben: Dr. Anselm Ochs (1861–1944); *darunter:* Briefkopf, 1939
links: Dr. Julius Ochs mit seinen Kindern

Wir gehen ein kurzes Stück zurück und folgen dem Marsilstein auf der rechten Seite in Richtung zur Straße Am Rinkenpfuhl. In der Mitte der Häuserreihe, ungefähr im Bereich des heutigen Gebäudes Nr. 6 – gegenüber den Häusern Nr. 15–23 –, standen die beiden benachbarten Bauten Marsilstein 18 und 20, in denen um 1930 zwei eng miteinander verwandte Familien lebten.

16 Marsilstein 20; Bettwaren-Geschäft Stern

1907 war der Kaufmann Markus Stern mit seiner Familie aus Weilerswist nach Köln gezogen und hatte sich zunächst in der Sternengasse niedergelassen. Anfang der 1920er Jahre kaufte er das Haus Marsilstein 20, um hier ein Geschäft für Bett- und Polsterwaren einzurichten. Sein Sohn Richard, geboren 1899, besuchte die jüdische Volksschule in der Lützowstraße und absolvierte danach eine kaufmännische Ausbildung. 1917 wurde er als Soldat eingezogen und an der Front eingesetzt, 1918 erhielt er das Eiserne Kreuz. Nach Kriegsende trat Richard Stern in das Geschäft seines Vaters ein und führte es nach dessen Tod 1928 weiter. Als Ende März 1933 das NS-Regime mit den Vorbereitungen

An alle Frontkameraden und Deutsche!

Unser Herr Reichskanzler **Hitler**
und die Herren Reichsminister **Frick und Göring**
haben mehrfach folgende Erklärungen abgegeben:

Wer im III. Reich einen Frontsoldaten beleidigt, wird mit Zuchthaus bestraft!

Mein Bruder meldete sich mit 25 Jahren am 4. August 1914 als Kriegsfreiwilliger und war bis Ende 1918 an der Front.
Ich selbst wurde als junger Bursche von kaum 18 Jahren zur Fahne berufen und stand dauernd **an der Front in vorderster Linie** bei der 2. Masch.-Gewehr-Komp. d. Landw.-Inf.-Regt. 31. Erhielt **für Tapferkeit vor dem Feinde das Eiserne Kreuz** und kehrte erst 1919 nach Hause zurück.
Unser verstorbener kranker Vater verrichtete mit 58 Jahren noch den Kriegshilfsdienst, während seine beiden Söhne im Felde standen.
Müssen wir uns nach dieser Vergangenheit im Nationalen Dienst als guter Deutscher, jetzt öffentlich beschimpfen lassen? Soll das heute der Dank des Vaterlandes sein, daß durch Presse und Rundfunk über

65 Millionen Deutsche aufgefordert werden

nicht bei Deutschen Juden zu kaufen, ja jeder Deutsche Jude, selbst der kleinste Geschäftsmann oder Handwerker zu boykottieren sei?

Ist der Deutsche Jude nunmehr ein **Mensch II. Klasse** geworden, den man nur noch als Gast in seinem Vaterland duldet?

Wir fassen diese Aktion gegen das gesamte Deutsche Judentum auf als eine Schändung des Andenkens von

12 000 gefallenen Deutschen Frontsoldaten jüdischen Glaubens.

Wir sehen darüber hinaus in dieser Aufforderung eine Beleidigung für jeden anständigen Bürger. Es ist uns nicht bange darum, daß es in Köln auch heute noch die Zivilcourage gibt, die Bismarck einst forderte, und Deutsche Treue, die gerade jetzt zu uns Juden steht.

Bettwaren-Haus Marsilstein 20

Der ehemalige Frontkämpfer Richard Stern

oben: Richard Stern mit dem Eisernen Kreuz am Revers während des Boykotts vor seinem Geschäft, 1. April 1933
rechts: Flugblatt vom 1. April 1933

zum Boykott der Geschäfte jüdischer Eigentümer begann und auch die Kölner Bevölkerung mit Zeitungsartikeln und Flugblättern auf die bevorstehende Aktion einzustimmen suchte, entwarf Richard Stern ein Flugblatt, das er in der benachbarten Druckerei seines Schwagers Heinz Flögerhöver drucken ließ. In diesem Flugblatt, das »An alle Frontkameraden und Deutsche!« gerichtet und mit »Der ehemalige Frontkämpfer Richard Stern« unterzeichnet war, erklärte er zum geplanten Boykott: »Wir fassen diese Aktion gegen das gesamte Deutsche Judentum auf als eine Schändung des Andenkens von 12.000 gefallenen Deutschen Frontsoldaten jüdischen Glaubens.« Zugleich äußerte er aber die Überzeugung: »Wir sehen darüber hinaus in dieser Aufforderung [zum Boykott] eine Beleidigung für jeden anständigen Bürger. Es ist uns nicht bange darum, daß es in Köln auch heute noch die Zivilcourage gibt, die Bismarck einst forderte, und Deutsche Treue, die gerade jetzt zu uns Juden steht.«[14] Während am 1. April SA-Männer vor seinem Geschäft postiert waren, verteilte er, dekoriert mit dem Eisernen Kreuz, das Flugblatt an seine Kunden. Die Fotografie dieser Situation, die von Heinz Flögerhöver aufgenommen wurde, ist eines der einprägsamsten Dokumente des Boykotts in Köln. Richard Stern wurde verhaftet, jedoch nach wenigen Stunden wieder entlassen. In den folgenden Jahren ging der Umsatz seines Geschäftes zurück, und auch die Umstellung des Angebots auf Bedarf für Auswanderer brachte nur eine geringe wirtschaftliche Verbesserung. Schließlich gab er sein Ladenlokal auf und verlegte das Geschäft in die erste Etage des Hauses. Während Wohnung und Geschäft am 10. November 1938 vormittags überfallen und verwüstet wurden, tauchte Richard Stern unter und entging so der Inhaftierung. Im Mai 1939 konnte er in die USA einreisen, seine Schwester Martha und ihr Sohn Rudi, die bei ihm gewohnt hatten, folgten unmittelbar vor Ausbruch des Krieges. Als Richard Stern 1942, kaum drei Jahre später, in die amerikanische Armee einberufen wurde, meldete er sich zum Einsatz an der europäischen Front. Nach Kriegsende, im Sommer 1945, traf er in Brüssel seine Schwester Thekla Flögerhöver und deren Familie wieder. Richard Stern, der in den USA wieder als Kaufmann tätig war, starb 1967.

oben: Annonce, in: Jahreskalender des Vereins selbständiger Handwerker jüdischen Glaubens, 1938/39
unten: Richard Stern als amerikanischer Soldat, 1945

17 Marsilstein 18; Druckerei Flögerhöver

Druckerei Flögerhöver, Marsilstein 18, 1934 *rechts:* Familie Flögerhöver, Mai 1939

Richard Sterns Schwester Thekla hatte 1923 den aus einer katholischen Kölner Familie stammenden Heinz Flögerhöver geheiratet. Um 1930 zog das Ehepaar mit den beiden Töchtern zum Marsilstein 18, einem Haus, das Eigentum der Stadt Köln war. Thekla Flögerhöver eröffnete ein Geschäft für Bürobedarf und Schreibwaren, während Heinz Flögerhöver eine kleine Druckerei führte, die sich im Hinterhaus befand. Beide Geschäfte waren erfolgreich, sodass die Familie bis 1933 in wirtschaftlich gesicherten Verhältnissen lebte. Nach Beginn des NS-Regimes schätzten die Flögerhövers die Bedrohung zunächst gering ein, da Thekla sich und ihre Töchter durch ihren nicht jüdischen Mann geschützt glaubte. Erst nach dem Novemberpogrom, in dem auch ihr Geschäft zerstört wurde, begann die Familie nach Möglichkeiten zur Emigration zu suchen. Die 15-jährige Ruth konnte im Sommer 1939 nach Großbritannien emigrieren, die jüngere Tochter Ellen wurde einige Wochen später, nach Ausbruch des Kriegs, mit einer Gruppe von Flüchtlingen illegal über die Grenze nach Belgien gebracht. Ihre Eltern folgten ihr, sodass die Familie in Brüssel wieder zusammentraf. Trotz einer Einreisegenehmigung in die USA gelang der Familie die weitere Flucht nicht mehr. Zeitweise untergetaucht, überlebten Thekla, Heinz und Ellen Flögerhöver die Verfolgung während der deutschen Besatzung, Ende 1946 wanderten sie in die USA aus. Von den Häusern Marsilstein 18 und 20 war nach Kriegsende nur noch ein Schuttberg geblieben.

Trümmer der Häuser Marsilstein 18 und 20, im Hintergrund die Apostelkirche, 1947

18 Marsilstein 28; Café Hirschel

Wenige Schritte weiter, an der Ecke zur Straße Am Rinkenpfuhl, stand das Haus Marsilstein 28, in dem Herbert Hirschel 1937 eine Konditorei mit Café eröffnet hatte. Nach dem Pogrom 1938, in dem das Geschäft wahrscheinlich verwüstet wurde, konnte es nicht mehr weitergeführt werden. Herbert Hirschel wohnte weiter im Haus, bis man ihn im Oktober 1941 in das Ghetto Litzmannstadt/Lodz deportierte. Einige Monate später wurde das Haus zum Schauplatz einer ganz speziellen Auktion. Seit Beginn des Jahres führten die Kölner Behörden an verschiedenen Standorten in der Stadt Versteigerungen durch, in denen der Bevölkerung Möbel, Hausrat und Kleidung aus dem enteigneten Besitz der deportierten Juden zum Kauf angeboten wurden. Diese jeweils in der Lokalpresse angekündigten Auktionen waren aufgrund der günstigen Angebote äußerst beliebt. Tausende Kölnerinnen und Kölner wurden mit der Ersteigerung von Gegenständen aus »nicht arischem Besitz«, wie es in den Ankündigungen immer hieß, zu Profiteuren der Verfolgung. Der Erlös der Auktionen ging an die Finanzbehörden. Im März 1942, einige Monate nach der Deportation Herbert Hirschels, nutzte das Finanzamt Köln-Nord das Haus Marsilstein 28 zu mehreren dieser Auktionen, die möglicherweise in den Räumen des ehemaligen Cafés stattfanden. Vermutlich wurde auch Eigentum von Herbert Hirschel angeboten und gekauft. Wo und wann Herbert Hirschel starb, ist unbekannt, er wurde für tot erklärt.

Annonce, 1938/39
unten: Ankündigung einer Versteigerung aus »nichtarischem Besitz«, in: Westdeutscher Beobachter, 1. März 1942

Versteigerungen

Am. Mittwoch, dem 4. 3. 1942, versteigere ich im Lokal Marsilstein 28, ab 11 Uhr, Hausratgegenstände, Mobiliar, Küchen, Schlafzimmer und sonstige Gebrauchsgegenstände gegen. bar. Fliegergeschädigte erhalten gegen Vorzeigung ihrer Ausweiskarte und Lichtbild den Vorzug. Die Sachen sind aus nichtarischem Besitz. Besichtigung 1 Stunde vorher. Der Dienststellenleiter der Vollstreckungsstelle des Finanzamts Köln-Nord.

Wir biegen links in die Straße Am Rinkenpfuhl, dann rechts in die Rubensstraße ein und halten vor einem Hotel.

19 Rubensstr. 33; Wohlfahrtsamt der Synagogen-Gemeinde; Ghettohaus

oben: Rubensstr. 33, um 1930
rechts: Karl Kaiserblüth (1868–1944)

Ende des 19. Jahrhunderts gab es in Köln eine große Vielfalt jüdischer karitativer Initiativen, die sich nach 1900 noch erweiterte und ausdifferenzierte. Um die verschiedenen Einrichtungen zu koordinieren, gründete die Synagogen-Gemeinde 1902 eine übergreifende Organisation, in der die meisten karitativen Vereine zusammengefasst waren. Seit Mitte der 1920er Jahre trug diese Organisation die Bezeichnung Israelitisches Wohlfahrtsamt. Die Leitung des Amts hatte von 1929 bis 1935 der Kaufmann Karl Kaiserblüth inne, seine Stellvertreterin war seit 1934 Ida Auerbach.

Nachdem schon 1912 erste jüdische Wohlfahrtseinrichtungen in das um 1894 errichtete Gebäude Rubensstr. 33 eingezogen waren, konnte die Synagogen-Gemeinde das Haus 1930 erwerben. Mit dem Umbau zum sozialen Zentrum wurde der Kölner jüdische Architekt Robert Stern beauftragt. In den folgenden Jahren befanden sich hier unter anderem: Jugendamt, Jüdische Winterhilfe, Israelitischer Frauenverein und Ortsverein des Jüdischen Frauenbundes, Arbeits-, Zimmer- und Wohnungsvermittlung, Volks- und Mittelstandsküche sowie eine Kleiderkammer. Seit 1933 wuchsen die Aufgaben dieser Einrichtungen stark an, da die jüdische Bevölkerung zunehmend verarmte und immer mehr Menschen auf Unterstützung durch jüdische Hilfsorganisationen angewiesen waren. Im Haus Rubensstr. 33 hatte auch die lokale Niederlassung des Palästina-Amts ein Büro eingerichtet. Gegründet durch die Zionistische Weltorganisation, war

Die Lehrerin und Sozialarbeiterin **Ida Auerbach geborene Kohn** (1869–1942) gehörte zu den bedeutendsten jüdischen Frauen ihrer Generation in Köln. Ihre Tätigkeiten im karitativen und sozialpolitischen Bereich waren umfangreich: Sie war von 1923 bis 1939 Vorsitzende des Israelitischen Frauenvereins, zeitweise Vorstandsmitglied des Jüdischen Frauenbundes, 1931 erste Frau im Vorstand des Jüdischen Wohlfahrtsamts und seit 1934 dessen stellvertretende Vorsitzende. Ida Auerbach emigrierte mit ihrem Mann, dem Arzt **Dr. Benjamin Auerbach,** 1939 in die USA, wo sie 1942 starb.

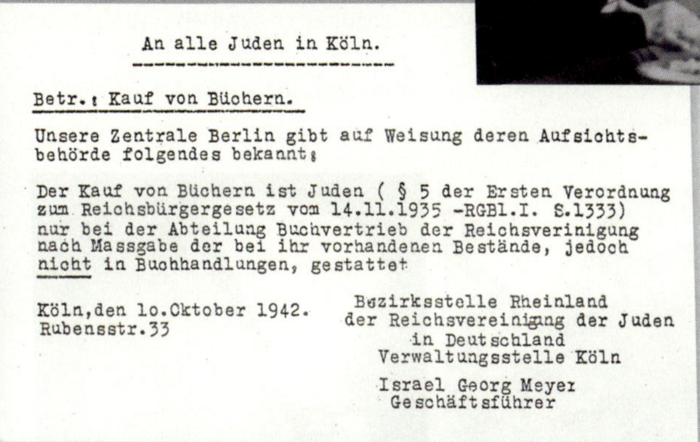

An alle Juden in Köln.

Betr.: Kauf von Büchern.

Unsere Zentrale Berlin gibt auf Weisung deren Aufsichtsbehörde folgendes bekannt:

Der Kauf von Büchern ist Juden (§ 5 der Ersten Verordnung zum Reichsbürgergesetz vom 14.11.1935 -RGBl.I. S.1333) nur bei der Abteilung Buchvertrieb der Reichsverinigung nach Massgabe der bei ihr vorhandenen Bestände, jedoch nicht in Buchhandlungen, gestattet.

Köln, den 10. Oktober 1942.
Rubensstr. 33

Bezirksstelle Rheinland
der Reichsvereinigung der Juden
in Deutschland
Verwaltungsstelle Köln

Israel Georg Meyer
Geschäftsführer

Bekanntmachung, 10. Oktober 1942

das Amt für die Organisation der Auswanderung von Deutschland nach Palästina zuständig, vergab die notwendigen Visa und organisierte die Reise. Die Zentrale, die ihren Sitz in Berlin hatte, konnte bis 1941 arbeiten, wie lange die Geschäftsstelle in Köln tätig war, ist nicht bekannt.

Das Gebäude Rubensstr. 33 wurde im Pogrom 1938 beschädigt, danach aber von der jüdischen Gemeinde weitergenutzt. Von Ende 1938 bis Ende 1942 hielten hier einige der als »Krankenbehandler« zugelassenen jüdischen Ärzte ihre Sprechstunden ab, seit Mitte 1941 war es eines der zahlreichen Ghettohäuser im Griechenmarktviertel. Im Juni 1942 musste die »Bezirksstelle der Reichsvertretung der Juden in Deutschland« – Nachfolgeorganisation der Synagogen-Gemeinde – von der Roonstraße hierher verlegt werden. Bereits Ende des Jahres wurde sie gezwungen, in das Ghettohaus Utrechter Str. 6, dann in das Sammellager Müngersdorf umzuziehen. Nachdem das Gebäude Rubensstraße im Juni 1942 für Zwecke der Polizeiverwaltung Köln beschlagnahmt worden war, erwarb es 1943 das Deutsche Reich. Nach Kriegsende wurde es der Synagogen-Gemeinde rückerstattet. Das ursprüngliche Haus Nr. 33 ist trotz umfassender Umbauten noch in den Grundstrukturen vorhanden, allerdings ist die Fassade völlig geglättet, die Innenarchitektur weitgehend verändert.

Vor dem Haus liegen zwölf Stolpersteine.

20 Rubensstr. 30; Ghettohaus

Auch das schräg gegenüberliegende Gebäude Rubensstr. 30, das bis um 1939 einer jüdischen Familie gehört hatte, war seit 1941 ein Ghettohaus. Von hier aus, ihrer letzten Adresse in Köln, wurden Karl Kaiserblüth und seine Frau Else geborene Palm im Juni 1942 in das Ghetto Theresienstadt deportiert. Als Juden Mitte 1942 gezwungen wurden, technische Geräte wie Schreibmaschinen, Fotoapparate oder Fahrräder sowie Bekleidungsstücke, die »nicht mehr unbedingt notwendig« waren, entschädigungslos abzuliefern, wurden diese Gegenstände im Hinterhaus des Gebäudes gesammelt und dort von den NS-Behörden beschlagnahmt.

Wir gehen die Rubensstraße zurück, folgen rechts der Straße Am Rinkenpfuhl bis zur St. Mauritiuskirche.

Handelsstätte Mauritius, Front zum Mauritiuskirchplatz, 1920er Jahre, und Hofbauten, 1929

21 Mauritiuskirchplatz 5; »Handelsstätte Mauritius«

An dem Platz vor der Kirche wurde 1907 mit dem Bau der »Handelsstätte Mauritius« begonnen, einem großen Komplex, der sich bei der Fertigstellung um 1909 vom Mauritiuskirchplatz bis zur Schaevenstraße (früher Badstraße) hinzog. Das funktional gestaltete, lang gestreckte Gebäude bot Büros, Laden- und Lagerräume sowie komfortable Wohnungen für gehobene Ansprüche. Bis gegen Ende der 1920er Jahre hatten hier viele unterschiedliche Großhandlungen, Ladengeschäfte und Produktionsstätten ihren Sitz. Die Pläne zur Handelsstätte stammten von dem jüdischen Architekten Georg Falck, der mit diesem Auftrag seinen ersten Bau in Köln realisierte. Die bis 1933 erfolgreiche Karriere Falcks als innovativer Kölner Architekt und Bauunternehmer begann also mit einem nüchternen Geschäftsbau im Griechenmarktviertel. Nach dem Ersten Weltkrieg wurde der Leonhard Tietz-Konzern Eigentümer des gesamten Komplexes, seit Ende der 1920er Jahre übernahm er die Bauten zur eigenen Nutzung. Nach der Zerstörung der Gebäude im Krieg lässt die heutige Bebauung keine Spuren der Handelsstätte mehr erkennen.

Wir biegen an der Mauritiuskirche wieder auf den Mauritiussteinweg ein, dem wir an der Wolkenburg vorbei bis zu unserer nächsten Station folgen.

Mauritiussteinweg, um 1910
***unten:* Mauritiussteinweg 11, 2010**

22 Mauritiussteinweg 11; Jüdisches Jugendheim; Ghettohaus

Jüdische Jugendorganisationen in Köln entstanden seit Anfang des 20. Jahrhunderts, in einer Zeit, in der große Teile der jüdischen wie auch der christlichen Bevölkerung sich mehr und mehr von ihren religiösen Traditionen entfernten. Jüdische Jugendvereine versuchten, ähnlich den katholischen und evangelischen Organisationen, dieser Tendenz entgegenzuwirken und religiöse Identität und religiösen Zusammenhalt zu stärken. Um 1925 war schließlich eine große Spannbreite jüdischer Jugend- und Sportvereine entstanden, die in ihren

Ausrichtungen deutlich die verschiedenen religiösen, weltanschaulichen und politischen Orientierungen im Kölner Judentum widerspiegelten. Die meisten Jugendbünde waren religiös liberal ausgerichtet und beruhten auf einem deutsch-jüdischen, patriotischen Selbstverständnis. Daneben hatten sich sozialistisch orientierte Vereine gebildet sowie Vereine mit starker traditioneller und orthodoxer Ausrichtung. Auch zionistische, allerdings zunächst sehr kleine Gruppierungen waren entstanden. Zu den jüdischen Jugendorganisationen Anfang der 1930er Jahre gehörten unter anderem der 1902 gegründete

Siegerurkunde des ITV 02, 1931; Gruppentreffen im Jugendheim, 1935 *rechts:* Jung-Jüdischer Wanderbund Köln, 1935

Jüdische Turnverein mit betont deutsch-jüdischer Orientierung und Nähe zum Reichsverband jüdischer Frontsoldaten; der zionistische Sportbund Bar Kochba, der dem Weltverband Makkabi angehörte, der sozialistische und zionistische Jung-Jüdische Wanderbund / Brith-Haolim (Bund der Einwanderer), der linkssozialistische Hashomer Hazair (Der junge Wächter), der die äußerste Linke der Kölner jüdischen Jugendvereine bildete, außerdem orthodoxe Vereine wie der Esra. Nachdem die Synagogen-Gemeinde ihre Jugendarbeit bereits Mitte der 1920er Jahre verstärkt hatte und sich gerade in diesem Bereich als vorbildhaft für andere Gemeinden in Deutschland zeigte, kaufte sie das Gebäude am Mauritiussteinweg, das bis dahin ein Wohnhaus gewesen war. Nach einem Umbau durch den Architekten Robert Stern konnte das Haus, das Klubräume, Lese- und Spielzimmer, Vortragssaal und Garten umfasste, 1929 als zentrales Jugendheim für alle jüdischen Verbände eröffnet werden. 1932 entstand hier auch die Schule der jüdischen Jugend, die in verschiedenen Lehrgängen biblisches

Hebräisch und Neuhebräisch, Bibelkurse sowie Kurse zur Geschichte des Judentums anbot.

Mit dem Jahr 1933 wurde das Vereinshaus am Mauritiussteinweg für viele jüdische Jugendliche zum Mittelpunkt ihres Lebens. Ausgeschlossen von allen anderen Sport- und Jugendorganisationen und von nicht jüdischen Altersgenossen oft angefeindet, fanden sie hier einen Schutzraum. Die Arbeit der jüdischen Jugendvereine veränderte sich rasch. An die Stelle weltanschaulicher Abgrenzung untereinander traten Bemühungen um enge Zusammenarbeit, zudem gewannen nun zionistische Gruppen an Einfluss. Gemeinsam mit überregionalen jüdischen Einrichtungen bereiteten die Kölner Jugendvereine ihre Mitglieder auf eine Emigration vor und wirkten auch konkret an der Organisation der Auswanderung mit. Hunderte Kölner Jugendliche konnten so aus Deutschland entkommen.

Das Gebäude, das vermutlich im Pogrom 1938 verwüstet wurde, nutzten die Behörden seit Sommer 1941 als Ghettohaus. Die meisten der zwangseingewiesenen Bewohner wurden Ende des Jahres in die Ghettos Litzmannstadt/Lodz und Riga sowie im Juni 1942 nach Theresienstadt verschleppt. Obwohl die Stadt Köln 1943 ein Kaufinteresse zeigte, kam es nicht zu einem Verkauf. Während des Krieges wurde das Gebäude zerstört, im Wiederaufbau durch ein Wohngebäude ersetzt.

Wir gehen zurück, um rechts in die Alexianerstraße einzubiegen.

Familie Rosenbaum, 1938

23 Alexianerstr. 23; Familie Rosenbaum

Vor dem Haus, einem Nachkriegsbau, sehen wir Stolpersteine, die an das Schicksal der Familie Rosenbaum erinnern. Der Kaufmann Simon Rosenbaum und seine Frau Mina geborene Feldmann, die beide aus orthodoxen polnischen Familien stammten und 1925 in Köln geheiratet hatten, lebten seit 1931 in der Alexianerstr. 23 in einfachen wirtschaftlichen Verhältnissen. Als die Diskriminierung 1933 einsetzte, begann ihre Suche nach einer Zuflucht. 1937 schickten sie die älteste Tochter zu Verwandten nach Belgien, im selben Jahr emigrierte Simon Rosenbaum in die USA. Seine Hoffnung, die Familie nachholen zu können, realisierte sich nicht. Mina Rosenbaum, die mit Sohn Joseph, geboren 1931, und Tochter Nelly, geboren 1936, in Köln geblieben war, wurde zusammen mit ihren Kindern als polnische Staatsangehörige im Oktober 1938 nach Polen deportiert. In den Wirren nach Kriegsbeginn verschlug es die Familie bis nach Sibirien.

Joseph und Nelly Rosenbaum, um 1938; Joseph Rosenbaum am Stolperstein für seine Schwester, 2008

Mina Rosenbaum, krank und von Hunger erschöpft, starb im August 1941 in einem sibirischen Lager, Nelly starb im Frühjahr 1942 in den Armen ihres elfjährigen Bruders, sie war verhungert. Joseph gelang es, weiter zu fliehen und schließlich Persien zu erreichen, von wo er Anfang 1943 nach Palästina gebracht wurde. Seinen Vater und seine Schwester, die die Verfolgung überlebt hatten, traf er nach Kriegsende wieder. 2008 besuchte Joseph Rosenbaum mit seiner Frau, seinen Kindern und Enkeln Köln, um den Gedenkstein für seine Schwester zu sehen. Kurz darauf wurde auch ein Stein in Erinnerung an Mina Rosenbaum gelegt.

Nur wenige Schritte ist es nun bis zur Thieboldsgasse, in die wir nach links einbiegen.

Thieboldsgasse, um 1920

24 Thieboldsgasse 102; Familie Ziegellaub

Im Haus Nr. 102, das rechts, kurz vor der Kreuzung zur Bayardsgasse, stand, wohnte einige Jahre lang Familie Ziegellaub. Juda Moses Ziegellaub wurde 1888 in Ostgalizien, damals Österreich, später Polen, geboren. Als junger Mann verließ er die Familie, um in die USA auszuwandern, entschloss sich jedoch während der Reise, in Deutschland zu bleiben. Er ließ sich in Köln nieder und heiratete um 1907 Rachel Landesberg, die ebenfalls aus Ostgalizien stammte und mit ihrer Familie bereits seit der Jahrhundertwende in Köln lebte. Moritz, wie er sich nun nannte, und Rachel Ziegellaub kamen aus streng orthodoxen Familien und versuchten, ihre religiösen Traditionen weiterzuführen.

Karl David Ziegellaub, geboren 1918, beschrieb das religiöse Leben seiner Familie: »Meine Großeltern waren fromme, fromme Juden, die dem Gesetz bis zum äußersten folgten. Aber nicht fanatisch, sondern auf eine Weise, die man so beschreiben könnte: Jeden leben lassen, wie er will, aber selbst die Gesetze streng befolgen. Auch meine Eltern – Vater wie Mutter – waren in diesem Sinn religiös, orthodox. [...] Der Haushalt meiner Eltern war natürlich streng koscher geführt, aber trotzdem wurden gewisse Kompromisse gemacht. Für die Feiertage kauften wir zwar immer in den jüdischen Geschäften, bei Appermanns oder bei Vogelfang in der Poststraße ein. Und Fleisch wurde – solange das noch möglich war – in einer koscheren Metzgerei in der Glockengasse oder anderswo gekauft. Außerdem ging mein Vater fast jede Woche zum Markt und brachte von dort frische Hühner mit, die dann vom Schächter, einem Herrn Neugeboren in der Agrippastraße, rituell geschlachtet wurden. Der Kompromiss meiner Mutter mit den Verhältnissen aber war, dass sie Käse, Eier und Milch in dem nicht jüdischen Geschäft Marx auf der Thieboldsgasse kaufte – einfach weil es in der Nähe lag. Die Ultrafrommen kauften auch diese Lebensmittel nicht bei Nichtjuden, denn die Rinde des Käses zum Beispiel hätte ja mit nicht koscherem Fett, vielleicht sogar mit Schweinefett, bestrichen sein können. Trotz dieser Gefahr kaufte meine Mutter den Käse bei Marx. Auch Kaffee, Gerste oder ähnliches holten wir in nicht jüdischen Geschäften, Früchte an Ständen oder Wagen auf der Straße. [...] Wir holten also unsere Lebensmittel aus den Angeboten unserer engeren Umgebung – wir lebten in dieser Umgebung, wir waren ein Teil von ihr, und meine Eltern passten sich bis zu einem gewissen Grad an sie an. Meine Mutter trug auch keinen ›Scheitel‹, kein Kopftuch, und mein Vater hatte keinen Bart – also auch im Äußeren war eine Anpassung vorhanden.«[15]

Moritz Ziegellaub als Soldat im Ersten Weltkrieg, um 1917 *unten:* Annonce, in: Kölner Jüdisches Wochenblatt, 1932

Nach dem Ende des Ersten Weltkriegs, an dem Moritz Ziegellaub als Soldat der österreichischen Armee teilgenommen hatte und schwer verwundet worden war, kehrte er nach Köln zurück, zog mit seiner Familie in die Thieboldsgasse 102 und eröffnete hier um 1924 ein Schuhgeschäft. Das Gebäude, das wie viele Häuser dieser Gegend aus Vorder- und Hinterhaus bestand und in kleine Wohnungen eingeteilt war, hatte einen nicht jüdischen Besitzer und meist nicht jüdische Mieter, als deren Berufe das Adressbuch Schuhmacher, Anstreicher, Glaser, Tagelöhner, Maurer und Fuhrmann verzeichnet. Um 1916 wohnte hier auch der Schächter der orthodoxen Gemeinschaften, Pinkas Neugeboren.

Trotz Wirtschaftskrise entwickelte sich das Geschäft gut, sodass

Karl David Ziegellaub als Polizist in Haifa, 1939

das Ehepaar mit nun sieben Kindern 1932 in eine bessere, aber nicht weit entfernte Wohnung in der Rubensstraße umziehen konnte. Die Ziegellaubs fühlten sich wohl in Köln und hatten sich auf ein dauerhaftes Bleiben eingerichtet, waren aber keine deutschen Staatsbürger geworden.

Nach der Machtübernahme der Nationalsozialisten glaubten Moritz und Rachel Ziegellaub zunächst an ein baldiges Ende des neuen Regimes, dennoch ließen sie zwei ihrer Kinder 1935 nach Palästina emigrieren. Eine weitere Tochter zog mit Ehemann nach Belgien. Sie selbst blieben mit den anderen Kindern in Köln, bis Moritz Ziegellaub mit einem der Söhne in der »Polenaktion« im Oktober 1938 nach Polen deportiert wurde und man im kurz darauf folgenden Pogrom ihre Wohnung verwüstete. Rachel floh mit drei der Kinder nun illegal nach Brüssel, wohin bald auch ihr Mann und Sohn aus Polen kommen konnten. Rachel Ziegellaub und Tochter Malli starben in Brüssel, Moritz Ziegellaub und die Kinder Hermann, Max und Sophie wurden deportiert und ermordet. An sie erinnern Stolpersteine.

25 Thieboldsgasse 112; Haushaltswarengeschäft Kentof

Einige Häuser weiter – heute steht hier ein kleines Wohnhaus mit Vorgarten – wohnte Familie Kentof. Bernhard Wolf Kentof und Esther Sara, die um 1905 heirateten, waren einige Jahre zuvor, vermutlich zusammen mit Familienangehörigen, von Polen nach Köln gezogen. Zunächst arbeitete Bernhard Kentof als Knochen-, Lumpen- und Metallwarenhändler, ab circa 1910, nun schon in der Thieboldsgasse 112, als Altwarenhändler. Kurz darauf eröffnete er eine Öfen- und Herdehandlung. Nachdem er früh gestorben war, musste Esther S. Kentof allein für den Unterhalt ihrer sieben Kinder und ihrer Mutter Mariyam Pinsker, die bei ihr lebte, sorgen. Sie führte das kleine Geschäft weiter, stellte bald das Sortiment auf Haushaltswaren um und konnte um 1922 das Haus erwerben.

Während der 1930er Jahre emigrierten die meisten ihrer Kinder nach Palästina, sie selbst blieb jedoch mit Tochter Siddy, die inzwischen das Geschäft mit ihr führte, und ihrer Mutter in Köln. Im Novemberpogrom wurden Laden und Wohnung zerstört, Siddy Kentof wurde misshandelt und mit Verletzungen in das Polizeire-

Esther Kentof mit ihren Töchtern Siddy und Henny, März 1933 *rechts:* Herdlager Kentof, 1925 *links unten:* Annonce, in: Jüdisches Gemeindeblatt für Rheinland und Westfalen, 1938

vier am Weidenbach gebracht. Da sich nicht jüdische Nachbarn für sie einsetzten, wurde sie einige Stunden später freigelassen. Zwei Tage nach dem Pogrom, vielleicht in Zusammenhang mit den Schrecken dieser Tage, starb Mariyam Pinsker im Alter von 81 Jahren. Bald darauf verkaufte Esther S. Kentof das Haus und floh mit ihrer Tochter nach Belgien, um über Antwerpen die USA zu erreichen. Während Siddy rechtzeitig entkommen konnte, gelang ihrer Mutter die Ausreise vor dem Einmarsch der deutschen Truppen nicht mehr. Sie wurde nach Bergen-Belsen deportiert und dort ermordet.

Wieder geht es zurück – über die Thieboldsgasse bis zum Kleinen Griechenmarkt 77, einer Adresse, an der sich heute ein Restaurant befindet.

26 Kleiner Griechenmarkt 77; Familie Maringer-Dornfeld

Eine der vielen ostjüdischen Zuwanderer, die sich am Kleinen und Großen Griechenmarkt niedergelassen hatten, war die Familie des Schreiners Aaron Dornfeld und seiner Frau Zipora Zilla geborene Maringer, die in einer kleinen Mietwohnung im Haus Nr. 77 lebte. Das um 1910 von Osteuropa nach Köln gezogene Ehepaar gehörte mit seinen drei Söhnen Adolf, Isidor und Julius zur Gedulas Mordechai, einer orthodoxen Gemeinschaft der Sadagerer Richtung, deren Betsaal in der Nähe am Kleinen Griechenmarkt 1 lag. Aaron

Aaron und Zilla Maringer-Dornfeld, Adolf und Julius, 1922 *rechts:* Kleiner Griechenmarkt 77, 2010

Dornfeld starb 1929 in Köln, seine Frau und Sohn Adolf kamen im Warschauer Ghetto um, Isidor wurde in Auschwitz ermordet. Nur Julius konnte 1935 nach Palästina emigrieren.

Wir gehen den Kleinen Griechenmarkt weiter nach links in die Peterstraße zur Kreuzung von Bayardsgasse und Leonhard-Tietz-Straße, deren Name seit 1963 an den erfolgreichen Kaufhausgründer erinnert. Auch in der Bayardsgasse mit ihren modernen Geschäftsbauten ist nichts mehr von den einst schmalen, meist sehr einfachen Wohngebäuden zu sehen.

27 Bayardsgasse 26; Synagoge der Sadagerer

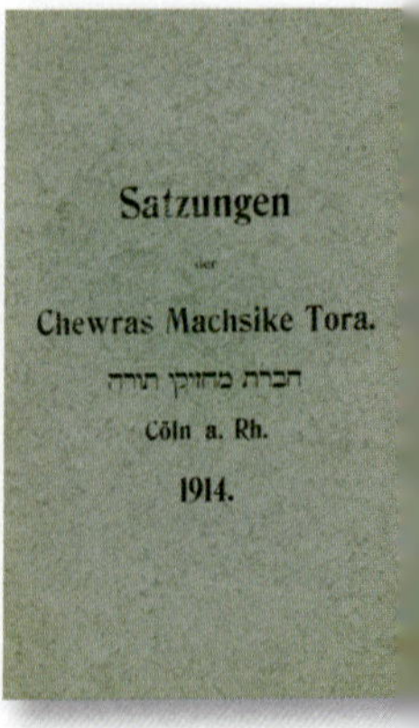

Satzungen

der

Chewras Machsike Tora.

חברת מחזיקי תורה

Cöln a. Rh.

1914.

Im Haus Bayardsgasse 26, das rechter Hand ungefähr in der Mitte zwischen Thieboldsgasse und Fleischmengergasse – etwa im Bereich des heutigen Hauses Nr. 4 – stand, lag der größte Betsaal des Viertels, die Synagoge der Sadagerer, einer nach dem Ort Sadagera in der Bukowina genannten, speziellen Richtung des chassidischen Judentums. Träger des Betsaals war der Verein Machsike Thora (Die an der Thora festhalten), der sich um 1914 gegründet und das dreigeschossige Wohnhaus einige Jahre später gekauft hatte. Im Erdgeschoss zur Straße hin lag das Kolonialwarengeschäft der Familie Appermann, auch Mitglied der Gemeinschaft, im Hinterhaus, erreichbar durch einen Flur, befand sich die Synagoge, ein großer Saal mit 140 Sitzen für Männer. Die Frauen nahmen im ersten Stock auf einer Empore Platz, in die sie über das Treppenhaus gelangten. Neben diesem Betsaal gab es im zweiten Stock noch einen kleineren Betraum und weitere Räumlich-

Karl David Ziegellaub schilderte die Beziehung seiner Familie zur Gemeinschaft in der Bayardsgasse: »Mein Vater folgte der Sadagerer Richtung, deren Kölner Zentrum die Synagoge in der Bayardsgasse war. Eine direkte Verbindung aber zu der entsprechenden Bewegung oder Institution in Polen gab es wohl nicht mehr. Man pflegte die Tradition, ohne von Polen aus religiös irgendwie betreut zu werden. Und so hielt man fest zusammen, weil man sich zusammengehörig fühlte. Meinem Großvater und Vater wäre es nie eingefallen, in die Betstube in der Thieboldsgasse zu gehen oder in die in der Bachemstraße oder Poststraße – nein, dort waren nicht ihre Leute. Sie gehörten zu ihrer eigenen Gruppe, die auch einen eigenen Gebetsgesang hatte. Diese Leute gehörten zusammen, und bis heute kenne ich noch jeden Ton, jeden Klang ihres – unseres – Gebetes. Mein Vater ging jeden Tag bis zu dreimal zum Beten in die Synagoge. Morgens immer, und nachmittags und abends, wenn er Zeit hatte. Ich würde sagen, dass für meinen Vater und seinen Freundeskreis die Synagoge die Wirtschaft, den Klub und andere Männertreffen ersetzte. Die Synagoge war das Zentrum ihres Lebens, des jüdischen Lebens, zu dem ich – nolens volens – als Kind auch gehörte. Mein soziales Leben außerhalb der Schule und später der Jugendbewegung war dementsprechend zunächst ganz von der Synagoge und ihrer Umgebung bestimmt. Wir beteten dort, wir spielten im Hof, wir feierten dort den Schabbat – Freitagabend und Samstag – und die Feiertage. Die Synagoge war für uns der Mittelpunkt des Lebens. Meine Mutter allerdings war meist zu Hause, sie besuchte die Synagoge nur an den hohen Feiertagen.«[16]

rechts: Annonce, in: Kölner Jüdisches Wochenblatt, 1928 *links unten:* Satzung des Vereins Machsike Thora, 1914

keiten für die orthodox-zionistische Organisation Misrachi und ihren Jugendverein. Im Keller des Gebäudes war eine Mikwe eingerichtet. Ob das Gebäude im Novemberpogrom verwüstet wurde, ist nicht bekannt. Im April 1941 wurde es an einen Kölner Kaufmann verkauft.

Wenn wir uns umwenden, sehen wir den Gebäudekomplex der Stadtbibliothek Köln (Zentralbibliothek, Eingang am Josef-Haubrich-Hof).

28 Josef-Haubrich-Hof; Germania Judaica

(Öffnungszeiten siehe Anhang S. 364)

Auf der dritten Etage finden wir die Germania Judaica, die größte Bibliothek in Europa zur Geschichte und Kultur des deutschen Judentums. Allen, die mehr über das jüdische Köln, über die deutsch-jüdische Geschichte oder über das Judentum generell wissen möchten, steht hier ein unvergleichliches Spektrum von Literatur zur Verfügung. Die Germania Judaica wurde 1959 von Kölner Bürgern, unter ihnen der Schriftsteller Heinrich Böll, gegründet. Ziel war es, eine Einrichtung zu schaffen, in der sich ein breites Publikum über Judentum, jüdische Religion und Tradition informieren konnte. Durch die Vermittlung von Wissen sollte neuen antisemitischen Tendenzen entgegengewirkt werden. Nachdem die Bibliothek von Beginn an durch die Stadt Köln und das Land NRW unterstützt worden war, logiert sie seit 1979 in der städtischen Zentralbibliothek, seit 2006 wird sie im Wesentlichen von der Stadt Köln getragen.

Bibliothek Germania Judiaca ***rechts:*** **Heinrich Böll bei der Feier zum 25-jährigen Bestehen der Germania Judaica, 1984**

Die Germania Judaica besitzt eine weltweit einzigartige Sammlung von fast 500 deutsch-jüdischen Zeitungen und Zeitschriften und circa 90.000 Publikationen zu jüdischer Geschichte, Religion, Kultur und Kunst, darüber hinaus Darstellungen zu Staat und Gesellschaft Israels, belletristische Werke und Biographien sowie Publikationen zum Thema Antisemitismus. Ihr Kontakt mit deutschen und ausländischen Einrichtungen, ihre Vernetzung mit Bibliotheken, Gedenkstätten, Archiven und Museen in aller Welt macht die Germania Judaica zu einem Knotenpunkt von Forschung und Information. Vor allem aber ist sie ein Aufbewahrungsort für jüdisches Kulturerbe, dem nach den Zerstörungen während des Nationalsozialismus eine herausragende Bedeutung zukommt. Zu ihren zahlreichen Nutzern gehören Wissenschaftler und Studierende, Schülerinnen und Schüler, Journalisten und Genealogen sowie viele interessierte Laien. Damit beherbergt das Griechenmarktviertel, das bis zur NS-Zeit so stark durch jüdische Bewohner geprägt war, heute einen Schatz deutsch-jüdischer Überlieferung.

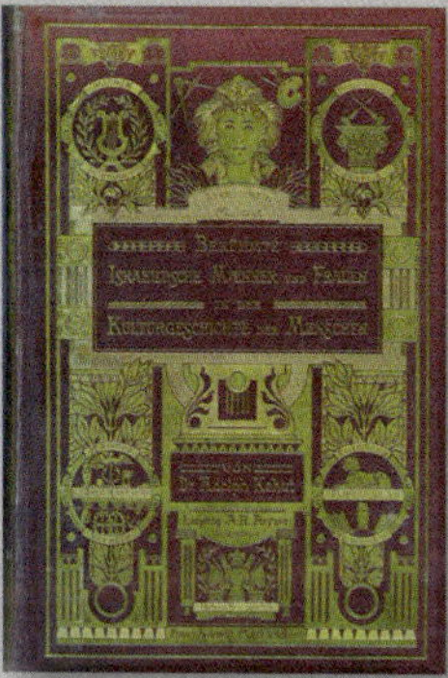

Jüdisches
Jugend-Buch
JÜDISCHER VERLAG / BERLIN

Clara Asscher-Pinkhof
Tirza
Mädchen im Kibbuz

Köln und das rheinische Judentum
Festschrift Germania Judaica 1959–1984

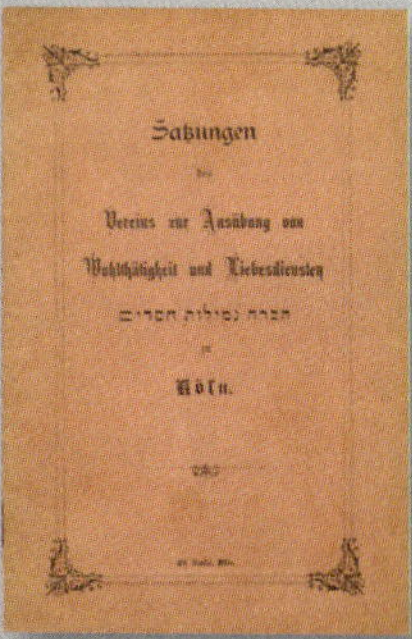
Satzungen
des
Vereins zur Ausübung von
Wohlthätigkeit und Liebesdiensten
zu
Köln.

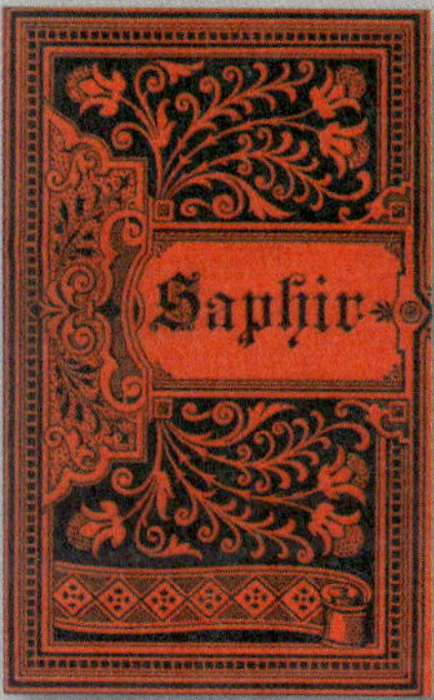
Saphir

MEIER EZOFOWICZ.

Das
LIEBERMANN-BUCH
mit 270 Illustrationen
von Max Liebermann
Herausgegeben
von
Hans Ostwald

TOUR 4
RUND UM DIE SYNAGOGE IN DER ROONSTRASSE

Länge der Tour: ca. 1,7 Kilometer

Synagoge in der Roonstraße, um 1907

Der imposante Bau der Synagoge in der Roonstraße gegenüber dem Rathenauplatz ist der heutige Mittelpunkt der Kölner jüdischen Gemeinde. In der Geschichte dieser größten Kölner Synagoge – 1899 fertiggestellt, im Pogrom 1938 zerstört und 1959 wieder eingeweiht – zeigen sich Vergangenheit und Gegenwart des Kölner Judentums eindrücklicher als an jedem anderen Ort in Köln. Werfen wir zunächst einen Blick auf die Geschichte des Viertels, in dessen Umfeld die Synagoge steht.

Mit dem Abbruch der mittelalterlichen Stadtmauer Anfang der 1880er Jahre begann die Erschließung des unmittelbar an das alte Köln angrenzenden Terrains. Nach einem städtebaulichen Gesamtkonzept geplant, entstand zunächst die Ringstraße, die halbkreisförmig um die Stadt führte und mit

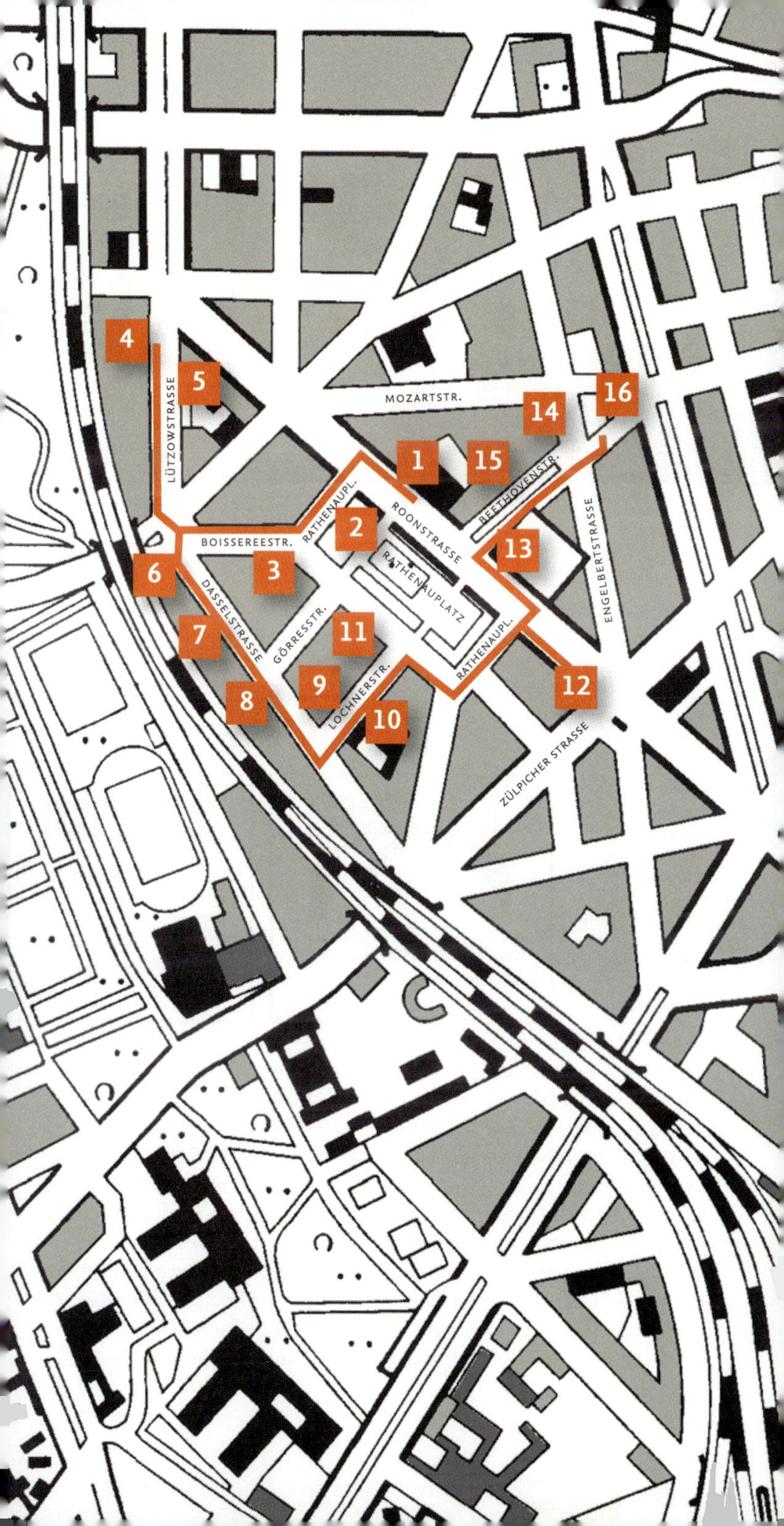

MOZARTSTR.
LÜTZOWSTRASSE
BOISSEREESTR.
RATHENAUPL.
ROONSTRASSE
BEETHOVENSTR.
ENGELBERTSTRASSE
RATHENAUPLATZ
DASSELSTRASSE
GÖRRESSTR.
LOCHNERSTR.
RATHENAUPL.
ZÜLPICHER STRASSE
1
2
3
4
5
6
7
8
9
10
11
12
13
14
15
16

Opernhaus am Habsburgerring, um 1910

großen Plätzen, Wohnbauten für den gehobenen Bedarf sowie mit öffentlichen Bauten – etwa dem Opernhaus am Habsburgerring/Rudolfplatz – eine repräsentative, teils geradezu prachtvolle Atmosphäre erhielt. An diesen Ring schloss sich von Süden bis Norden die umfangreiche Neustadt an, deren Bebauung sich in weiten Bereichen an mittlere und höhere Schichten, aber

links: Annonce, in: Jahrbuch der Synagogengemeinde, 1934
rechts: Annonce, in: Jahreskalender des Vereins selbständiger Handwerker jüdischen Glaubens, 1938/39

auch, in Straßen mit einfacheren Wohnhäusern, an ein kleinbürgerliches Publikum richtete. Die Architektur der in der Neustadt bis kurz nach der Jahrhundertwende entstehenden Gebäude, zu denen eine Reihe von Kirchen gehörte, griff verschiedene Stilelemente der Romanik und Gotik, des Barocks oder der Renaissance auf und entsprach mit diesem Historismus dem Geschmack der Zeit. Innerhalb weniger Jahre wurde die Neustadt zu einem beliebten Stadtviertel. Unter den Bewohnern waren bald viele Juden, die hier Wohnungen mieteten oder Häuser kauften, Anwaltskanzleien und Arztpraxen, kleine Geschäfte und Handwerksbetriebe eröffneten. Besonders das Umfeld der Synagoge und die Straßen des etwas weiter nördlich gelegenen Belgischen Viertels wurden in den folgenden Jahren zu bevorzugten Wohn-

Lindenstraße/Mozartstraße, um 1910
rechts: Israelitisches Lehrlingsheim, Utrechter Str. 6, um 1925

orten jüdischer Familien. Dennoch blieben die jüdischen Bewohner im katholisch und evangelisch geprägten Umfeld eine zahlenmäßig kleine Minderheit.

Die weitaus meisten jüdischen Bewohner des Stadtbereichs gehörten zum assimilierten Bürgertum, das sich im Alltag nicht oder kaum mehr von seinen nicht jüdischen Nachbarn unterschied, religiös liberal ausgerichtet war und aus lange in Deutschland, dem Rheinland oder in Köln ansässigen Familien stammte. Manche hatten katholische oder evangelische Ehepartner, sodass viele Kinder in religiös gemischten Familien aufwuchsen. Es gab aber auch orthodoxe Bewohner. So lebten einige Amtsträger der orthodoxen Gemeinde Adass Jeschurun hier, zudem Familien, die erst vor Kurzem aus Osteuropa zugewandert waren. Die jüdische Bevölkerung der Neustadt war also sehr heterogen.

Angesichts des Zuzugs in die Neustadt wurden neue Einrichtungen für jüdische Belange vor allem in diesem Gebiet angesiedelt: als Erstes die große Synagoge in der Roonstraße, gefolgt von einem Lehrlingsheim, einem Kinderheim und knapp zwanzig Jahre später von einer städtischen jüdischen Volksschule.

Wir wollen uns zunächst dem Gebäudekomplex von Synagoge und Gemeindezentrum zuwenden.

1 Roonstr. 50; Synagoge und Gemeindezentrum

(*Gottesdienste, Führungen siehe Anhang S. 353*)

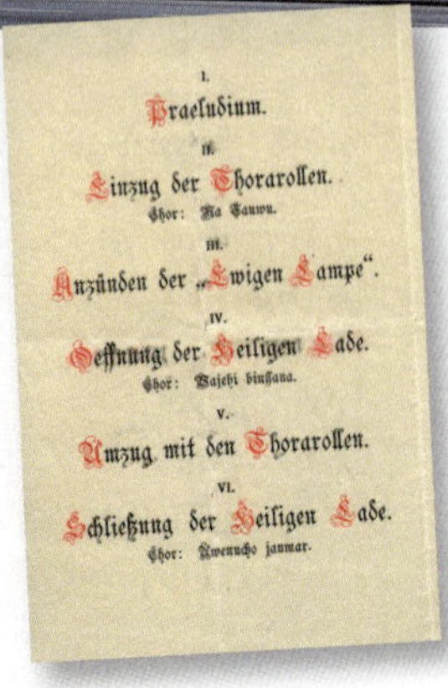

I.
Praeludium.
II.
Einzug der Thorarollen.
Chor: Ma Tauwu.
III.
Anzünden der „Ewigen Lampe".
IV.
Oeffnung der Heiligen Lade.
Chor: Wajehi binssoa.
V.
Umzug mit den Thorarollen.
VI.
Schließung der Heiligen Lade.
Chor: Uwenucho jaumar.

Synagoge in der Roonstraße, 2010 ***links:*** **Programm der Einweihungsfeier, 1899**

Um 1890 war die jüdische Bevölkerung Kölns, bei einer Gesamtbevölkerung von 280.000 Einwohnern, auf fast 7.000 Personen (2,4 Prozent) angewachsen. Die 1861 eingeweihte Synagoge in der Glockengasse war längst zu klein geworden, sodass man den Bau einer neuen und größeren Synagoge ins Auge fassen musste. 1893 wurde ein geeignetes Areal in der Roonstraße gegenüber dem neu angelegten Königsplatz, heute Rathenauplatz, angekauft und 1899 die Einweihung der neuen Synagoge gefeiert – unter anderem auch mit Konzert und Bankett im Kölner Gürzenich. Bis auf einen kleinen Zuschuss der Stadt war der Bau ausschließlich aus Mitteln der Gemeinde finanziert worden.

Die Pläne zur neuen Synagoge, die nach einem Urteil der Zeit, »ein fesselndes und siegreiches Bild der modernen Architektur-Entwicklung«[1] gab, stammten von den Kölner Architekten Emil Schreiterer und Bernhard Below. Sie folgten einer sich seit den 1880er Jahren durchsetzenden Gestaltung im Synagogenbau, die nicht mehr am sogenannten »maurischen« Stil (siehe S.

89f.) orientiert war – wie sie etwa die 1861 errichtete Synagoge in der Glockengasse zeigte –, sondern sich an Formen der Romanik anlehnte. Dabei wurden auch Elemente mittelalterlicher Synagogen aufgegriffen und damit eine Verbindung zu historischen Vorbildern jüdischer Architektur in Deutschland geschaffen. Zugleich ähnelten die neuen Synagogen in vielen Elementen den im gleichen Zeitraum

rechts: **Synagoge, um 1900**
unten: **Entwürfe zur Innendekoration, um 1895**

»Wer aus westlicher oder südlicher Richtung den mit Platanen bestandenen und mit frischen Gartenanlagen versehenen Königsplatz, dieses reizende Schmuckstück des neuen Teiles des alten heiligen Köln, betritt, dem wird sofort ein Bauwerk auffallen, das vermöge seiner phantasievollen Eigenart unwiderstehlich den Blick fesselt und sich dadurch von seiner modernen Umgebung scharf abhebt. Gleichwohl kann man nicht sagen, daß es in diese Umgebung nicht hineinpasse, im Gegenteil, der schöne romanische Bau nimmt sich mit seiner hohen Kuppel, seiner monumental wirkenden Vorhalle, dem imposanten Frontgiebel, mit dem reich ausgestatteten kreisrunden Maßwerkfenster, mit seiner malerisch behandelten Schauseite in farbigem Material und der Eindeckung des Daches in roten und grünen Glanzziegeln in der heiteren Umrahmung des Königsplatzes sogar überaus harmonisch aus.«[2]

entstehenden katholischen oder evangelischen Kirchen neoromanischen Stils.
Das Gebäude, das wir heute sehen, entspricht im Äußeren weitgehend dem ursprünglichen Bau. Die Front der Synagoge ist, eingefügt in die Häuserzeile, zur Roonstraße hin gelegen. Hohe Flügelbauten, die bis zur Straßenflucht vorgezogen sind, rahmen die eigentliche Synagoge ein und betonen ihre wuchtige Ausstrahlung. Eine niedrige Vorhalle mit drei Eingängen erstreckt sich vor dem Hauptelement der Fassade, einem spitzen Giebel mit riesigem Rundfenster und flankierenden Türmen. Hinter dem Giebel ragt der zentrale Baukörper auf, dessen Kuppel durch ein Pyramidendach überdeckt ist. Über den drei

Hochzeitspaar vor der Synagoge, 1927
***unten:* Auszug aus der Satzung der Synagogen-Gemeinde, 1921, und Mitglieder der Gemeindegremien, 1921**

Fensterbögen im Erdgeschoss ist in Hebräisch das Zitat zu lesen: »Nicht durch Macht und nicht durch Stärke, sondern durch meinen Geist spricht der Herr der Heerscharen« (Secharja IV, 6).

Anders als die äußere Architektur wurde das Innere des Komplexes im Wiederaufbau der 1950er Jahre stark verändert. Abbildungen und Beschreibungen geben jedoch einen detaillierten Eindruck von ihrer ursprünglichen Gestaltung. 1899 umfasste die Synagoge 800 Sitzplätze für Männer sowie auf seitlichen Emporen 600 Plätze für Frauen. Ein dreiteiliger Tora-Schrein aus Mahagoni stand, umfangen von einem hohen, mit prächtigen Ornamenten bedeckten Rundbogen, an der östlichen Wand, die mit weißem Marmor verkleidet war. Prägend für die gesamte Raumwirkung war die kunstvolle Bemalung der Wände und Wölbungen, die, wie es in einem Zeitungsartikel hieß, an den »für Decorationsmalerei neuerdings sehr beliebt gewordenen Ravennastil« anknüpfte. So schufen sie »in einem Wechsel zweier Haupttöne, blaugrün und mattziegelroth, eine edel ruhige Stimmung«, auf der sich »theils leicht anmuthende geometrische Motive, theils massig wirkende Pflanzenmotive« entwickelten.[3] Verstärkt wurde die Wirkung der Malereien durch das farbige Licht, das durch die Rosette und die seitlichen Fenstergruppen in den Raum fiel. Der Almemor, das Pult zur Lesung aus der Tora, stand entgegen der Tradition nicht in der Raummitte, sondern in der Nähe des Tora-Schreins. Dies entsprach liberalen, reformorientierten Vorstellungen und richtete sich daher an die Mehrheit des Kölner Judentums. Auch der Einbau einer Orgel 1906 folgte den Wünschen der liberalen Gemeindemitglieder, führte jedoch kurz darauf zur formellen Abtrennung der orthodoxen Gemeinde Adass Jeschurun.

§ 1

Die Synagogen-Gemeinde Köln umfaßt ihrem Bezirk nach

a. den Stadtkreis Köln mit Ausnahme seiner auf der rechten Rheinseite gelegenen Teile,

b. die zum Landkreise Köln gehörige Bürgermeisterei Rondorf.

Sie tritt aktiv und passiv an die Stelle der bisherigen jüdischen Gemeinden dieses Bezirks.

§ 2

Alle innerhalb der vorgedachten Bezirke wohnenden Juden, sofern sie nicht aus der Synagogen-Gemeinde ausgetreten sind, sind Mitglieder der Synagogen-Gemeinde Köln.

Köln, den 24. Mai 1921.

Der Vorstand der Synagogen-Gemeinde Köln

Emil Blumenau	Moritz Falkenstein
Salomon Linz	R. A. Dr. Klein
Eugen Sternberg	Daniel Kaufmann
Justizrat Dr. Callmann	R. A. Dr. Eliel

Die Repräsentanten der Synagogen-Gemeinde Köln

Max Baumann	Rechtsanw. Dr. S. Kaufmann
Mor. Levy jr.	Salomon Cahn
David Cohen	Bankdirektor A. Bendix
Sally Isaac	Julius Hirsch
Jacob David	Rechtsanwalt Dr. Frank
Simon Lachs	Coppel Jacob
Jos. Schlüchterer	B. Dannenbaum
Ph. Merfeld	Samuel Mayer
Dr. A. Grödel	Meno Lissauer
Jos. Brünell	

Wenige Jahre nach der Einweihung war die neue Synagoge zur Hauptsynagoge und zum Zentrum der Kölner Gemeinde geworden, da man auch die Gemeindeverwaltung und den Sitz der meisten ihrer Einrichtungen vom alten Standort in der Glockengasse zur Roonstraße verlegt hatte. Hier umfasste der

Als Gemeinderabbiner amtierte seit 1876 **Dr. Abraham Frank** (1839–1917), der eine konservative, zwischen liberalem und orthodoxem Judentum vermittelnde Haltung vertrat. Mit seinem Namen ist insbesondere das 1910 an der Aachener Straße eröffnete jüdische Waisenhaus (Abraham-Frank-Haus) verbunden. Schon 1878 hatte Dr. Frank die Gründung einer Einrichtung für jüdische Waisen angeregt und in den folgenden Jahren gemeinsam mit seiner Frau **Therese geborene Block** (1840–1921) gefördert.
Nachfolger Abraham Franks wurde 1918 Rabbiner **Dr. Adolf Kober** (1879–1958), ein bedeutender Historiker, der in den folgenden Jahren grundlegende Forschungen zur mittelalterlichen Geschichte der Juden in Köln und im Rheinland publizierte. Dr. Kober emigrierte mit seiner Frau **Johanna geborene Samoje** 1939 in die USA, wo er Mitgründer einer Einwanderer-Gemeinde wurde und bis zu seinem Tod wissenschaftlich arbeitete.

Gebäudekomplex nun Räume für Rabbiner und Verwaltung sowie eine Mikwe und eine kleine Synagoge für die Gottesdienste während der Woche. Im Hof befand sich ein eigenes Gebäude, in dem Religionsschule und Wohnung für den Rabbiner untergebracht waren, außerdem gab es einen von orthodoxen Gemeinschaften genutzten Betsaal.

Als mit der Machtübernahme der Nationalsozialisten die systematische Entrechtung der jüdischen Bevölkerung einsetzte, wurde die Synagogen-Gemeinde zur wichtigsten, bald einzigen Interessensvertretung des Kölner Judentums. Sie stärkte die Identität und Solidarität der jüdischen Gemeinschaft und schuf Hilfsangebote, um die wachsende Zahl der Not leidenden Mitglieder zu unterstützen. Anfang 1938 jedoch entzogen ihr die NS-Behörden den Status als Körperschaft öffentlichen Rechts und damit den Großteil ihrer Handlungsmöglichkeiten, einige Monate später war die Gemeinde den Angriffen während des Novemberpogroms wehrlos ausgeliefert. Gerade Synagoge und Gemeindezentrum in der Roonstraße bildeten ein besonderes Ziel nationalsozialistischer Gewalt. Die Gebäude wurden in Brand gesetzt und verwüstet, die Kultgegenstände geschändet oder gestohlen. Kurz nach dem Pogrom wurde die Eigenständigkeit der jüdischen Gemeinde völlig

Seit 1939 betrieb das Regime eine rigorose Ghettoisierung der jüdischen Bevölkerung, die darauf zielte, Juden in Häusern jüdischer Besitzer zusammenzulegen. Um diese Umsiedlung zu organisieren, ließen die städtischen Behörden in den Gemeinderäumen an der Synagoge eine »Wohnungsberatungsstelle« einrichten, bei der Juden ihren Hausbesitz und jüdische Mieter ihre Umzugsabsichten melden mussten. So konnte die Mobilität der jüdischen Bevölkerung innerhalb Kölns überwacht und beeinflusst werden. Nachdem im Sommer 1941 schließlich die Konzentration aller Juden in wenigen Stadtbezirken angeordnet worden war, nutzte man viele Gebäude in der Neustadt als Ghettohäuser. Die Zwangseingewiesenen durften von ihrem Hausrat nur so viel mitnehmen, als sie »im künftig zustehenden Raum ordnungsgemäß« unterbringen konnten,[4] das übrige Mobiliar musste in verschiedenen Depots eingelagert werden, wurde beschlagnahmt und zugunsten der Finanzbehörden versteigert. Eines dieser Depots befand sich in der zerstörten Synagoge.

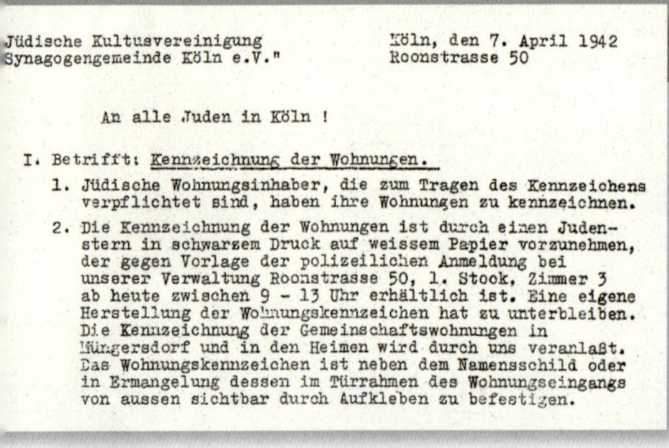

Jüdische Kultusvereinigung
Synagogengemeinde Köln e.V."

Köln, den 7. April 1942
Roonstrasse 50

An alle Juden in Köln !

I. Betrifft: Kennzeichnung der Wohnungen.

1. Jüdische Wohnungsinhaber, die zum Tragen des Kennzeichens verpflichtet sind, haben ihre Wohnungen zu kennzeichnen.
2. Die Kennzeichnung der Wohnungen ist durch einen Judenstern in schwarzem Druck auf weissem Papier vorzunehmen, der gegen Vorlage der polizeilichen Anmeldung bei unserer Verwaltung Roonstrasse 50, 1. Stock, Zimmer 3 ab heute zwischen 9 - 13 Uhr erhältlich ist. Eine eigene Herstellung der Wohnungskennzeichen hat zu unterbleiben. Die Kennzeichnung der Gemeinschaftswohnungen in Müngersdorf und in den Heimen wird durch uns veranlaßt. Das Wohnungskennzeichen ist neben dem Namensschild oder in Ermangelung dessen im Türrahmen des Wohnungseingangs von aussen sichtbar durch Aufkleben zu befestigen.

links: Bekanntmachung vom 7. April 1942
unten: Ruine der Synagoge, kurz nach Kriegsende; Zerstörter Innenraum, um 1950
rechts: Blick vom Almemor in den Synagogenraum, 1995

aufgehoben. Sie galt nun nur noch als »Bezirksstelle« der vom NS-Staat in Berlin neu geschaffenen »Reichsvereinigung der Juden in Deutschland«.

Mitte 1941 wurde der Gebäudekomplex an der Synagoge zum »Judenhaus« erklärt. Unter den vielen hier Eingewiesenen waren auch der letzte Kölner Rabbiner Dr. Isidor Caro und seine Frau Klara. Ende 1942, nach der Deportation aller Bewohner und der Beschädigung der Gebäude durch Bom-

ben, lebte hier niemand mehr. Die »Bezirksstelle der Reichsvereinigung« musste zunächst in die jüdische Wohlfahrtszentrale, Rubensstr. 33, umziehen, wenig später in das ehemalige Israelitische Lehrlingsheim, Utrechter Str. 6, schließlich in das Sammellager in Müngersdorf. Im Juni 1943 wurde die Bezirksstelle endgültig aufgelöst, ihr Vermögen vom Staat beschlagnahmt. Ihre letzten Vertreter wurden deportiert.

Bei Kriegsende standen von Synagoge und Gemeindezentrum kaum mehr als die Außenmauern. In diesen Ruinen fand im April 1945 der erste jüdische Gottesdienst nach der Befreiung statt. Da auf dem Grundstück keine nutzbaren Gebäude mehr vorhanden waren, ließ sich die neu gegründete Kölner Gemeinde in Räumen des ehemaligen jüdischen Krankenhauses in Ehrenfeld nieder. Nachdem man zunächst den Verkauf des Geländes an der Roonstraße in Betracht gezogen hatte, entschloss sich die Gemeinde – unterstützt von Bundeskanzler Konrad Adenauer – 1954 zum Wiederaufbau

Die Fenster des Gedenkraums wurden nach den Entwürfen des damals in Köln lebenden israelischen Künstlers Ber Warzager (1912–1985) gestaltet

der Synagoge und beauftragte den Kölner jüdischen Architekten Helmut Goldschmidt mit der Planung. Entsprechend seinem Entwurf wurden die historischen Gegebenheiten weitgehend wiederhergestellt, zugleich aber auch erhebliche Neuerungen durchgeführt. 1959 wurde die Synagoge in Anwesenheit städtischer, staatlicher und kirchlicher Prominenz eingeweiht.

Wichtigste Veränderung Goldschmidts in der Innengestaltung war die Unterteilung des ursprünglichen Synagogenraums durch eine Zwischendecke, sodass zwei Geschosse entstanden. Im unteren Geschoss wurde ein großer Gemeindesaal eingerichtet, im oberen die Synagoge, zu der nun eine Treppe hinaufführt. Trotz dieses massiven Eingriffs blieb die Grundstruktur des Synagogenraums erhalten, seine Wirkung veränderte sich jedoch erheblich, da Goldschmidt auf eine Wiederherstellung der Wandmalereien verzichtete. Er entschied sich stattdessen für weiße Wände, einfache Formen und ruhiges Licht, sodass ein sehr klarer, beinahe kühler Raumeindruck entstand.

Helmut Goldschmidt, um 1952

Helmut Goldschmidt, geboren 1918 als Sohn eines jüdischen Vaters und einer katholischen Mutter, wuchs in Köln auf. Seit 1938 arbeitete er in einem Architekturbüro, das dem kurz zuvor emigrierten Architekten Robert Stern gehört hatte. Ende 1942 wurde Helmut Goldschmidt nach Auschwitz und von dort in das KZ Buchenwald verschleppt. Einige Zeit nach der Befreiung im April 1945 kehrte er nach Köln zurück, wo er bald Aufträge für die jüdische Gemeinde übernahm. Seit Anfang der 1950er bis in die 1980er Jahre plante und realisierte er Wohnhäuser, Bürogebäude und Siedlungen in Köln und Umgebung. Darüber hinaus wurden die Synagogen in Köln, Bonn, Dortmund, Koblenz, Mönchengladbach, Münster und Wuppertal nach seinen Entwürfen gebaut. Helmut Goldschmidt, der 2005 starb, war damit einer der bedeutendsten Architekten der Nachkriegszeit für Köln und Nordrhein-Westfalen.

oben: **Yona Metzger, Oberrabbiner von Israel, besuchte 2003 die Kölner Gemeinde** *links:* **Hochzeit von Olga und Jurij Khazan, 2009** *rechts:* **Besuch Papst Benedikt XVI. in der Synagoge, 2005**

Nach 1959 waren Synagoge und Gemeindezentrum in der Roonstraße Sitz aller wichtigen jüdischen Gremien und Organisationen in Köln. Mit der Eröffnung des Jüdischen Wohlfahrtszentrums in Ehrenfeld 2003/04 entstand ein zweiter Mittelpunkt des Gemeindelebens, da sich eine Reihe von Einrichtungen dorthin verlagerte. Der Gebäudekomplex in der Roonstraße ist jedoch immer noch religiöses wie kulturelles Zentrum der Gemeinde und offizieller Sitz der Synagogen-Gemeinde Köln, die 2011 circa 5.000 Mitglieder zählte. In den Räumen der Gemeinde tagen ihre Gremien (Vorstand und Repräsentanz), finden Feiern und Vorträge, Theater und Musikaufführungen statt. Hier befindet sich unter anderem das Jugendzentrum Jachad, die Frauenorganisation WIZO (Women's International Zionist Organisation) und das koschere Restaurant Weiss.

oben: Vorbereitung zur Bar-Mizwa mit Kantor Shimon Ben Zev (1950–2007), 1999
rechts: Kränze, niedergelegt vom Oberbürgermeister und von der Kölnischen Gesellschaft für Christlich-Jüdische Zusammenarbeit zum Gedenken an die Opfer des NS-Regimes, 2010

Wie überall in Deutschland stehen jüdische Einrichtungen unter besonderem polizeilichen Schutz, bei Gottesdiensten und Veranstaltungen ist daher Polizei anwesend. Vor dem Besuch des Gemeindezentrums ist eine Sicherheitskontrolle erforderlich.

Auf unserem weiteren Rundgang wollen wir an das jüdische Leben im Viertel um den Rathenauplatz vor 1945 erinnern. Die Straßen und Häuser der Neustadt bergen eine so große Vielfalt jüdischer Vergangenheit, dass sich Hunderte von Biographien erzählen ließen: Lebensgeschichten von Juristen und Medizinern, Künstlern und Musikern, Kantoren, Rabbinern, von Lehrerinnen und sozial engagierten Frauen, vor allem aber Lebensgeschichten »kleiner Leute«. Wir müssen uns allerdings auf wenige Biographien beschränken. Fast alle diese Lebens- und Familiengeschichten berühren die Jahre des NS-Regimes und sind daher geprägt von Diskriminierung, Emigration oder Deportation. Lediglich an einigen Standorten werden wir die ursprünglichen Gebäude vorfinden, da auch in diesem Teil Kölns unzählige Gebäude im Krieg zerstört oder in der Nachkriegszeit abgebrochen und durch Neubauten ersetzt wurden.

Bis zum Ende der Weimarer Republik scheint die unterschiedliche Religionszugehörigkeit unter den Bewohnern des Viertels kaum eine Rolle gespielt zu haben. Der alltägliche Umgang von Juden und Nichtjuden wird von Zeitzeugen als weitgehend konfliktfrei geschildert, und auch die engere Nachbarschaft in den Wohnhäusern, in denen oft jüdische wie nicht jüdische Mieter lebten, verlief offenbar ohne Probleme. Die Wohnsituation war für alle im Viertel, unabhängig von der Religion, ganz ähnlich: Bessergestellte Familien bewohnten eine ganze Etage, meist aber befanden sich auf einem Stockwerk mehrere Wohnungen, häufig wurden auch Untermieter aufgenommen und so die Wohnungen geteilt genutzt.

oben: Annonce, in: Jahreskalender des Vereins selbständiger Handwerker jüdischen Glaubens, 1938/39
links: Rechtsanwalt Dr. Adolf Apfel (1867–1920) wohnte in der Roonstr. 52, um 1907
rechts: Jonas Wolf (1875–1945), Vorsitzender der Adass Jeschurun von 1928 bis 1939, wohnte in der Meister-Gerhard-Str. 4, um 1925

Nach der Etablierung des NS-Regimes zeigte sich jedoch, wie wenig tragfähig die nachbarschaftlichen Beziehungen waren. Juden mussten bald ihre Wohnungen in Häusern nicht jüdischer Besitzer verlassen; in die Häuser jüdischer Eigentümer zogen immer mehr jüdische Familien ein; jüdische Hausbesitzer wurden gezwungen, ihr Eigentum zu verkaufen. Die meisten jüdischen Familien zogen daher nach 1933 mehrfach um, mussten sich kleinere und billigere Wohnungen suchen oder als Untermieter auf engem Raum wohnen. Als Mitte 1941 die Zusammenlegung der jüdischen Bevölkerung durchgeführt wurde, richteten die Behörden gerade in der Neustadt, oft in Gebäuden mit großen Wohnungen, Ghettohäuser ein. In einige der Häuser, die man zynisch als »jüdische Altersheime« bezeichnete – etwa Beethovenstr. 16, Horst-Wessel-Platz (Rathenauplatz) 14, Lützowstr. 39 und Utrechter Str. 6 –, wurden vor allem alte und kranke Menschen eingewiesen. Wir werden auf unserem Weg auch die Standorte einiger dieser Ghettohäuser aufsuchen, deren Existenz nach 1945 völlig aus dem öffentlichen Bewusstsein verdrängt wurde.

Wir gehen zunächst nach rechts am Rathenauplatz vorbei in Richtung Boisseréestraße.

2 Rathenauplatz, 1923 bis 1933 und seit 1945; Horst-Wessel-Platz 1933 bis 1945

Ursprünglich trug der Platz die Bezeichnung Königsplatz, wurde jedoch 1923 nach dem im Jahr zuvor in Berlin ermordeten jüdischen Politiker, Industriellen und Schriftsteller Walther Rathenau umbenannt. 1933 änderten die Kölner Nationalsozialisten seinen Namen in Horst-Wessel-Platz. Sie nannten ihn damit nach einem frühen Aktivisten von NSDAP und SA, der 1930 unter nie geklärten Umständen erschossen wurde und seither als Märtyrer des Nationalsozialismus galt. Im April 1945, unmittelbar nach der Befreiung Kölns, erhielt der Platz seinen Namen Rathenauplatz zurück.

Wir biegen in die Boisseréestraße ein und halten vor dem Haus Nr. 3.

Boisseréestr. 3, 2010

3 Boisseréestr. 3; Familie Simchowitz

Das viergeschossige, 1900 errichtete Wohnhaus zeigt, kaum verändert, die ursprüngliche Fassade, die mit einer starken Betonung der Horizontalen, mit aufwendig gestalteten Fenstern und einigen Skulpturen heute so eindrucksvoll wirkt wie zur Zeit der Entstehung. Im Krieg wurde ein Seitenflügel des Gebäudes beschädigt und nicht wieder aufgebaut, insgesamt ist das Haus aber trotz verschiedener Umbauten im Wesentlichen original erhalten.

Um 1925 befand sich im Erdgeschoss ein Obstgeschäft, auf den übrigen Etagen im Vorderhaus und in den zwei zum Hof führenden Seitenflügeln wohnten vor allem die Familien von Handwerkern und Kaufleuten. In einer großen Wohnung im zweiten Stock lebte fast 30 Jahre lang Dr. Sascha Simchowitz mit seiner Frau Betty Bethseba geborene Theodor und Sohn Hermann. Sascha Simchowitz (ursprünglich Schachne Wulf Simchowitz) wurde 1865 in Königsberg geboren. Er studierte – wohl vor allem auf Wunsch seiner Familie – Medizin und promovierte 1889 an der Universität in Jena. Schon

oben: **Lindenstraße/Boisseréestraße, um 1906**
links: **Boisseréestr. 3, Fenster der Eingangstür, 2010**
unten: **Dr. Sascha Simchowitz (1865–1930)**

während des Studiums befasste er sich intensiv mit Literatur und Kunst, seinen eigentlichen Interessen, und begann nach Studienabschluss und Umzug nach Berlin mit ersten Veröffentlichungen. 1893 siedelte er nach Köln über und eröffnete hier eine »Anstalt für Massage und Heilgymnastik«; um 1900 verlegte er Praxis und Wohnung in das gerade fertiggestellte Haus Boisseréestr. 3. Neben dem Brotberuf als Mediziner hatte Sascha Simchowitz seine publizistische Laufbahn kontinuierlich fortgesetzt. Durch Essays und Vorträge zu literarischen Themen, durch Rezensionen von Ausstellungen, Theater- und Musikaufführungen in renommierten Blättern machte er sich in den folgenden Jahren als Kenner des zeitgenössischen kulturellen und kulturpolitischen Geschehens einen Namen. Darüber hinaus galt er als Experte für russische und russisch-jüdische Literatur. Eine Zeit lang war er auch als Geschäftsführer des in Köln verlegten Israelitischen Gemeindeblatts tätig.

Trotz seines ungewöhnlichen Bildungswegs erhielt Sascha Simchowitz 1904 einen Lehrauftrag für Literaturwissenschaft an der Kölner Handelshochschule und konnte 1920, nach Auflösung der Hochschule und Errichtung der Kölner Universität, hier den ganz neuen Bereich der Theaterkunde übernehmen. Damit wurde er zu einem der Begründer der Theaterwissenschaft in Deutschland. Er griff aktuelle Fragen auf, bot Lehrveranstaltungen an

links: Illustrierte Blätter der Vereinigten Stadttheater Köln, 1926/27 *mitte:* Die Tribüne, 1928/29 *unten:* Sascha Simchowitz bei der Festlegung des Spielplans, Karikatur, 1922

wie »Theater der Gegenwart« oder »Regiekunst mit Demonstrationen und Übungen« und erreichte auch aufgrund seiner ausgezeichneten Rhetorik mit öffentlichen Vorträgen einen großen Hörerkreis. Den Status eines Professors erhielt er allerdings nie.

Parallel zum Beginn seiner Lehrtätigkeit wurde Simchowitz 1903 als Dramaturg an die städtischen Bühnen berufen. Während Theaterdirektoren, Intendanten und Regisseure rasch wechselten, war er in dieser Funktion 27 Jahre lang maßgeblich an der Gestaltung des Spielplans für das Schauspielhaus in der Glockengasse beteiligt. Außerdem unterrichtete er an der Kölner Schauspielschule und inszenierte zeitweilig selbst.

Bewegt waren insbesondere die Goldenen Zwanziger, in denen das expressionistische Schauspiel mit politischen und sozialkritischen Themen sowie mit neuartigen Inszenierungen für Begeisterung oder aber für Skandale sorgte. So nahm das Kölner Theater die satirische Gesellschaftsanalyse des jüdischen Schriftstellers Carl Sternheim »1913«, die bis nach dem Ende des Ersten Weltkriegs verboten war, in den Spielplan auf und brachte mit dem Drama »Leben Eduards des Zweiten von England« zum ersten Mal in Köln ein Stück von Bert Brecht zur Aufführung.

Langfristige Wirkung hatte die Arbeit des publizistisch erfahrenen Sascha Simchowitz auch in einem anderen Bereich. Nachdem er Anfang der 1920er zunächst die Veröffentlichung von Programmheften initiiert hatte, entwickelten sie sich unter seiner Leitung rasch zu einem anregenden, informativen Unterhaltungsblatt für Theaterinteressierte. 1928 entstand aus diesen Anfängen die Zeitschrift »Tribüne«, die bis 1957 erschien. Simchowitz kann daher als Begründer der Kölner Theaterzeitschriften gelten.

1930 starb Dr. Sascha Simchowitz. Völlig zu Unrecht ist er heute vergessen.

Blick aus dem Fenster des 2. Stocks, wahrscheinlich die Wohnung von Familie Simchowitz, 2010. Die Fenster sind nicht original, sie stammen vermutlich aus den 1980er Jahren.

Nach dem Tod ihres Mannes wohnten Betty Simchowitz und Sohn Hermann zunächst weiter in der Boisseréestraße. Hermann Simchowitz, geboren 1900, hatte wie sein Vater Medizin studiert und eine Facharztausbildung als Internist und Röntgenologe absolviert. Anfang der 1930er Jahre arbeitete er als Assistenzarzt am Röntgeninstitut des Städtischen Bürgerhospitals. Als man ihn 1933 aus dem Dienst entließ, eröffnete er in der Wohnung in der Boisseréestraße eine internistische Praxis. Vermutlich emigrierte Dr. Hermann Simchowitz um 1937; seiner Mutter war es nicht möglich auszuwandern. Sie wurde gezwungen, ihre Wohnung zu verlassen und in ein Ghettohaus einzuziehen. Von dort deportierte man sie im Juni 1942 nach Theresienstadt, wo sie umkam.

Von der Boisseréestraße aus geht es rechts in die Lützowstraße. Wir halten auf der linken Seite im Bereich der Hausnummern 31–39 vor einigen Wohngebäuden mit einer kleiner Gartenanlage. Hier befand sich eine der wichtigsten jüdischen Sozialeinrichtungen Kölns.

4 **Lützowstr. 35–37,** Israelitisches Kinderheim, Handwerkerschule; **Nr. 39,** Jüdisches Wohnheim, Ghettohaus

Innerhalb der jüdischen Gemeinde hatte sich seit Mitte des 19. Jahrhunderts eine Reihe von Organisationen mit karitativer Zielsetzung gebildet. Um 1900, als die Gemeinde auf 10.000 Mitglieder angewachsen war und sich weiter vergrößerte, intensivierte sich auch der Ausbau eines eigenen jüdischen Wohlfahrtswesens. Neben städtische, katholische und evangelische Sozialeinrichtungen trat daher bald eine breite Skala jüdischer Organisationen, die sich unterschiedlichen Aufgaben zuwandten, vor allem aber im Bereich der Fürsorge für Kinder und Jugendliche tätig waren. Diese karitativen Vereine beruhten insbeson-

Lützowstr. 31–39, 2010

»Vor ungefähr 20 Jahren gründete Frau Rabbiner Dr. Plato mit kleinen Mitteln eine Kinderbewahranstalt. Ihrer unermüdlichen Anstrengung gelang es, die Anstalt allmählich zu einem Institute zu entwickeln, welches die Anerkennung und die tatkräftige Teilnahme der ganzen jüdischen Gemeinde fand. Sie überbrückte jegliche Spaltung, durch die verschiedenen religiösen Parteien hervorgebracht. Auf dem Altar der Nächstenliebe, den sie errichtete, opferten alle Richtungen. [...] Nur so konnte ein Werk zustande kommen, welches in idealem und realem Sinne heute als Zierde unserer Gemeinde gilt.«[5]

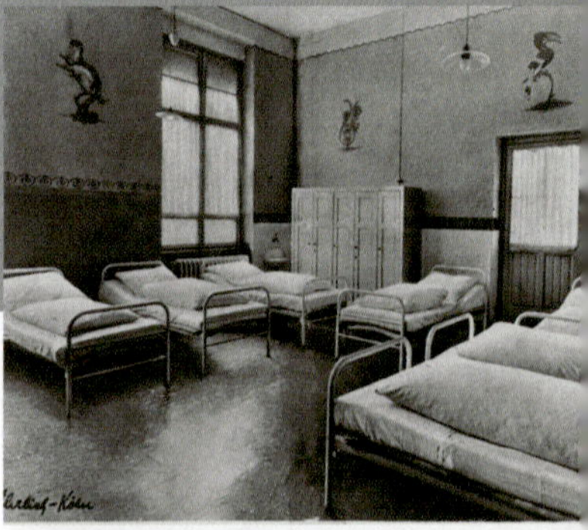

oben: Israelitisches Kinderheim, um 1930 *rechts:* Schlafraum
unten: Synagoge im Hof

dere auf dem Engagement von Frauen des Kölner jüdischen Bürger- und Großbürgertums.

Bereits 1890 hatte sich auf Initiative von Julie Plato, der Frau des Rabbiners der orthodoxen Gemeinde, Dr. Hirsch Plato, ein Frauenverein gegründet, der in angemieteten Räumen in der Rubensstraße einen Kindergarten für zunächst 50 Kinder eröffnete. Er war vor allem für Kinder armer Familien gedacht und wurde nach modernen pädagogischen Vorstellungen geführt. Neben der Kinderbetreuung übernahm der Verein, der orthodoxe wie liberale Mitglieder für seine Ziele zusammenschloss, in den folgenden Jahren weitere karitative Aufgaben und unterhielt schließlich eine Suppenanstalt für Schulkinder, Kinderhort und Haushaltungsschule, eine Kochschule für die Schülerinnen der jüdischen Volksschule und seit 1900 ein Kinderasyl, und damit ein Heim, das Kinder kurze Zeit oder auf Dauer aufnahm, später auch noch eine Volksküche sowie ein Säuglingsheim. Da ein 1897 in der Bayardsgasse gekauftes Haus schnell zu klein wurde und die Nachfrage nach Betreuung von Kindern wuchs, entschloss sich der Frauenverein 1907 zur Errichtung eines Kinder-

links: Mädchengruppe vor der Synagoge im Hof, um 1920; Aufenthaltsraum für Jungen, um 1935 *oben:* Als Direktor des Heims amtierte bis Ende 1937 Markus Plato, Sohn der Gründerin; er starb 1940 in Köln

heims in der Neustadt. Die Baupläne entwarf der Kölner Architekt Alfred Müller-Grah, die Bauausführung übernahm der jüdische Architekt Karl Bing, Baurat in Köln.

Das 1909 eingeweihte Israelitische Kinderheim in der Lützowstraße [6] war ein »Zweckbau«, der einen von der Straße etwas zurückgesetzten Mittelteil und zwei vorgezogene Flügelbauten umfasste. Die neoklassizistische Fassade war klar gegliedert, die Innenausstattung des Heims »einfach, aber gediegen« und entsprach mit großen, hellen Räumen, »Luft und Licht in reichem Maße«, mit Zentralheizung, Speiseaufzügen und »elektrischer Wäschereieinrichtung« den »Anforderungen der Neuzeit«. Im Erdgeschoss lagen Küche, Volksküche und Kindergarten, im Hochparterre Schlaf- und Aufenthaltsräume für die Jungen, die Wohnung des Direktors und der Kinderhort. In der ersten Etage hatte man Schlaf- und Wohnräume für die Mädchen, Näh- und Bügelzimmer, die Lehrküche der Haushaltungsschule und die Räume der Erzieherinnen untergebracht. Die zweite Etage schließlich umfasste das Säuglingsheim, zu dem auch eine große Veranda gehörte, und in der Mansarde befanden sich Isolierräume und Personalzimmer. Spielplätze lagen im Hofgelände hinter dem Haus. Hier wurde 1920 auch eine kleine Synagoge gebaut. Einige Zeit später kaufte man das angrenzende Haus Nr. 39 hinzu, um weitere Räumlichkeiten nutzen und Wohnungen für Beschäftigte der Gemeinde einrichten zu können.

In den nächsten Jahren verlagerte sich die Tätigkeit der Einrichtung mehr und mehr auf die eigentliche Funktion als Kinderheim, sodass schließlich kontinuierlich 120 bis 140 Mädchen und Jungen versorgt werden konnten. Aufgenommen wurden jüdische Kinder vom Säuglingsalter an, nicht jüdische Kinder bis zum Alter von zwei Jahren. Viele der Kinder, die oft Halbwaisen waren oder aus schwierigen Familienverhältnissen kamen, wurden dem Heim vom städtischen Jugendamt zugewiesen, das dann auch für die Unterhaltskosten aufkam. Der Großteil der Kosten wurde jedoch von der Synagogen-Gemeinde getragen und durch Spenden finanziert.

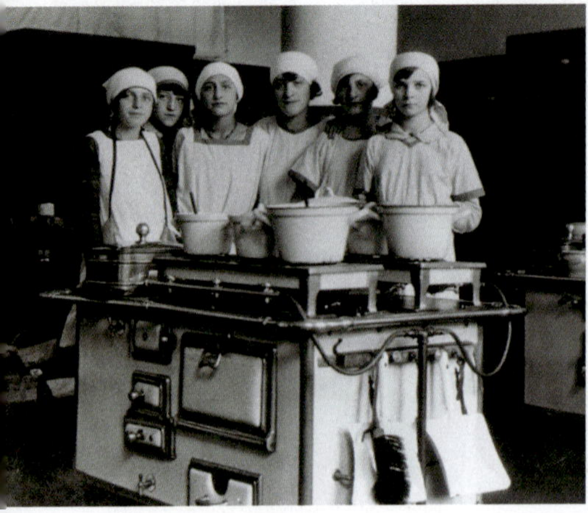

Lehrwerkstätten der Synagogengemeinde Köl

Die neuen Kurse in der Schlosserei, Schreinerei, und im Schneidern für Mädchen beginnen: Montag, den 2. Mai 1938.

Auskunft und Anmeldung bis spätestens 28. Februar 193 beim Berufsamt der Synag. Gemeinde Köln, Cäcilienstr. 18/2

oben: Kochschule, 1934 *rechts:* Annonce, in: Jüdisches Gemeindeblatt für Rheinland und Westfalen, 1938; Lehrwerkstatt (Schlosserei), 1937; Kurz vor der Emigration: Lehrlinge im Hof des Kinderheims, 1938

Die meisten Kinder besuchten die städtische jüdische Volksschule, die seit 1922 in unmittelbarer Nähe lag. Ziel der Heimerziehung war eine praktische Ausbildung – Jungen wurden auf kaufmännische oder handwerkliche Berufe vorbereitet, Mädchen in Hauswirtschaft und Schneiderei ausgebildet. Bis 1933 war das Israelitische Kinderheim mit seinem soliden Erziehungsprogramm und seiner guten Ausstattung eine in Köln und darüber hinaus geschätzte Sozialeinrichtung.

1933 wurde die Situation des Heims rasch äußerst schwierig. Die Zahl bedürftiger Kinder stieg, während die finanziellen Mittel der Gemeinde abnahmen. Hinzu kamen umfangreiche neue Aufgaben, da für jüdische Jugendliche nun kaum mehr eine Lehre in Betrieben nicht jüdischer Besitzer möglich war und neue Wege für ihre Ausbildung gefunden werden mussten. 1936 begann die jüdische Gemeinde daher, eine eigenständige Berufsausbildung aufzubauen, die zugleich auf eine Auswanderung vorbereiten sollte. Zunächst richtete man einen einjährigen Ausbildungskurs als Vorlehre ein, ab 1937 eine spezielle Handwerkerschule, in der Jungen eine volle Lehre

Bewohner des »Altersheims« Lützowstr. 39, um 1940

als Maschinenschlosser und Tischler absolvieren konnten, Mädchen in hauswirtschaftlichen Fächern und in Schneiderkursen unterrichtet wurden. Als Lehrwerkstätten entstanden im Hof des Kinderheims eine Schlosserei, im Israelitischen Lehrlingsheim, Utrechter Str. 6, eine Tischlerei. Die Kölner Kurse wurden nicht nur von Kölner Jugendlichen besucht, viele Teilnehmer kamen aus dem weiten Umland. Sie wohnten sowohl im Kinderheim wie im anliegenden Haus Lützowstr. 39 und anderen für sie eingerichteten Unterkünften.

Während des Pogroms 1938 wurden die Gebäude Lützowstr. 35–39 nicht verwüstet, allerdings beschlagnahmten die Behörden große Teile des Mobiliars. Dennoch konnten Kinderheim und Werkstätten ihre Tätigkeit weiterführen. Mit 200 Lehrlingen – 135 Jungen und 65 Mädchen – erreichte die Handwerkerschule 1940 ihre höchste Frequenz. Um 1940/41 musste auf Anordnung der Kölner Gestapo erneut Mobiliar abgegeben werden, im März 1941 schließlich wurde das Gebäude einschließlich der gesamten Innenausstattung beschlagnahmt. Während das Nebenhaus Nr. 39 von den Behörden als sogenanntes »jüdisches Altersheim« genutzt wurde, wies man Kinder und Betreuer des Kinderheims in das Ghettohaus Cäcilienstr. 18–22 ein und deportierte sie von dort aus im Juli 1942 nach Minsk. Kurz nach der Ankunft in Minsk wurden alle Insassen des Transports – mehr als 1.000 Menschen – ermordet.

In den geräumten Häusern richteten die Behörden Unterkünfte für Sicherheits- und Hilfsdienste ein. 1942/43 wurde das Gebäude des Kinderheims von der NS-Volkswohlfahrt Berlin erworben. Der durch Bomben stark beschädigte Komplex wurde in den 1950er Jahren abgebrochen, das Areal neu bebaut.

Schräg gegenüber unserem Standpunkt, wenige Meter auf der Lützowstraße zurück, ist unsere nächste Station.

5 Lützowstr. 8–10, bis 1938 Städtische Israelitische Volksschule; heute Städtisches Berufskolleg (Rektor-Kahn-Schule)

Kinder vor dem Eingang zur Schule, um 1925
***rechts:* Gedenktafel, 2010**

Wir stehen nun vor einem lang gestreckten Schulgebäude, in dem ein städtisches Berufskolleg untergebracht ist. Der ursprünglich drei-, heute viergeschossige Bau ist in die Häuserzeile eingefügt und war zur Straße hin durch zwei gerundete Treppentürme bestimmt. Grundzüge des Gebäudes sind noch erhalten, die Fassade ist jedoch geglättet, sodass die ursprünglich vorhandenen neobarocken Gestaltungselemente verschwunden sind. Auch der Skulpturenschmuck über dem Portal – vermutlich zwei Kinderfiguren – existiert nicht mehr.

Die seit 1881 als städtische Einrichtung anerkannte jüdische Volksschule befand sich von 1875 bis circa 1909 in der Schildergasse, danach an verschiedenen Standorten der Altstadt. 1913/14 ließ die Stadt in der Lützowstraße ein neues Schulgebäude errichten und entschied sich damit für einen Standort inmitten der Neustadt, in Nähe des jüdischen Kinderheims wie auch der Hauptsynagoge. Mit Ausbruch des Ersten Weltkriegs wurde das Gebäude allerdings zunächst als Lazarett, nach Kriegsende einige Zeit als Krankenhaus genutzt, erst 1922 konnte es die jüdische Volksschule beziehen.

Die Israelitische Volksschule war als öffentliche Einrichtung in das Schulwesen der Stadt eingebunden, unterstand der städtischen Schulaufsicht und wurde von der Stadt finanziert. Damit unterschied sich ihr Status nicht von den übrigen konfessionellen – katholischen und evangelischen – Volksschulen Kölns. Der Unterricht folgte den allgemeinen Lehrplänen, das Lehrpersonal, dem ausschließlich jüdische Lehrerinnen und Lehrer angehörten, war staatlich geprüft. Über den vorgegebenen Lehrplan hinaus wurde jüdischer

oben: **Schulklasse mit Lehrer Siegbert David, 1933; Schulklasse mit Lehrerin Hulda Dahl, 1935/36**
unten: **Schulklasse mit Lehrerin Cilli Marx, um 1928**

Religionsunterricht und Unterricht in Hebräisch geboten. Die Schule führte in acht Klassenstufen bis zum Ende der Schulpflicht, das heißt bis zum Alter von etwa 14 Jahren; Jugendliche, die eine höhere Schule besuchen wollten, konnten entweder zu städtischen und staatlichen Einrichtungen oder zum privaten jüdischen Realgymnasium Jawne überwechseln.

In den 1920er Jahren entwickelte sich die Schule zur größten öffentlichen jüdischen Volksschule in Deutschland. Ein Blick auf den Schulbesuch zeigt jedoch, dass noch Anfang 1933 nur gut die Hälfte der rund 2.000 jüdischen

Cilli Marx, ein engagiertes Mitglied des Jüdischen Frauenbundes, gehörte zu den profiliertesten Lehrkräften der Schule. Sie war Mitautorin der 1929 erschienenen »Domfibel«, eines überkonfessionell konzipierten, für Volksschulen gedachten Lesebuchs. Nachdem sie noch Anfang 1933 als Kandidatin für den Vorsitz des preußischen Lehrerverbandes im Gespräch gewesen war, kündigte der Verband ihr ein Jahr später die Mitgliedschaft. Die Nutzung der »Domfibel« in jüdischen Schulen wurde verboten. Kurz darauf schrieb Cilli Marx im Auftrag des Jüdischen Lehrerverbandes eine Fibel für jüdische Schulen. Dieses von den jüdischen Künstlern Otto Schloss und Walter Herzberg illustrierte Schulbuch »So geht's schnell« erhielt die Genehmigung durch die Schulbehörden erst, nachdem Korrekturen vorgenommen waren – so mussten helle Haare von Kindern in den Zeichnungen geschwärzt werden, da jüdische Kinder nicht mit blonden Haaren dargestellt werden durften. Cilli Marx emigrierte 1939 nach Großbritannien, wo sie als Deutschlehrerin tätig war.

Schulklasse mit Lehrerin Cilli Marx, ca. 1928
***rechts:* Schabbat-Feier in der Familie; Illustration von Otto Schloss zur Fibel »So geht's schnell«, 1936**

Kinder und Jugendlichen in Köln an jüdischen Schulen unterrichtet wurde: die Volksschule Lützowstraße hatte 700, die orthodoxe Volksschule Moriah 170 und die Jawne 200 Schülerinnen und Schüler, alle übrigen Kinder gingen in andere Konfessionsschulen und allgemeine Einrichtungen.

Die religiöse Ausrichtung der Schule war liberal, richtete sich also an die Mehrheit des Kölner Judentums. Während Schülerinnen und Schüler zunächst vor allem aus »westjüdischen« Familien stammten, änderte sich diese Situation durch die Zuwanderung von Juden aus Osteuropa: Mitte der 1920er Jahre kam rund die Hälfte der Kinder aus diesen Familien. Das Lehrpersonal, das etwa zehn Lehrerinnen und zehn Lehrer umfasste, war dagegen deutscher Herkunft und in seiner politischen Ausrichtung deutsch-patriotisch geprägt.

Rektor Emil Kahn, geboren 1885, wurde 1941 in das Ghetto Litzmannstadt deportiert, wo er 1942 starb. Heute ist das Schulkolleg Lützowstraße nach ihm benannt. *unten:* Henry Gruen, Sohn des Lehrers Leo Grünebaum, bei der Enthüllung der Gedenktafel, 1987; Schulgebäude Lützowstraße, um 1985

Nach der Machtübernahme 1933 begann das NS-Regime mit erschreckender Schnelligkeit, seine ideologischen Vorstellungen auch in der Schulpolitik zu realisieren. Politisch missliebige und jüdische Lehrkräfte wurden aus den allgemeinen Schulen entlassen, aus Berufsverbänden und pädagogischen Organisationen ausgeschlossen. Bald war der Unterricht auf öffentlichen wie privaten Schulen von antisemitischer Propaganda und NS-Ideologie durchdrungen. Jüdische Kinder waren vielfältigen Repressalien durch Lehrkräfte wie Mitschüler ausgesetzt und wurden systematisch zum Verlassen der Schulen gedrängt. Aufgrund dieses wachsenden Drucks stieg die Schülerzahl der jüdischen Volksschule rasch an: 1934 zählte sie schon 870 Schülerinnen und Schüler, 1935 mehr als 950 Kinder. Auf diesem Stand blieb sie, trotz der zahlreichen Emigrationen, bis um 1937, da zunehmend Kinder aus der Kölner Region die Schule besuchten und jüdische Familien aus dem Umland zuzogen.

1938 verschärften sich die antijüdischen Maßnahmen des Regimes: Mitte des Jahres ordneten die städtischen Behörden die Verlegung der Schule in ein Schulgebäude im Süden der Altstadt an. Wenige Monate später, im Oktober 1938, verlor die Schule durch die Deportation von Familien polnischer Herkunft einen Teil ihrer Schülerschaft. Es folgte der Novemberpogrom mit der Verhaftung von Lehrern und vielen Vätern von Schulkindern. Ein Jahr später schließlich wurde die städtische Trägerschaft der Schule auf Anweisung der Regierungsbehörden aufgelöst und sie wurde mit den jüdischen privaten Schulen in der St.-Apern-Straße (siehe S. 114 f.) zusammengelegt. Zu diesem Zeitpunkt zählten die Schulen insgesamt nur noch 450 Kinder und Jugendliche. Trotz aller Repressalien konnte der Unter-

richt hier bis zur zwangsweisen Schließung aller jüdischen Schulen im Juni 1942 weitergeführt werden.

Bis 1939 hatten zahlreiche Kinder der Verfolgung entfliehen können – entweder mit ihren Eltern, als Mitglied einer Jugendgruppe, oder sie waren allein ins Ausland geschickt worden. Viele aber konnten nicht gerettet werden. Auch einige der Lehrerinnen und Lehrer wurden Opfer der Schoah, unter ihnen die letzten Rektoren der Schule: Emil Kahn, Rektor bis 1939, und sein Nachfolger Moritz Rülff.

Nach Kriegsende wurde das durch Bomben stark beschädigte Gebäude Lützowstr. 8–10 vorläufig hergestellt und von einem Kino genutzt, Anfang der 1950er Jahre teils entsprechend den historischen Strukturen rekonstruiert. Zunächst zog eine Handelsschule, später das Städtische Berufskolleg ein. Die Geschichte des Gebäudes als jüdische Schule war völlig in die Vergessenheit gedrängt und wurde erst durch die Initiative des Kölner Ehepaars Irene und Dieter Corbach in den 1980er Jahren wieder in den Blick der Öffentlichkeit gerückt. Auch die Gedenktafel, die seit 1987 an die Israelitische Volksschule wie an das Israelitische Kinderheim erinnert, verdankt sich ihrem Engagement.

Feier für jüdische Schulkinder, um 1960

Die in den Trümmern Kölns neu gegründete jüdische Gemeinde hatte erst allmählich wieder Kinder unter ihren Mitgliedern: 1947 gab es vier Mädchen und Jungen im schulpflichtigen Alter, 1951 waren es 18, 1953 30 Kinder. Nachdem man einen ersten Religionsunterricht durch Laien organisiert hatte, konnte die Gemeinde 1952 einen eigenen Religionslehrer einstellen, der zwei Jahre später in den Dienst der Stadt übernommen wurde und an verschiedenen Schulen Unterricht erteilte. 1959 erhielten so circa 100 Kinder Unterricht in jüdischer Religion und Tradition. Heute bietet die Synagogen-Gemeinde Religionsunterricht an, der – an staatlichen Lehrplänen ausgerichtet – bis zum Abitur führen kann und im Gemeindezentrum in der Roonstraße stattfindet. Dieses Angebot wird durchschnittlich von 100 Jugendlichen wahrgenommen.

Auch die Einrichtung einer jüdischen Schule wurde in der Gemeinde schon früh diskutiert, eine Realisierung des Plans war allerdings aufgrund geringer Mitgliederzahl und beschränkter Finanzen nicht möglich. Mit dem Wachstum der Gemeinde in den 1990er Jahren und der Planung des Jüdischen Wohlfahrtszentrums in Ehrenfeld konnte schließlich auch das Projekt einer eigenen Grundschule konkret ins Auge gefasst werden. Nachdem sich 2002 ein Trägerverein gebildet hatte, gelang es, die Unterstützung der staat-

Schon Mitte der 1950er Jahre hatte die Gemeinde einen Kindergarten gegründet. Seit 2004 ist die Franz-Herschtritt-Kindertagesstätte im Jüdischen Wohlfahrtszentrum in Ehrenfeld untergebracht. Feier in der Kindertagesstätte, 2011

lichen Behörden zu erreichen und die Ronald S. Lauder Foundation, eine Stiftung des amerikanischen Unternehmers und Politikers Ronald S. Lauder, zur finanziellen Förderung zu gewinnen. Schon im Herbst 2002 wurde die erste jüdische Schule in Köln seit der Verfolgungszeit mit 18 Kindern und zwei Lehrerinnen im Gemeindezentrum in der Roonstraße eröffnet. Zugleich mit der Kindertagesstätte bezog sie 2004 die neuen Räume des Wohlfahrtszentrums.

Wir gehen die Lützowstraße weiter zurück und erreichen die Dasselstraße.

6 Dasselstraße

Sie lässt mit ihrem lauten Durchgangsverkehr nichts mehr von der recht beschaulichen Atmosphäre der Vorkriegsjahre spüren. Lediglich einige wenige Fassaden aus der Bebauungszeit um 1900 sind zu sehen, Park- oder Abstellplätze haben die einstigen Vorgärten ersetzt. Um 1930 lebten in der Dasselstraße vorwiegend die Familien von Handwerkern, kleinen Kaufleuten, Angestellten, aber auch etliche Angehörige akademischer Berufe. Sechs der insgesamt 49 Häuser in der Straße hatten in dieser Zeit jüdische Eigentümer.

Dasselstraße, um 1935

Einen Einblick in den Alltag der Dasselstraße gibt eine Schilderung von Lore Schottländer, geboren 1917 in Köln, die bis etwa 1933 mit ihrer Familie im Haus Nr. 51 lebte: »Wir wohnten in der Dasselstraße und, wie das früher so üblich war, lebten die Großeltern, die Eltern meiner Mutter, bei uns. Wir hatten damals eine ziemlich große Wohnung mit sechs Zimmern,

Hans und Else Schottländer im Ersten Weltkrieg, um 1915; Else Schottländer mit ihrer Tochter Lore, um 1922; Hermann Capell, Großvater von Lore, um 1920

und meine Großeltern bewohnten davon zwei oder drei Zimmer: Man ging von der Vordertür einen langen Flur entlang und kam im hinteren Wohnungsteil in die Zimmer der Großeltern. Meine Großeltern waren noch sehr religiös, meine Eltern jedoch nicht mehr. Wir aßen zwar kein Schweinefleisch, aber die jüdischen Speisevorschriften, die Trennung zwischen Milchigem und Fleischigem, wurden nicht beachtet. Die Feiertage wurden vor allem von den Großeltern gefeiert, aber wir feierten dann bei ihnen. An den Feiertagen gingen wir aber auch in die Synagoge, und zwar in die Synagoge in der Roonstraße. [...] Wir haben sehr in Familie gelebt. Es war eine große Familie, denn meine Großmutter mütterlicherseits hatte vier oder sogar fünf Geschwister, mit jeweils Kindern und Enkelkindern. Mit den nicht jüdischen Nachbarn in der Straße hatten wir sehr guten Kontakt. Wir Kinder spielten zusammen, und dadurch lernten sich die Mütter kennen. [...] Ich habe auch während meiner Kindheit in unserer Nachbarschaft in der Dasselstraße nie irgendetwas gemerkt von Antisemitismus. Wir waren zum Beispiel mit dem christlichen Hauseigentümer sehr gut befreundet. Wir wurden als Kinder Weihnachten immer hinunter in die Wohnung gerufen, um Weihnachten mit ihnen zu feiern [...]. In der Dasselstraße wohnten noch andere jüdische Familien, zum Beispiel der Lehrer Reinhardt, die Familie Simons, ein orthodoxer Rabbiner – ja, in der Dasselstraße wohnten einige. Aber wir hatten zu den jüdischen Nachbarn an und für sich nicht mehr Kontakt als zu den nicht jüdischen.«[7]

Wir wollen zwei Häuser der Straße und die Geschichte einiger ihrer Bewohner näher betrachten. Zunächst halten wir vor dem Gebäude Nr. 75–77.

7 Dasselstr. 75–77; Familie Königshöfer

Das Doppelhaus wurde wohl in den 1950er Jahren anstelle der zwei ursprünglichen, im Krieg schwer beschädigten Gebäude errichtet. Das um 1904 gebaute Haus Dasselstr. 77 gehörte in den 1930er Jahren dem jüdischen Kauf-

Geschwister Königshöfer, um 1926
unten: Dasselstr. 77, um 1935;
Ludwig Königshöfer im Geschäft seiner Mutter, Dasselstr. 77, um 1935

mann Max Cahn und hatte vor allem nicht jüdische Mieter. 1934 zog die jüdische Familie Königshöfer zu. Der Kaufmann Leo Königshöfer und seine Frau Else waren vermutlich nach dem Ersten Weltkrieg von Süddeutschland nach Köln gezogen, wo sie mit vier Söhnen und einer Tochter am Hohenstaufenring wohnten. Das Ehepaar war streng religiös, sodass ihre Kinder die orthodoxen Schulen in der St.-Apern-Straße besuchten, erst die Moriah, die älteren Kinder anschließend auch die Jawne. Nachdem Leo Königshöfer bedroht worden war, entschloss er sich bereits 1933 zur Flucht nach Frankreich. Seine Frau wechselte mit den Kindern kurz darauf in eine kleinere Wohnung in der Dasselstr. 51, von dort 1934 wenige Häuser weiter in die Dasselstr. 77. In ihrer Wohnung im ersten Stock eröffnete Else Königshöfer ein kleines Kolonialwarengeschäft, das koscher geführt wurde und unter ritueller Aufsicht der orthodoxen Gemeinde stand. Im Pogrom wurden Wohnung und Geschäft überfallen und verwüstet – die Lebensgrundlage der Familie war damit vernichtet.

Die Söhne Josef und Samuel konnten 1939 mit einem der Kindertransporte Dr. Klibanskys (siehe S. 115 f.) nach Großbritannien gerettet werden, ihr Bruder Ludwig floh illegal in die Niederlande und wurde von dort mit der Jugend-Alijah nach Palästina gebracht, wohin auch seine Zwillingsschwester Lea

emigrieren konnte. Der älteste Sohn Jonathan flüchtete 1939, einige Tage vor Kriegsausbruch, über Italien nach Palästina. Die Eltern entkamen der Verfolgung jedoch nicht: Leo Königshöfer wurde in Frankreich verhaftet, nach Auschwitz deportiert und im September 1942 ermordet. Seine Frau Else zog nach dem Pogrom nach Frankfurt und leitete dort ein Altersheim der jüdischen Gemeinde. 1943 wurde auch sie nach Auschwitz deportiert und ermordet.

Max Cahn musste das Haus Dasselstr. 77 um 1937/38 an die Stadt Köln verkaufen, die es kurz darauf an eine Kölnerin veräußerte. Jüdische Bewohner hatte das Haus nun nicht mehr. Im Krieg wurde das Gebäude schwer beschädigt, später abgebrochen und das Grundstück neu bebaut. Das Schicksal Max Cahns ließ sich bisher nicht klären.

Einige Schritte weiter befindet sich das Haus Nr. 59.

Dasselstr. 59, 2010

8 Dasselstr. 59; Druckerei und Verlag Fink

Um 1900 errichtet, wurde das Gebäude nach schweren Bombenschäden im Wiederaufbau stark verändert. 1930 wohnten hier vor allem nicht jüdische Mieter – das Adressbuch nennt als ihre Berufe: Straßenbahnschaffner, Kaufmann, Kunstmaler. Im Gebäude, das auch einen nicht jüdischen Besitzer hatte, befanden sich außerdem zwei Buchdruckereien. Einer der Betriebe, seit circa 1925 im Haus, gehörte den Brüdern Fink. Joachim Chaim Fink, geboren 1886 in Polen, war 1904 nach Köln gezogen und hatte um 1912 eine Buchdruckerei gegründet. 1915 wurde sein zwei Jahre älterer Bruder Pinkas Teilhaber der Firma, sodass die Brüder in den folgenden Jahren eng zusammenarbeiteten. Beide Brüder heirateten in Köln, Joachim und Minna Fink hatten drei, Pinkas und Mirel Emilie Fink vier Kinder.

Neben dem Druck von Büchern, Dissertationen und Firmenbedarf führte der Fink'sche Betrieb auch Aufträge für die Synagogen-Gemeinde und verschiedene jüdische Organisationen durch. Darüber hinaus übernahmen die Brüder mit der Gründung des Kölner Jüdischen Wochenblatts 1923 eine wichtige Rolle innerhalb der jüdischen Zeitungslandschaft der rheinisch-westfälischen Region. In den Weimarer Jahren, einer Blütezeit der jüdischen Presse in Deutschland, entstand in Köln eine ganze Anzahl jüdischer Wochenzeitungen, die sich jeweils an unterschiedliche jüdische Kreise – orthodoxe, zio-

Pinkas und Mirel Emilie Fink

nistische oder liberale Gruppen – richteten.

Das Kölner Jüdische Wochenblatt, »Centralorgan für die Juden in Rheinland und Westfalen«, mit Joachim Fink als verantwortlichem Verleger und Redakteur verband zionistische mit traditionell orthodoxer Orientierung und setzte sich speziell für die Belange der jüdischen Bevölkerung osteuropäischer Herkunft ein. Es erschien jede Woche freitags, zeitweilig auch in Parallelausgaben für das Ruhr-

Kölner Jüdisches Wochenblatt
Ein Zentralorgan für die Juden in Rheinland und Westfalen
Verlag Joachim Fink, Köln, Dasselstrasse 59
Fünfter Jahrgang
Erscheint Freitags
Die verbreitetste jüdische Zeitung Rheinlands
Kaufkräftiger Leserkreis
Unabhängiges Organ

KJW
Jüdisches Leben in Köln
KÖLNER JÜDISCHES WOCHENBLATT ★ 2. MAI 1930

Joachim Fink
ist Mitglied der
Redaktion des
Kölner
Jüdischen Wochenblattes
Verlag
Cheifredaktion

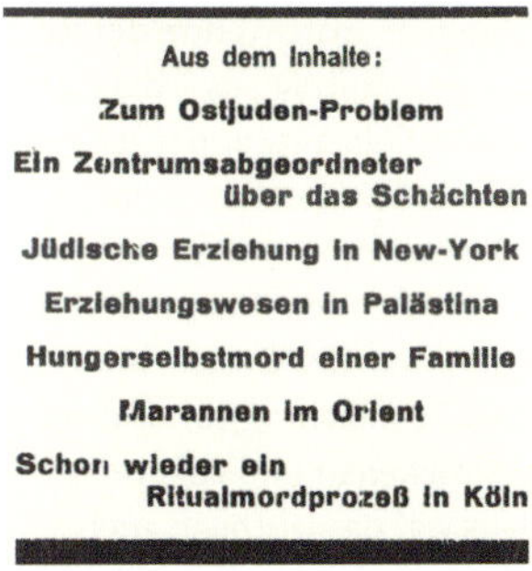

Aus dem Inhalte:
Zum Ostjuden-Problem
Ein Zentrumsabgeordneter über das Schächten
Jüdische Erziehung in New-York
Erziehungswesen in Palästina
Hungerselbstmord einer Familie
Marannen im Orient
Schon wieder ein Ritualmordprozeß in Köln

oben: Kölner Jüdisches Wochenblatt, um 1929
darunter: Kölner Jüdisches Wochenblatt, 1930
rechts: Presseausweis von Joachim Fink, 1930
links: Kölner Jüdisches Wochenblatt, 1930

gebiet und Düsseldorf, und war mit einer Auflage von 5.000 Exemplaren um 1927 und noch 3.500 Anfang 1933 die erfolgreichste jüdische Zeitung der Region. Auf seinen circa zehn Seiten lieferte das Blatt ein umfangreiches Spektrum an Informationen. Kompetente Mitarbeiter berichteten zu aktuellen Ereignissen innerhalb des deutschen und ausländischen Judentums wie zur politischen Situation in Deutschland, analysierten die Entwicklungen in Palästina, boten lokale Nachrichten zum jüdischen Leben in Köln und besprachen in einem Feuilleton Neues aus der Kultur.

Seit 1928 befasste sich das Wochenblatt zunehmend mit dem wachsenden Antisemitismus in Deutschland, sodass nun fast jede Ausgabe auch über antijüdische Vorfälle in Köln und über die rassistische Hetze der Kölner NSDAP berichtete. Immer wieder warnte die Zeitung vor einer Verharmlosung der nationalsozialistischen Bewegung und klagte das Desinteresse von Öffentlichkeit und Justiz an, gegen die neue Gefahr vorzugehen. Klarsichtig hieß es im April 1932 zum Nationalsozialismus: »Wir wissen, daß wir es mit der trübsten und dumpfesten Reaktion zu tun haben, mit einem Unglück und einer Krankheit, die nicht nur Deutschland, sondern die ganze Welt gefährdet.«[8]

Annoncen, in: Kölner Jüdisches Wochenblatt, 1928 und 1929

Deutlich war auch das Urteil des Kölner SPD-Politikers Wilhelm Sollmann, der in einem Interview des Wochenblatts im Juli 1932 Pogrome und Entrechtung der deutschen Juden voraussagte, sollten die Nationalsozialisten die Macht übernehmen. Für die in diesem Jahr anstehenden Reichstagswahlen empfahl das Blatt seinen Lesern, für die Zentrumspartei oder die SPD zu votieren, Parteien, die sich gegen antisemitische Strömungen einsetzten.

Mit der Etablierung des NS-Regimes war das Ende der Zeitung gekommen. Joachim Fink hatte sich nach Drohungen gegen seine Person schon 1932 von der Redaktion zurückgezogen; den Druck des Blatts übernahm für die letzten Monate des Erscheinens bis Anfang 1933 die zweite Druckerei im Haus Dasselstr. 59, die nicht jüdische Eigentümer hatte. Ein Jahr später führte der Betrieb der Brüder Fink allerdings noch einen wichtigen Auftrag aus – die Herstellung des »Jahrbuchs der Synagogengemeinde Köln 1934«, der letzten umfassenden Selbstdarstellung des Kölner Judentums. In einem eindringlichen Aufruf wandte sich das Jahrbuch an alle Juden Kölns und forderte sie auf, sich angesichts der Angriffe von außen auf jüdische Identität und jüdische Gemeinschaft zu besinnen. Eine Rückschau auf die Geschichte der Juden in Köln stellte die Leistungen der jüdischen Bevölkerung vor und versuchte so, »Zeugnis abzulegen« für den »ungebrochenen und zukunftsgerichteten Willen« der Gemeinde.[9] Darüber hinaus war das Jahrbuch auch als praktischer Wegweiser für alle gedacht, die Kontakte und Unterstützung suchten, und bot daher detaillierte Informationen zu sämtlichen jüdischen Organisationen und Vereinen in Köln. Heute sind die erhaltenen Exemplare des Kölner Jüdischen Wochenblatts wie des »Jahrbuchs der Synagogengemeinde« unverzichtbare Quellen für die Geschichte des Kölner und rheinischen Judentums.

Der »zukunftsgerichtete Wille«, den das Jahrbuch beschwor, zielte allerdings, wie das Nachwort von Rabbiner Dr. Rosenthal zeigt, bereits häufig auf ein Verlassen Deutschlands: »Wiederum heißt es, im Kampf und Streit auszuharren und sich zu bewähren. Wiederum, für unseren jüdischen Glauben, für das Innerste in uns und von uns Unabteilbarste, für unser jüdisches Blut, in das wir hineingeboren sind ohne unseren Willen und ohne unsere Schuld, zu dulden und zu leiden, Kränkungen zu ertragen, verjährte Rechte, mit denen wir als Menschen und Bürger verwachsen zu sein glaubten, herzugeben und die Sicherheit der Lebensführung auf allen Gebieten mit einer ungewissen, dunkel verhangenen, sorgenumdrohten Zukunft zu vertauschen. Wiederum, zumal für unsere Jugend, Abschied zu nehmen von heimatlichen Gestaden, von des Rheines schwellenden Bergen, von seinen lachenden Ufern und von seinen goldenen Wellen; Abschied zu nehmen wegen des Glaubens und Judeseins und auf fremder Erde und unter unbekanntem Himmel ein neues jüdisches Dasein in Sorgen und Arbeit zu erkämpfen.«[10]

Bestellen Sie Ihre
Drucksachen
bei dem Verlag
dieses Jahrbuches
Fink, Dasselstr. 22
Telefon Nr. 21 94 01

JAHRBUCH
DER
SYNAGOGENGEMEINDE
KÖLN
1934

HERAUSGEBER: Dr. SIEGFRIED BRAUN
VERLAG: P. FINK / KÖLN A. RHEIN

links: Annonce, in: Jahrbuch der Synagogengemeinde, 1934 *rechts:* Jahrbuch, 1934 *unten:* Anweisung zu einem Kindertransport, um 1939

Die Familie Joachim Finks hatte ihre bisherige Wohnung im Belgischen Viertel schon Ende 1932 verlassen und war innerhalb des Viertels mehrfach umgezogen. Im Oktober 1938 wurde Joachim Fink nach Polen ausgewiesen. Dennoch gelang ihm, seiner Frau und zwei Töchtern 1939 die Ausreise nach Palästina, die älteste Tochter konnte der Verfolgung jedoch nicht entkommen.

Pinkas und Mirel Fink lebten seit circa 1933 mit ihren Kindern im Haus Dasselstr. 22. Den Plan, in die USA zu emigrieren, konnten sie nicht realisieren. 1938 schickten sie die beiden jüngeren Kinder Margot und Max Adolf zu Verwandten in die Niederlande, der älteste Sohn Oskar emigrierte wenig später mit der Jugend-Alija nach Palästina, die Tochter Regina mit einem Kindertransport nach England. Pinkas Fink wurde wie sein Bruder im Oktober 1938 nach Polen ausgewiesen; kurz darauf konnte er nach Köln zurückkehren, allerdings mit der Auflage, Deutschland sofort zu verlassen. Da keine andere Möglichkeit zur Auswanderung offenstand, entschieden sich Pinkas und Mirel Fink, zu Verwandten nach Polen zu ziehen. Von dort gelang ihnen die Emigration nicht, sie wurden deportiert und ermordet. Ihre Kinder, die nach der deutschen Besetzung der Niederlande

Betr. Kindertransporte ins Ausland.

Zur dringenden Beachtung für Eltern und Kinder:

Höchstmenge Handgepäck 1 Stück.

Begleitung zum Bahnsteig streng verboten.

Wer die nur im Interesse der Kinder getroffenen Anordnungen nicht befolgt, muß mit den Kindern zurückgewiesen werden.

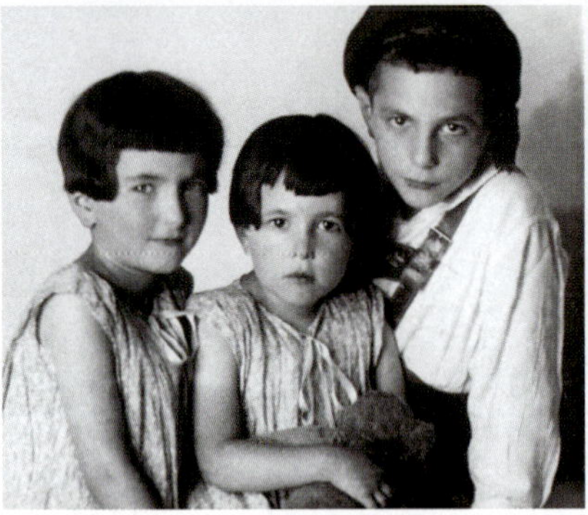

Regina, Margot und Oskar Fink, *rechts:* Max Adolf Fink

nicht mehr flüchten konnten, wurden zunächst in das Konzentrations- und Durchgangslager Vught in 's-Hertogenbosch verschleppt. Max Adolf deportierte man weiter in das Lager Westerbork, von dort im November 1943 nach Auschwitz, wo er – 14 Jahre alt – ermordet wurde. Margot wurde im Juni 1944 nach Auschwitz verschleppt. Sie überlebte das Lager und emigrierte 1946 nach Palästina. Die Fink'sche Druckerei, ihre großen Pressen, Schneidemaschinen und Materialien, hatte um 1939 vermutlich ein nicht jüdischer Drucker übernommen.

Vor dem Haus erinnert ein Stolperstein an den Kaufmann David Perlmutter, der hier mit seiner Familie bis Mitte der 1930er Jahre lebte. Nach dem Tod seiner Frau Gitel 1941 wurde er im Sammellager Müngersdorf inhaftiert, im Juni 1942 nach Theresienstadt deportiert, von dort in das Vernichtungslager Treblinka. Ort und Datum seines Todes sind nicht bekannt.

Schräg gegenüber sehen wir Haus Nr. 22, in das Familie Fink gezogen war.

9 Dasselstr. 22; Ghettohaus

Da das Wohnhaus aus den im Krieg stark beschädigten Gebäudeteilen aufgebaut wurde, sind noch Teile des 1903/04 errichteten Originalbaus vorhanden, die Fassade ist jedoch völlig geglättet und zeigt keine Spuren der ursprünglichen Gestaltung. Das Haus gehörte lange Zeit jüdischen Besitzern. Nachdem seit etwa 1936 vermehrt jüdische Mieter zugezogen waren, wurde es 1940 an eine nicht jüdische Kölnerin verkauft. In der folgenden Zeit nutzten es die Behörden als Ghettohaus, sodass es für viele der Bewohner zur letzten Adresse vor der Deportation wurde. Die meisten von ihnen wurden im Oktober 1941 in das Ghetto Litzmannstadt/Lodz, einige Anfang Dezember 1941 in das Ghetto Riga verschleppt.

Wir biegen links in die Lochnerstraße ein, die von vielen fast original erhaltenen und sorgfältig restaurierten Wohngebäuden mit dekorreichen Fassaden, Balkonen, Giebeln und kleinen Vorgärten geprägt ist.

10 Lochnerstr. 13–15; Städtische Grundschule

Erhalten ist auch das um 1899 für eine städtische katholische Volksschule errichtete Gebäude, das heute eine städtische katholische Grundschule beherbergt. Am 28. Oktober 1938 nutzten die NS-Behörden den Hof der Schule als Sammelpunkt für die jüdischen Bewohner der umliegenden Straßen, die polnischer Staatsangehörigkeit waren. Noch am selben Tag wurden sie, wie insgesamt mehrere hundert Menschen, zum Bahnhof Deutz-Tief gebracht und von dort an die Grenze Polens verschleppt. Die damals zwölfjährige Rosa Piperberg, die mit ihrer verwitweten Mutter im Haus Dasselstr. 73 lebte, erinnerte sich an die Ausweisung als traumatischen Schock: »Im Oktober 1938 war unser Leben in Köln zu Ende. Da wir die polnische Staatsangehörigkeit hatten, waren wir von der sogenannten ›Polenaktion‹ betroffen. Ohne Vorbereitung, ohne Warnung gab man uns am 28. Oktober ungefähr um zehn Uhr morgens die Anordnung, innerhalb einer Frist von drei oder vier Stunden – ich glaube, bis um zwei Uhr mittags – an eine Sammelstelle zu kommen. [...] Wir Kinder waren in der Schule, und man hat uns aus der Schule nach Hause geschickt. [...] Die Ausweisung betraf eigentlich nur meine Mutter; meine Schwester und ich hätten in der Dasselstraße bleiben können, aber wir wollten uns nicht trennen, wir wollten nicht ohne meine Mutter sein. Und heute im Rückblick weiß ich, dass es das Richtige war. Denn von Deutschland aus wäre ich – und meine Schwester – später nicht mehr weggekommen. So gingen wir mittags in die Sammelstelle. Es war ein Schulgebäude, ich glaube in der Lochnerstraße oder in der Görresstraße – eine von den Querstraßen der Dasselstraße. Es war dort alles voller Menschen, ein großes Durcheinander. [...] Niemand wusste, was werden würde. [...] Und da warteten wir, bis man uns abführte nach Deutz.«[11] Während es für Rosa Piperberg und ihrer Schwester gelang, von Polen aus eine Auswanderung nach Großbritannien zu organisieren, erhielt ihre Mutter keine Möglichkeit zur Emigration. Sie starb 1944 auf der Flucht in Russland.

Wenige Meter weiter auf der linken Straßenseite befindet sich unser nächster Halt.

11 Lochnerstr. 12–14; Familie Dr. Isidor und Klara Caro

Das 1905/06 errichtete Wohnhaus ist ein repräsentativer Bau mit großen Rundbogenfenstern und vielen Stuckverzierungen, darunter auch einem Kölner Stadtwappen. Trotz verschiedener Umbauten entsprechen Fassade wie Einfriedung des Vorgartens der ursprünglichen Struktur. Um 1930 gehörten zu den Mietern unter anderem ein Schlosser, ein Schauspieler, eine Kunstgewerblerin sowie mehrere Kaufleute, während im Erdgeschoss ein Damenfriseur und eine Feinkosthandlung untergebracht waren. Im Haus lebte von etwa 1916 bis 1935 Klara Caro mit ihrer Familie. Klara Caro geborene Beermann, 1886 in Berlin geboren, heiratete Dr. Isidor Caro, der seit 1908 als Rabbiner an der Synagogen-Gemeinde Köln tätig war, und zog zu ihm nach Köln.

Lochnerstr. 12–14, 2010, Detail der Fassade (Wappen)
rechte Seite: **Kinderheilstätte Bad Kreuznach; Kindertagesheim Bachemer Str. 95, um 1930**
unten: **Annoncen, in: Israelitisches Gemeindeblatt, 1913**

Schon bald trat Klara Caro dem traditionsreichen Kölner Israelitischen Frauenverein bei und arbeitete in den folgenden Jahrzehnten eng mit Ida Auerbach und Johanna Rosenthal zusammen, die beide zu den führenden Aktivistinnen der jüdischen Gemeinde im Bereich sozialer und sozialpolitischer Arbeit wie im Engagement für die Frauenbewegung gehörten. Der schon Anfang des 19. Jahrhunderts entstandene Israelitische Frauenverein hatte sich zunächst traditionellen Formen der Wohltätigkeit gewidmet: der Sorge für Kranke und Sterbende, für bedürftige Kinder und Waisen. Nach 1900 übernahm er neue Bereiche karitativer Arbeit und orientierte sich nun auch an Zielen der Sozialreform, so etwa in der Resozialisierung von straffällig gewordenen Frauen, einem Bereich, den Klara Caro von 1914 bis 1939 betreute. Darüber hinaus setzte sich der Verein zunehmend für Frauenrechte ein und schuf Initiativen zu Ausbildungs- und Berufsförderung von Mädchen und Frauen. Neben Berufsberatung und Arbeitsvermittlung, Haushaltungs-

Israelitischer Frauen-Verein

Einladung zur Mitglieder-Versammlung

Montag, den 10. März, nachmittags 3½ Uhr im Saale der Rheinlandloge, Cäcilienstr. 18–20.

Unentgeltliche Stellenvermittlung für Frauen und Mädchen.

Israelitischer Frauenverein.

Sprechstunde: Mittwochs von 11–12
Gemeindesaal, Glockengasse 5/7.
Schriftliche Anmeldungen ebendaselbst.

schule und Nähkursen gründete der Israelitische Frauenverein 1920 ein Kurheim für erholungsbedürftige jüdische Kinder in Bad Kreuznach sowie 1926 ein Kindertagesheim in Köln, Bachemer Str. 95.

Der Verein wandte sich an die Frauen aller jüdischen Gruppierungen und suchte religiöse, weltanschauliche und politische Abgrenzungen durch gemeinsame Ziele zu überwinden. Tatsächlich erreichte er einen großen Kreis von Interessentinnen: 1890 gehörten ihm rund 700, 1934 1.100 Kölner Frauen an. Entscheidend für die erfolgreiche Arbeit des Vereins waren auch seine guten Kontakte zu vielen Frauenorganisationen in Köln sowie zum überkon-

fessionellen Stadtverband Kölner Frauenvereine. Eine enge Zusammenarbeit bestand insbesondere mit anderen jüdischen Vereinen und mit den Wohlfahrtseinrichtungen der jüdischen Gemeinde, in denen viele Mitglieder des Vereins, auch in führenden Funktionen, tätig waren. Das Recht zur Teilnahme an den aktiven und passiven Wahlen zu den Gremien der Synagogen-Gemeinde erhielten die Frauen in Köln allerdings erst 1930 – auch für die Realisierung dieses Rechts hatte Klara Caro gekämpft. Erste Frauen in der Gemeinde-Repräsentanz waren die Lehrerinnen der jüdischen Volksschule Lützowstraße, Cilli Marx und Paula Loeb.

Paula Loeb (1876–1941)

Klara Caro engagierte sich auch überregional. 1926 gründete sie eine Ortsgruppe des Jüdischen Frauenbundes, der wichtigsten Organisation jüdischer Frauen auf nationaler Ebene, sodass nun verstärkt Themen der Frauenbewegung in die Kölner Vereinsarbeit einbezogen wurden. Als Ende der 1920er Jahre antisemitische Strömungen immer deutlicher zutage traten, begann Klara Caro mit Lehrveranstaltungen an der Kölner Volkshochschule, in denen sie über jüdische Religion und Tradition informierte, um so antijüdischen Angriffen durch Aufklärung über das Judentum entgegenzuwirken.

Nach Beginn des NS-Regimes waren die Kölner jüdischen Frauenvereine, wie alle jüdischen Organisationen, binnen kürzester Zeit isoliert. Unter wachsendem Druck versuchten sie, neue Initiativen zu entwickeln. Während der nächsten Jahre schufen sie vor allem Hilfsmaßnahmen für verarmte Familien und Kurse für Mädchen und Frauen als Vorbereitung auf eine Auswanderung. Mit unermüdlichem Einsatz nahm Klara Caro ihre Aufgaben auch weiterhin wahr. Sie leitete die Ortsgruppe des Frauenbundes bis zur erzwungenen Auflösung im Januar 1939 und übernahm für die letzten Monate den Vorsitz des Israelitischen Frauenvereins, bis sich auch er Ende 1939 auflösen musste.

WIZO Köln fördert unter anderem das Beth Heuss in Israel, das Frauen und Familien aller ethnischen Gruppen Unterstützung bietet

Obgleich Möglichkeiten zur Emigration bestanden, hatten sich Klara und Isidor Caro entschieden, ihre Gemeinde nicht zu verlassen und in Köln zu bleiben. Diskriminierung und Ausgrenzung trafen sie mit gleicher Härte wie alle Gemeindemitglieder. 1935 gaben sie ihre Wohnung in der Lochnerstraße auf und zogen nach Ehrenfeld, von dort 1940 in das Hinterhaus der Synagoge, Roonstr. 50. Im Juni 1942 folgte schließlich die Deportation in das Ghetto Theresienstadt. Im Ghetto setzte Klara Caro ihre ganze Kraft ein, die Lebensbedingungen der Mithäftlinge zu verbessern und deren Lebensmut zu stärken. Wieder gründete sie eine Frauengruppe und organisierte, im Umfeld von Tod und Verzweiflung, kulturelle und religiöse Vorträge. Dr. Isidor Caro starb 1943 im Ghetto, Klara Caro konnte im Februar 1945, noch vor Kriegsende, aus dem Lager freigekauft und in die Schweiz in Sicherheit gebracht werden. Sie emigrierte später in die USA und starb dort 1979.

Das Haus Lochnerstr. 12–14, das noch 1941 einzelne jüdische Bewohner hatte, überstand den Krieg ohne schwere Schäden.

Im Januar 1946 bildete sich ein neuer jüdischer Frauenverein in Köln. Aus diesem Verein, der bewusst an die Tradition des Israelitischen Frauenvereins anknüpfte und zunächst der Betreuung von Kranken und Bedürftigen gewidmet war, entwickelte sich die Kölner Gruppe der international tätigen Frauenorganisation WIZO (Women's International Zionist Organisation) mit weltweit einer viertel Million Mitglieder. Die 1920 gegründete WIZO setzt sich vor allem für karitative Projekte in Israel ein, unterstützt Einrichtungen zur Betreuung von Frauen, Kindern und alten Menschen – gleich welcher Herkunft und Religion – und beteiligt sich an der Errichtung von Schulen, Kindergärten und Frauenzentren. Zur Arbeit der Kölner WIZO-Gruppe, die ihren Sitz im Gemeindezentrum an der Roonstraße hat, gehört die Sammlung von Spenden sowie die Organisation von Vortragsabenden und kulturellen Veranstaltungen.

Rechts am Rathenauplatz vorbei geht es weiter zur Roonstraße, in die wir nach rechts einbiegen. Unsere nächste Station ist vor dem Haus Roonstr. 31, einem nüchternen, modernen Bau.

12 Roonstr. 31; Familie Cahn

Roonstr. 31, auf dem Balkon im 1. Stock: Rosa Cahn mit ihren Töchtern Hilde und Hedwig, um 1912

Das ursprüngliche viergeschossige Wohngebäude mit Hinterhaus, das im Krieg großenteils zerstört wurde, war vor allem mit der Geschichte der Familie Cahn verknüpft. Die Familie stammte aus Remagen und gehörte zu den vielen Zuwanderern, die Ende des 19. Jahrhunderts aus den ländlichen Regionen des Rheinlands nach Köln kamen. Salomon Cahn wurde 1856 in Remagen als Sohn einer alteingesessenen Familie geboren. Schon sein Großvater hatte innerhalb der sehr kleinen jüdischen Gemeinde eine einflussreiche Stellung. Der Vater Salomon Cahns, der Landwirtschaft betrieb, Weingärten besaß und mit Getreide, Wolle und Leder handelte, trug als Vorsteher der Gemeinde in den 1860er Jahren maßgeblich zum Bau einer neuen Synagoge in Remagen bei.

Um 1880 übernahm Salomon Cahn den Betrieb des Vaters, heiratete Rosa geborene Katzenstein aus Gießen und zog 1894 mit ihr, vier Kindern und seiner verwitweten Mutter nach Köln. Hier betrieb er die Firma Heinrich Müller & Cie. »Weingroßhandlung und Weinbergsbesitz«, die ihren Sitz zunächst an der Aachener Straße hatte. Um 1905 kauften die Cahns das in den späten 1880er Jahren gebaute Haus in der Roonstraße und zogen mit ihren inzwischen sechs Kindern dorthin um. In den folgenden Jahren florierte das Unternehmen, erlitt jedoch durch den Ersten Weltkrieg und die Wirtschafts-

In seinen um 1930 verfassten Lebenserinnerungen beschrieb Salomon Cahn eine glückliche Kindheit inmitten seiner Familie in der kleinstädtisch-dörflichen Atmosphäre Remagens: »Wir waren zu neun Kindern, die sich um den Tisch versammelten, dazu die Eltern, unsere Großmutter, der Hauslehrer und ständig ein armer alter Jude, als Gast, so daß vierzehn Personen mit gutem Appetit der Dinge harrten, die aufgetragen wurden. Mutter hatte kräftige Hausmannskost, verwöhnt wurden wir nicht. [...] Am nachhaltigsten blieb mir die Erinnerung an den Sabbath, sowie an die Festtage. Die Zurichtungen begannen schon Donnerstag, da wurde Fleisch und Fisch eingekauft; Mutter machte den Teig für die Challes und Kuchen, sie wurden zum Bäcker gebracht; Freitag wurde alles blitzblank auf den Tisch gestellt, man reinigte sich gründlich, zog frische Wäsche an und die Schabbeskleider und zog mit Vater in die Synagoge. Nach der Heimkunft zündete Mutter an der schweren Schabbeslampe die sieben Kerzen an, breitete ihre Hände aus und sprach den vorgeschriebenen Segensspruch. [...] Es ist überhaupt nicht zu sagen, welch' eine Unsumme von Arbeit unsere Mutter Zeit ihres langen Lebens geleistet hat. [...] In ca. 24 Jahren gab sie zehn Kindern das Leben, wovon neun groß erworden sind, sie hatte alle selbst gesäugt und gepflegt, dabei ihren großen Hausstand geleitet, mit einer Magd und einem Kindermädchen hat sie alles fertiggebracht, dabei ihre vorgeschriebenen Gebete nicht vergessen. Wir hatten neben dem Handel auch eine Bauernwirtschaft, mit Kühen, Pferden, Hühnern etc. und was das heißt, kann jeder ermessen, der etwas davon versteht. Am ersten auf, am letzten ins Bett, immer arbeiten, immer sorgen, flicken und nähen, kochen, braten, nicht ruhen und nicht rasten, so hat meine Mutter über 40 Jahre gearbeitet. Dabei wohltätig gegen die Armen und Bedrückten, hilfsbereit bei Krankheitsfällen, auf Stunden weit wurde sie zu Kranken und Sterbenden gerufen und hat nie versagt.«[12] Die Mutter Salomon Cahns, Sybille geborene Gottschalk, starb 1902 bei der Familie ihres Sohns in Köln.

oben: Salomon Cahn, Gemälde von Otto Schloss, um 1925 *rechts:* Geschwister Cahn: Walter, Hedwig, Siegmund, Lise und Ernst, um 1895

krise erhebliche Einbußen. 1928 übertrug Salomon Cahn die Leitung der Firma dem ältesten, 1886 geborenen Sohn Walter, der mit seiner Frau Hedwig geborene Lazarus und zwei Töchtern weiterhin im Haus der Familie lebte. Um 1930, während sich der Aufstieg der Nationalsozialisten vollzog, schrieb Salomon Cahn in seinen Lebenserinnerungen: »Ich bin durch und durch deutsch, bin am Rhein geboren und liebe mein Rheinland und sollte es noch schlimmer kommen. Vier Generationen habe ich geschildert und gebe die Hoffnung auf ein gesundes, freies Deutschland, das auch mal wieder bessere Zeiten sehen wird, nicht auf! Das walte Gott!«[13]

Rosa Cahn geborene Katzenstein, Gemälde von Otto Schloss, um 1925

Als seine Erinnerungen entstanden, waren Firma und Familie bereits in das Blickfeld der Kölner NSDAP geraten. 1929 hatte man begonnen, Druck auf Kunden der Weinhandlung Müller & Cie. auszuüben, sodass die Umsätze deutlich zurückgingen und Walter Cahn das Geschäft 1931 schließlich liquidieren musste. In dieser Zeit waren einige seiner Geschwister schon aus dem Haus der Familie ausgezogen und hatten sich selbstständig gemacht. Im Haus lebten, neben einigen Mietern, Anfang der 1930er Jahre noch die Eltern Walter Cahns, sein Schwiegervater Salomon Lazarus, seine Schwester Hilde mit ihrem Mann sowie seine Schwester Hedwig, ihr Ehemann Otto Schloss und ihre zwei Kinder.

Letztes gemeinsames Foto von Walter und Hedwig Cahn mit ihren Töchtern vor der Emigration; auf dem Dach des Hauses Roonstr. 31, März 1933 *unten:* Hedwig Schloss (1893–1988), um 1939

Kurz darauf, zu Beginn des Jahres 1933, begann der Exodus der Familie: Walter Cahn wurde im März 1933 von Freunden vor einer Verhaftung gewarnt und flüchtete in die Niederlande, im August folgte seine Frau Hedwig mit den Töchtern. Die Familie überlebte die Zeit der deutschen Besatzung untergetaucht und blieb auch nach der Befreiung in den Niederlanden. Nachdem Hilde und ihr Mann um 1934 in die USA emigriert waren, verkauften die Cahns ihr Haus Roonstr. 31 an die Stadt Köln, die es wenig später an einen Privatmann weiterveräußerte. Von nun an hatte das Haus keine jüdischen Bewohner mehr. Die verbliebenen Familienmitglieder zogen in eine Wohnung nach Sülz um, wo Salomon Cahn 1936 starb; er wurde auf dem jüdischen Friedhof in Köln-Bocklemünd bestattet.

Hedwig, die älteste Tochter von Salomon und Rosa Cahn, hatte eine Ausbildung als Lehrerin absolviert und war seit circa 1915 in der städtischen jüdischen Volksschule tätig. Seit 1922 war sie mit dem Grafiker und Maler Otto Schloss verheiratet, mit dem sie eine Tochter und einen Sohn hatte. Beide Kinder wurden um 1935 in die Niederlande zu Verwandten geschickt. Während Hedwig und

Otto Schloss 1938 von Köln nach Schweden emigrieren konnten, überlebten ihre Kinder in den Niederlanden im Versteck. 1939 war auch Rosa Cahn von Köln in die Niederlande und von dort weiter in die USA zu ihrer Tochter Hilde geflüchtet. Zwei der Kinder Rosa und Salomon Cahns entkamen der Verfolgung nicht: Lise wurde deportiert

Otto Schloss wurde 1884 in Frankfurt a. M. als Sohn einer Kaufmannsfamilie geboren. Nach einer kaufmännischen Ausbildung und der Teilnahme als Soldat im Ersten Weltkrieg studierte er von 1918 bis 1922 an der Städelschule, der Hochschule für Bildende Künste, in Frankfurt. Über seine künstlerische Laufbahn ist wenig bekannt. Vermutlich zog er nach Ende seiner Studien nach Köln, wo er mit seiner Frau im Haus der Schwiegereltern lebte. Otto Schloss war für Zeitungen und als Buchillustrator tätig, seine Werke umfassen Porträts, Landschaften, religiöse und soziale Motive. 1936 illustrierte er die Fibel für jüdische Volksschulen »So geht's schnell«. Nach der Emigration 1938 arbeitete Otto Schloss in Schweden als selbstständiger Künstler. Er starb 1950. Der größte Teil seines Werknachlasses befindet sich bei seinen Nachkommen in Schweden.

oben: Otto Schloss (1884–1950), um 1940
rechts: Thomas Mann, Zeichnung von Otto Schloss

und ermordet; Ernst Cahn wurde als Gegner des NS-Regimes 1941 in Amsterdam verhaftet und erschossen. Eine Brücke in Amsterdam trägt heute seinen Namen.

Wir gehen die Roonstraße ein Stück zurück und biegen rechts in die Beethovenstraße, die direkte Verbindung zwischen Rathenauplatz und Hohenstaufenring, ein.

13 Beethovenstraße

Auch hier sind nur einzelne Gebäude mit weitgehend originalen Fassaden aus den 1890er Jahren zu sehen. Immerhin jedoch hat die Straße, wie zum Zeitpunkt ihrer Anlage, einen alleeartigen Mittelstreifen, der ihr eine ruhige Stimmung verleiht. 1930 gab es in der Beethovenstraße 30 Häuser, von denen vermutlich fünf jüdische Besitzer hatten. Drei dieser Gebäude, Haus Nr. 3, Nr. 8 und Nr. 16, wurden 1941 zu Ghettohäusern, die übrigen Häuser hatten nach 1938 fast ausschließlich nicht jüdische Bewohner.

Wir wollen das Haus Nr. 6 am Ende und Nr. 16 in der Mitte der linken Häuserzeile in Zusammenhang betrachten. An beiden Orten sehen wir heute moderne Wohngebäude.

14 Beethovenstr. 6; Familie Carlebach

Der viergeschossige Vorkriegsbau war 1895 entstanden und gehörte ursprünglich dem Malermeister und Bauunternehmer Simon Stern, Vater des Architekten Robert Stern. In den 1920er und 1930er Jahren war es Eigentum einer nicht jüdischen Kölner Familie, die die großen Wohnungen vermietet hatte. Die dritte Etage des Hauses bewohnte seit 1929 Familie Carlebach. Dr. David Carlebach war Sohn des Kölner Rabbiners Dr. Emanuel Carlebach und stammte damit aus einer Familie, die im 19. und 20. Jahrhundert eine Reihe bedeutender Rabbiner hervorbrachte. 1899 in Ostpreußen geboren, wuchs er in Köln auf, da man seinen Vater 1904 als Rabbiner der orthodoxen Gemeinde Adass Jeschurun

rechts: Simon und Emma Stern, 1905
unten: Beethovenstraße, um 1905

berufen hatte. Nach Abschluss des Gymnasiums und dem Einsatz als Soldat und Hilfs-Feldrabbiner im Ersten Weltkrieg studierte David Carlebach in Köln Philosophie und Orientalistik, unterbrach sein Studium aber zeitweise durch

links: Rabbiner Dr. David Carlebach (1899–1952), um 1925
unten: Geschwister Carlebach, um 1936
rechts: Rabbiner Salomon Carlebach (1845–1919), Großvater David Carlebachs

intensive Bibel- und Talmudstudien bei seinem berühmten Großvater Salomon Carlebach in Lübeck sowie, zunehmend fasziniert vom orthodoxen Judentum Osteuropas, in einer bekannten Jeschiwa in Litauen. 1924 schloss er sein Studium in Köln mit einer Promotion über Maimonides, den großen jüdischen Gelehrten des Mittelalters, ab und heiratete ein Jahr später Sara van Cleef. Sie war die älteste Tochter einer Kölner Industriellenfamilie, die zu den einflussreichsten Förderern der Adass Jeschurun gehörte. Sara Carlebach teilte religiöse Einstellung und Engagement ihres Mannes und zog mit ihm in die litauische Kleinstadt Kovno, wo er 1927 die Leitung einer jüdischen höheren Schule übernahm. Als die Gemeinde Adass Jeschurun nach dem Tod Rabbiner Emanuel Carlebachs seinen Sohn David als Nachfolger benannte, kehrte er 1929 mit seiner Frau und den inzwischen geborenen zwei Kindern nach Köln zurück.

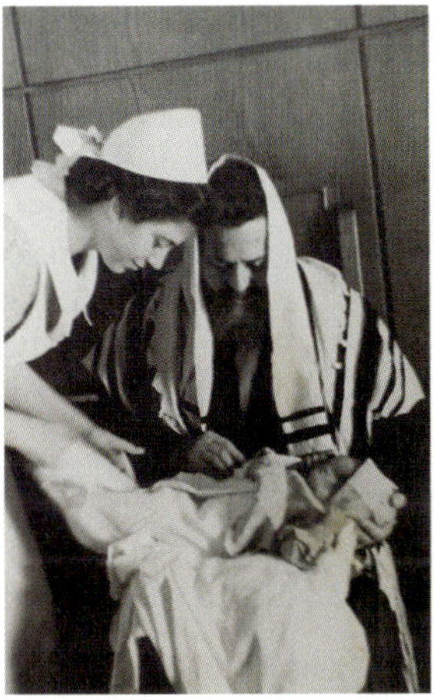

David Carlebach bei einer Beschneidung, Palästina, um 1945

Während Emanuel Carlebach sowohl über Führungsstärke als auch über Organisationsfähigkeit verfügt hatte, war sein Sohn ein zurückhaltender, wenig pragmatischer Mensch, dessen Stärke in einer ausgeprägten pädagogischen Begabung und einer großen Ausstrahlung als religiöser Lehrer lag. Er konzentrierte sich zunächst auf den religiösen Unterricht, lehrte im Jüdischen Lehrerseminar und an der Jawne. Darüber hinaus bot er Talmudstudien für Männer sowie religiösen Unterricht für Frauengruppen an. Viele dieser Studien fanden in der Wohnung der Carlebachs im Haus Beethovenstr. 6 statt, das so zu einem Mittelpunkt orthodoxen Lebens wurde. Um 1937 gaben sie diese Wohnung auf und zogen in das nur wenige Schritte entfernte Haus Nr. 16, das der Familie van Cleef, den Verwandten Sara Carlebachs, gehörte.

Als sich die Gemeinde mit dem Jahr 1933 vor neue und existenzielle Probleme gestellt sah, übernahm David Carlebach bald auch Aufgaben über sein bisheriges Tätigkeitsfeld hinaus und setzte sich entschieden für ein gemeinsames Handeln aller Kölner jüdischen Organisationen, über religiöse und weltanschauliche Differenzen hinweg, ein. 1934 traf er sich mit dem Kölner Kardinal Schulte zu einem Gespräch, in dem die antisemitische Agitation des NS-Regimes thematisiert wurde. Konkrete Schritte aus diesem Gespräch, etwa eine öffentliche Solidarisierung des Kardinals mit der jüdischen Gemeinde, folgten allerdings nicht.

Sara Carlebach (1896–1977), um 1950

Mitte der 1930er Jahre begannen die Carlebachs, an eine Emigration zu denken. Um die Lebensbedingungen in Palästina kennenzulernen, reiste David Carlebach nach Palästina. Als während seines zweiten Aufenthalts dort im November 1938 in Deutschland die Pogrome wüteten, konnte er nicht mehr nach Köln zurückkehren, da ihm die Verhaftung drohte. Seine Frau Sara folgte ihm mit den sieben Kindern Anfang 1939 nach Palästina. Bis zu seinem Tod 1952 war Dr. David Carlebach in Jerusalem als Lehrer tätig. Sara Carlebach starb 1977.

Das Haus Beethovenstr. 6, das seit 1938 keine jüdischen Bewohner mehr hatte, war bei Kriegsende eine ausgebrannte Ruine; später wurde das Grundstück neu bebaut.

15 Beethovenstr. 16; Familie van Cleef, Ghettohaus

Beethovenstr. 16, der letzte Wohnsitz der Carlebachs in Köln, lag nur einige Meter weiter. Auch hier steht, als Doppelhaus mit den Nummern 16–18, ein Nachkriegsbau. Das ursprüngliche dreigeschossige Gebäude mit großzügigen Wohnungen wurde als eines der ersten Häuser in der Straße um 1894 errichtet und gehörte seitdem den Brüdern Hermann und Isaac van Cleef, Inhaber der Metallgroßhandlung Gebr. van Cleef. Während Hermann van Cleef und seine Familie in diesem Haus lebten, in dem sich auch der Sitz der Firma befand, bewohnte die Familie Isaac van Cleefs eine repräsentative Villa am Sachsenring. Beide Brüder waren engagierte Mitglieder und finanzielle Förderer der Gemeinde Adass Jeschurun. So trug Hermann zur Ausstattung der Synagoge in der St.-Apern-Straße bei, Isaac van Cleef setzte sich um 1910 für die Einrichtung des orthodoxen Friedhofs in Deckstein ein und war zudem für die Schulen Jawne und Moriah tätig.

oben: Beethovenstr. 16–18, 2010
rechts: Isaac van Cleef (1864–1946) und Hanna van Cleef geborene Weil (1872–1948)

Um 1930 waren die großen Wohnungen des Hauses an wenige, fast ausschließlich nicht jüdische Familien vermietet, im Erdgeschoss befand sich ein kleiner Lebensmittelladen. Diese Situation blieb im Wesentlichen in den folgenden Jahren bestehen. Nachdem Hermann van Cleef 1936 gestorben war, erbten das Haus seine Kinder und sein Bruder, die alle um 1938/39 emigrierten. 1941 schließlich entschieden die städtischen Behörden, das Gebäude zur Ghettoisierung der jüdischen Bevölkerung zu nutzen. Innerhalb weniger Wochen wurde das Gebäude zu einem der größten Ghettohäuser der Neu-

oben: Sara van Cleef (links) und ihre Schwester
links: Hanna van Cleef mit ihren Kindern; 2. von rechts: Sara

stadt und ganz Kölns. Es zählte zu den sogenannten »jüdischen Altersheimen«, in die vor allem ältere Menschen eingewiesen wurden. Für die meisten von ihnen – bisher sind die Namen von etwa 200 Menschen bekannt – war Beethovenstr. 16 die letzte Adresse in Köln vor der Deportation. Der Lebensmittelladen im Erdgeschoss, der von einer nicht jüdischen Geschäftsfrau geführt wurde, existierte offenbar trotz dieser Entwicklung weiter.

Unter den Bewohnern, die in extremer Enge im Haus leben mussten, war auch das Ehepaar Dr. Samuel und Erna Kleemann, über dessen Schicksal, Jahrzehnte nach dem Ende des Krieges, ein fast unglaublicher Fund näheren Aufschluss gab.

1986 entdeckte man bei Renovierungsarbeiten in der Wohnung eines Hauses in Frankfurt a. M. hinter einer Wandverkleidung ein Konvolut aus Fotos, Briefen und Notizen. Recherchen ergaben, dass es sich um die Dokumente des jüdischen Ehepaars Elise und Meier Grünbaum handelte, das seine letzten Habseligkeiten hier unmittelbar vor seiner Deportation 1942 versteckt hatte. Unter den Dokumenten fanden sich fünf Briefe aus Köln, Briefe, die das Ehepaar Grünbaum von Samuel Kleemann, dem Bruder von Elise, und seiner Frau Erna erhalten hatte.

Erna Wolff, geboren 1880, hatte mit ihrem zehn Jahre älteren Bruder Albert Wolff in München ein Geschäft für Getreide- und Futtermittel geführt. 1922 heiratete sie den Chemiker Dr. Samuel Kleemann. Nachdem die Münchner Firma nach dem Pogrom 1938 geschlossen werden musste, zog das Ehepaar Kleemann gemeinsam mit Albert Wolff Mitte 1939 nach Köln in das Haus Zülpicher Platz 4. In diesem Haus, an dem die Geschwister einige Jahre zuvor Eigentumsanteile geerbt hatten, hofften sie, unbehelligt leben

Dr. Samuel Kleemann, 1925 und Erna Kleemann, 1922

zu können. In der folgenden Zeit wurden immer mehr jüdische Mieter in das Haus eingewiesen, die Wohnverhältnisse wurden immer bedrängter, und die Ängste der Bewohner verstärkten sich. Während einige Bewohner schon den Deportationen im Herbst 1941 zugeteilt wurden, blieben Albert Wolff, Erna und Samuel Kleemann zunächst verschont. Im Januar 1942 wurden sie jedoch gezwungen, das Haus zu verlassen und in das »Altersheim« Beethovenstr. 16 einzuziehen, wo sie zusammen in einem Zimmer lebten.

Der erste der erhaltenen Briefe gibt den Verwandten in Frankfurt kurz Nachricht über den Umzug, ein zweiter Brief des inzwischen schwer kranken Samuel Kleemann mit Datum des 25. März 1942 schildert die Lebensumstände im Haus: »Unsere Bude war im Vergleich zu anderen im Hause mäßig warm & gefroren haben wir eigentlich nicht, wohl aber stehen wir manchmal ungesättigt vom Mittagstisch auf & helfen dann im Geheimen mit einem Stück Brot, das wir für erbettelte Brotmarken kaufen, nach.« Über seinen brieflichen Kontakt mit Bekannten und alten Freunden schrieb er: »Von überall kommen die gleichen, tieftraurigen Nachrichten. Jeder hat sein Leid & trägt schwer daran. Keinem ist zu helfen.«[14] Nur wenige Wochen später, am 5. Mai 1942, starb Samuel Kleemann. Kurz darauf, am 14. Mai, berichtete Erna Kleemann nach Frankfurt: »Hier werden nun die Altersheime aufgelöst und bald werden wir in die Baracken [Sammellager Köln-Müngersdorf] wandern müssen oder evakuiert werden. Ein Schreckgespenst steht vor uns.«[15] Und in einem weiteren Brief vom 24. Mai hieß es: »Hier geht in nächster Zeit, wie man hört, wieder ein Transport fort, vielleicht schon in wenigen Tagen. Ich werde wohl mit dabei sein, da ich ja mit meinen bald 62 Lenzen noch zu den Jugendlichen gehöre. In diesem Fall habe ich die Absicht, m. armen Mann freiwillig zu folgen. Gott hat ihn gern gehabt, dass er ihm dies neue Leid erspart hat! 4 Altersheime sind bereits aufgelöst worden, die Leute sind in die Baracken gekommen und in's Asyl [Israelitisches Asyl für Kranke und Altersschwache in Ehrenfeld]. Unser Heim komme nun bald dran und da keine Baracken mehr frei sind, hilft man sich mit Deportation.«[16] Sie dachte also an Suizid, unternahm diesen Schritt aber auf den Rat der Verwandten hin zunächst nicht. Nachdem man sie und ihren Bruder der Deportation am 15. Juni 1942 zugeteilt hatte, schrieb sie: »Schwere Tage liegen hinter uns und nun findet heute der Abtransport statt nach Maria Theresienstadt in der Tschechei. Seit 4 Uhr auf den Beinen, mein Bruder ist mit dabei. Addio meine Liebe, ich habe Deinen Rat befolgt und warte noch ab. Alles Gute Dir und Deinem l. Mann, Deine treue Erna. Wenn es geht, schreibe ich m[eine] Adr[esse].«[17] Dies war ihr letzter Brief, die Verwandten sahen sich nicht mehr wieder. Erna Kleemann lebte nur noch vier Wochen, sie starb am 14. Juli 1942 im Ghetto Theresienstadt, sie hatte sich selbst getötet. Ihre Verwandten Elise und Meier Grünbaum wurden am 18. August von Frankfurt aus ebenfalls nach Theresienstadt deportiert, sie wie auch Albert Wolff kamen dort ums Leben.

Köln 15. Juni 42
Liebe Elise
Schwere Tage liegen hinter uns und
nun findet heute der Abtransport statt
nach Maria Theresienstadt in der Tsche-
chei. Seit 4 Uhr auf den Beinen, mein
Bruder ist mit dabei. Addio meine
Liebe, ich habe Deinen Rat befolgt und
warte noch ab.
Alles Gute Dir und Deinem l. Mann
Deine treue Erna.
Wenn es geht, schreibe ich
m. Adr..

Kuvert eines der Briefe aus dem Haus Beethovenstr. 16; Brief vom 15. Juni 1942

Auch viele andere Bewohner des Hauses Beethovenstr. 16 hatte man im Juni 1942 nach Theresienstadt verschleppt, weitere wurden den folgenden

Deportationen zugeteilt. Die vermutlich letzten Bewohner gehörten zu einem Transport, der im Januar 1943 nach Theresienstadt und Auschwitz führte. Das Haus wurde im Krieg völlig zerstört.

Kurz vor der Einmündung der Beethovenstraße in den Hohenstaufenring liegt links der Yitzhak-Rabin-Platz.

16 Yitzhak-Rabin-Platz

Yitzhak Rabin, 1922 in Jerusalem geboren, gehörte über Jahrzehnte zu den einflussreichsten Persönlichkeiten Israels. Im Laufe seiner Karriere war er unter anderem Generalstabschef des israelischen Militärs, Botschafter in den USA und als Mitglied der Labour-Partei Abgeordneter in der Knesset. Nachdem er von 1974 bis 1977 als Ministerpräsident amtiert hatte,

***oben:* Yitzhak Rabin (1922–1995)**
Mahnmal auf dem Yitzhak-Rabin-Platz in Tel Aviv, 2010

wurde er 1984 Verteidigungsminister. In dieser Funktion begann er, sich Ende der 1980er Jahre intensiv für Verhandlungen mit Palästinensern und Israels Nachbarstaaten einzusetzen. Er verstärkte diesen Kurs nach seiner erneuten Wahl zum Regierungschef 1992 und initiierte Verhandlungen, die mit Unterstützung vor allem des US-amerikanischen Präsidenten Bill Clinton schließlich 1993/95 zu den Osloer Verträgen führten. Diese Verträge sahen eine begrenzte Autonomie für die palästinensischen Gebiete vor und waren als entscheidender Schritt auf dem Weg zu einem dauerhaften Frieden in Nahost gedacht. Für die Bemühungen um den Frieden wurde Rabin 1994 zusammen mit Außenminister Shimon Peres und dem Vertreter der PLO (Palästinensische Befreiungsorganisation), Jassir Arafat, der Friedensnobelpreis zuerkannt.

Yitzhak-Rabin-Platz in Köln, 2010

Inzwischen hatte sich in Israel starker Widerstand gegen Rabins Friedenspolitik formiert, der schließlich auch zu Hetzkampagnen und Morddrohungen gegen ihn und seine Familie führte. Im November 1995 wurde Yitzhak Rabin während einer großen Friedenskundgebung im Zentrum Tel Avivs von einem jüdischen Extremisten erschossen. Mit dem Tod Rabins kam der von ihm so engagiert betriebene Friedensprozess zu einem Halt – der Mörder, der zu lebenslanger Haft verurteilt wurde, hatte sein Ziel erreicht.

Der Platz in Tel Aviv, auf dem Yitzhak Rabin ermordet wurde, erhielt seinen Namen. Wie zahlreiche andere Städte entschloss sich auch Köln, im öffentlichen Raum an Yitzhak Rabin zu erinnern. Die Einweihung des Yitzhak-Rabin-Platzes fand 1996 in Anwesenheit von Leah Rabin, der Frau Yitzhak Rabins, statt.

Neben dem Rathenauplatz trägt nun ein zweiter Platz in unmittelbarer Nähe der Synagoge den Namen eines ermordeten jüdischen Politikers. Mit unserem Rundgang sind wir somit einem Bogen gefolgt, der von der Geschichte des Kölner Judentums am Ende des 19. Jahrhunderts bis zur Gegenwart des israelisch-palästinensischen Konflikts reicht.

ZUR GESCHICHTE DER JUDEN IN DEUTZ

Der Ort Deutz hatte vor seiner Eingemeindung in die Stadt Köln 1888 eine lange eigene Geschichte. Er entstand in römischer Zeit, als hier, auf der rechten Rheinseite, eine starke Festung errichtet wurde. Strategisch von großer Bedeutung, überdauerte sie das Ende des Römischen Reiches und wurde im Mittelalter und den darauffolgenden Jahrhunderten zu einem steten Streitobjekt zwischen den in der Region miteinander rivalisierenden politischen Mächten. Das Leben in diesem Gebiet war unsicher, zumal auch der Rhein durch immer wiederkehrende Überschwemmungen große Schäden verursachte. Deutz, das schließlich zum Territorium des Kölner Kurfürsten gehörte, konnte sich daher nur wenig entwickeln. Bis ins 19. Jahrhundert blieb es ein kleiner Ort, in dem neben einigen Kaufleuten vor allem die Familien von Bauern, Handwerkern und Tagelöhnern lebten.

oben: **Goldmünze Kaiser Konstantins mit der Darstellung des Deutzer Kastells, um 315**
unten: **Blick auf Deutz und Köln (seitenverkehrt im Original), Koelhoffsche Chronik, 1499**

Jüdische Einwohner in Deutz werden erst im Zusammenhang der Pestpogrome in den Jahren 1348/49 erwähnt. Wie die Kölner Gemeinde wurde auch ihre Gemeinschaft von einer durch Angst und Hass aufgebrachten Bevölkerung vernichtet. Vermutlich siedelten sich nach 1424, als die Reichsstadt Köln ihre jüdischen Bewohner vertrieb, einige der Ausgewiesenen im kurkölnischen Deutz an, belegt ist eine jüdische Gemeinde in Deutz jedoch erst seit circa 1500.

Rechtliche Basis der Duldung von Juden im Kurfürstentum war das »Judengeleit«, ein Schutzbrief, der Juden gegen Bezahlung einer Steuer erlaubte, sich an einem Ort niederzulassen. Die Bedingungen, unter denen sie leben und arbeiten durften, waren seit dem Ende des 16. Jahrhunderts durch sogenannte Judenordnungen festgelegt. Diese Verfügungen schränkten die sozialen und wirtschaftlichen Möglichkeiten der jüdischen Bevölkerung stark ein und grenzten ihr Leben strikt von dem der christlichen Einwohner ab.

Zu einer Vertreibung der Juden aus dem Kurfürstentum Köln kam es nie. Auch die Deutzer Juden wurden somit über Jahrhunderte geduldet; die Angst vor Verfolgung war allerdings immer gegenwärtig, und judenfeindliche Vorfälle gehörten zum alltäglichen Leben.

oben: Vertreibung der Juden aus Köln, Darstellung aus dem 19. Jahrhundert *rechts:* Auszug aus der Judenordnung für das Kurfürstentum Köln von 1614, gedruckt 1680 *unten:* Titelblatt

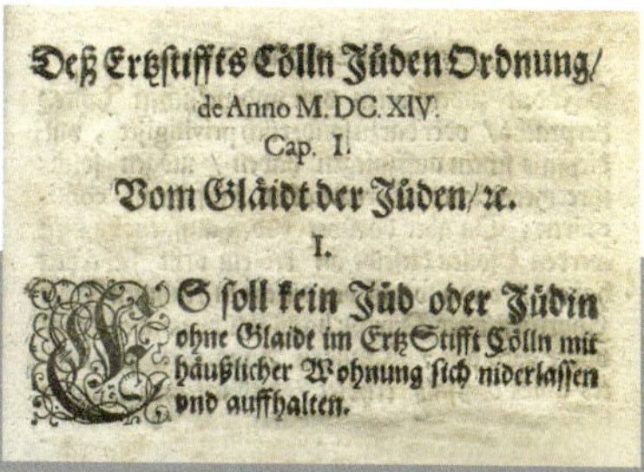

Deß Ertzstiffts Cölln Jüden Ordnung/
de Anno M. DC. XIV.
Cap. I.
Vom Gläidt der Jüden/ rc.
I.
ES soll kein Jüd oder Jüdin ohne Glaidt im ErtzStifft Cölln mit häußlicher Wohnung sich niderlassen und auffhalten.

Die Bestimmungen der letzten Judenordnung, die 1700 veröffentlicht wurde und bis um 1800 gültig blieb, waren bereits großzügiger als frühere Ordnungen gefasst. So wurde etwa eine Anweisung von 1686, die eine Kenntlichmachung der Juden durch einen gelben Stern gefordert hatte, nicht mehr erwähnt. Ausdrücklich gestattet war Juden der Handel mit Vieh und verschiedenen Produkten – mit Gegenständen aus Gold und Silber, mit alten Kleidern, Wein und »allerhand früchten«, mit »rohen Häuthen, Fellwercken und Kram-Wahren«. Auch Viehschlachtung und Fleischverkauf wurden ihnen zugestanden, doch viele andere Bereiche wirtschaftlicher Tätigkeit blieben ihnen weiterhin verschlossen. Da ihnen der Erwerb von Grund und Boden verboten war, sollten Juden nur in gemieteten Häusern und nicht mit Christen unter einem Dach leben, auch keine christlichen Mägde oder Knechte beschäftigen.[1]

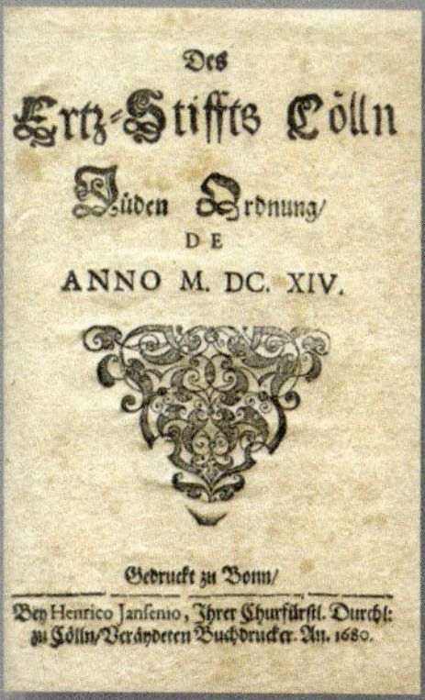

Des
Ertz-Stiffts Cölln
Jüden Ordnung/
DE
ANNO M. DC. XIV.

Gedruckt zu Bonn/
Bey Henrico Jansenio, Ihrer Churfürstl. Durchl: zu Cölln/Verãydeten Buchdrucker. An. 1680.

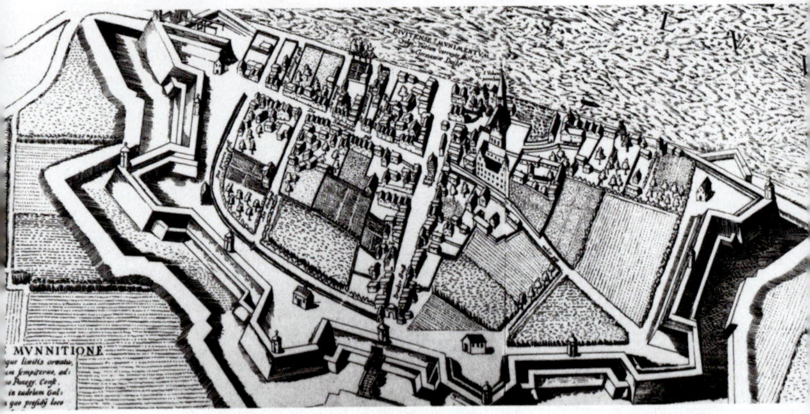

Deutz, 1642; Ausschnitt aus dem Mercator-Plan

Die jüdische Gemeinschaft im Ort Deutz, der insgesamt lediglich einige hundert Einwohner zählte, umfasste immer nur wenige Familien. Eine erste Namensliste Deutzer Juden für das Jahr 1596 nennt 96 Personen, 1765 wurden 26 jüdische Familien aufgeführt und 1790 circa 160 jüdische Bewohnerinnen und Bewohner. Die jüdischen Deutzer lebten mitten unter ihren christlichen Nachbarn, ein abgegrenztes jüdisches Viertel gab es nicht. Bei der in den Quellen gelegentlich erwähnten »Judengasse« handelte es sich wohl um den östlichen Teil der heutigen Deutzer Freiheit, der zeitweise auch Hallen- oder

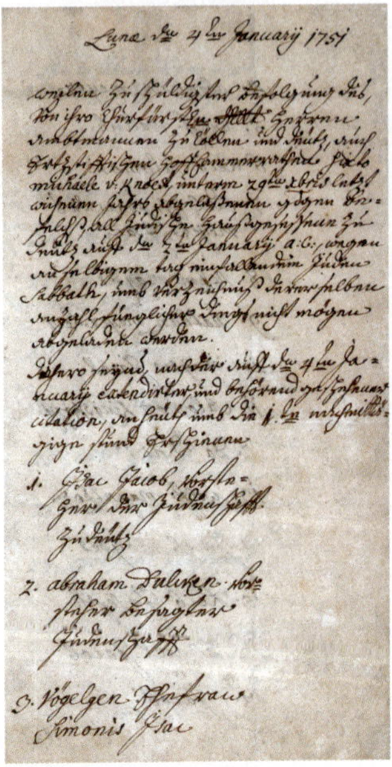

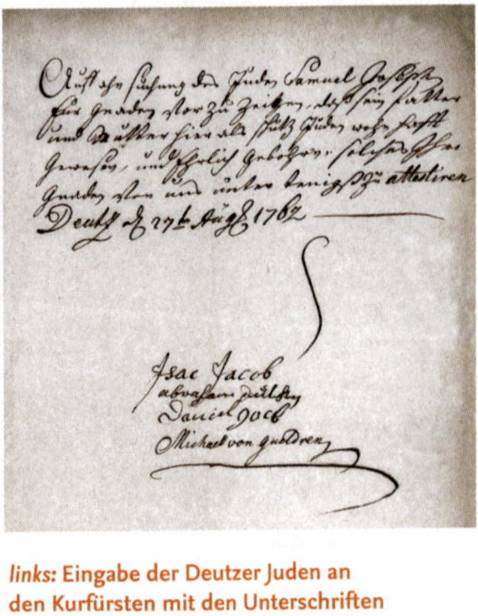

links: Eingabe der Deutzer Juden an den Kurfürsten mit den Unterschriften ihrer Vorsteher, 1751 *oben:* Schreiben mit Unterschriften der Gemeinde-Vorsteher, darunter Abraham Dülken, 1762

Rheinpanorama: Deutz, 1794

Brückenstraße genannt wurde. Hier befanden sich die Fleischhallen der Metzger, unter denen meist einige Juden waren. Wie der Großteil der gesamten Einwohnerschaft waren die Deutzer Juden »kleine Leute«, die kaum mehr als den Lebensunterhalt erwirtschaften konnten und oft in äußerst ärmlichen Verhältnissen lebten. Entsprechend den rechtlichen Bestimmungen arbeiteten sie vor allem als Metzger, Krämer, Pfandleiher und Viehhändler oder lebten in jüdischen Haushalten als Gesinde. Nur wenige brachten es, etwa als Kaufleute oder Geldverleiher, zu Wohlstand.

Trotz der Nähe zu Köln konnten die Deutzer Juden die wirtschaftlichen Möglichkeiten der Reichsstadt nur sehr begrenzt nutzen, da Köln an seiner judenfeindlichen Haltung unverändert festhielt. Juden blieb nicht nur die Niederlassung in Köln untersagt, auch ein bloßer Besuch in der Reichsstadt war ihnen lediglich stundenweise oder für eine eng umgrenzte Frist von Tagen erlaubt. Dennoch gab es direkte wirtschaftliche Kontakte. Die jüdischen Deutzer unterhielten zeitweise sogar einen eigenen – christlichen – Fährmann, der sie mit einem kleinen Boot zur anderen Rheinseite hinüberbrachte, sodass sie dort ihre Geschäfte vom Hafen aus, ohne an Land zu gehen, durch christliche Beauftragte erledigen konnten.

Eine besondere Gruppe der erfolgreicheren Deutzer Juden waren die »Judendoktoren«, Männer, die aufgrund ihrer medizinischen Kenntnisse oft in der ganzen Region bekannt waren. Vor allem für das 16. und 17. Jahrhundert ist eine Reihe von angesehenen jüdischen Ärzten oder auch heilkundigen jüdischen Frauen belegt. Da sich selbst in Köln manche christliche Kranke von jüdischen Ärzten aus Deutz behandeln lassen wollten, erklärte sich der Kölner Rat hin und wieder bereit, Deutzer Judendoktoren für einige Stunden in die Stadt einzulassen.

Davidstern, vermutlich einstige Bekrönung der Deutzer Synagoge, 18. Jahrhundert

Über die Rabbiner, die bis in das 18. Jahrhundert zeitweise am Ort lebten, ist wenig bekannt. Manche von ihnen waren religiös sehr gebildet und über die nähere Umgebung hinaus einflussreich. Anders als in der Geschichtsschreibung lange angenommen, war Deutz allerdings nicht fester Sitz des für die Gemeinden der Region zuständigen Landesrabbiners.

Bereits im 16. Jahrhundert existierte eine Synagoge in Deutz, die sich möglicherweise schon in dieser Zeit an der Deutzer Freiheit nahe dem Rhein befand, an der Stelle, die seit dem 17. Jahrhundert als Standort einer Synagoge bekannt ist. Nachdem diese Synagoge 1784 in einem verheerenden Hochwasser zerstört wurde, errichtete die Gemeinde schon kurz darauf am gleichen Ort ein neues Bethaus.

Als Bestattungsplatz nutzten die jüdischen Deutzer zunächst den alten Friedhof der mittelalterlichen Kölner Gemeinde, der sich auf linksrheinischem Gebiet außerhalb der reichsstädtischen Mauern befand. Erst um 1698 konnte ein nahe bei Deutz liegender Friedhof eingerichtet werden. Dieser Friedhof am Judenkirchhofsweg, der bis ins 20. Jahrhundert belegt wurde, ist noch heute erhalten.

links: **Gottesdienst in den Ruinen der durch das Hochwasser zerstörten Synagoge, Mitte 19. Jahrhundert**
unten: **Blick von Deutz auf Köln, im mittleren Vordergrund die Deutzer Synagoge mit zwei Davidsternen, um 1800**

rechts: Isaac Offenbach (1779–1850)
unten: Isaac Offenbach, Pessach-Haggadah, 1838

Unter den wenigen Juden, die sich Anfang des 19. Jahrhunderts in Deutz niederließen, war auch der 1779 in Offenbach am Main geborene Musiker Isaac ben Juda Eberst. Nach einigen Jahren als wandernder Chasan, Fiedler und Sänger kam er um 1802 nach Deutz. Isaac Eberst, nun **Isaac Offenbach,** spielte in den vor allem bei Kölnern beliebten Deutzer Gasthöfen und Weinhäusern, war aber vermutlich auch Vorsänger der Synagoge. 1806 heiratete er **Marianne Rindskopf,** deren Familie seit Generationen in Deutz ansässig war. 1816 siedelte Isaac Offenbach mit seiner Familie nach Köln über, wo er als Musiker, Komponist und als Kantor der Synagoge tätig war. Schon 1811 war in Deutz ein von ihm komponiertes Singspiel aufgeführt worden. 1819 wurde in Köln sein später weltberühmter Sohn Jacques geboren. Marianne Offenbach starb 1840, Isaac Offenbach 1850. Sie wurden auf dem Deutzer jüdischen Friedhof bestattet.

Mit der Eroberung des Rheinlands durch die Franzosen seit 1794 begann ein völliger Umbruch der politischen und sozialen Gegebenheiten. Die bisherigen Territorien wurden aufgelöst und große Teile ihrer Gesetze, darunter viele der speziell für Juden geltenden Bestimmungen, aufgehoben. Eine vollständige Gleichstellung der jüdischen Bevölkerung realisierte sich jedoch nicht, sodass das Leben der Deutzer Juden weiterhin durch eine Reihe gesetzlicher Beschränkungen geprägt war. Auch nach 1815, nach dem Ende des napoleonischen Reiches und der Annexion der Rheinlande durch den preußischen Staat, blieben einschränkende Gesetze lange Zeit erhalten, da Bestimmungen, die in Preußen für die jüdische Bevölkerung galten, auf die neuen Gebiete übertragen wurden.

Grabstein von Isaac Offenbach auf dem Deutzer jüdischen Friedhof, 2008

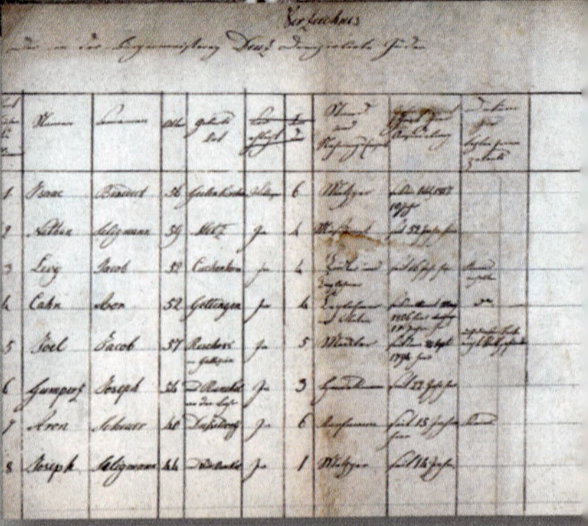

oben: **Deutz, um 1830**
rechts: **Verzeichnis der Deutzer Juden, um 1817**

Einen seltenen Einblick in ein einfaches Wohngebäude mit Vorder- und Hinterhaus ermöglicht das Protokoll einer Hausbegehung, das im Dezember 1812 im Rahmen einer Vermögensaufnahme erstellt wurde. Im vorderen Teil des Hauses Nr. 21 an der »Judengasse« (Teil der Freiheitstraße) – der genaue Standort ist unbekannt – lebten der jüdische Metzger Meyer Gottschalck mit seiner Familie und das jüdische Ehepaar von Geldern zur Miete, die Wohnung im Hinterhaus hatte ein christlicher Schlossermeister gemietet.

Das Protokoll hält fest: Das Haus, das »in Holz aufgebaut ist«, stößt mit seinem »Vorhaupt gegen Mittag auf die Judengasse, hingegen gegen Abend« auf ein Höfchen. Das Haus hat »zwey Stockwercke, und einen Speicher darauf, auf welchem ein Zimmer angebracht ist, ferner hat dieses Hauß von der Judengasse her« einen langen schmalen Eingang, »zwey Stuben und eine Küche zur lincken dieses Ganges, den man durch eine doppelte Eingangsthür« betritt. Über der Tür befindet sich ein »in zwey Flügelen geteiltes Glaßfenster als Oberlicht«. »Lincks dieser Thür ist ein mit einem roth angestrichenen holzenen Schlagfenster versehenes Glaßfenster.« Von den beiden Stuben liegt eine »nach der Judengasse«, hinter ihr die Küche mit einem »Feuerherd« und hinter dieser die zweite Stube. Zur Rechten des Eingangs führt eine Treppe »nach dem obern Theile des Hauses [...]«. Dort ist rechts »die erstere Schlafstube, wozu durch eine einfache Thür gegangen wird [...]« Links »ist das zweitere Schlafzimmer«, das »eine einfache Eingangsthür [...] und ein mit holzern Schlagfenstern versehenes, doppelt flügelendes Glaßfenster hat [...]. Zur Lincken dieses Zimmers ist die drittere Schlafstube.«

Das Haus »ist mit Ziegeln gedeckt, hat im Dach zwey Fenster, hat ferner einen Kamin«. Unter dem Haus befindet sich ein Keller, »wozu aus dem Vorhaußgange durch eine platliegende Kellerthür gegangen wird. [...] Hinter diesem Hauß ist ein kleines mit Steinen gepflastertes Höfgen.« In das anschließende Hinterhaus gelangt man durch »eine roth angestrichene Eingangsthür« mit Glasfenstern. Im Erdgeschoss befindet sich ein »Schmiedeherd« sowie ein Schlachthaus, ein schmaler Gang führt zu einem Kuhstall, eine Treppe zur Wohnung des Schlossers im ersten Stock.[2]

Bereits 1798 hatte die französische Besatzung das Niederlassungsverbot für Juden in der Stadt Köln beseitigt und damit die Grundlage für den Zuzug jüdischer Zuwanderer geschaffen. Auch aus Deutz siedelten Juden nach Köln über – allein zwischen 1800 und 1850 waren es circa 30 jüdische Familien. Dagegen ließen sich nur noch wenige Juden in Deutz und den umliegenden Dörfern nieder; die Deutzer Gemeinde entwickelte sich in der folgenden Zeit kaum mehr.

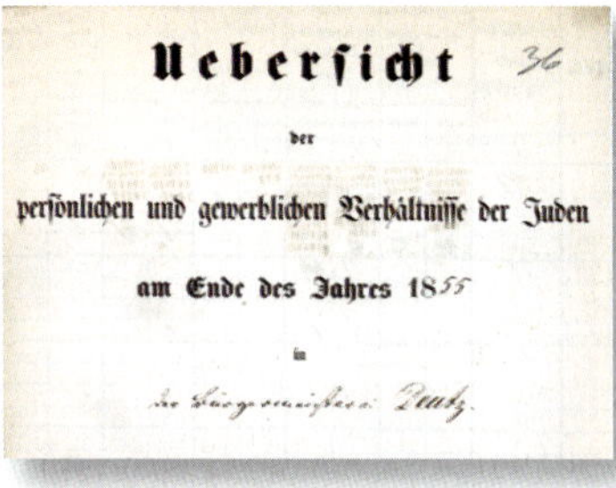
Uebersicht

der

persönlichen und gewerblichen Verhältnisse der Juden

am Ende des Jahres 1855

in

der Bürgermeisterei Deutz.

oben: Verzeichnis der Juden in der Bürgermeisterei Deutz, 1855
unten: Statut der Deutzer Gemeinde, 1867

Um 1840 wurde die Deutzer jüdische Gemeinde mit ihren 240 Mitgliedern von einem Vorstand aus drei Männern geleitet, der für die »Handhabung der Ruhe und Ordnung beim Gottesdienste« und die »Verwaltung der Gemeindegelder« zuständig war. Da die meisten ihrer Mitglieder arm waren, verfügte die Gemeinde über keinerlei Vermögen; Stiftungen, etwa karitativer Art, existierten nicht. Die Anstellung eines Rabbiners konnte nicht finanziert werden, sodass die Gemeinde, wie auch die Kölner Gemeinde zu diesem Zeitpunkt, vom Rabbiner in Bonn betreut wurde. Für den Elementar- und Religionsunterricht der Kinder beschäftigte die Gemeinde einen »geprüften Lehrer«, ein Vorsänger und ein Synagogendiener übernahmen die Aufgaben in der Synagoge. Beschneidungen wurden »vom Lehrer oder einer sonst geeigneten Person« durchgeführt.[3]

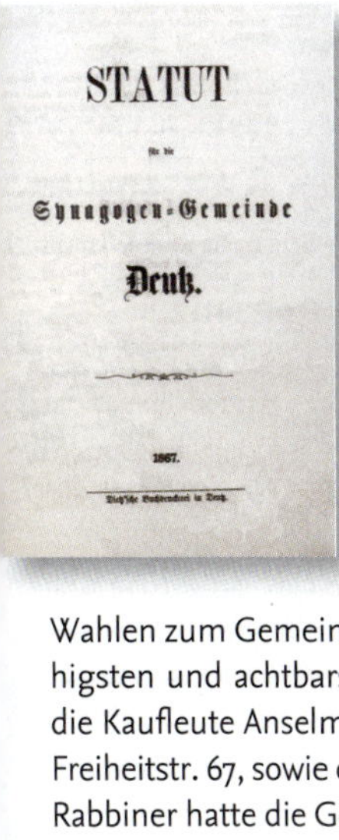
STATUT

für die

Synagogen-Gemeinde

Deutz.

1867.

Dennoch schloss sich die Deutzer Gemeinde nicht mit anderen Gemeinden zusammen. Auch als die preußische Regierung um 1850 auf die Bildung großer Synagogenbezirke im Landkreis Köln drängte, konnten die Deutzer ihre Selbstständigkeit erhalten. 1867 erhielt die Gemeinde schließlich eine neue, staatlich anerkannte Gemeindesatzung und umfasste nun den Bereich der Stadt Deutz – Deutz war 1856 Stadt geworden – und die benachbarten Gebiete: das noch ländliche Poll und Kalk, dessen Entwicklung zum Industriestandort bereits begonnen hatte. Zu diesem Zeitpunkt hatte Deutz 178, Kalk 20 und Poll sieben jüdische Einwohner. Bei den Wahlen zum Gemeindevorstand kurz zuvor wurden »die angesehensten, fähigsten und achtbarsten Juden der Gemeinde«, so der Landrat, gewählt – die Kaufleute Anselm Heinrich Dülken, Freiheitstr. 65, und Juda Cossmann, Freiheitstr. 67, sowie der Arzt Dr. Samuel Bier, Hermannstr. 9.[4] Einen eigenen Rabbiner hatte die Gemeinde auch weiterhin nicht.

Mit dem Beginn der Industrialisierung nahm die Bevölkerung im Rechtsrheinischen stark zu. Von 2.000 Einwohnern im Jahr 1817 stieg die Zahl der Einwohner in Deutz auf 6.000 um 1860. 1888, bei einer Bevölkerung von 17.000, wurden Deutz und Poll nach Köln eingemeindet. Kalk mit seinen inzwischen 28.000 Einwohnern folgte 1910. Die jüdische Gemeinde, die 1888 in Deutz lediglich 208, in Kalk 53 Mitglieder zählte, wuchs auch in den nächsten Jahrzehnten nur wenig. Obwohl sich das Berufsspektrum der jüdischen Deutzer allmählich erweiterte, waren die meisten Juden um 1900 noch in

oben: Julia und Adele, Töchter des Deutzer Kaufmanns Joseph Salomon und seiner Frau Sibilla, Freiheitstraße, um 1873; Metzgerei Hermann Cahn, Kalk, Hauptstr. 235, um 1912; Hermann Cahn war um 1910 im Vorstand der Deutzer jüdischen Gemeinde
rechts: Kölner Adressbuch 1910

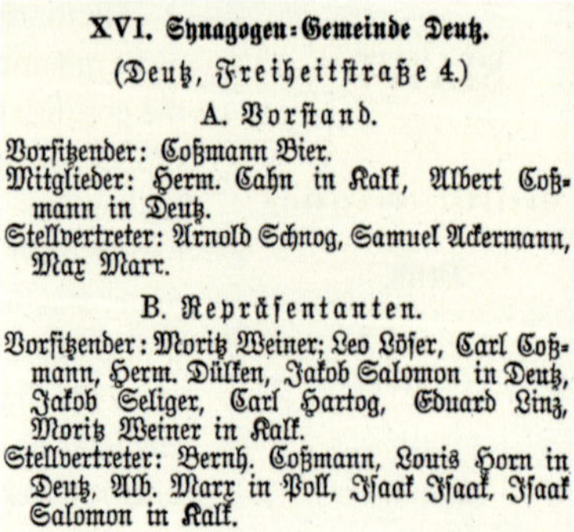

XVI. Synagogen-Gemeinde Deutz.

(Deutz, Freiheitstraße 4.)

A. Vorstand.

Vorsitzender: Coßmann Bier.
Mitglieder: Herm. Cahn in Kalk, Albert Coßmann in Deutz.
Stellvertreter: Arnold Schnog, Samuel Ackermann, Max Marx.

B. Repräsentanten.

Vorsitzender: Moritz Weiner; Leo Löser, Carl Coßmann, Herm. Dülken, Jakob Salomon in Deutz, Jakob Seliger, Carl Hartog, Eduard Linz, Moritz Weiner in Kalk.
Stellvertreter: Bernh. Coßmann, Louis Horn in Deutz, Alb. Marx in Poll, Isaak Isaak, Isaak Salomon in Kalk.

den traditionellen Bereichen als kleine und mittlere Kaufleute im Manufaktur- und Materialwarenhandel sowie im Fleischerhandwerk tätig. Sie wohnten vorwiegend im alten Ortskern – in der Freiheitstraße, Siegburger Straße, in der Mathilden-, Karl- und Arminiusstraße –, in Häusern, die heute nicht mehr existieren. In Kalk hatten sich einige jüdische Metzger, Viehhändler und Kaufleute im Bereich der Kalker Hauptstraße niedergelassen.

In ihrer religiösen Orientierung schloss sich die Deutzer Gemeinde den liberalen Entwicklungen des Judentums, wie sie in der Synagogen-Gemeinde

oben: Schuhgeschäft Jakob Seeliger, Kalker Hauptstr. 179, um 1920
links: Dr. Julius Simons mit seiner Religionsklasse, 1929

Köln bestimmend waren, nicht an und blieb traditionell geprägt. Mit der Berufung von Dr. Julius Simons als Religionslehrer, Kantor und Rabbiner 1908 in die Gemeinde wurde zwar eine Intensivierung des Gemeindelebens erreicht, das soziale und karitative Angebot der Gemeinde ließ sich jedoch kaum vergrößern. Immerhin gab es mehrere religiös-karitative Vereine, darunter je einen Frauenverein in Deutz und in Kalk.

Einen Einschnitt in der langen Tradition der Deutzer Gemeinde bildete der Abriss der 1786 errichteten Synagoge an der Freiheitstraße, die 1914 dem Bau einer neuen Rheinbrücke weichen musste. Als Ersatz wurde ein Jahr später ein Gemeindezentrum am Reischplatz gebaut. 1927/28 schloss sich die Deutzer Gemeinde der Synagogen-Gemeinde Köln an. Sie gab damit ihre Selbstständigkeit auf, war aber nun von finanziellen und organisatorischen Problemen entlastet.

Nur wenige Jahre später, unmittelbar nach der Machtübernahme der Nationalsozialisten 1933, setzten die Repressalien gegen die jüdische Bevöl-

Köln-Deutz.

Chewroh Gemillus chassodim.

Gründungsjahr: 1801. Vorsitzender: Siegfried Kahn, Köln-Klettenberg, Oelbergstraße 19. Mitgliederzahl: Zirka 150.

Chewroh hachnossas Kallo.

Gründungsjahr: 1805. Vorsitzender: Albert Bier, Köln-Poll, Salmstraße 79—81. Mitgliederzahl: 75.

Deutzer jüdische Vereine, in: Jahrbuch der Synagogengemeinde, 1934

kerung ein. Im Pogrom vom 9. und 10. November 1938 wurde die Deutzer Synagoge in Brand gesteckt und verwüstet, Julius Simons in das Konzentrationslager Dachau verschleppt. Nachdem viele jüdische Einwohner die rechtsrheinischen Gebiete verlassen hatten, lebten 1939 nur noch insgesamt etwa 100 Juden in Deutz, Kalk und Poll. Im Mai 1941 ordneten die NS-Behörden eine Zusammenlegung der jüdischen Bevölkerung Kölns in einigen der Stadtviertel links des Rheins an, sodass alle Juden die Vororte auf der rechten Rheinseite verlassen und in die Ghettohäuser der linksrheinischen Viertel ziehen mussten. In keinem der rechtsrheinischen Vororte kam es daher zur Einrichtung von sogenannten »Judenhäusern«.

Als kurz darauf die Deportationen in die Ghettos und Lager Osteuropas begannen, wurde Deutz zu einem Mittelpunkt des NS-Terrors gegen die jüdische Bevölkerung. Im Oktober 1941 richteten die Behörden in den Hallen der Köln-Deutzer Messe ein Sammellager ein, in dem die zum Transport bestimmten Menschen inhaftiert wurden, bis man sie im Bahnhof Deutz-Tief in die Deportationszüge drängte.

Die Verfolgung des NS-Regimes hatte die Existenz der jüdischen Gemeinden in Deutz und dem Umland beendet. In den Jahrzehnten nach Kriegsende ließen sich hier nur wenige Juden nieder, eine jüdische Gemeinde konnte nicht mehr entstehen. Mit der Zuwanderung von Juden Anfang der 1990er Jahre aus der ehemaligen Sowjetunion wurde ein Teil der in Köln aufgenommenen Immigranten in Wohnungen des sozialen Wohnungsbaus in Porz

oben: Dr. Max Spiegel, geboren 1895, als Soldat im Ersten Weltkrieg. Der Kinderarzt Dr. Spiegel hatte bis zur Emigration 1938 in die USA eine Praxis am Helenenwall 13
rechts: Bei der Einweihung neuer Räume für das Begegnungszentrum in Porz 2009 brachte der Kölner Rabbiner Jaron Engelmayer die Mesusa an der Eingangstüre an.

angesiedelt, sodass um 1995 hier und in anderen rechtsrheinischen Vororten bereits 500 jüdische Zuwanderer lebten. Zu ihrer Betreuung richtete die Synagogen-Gemeinde 2004 eine Begegnungsstätte ein, die eine Vielzahl von kulturellen, sozialen und religiösen Angeboten umfasst. Damit zeigt sich auch in den Kölner Vororten rechts des Rheins ein Neuanfang jüdischen Lebens.

Jüdischer Friedhof in Deutz, 2008

Sichtbare Spuren der langen jüdischen Tradition in Deutz, jüdischen religiösen Lebens und Alltags sind im Stadtbild nicht zu finden. Lediglich der Friedhof am Judenkirchhofsweg ist ein Ort originaler jüdischer Geschichte. Mit dem Messegelände jedoch ist ein Ort erhalten, der sich auf zweifache Weise mit jüdischer Geschichte verbindet: zum einen mit der Selbstdarstellung des Judentums im Spannungsfeld von Selbstbewusstsein, Identitätssuche und erstarkendem Antisemitismus im Rahmen mehrerer Ausstellungen auf dem Deutzer Messegelände vor 1933, zum anderen aber vor allem mit der Messe als einem der erschreckendsten Orte des NS-Terrors gegen die jüdische Bevölkerung in Köln. Die Geschichte der Messe wird daher einen Schwerpunkt unseres Rundgangs durch die Deutzer jüdische Geschichte bilden.

Auch im rechtsrheinischen Köln erinnern Stolpersteine an jüdische Opfer der nationalsozialistischen Verfolgung: 2011 sind es in Deutz zehn, in Kalk sechs und in Poll elf Steine.

TOUR 5
RUNDGANG DURCH DEUTZ

Länge der Tour: ca. 2,2 Kilometer

Ganz rechts: Teil der Synagoge am Reischplatz 6, 1927
unten: Gedenktafel, 2011

1 Reischplatz 6; Synagoge 1915 bis 1938

Fast 25 Jahre – von 1915 bis 1938 – war das Haus Reischplatz 6, an dem unser Rundgang beginnt, Zentrum der Deutzer jüdischen Gemeinde. Eine Gedenktafel mit knappem Text weist seit 1984 auf diese Geschichte hin.

Noch um die Wende zum 20. Jahrhundert war Deutz vor allem durch arme und kleinbürgerliche Bevölkerungsschichten geprägt. Nach der Niederlegung des Festungswalls 1907 und im Zuge der wirtschaftlichen Entwicklung der rechtsrheinischen Gebiete entstanden aber rasch Straßen mit drei- und viergeschossigen, architektonisch anspruchsvollen Bauten, die komfortable Wohnungen für mittlere und gehobene Schichten boten. Nun zogen auch erfolgreiche Kaufleute, höhere Beamte und Akademiker nach Deutz. Unter ihnen waren allerdings kaum Juden, sie bevorzugten das linksrheinische Köln mit seiner zahlreichen jüdischen Bevölkerung und seiner großen liberalen Gemeinde.

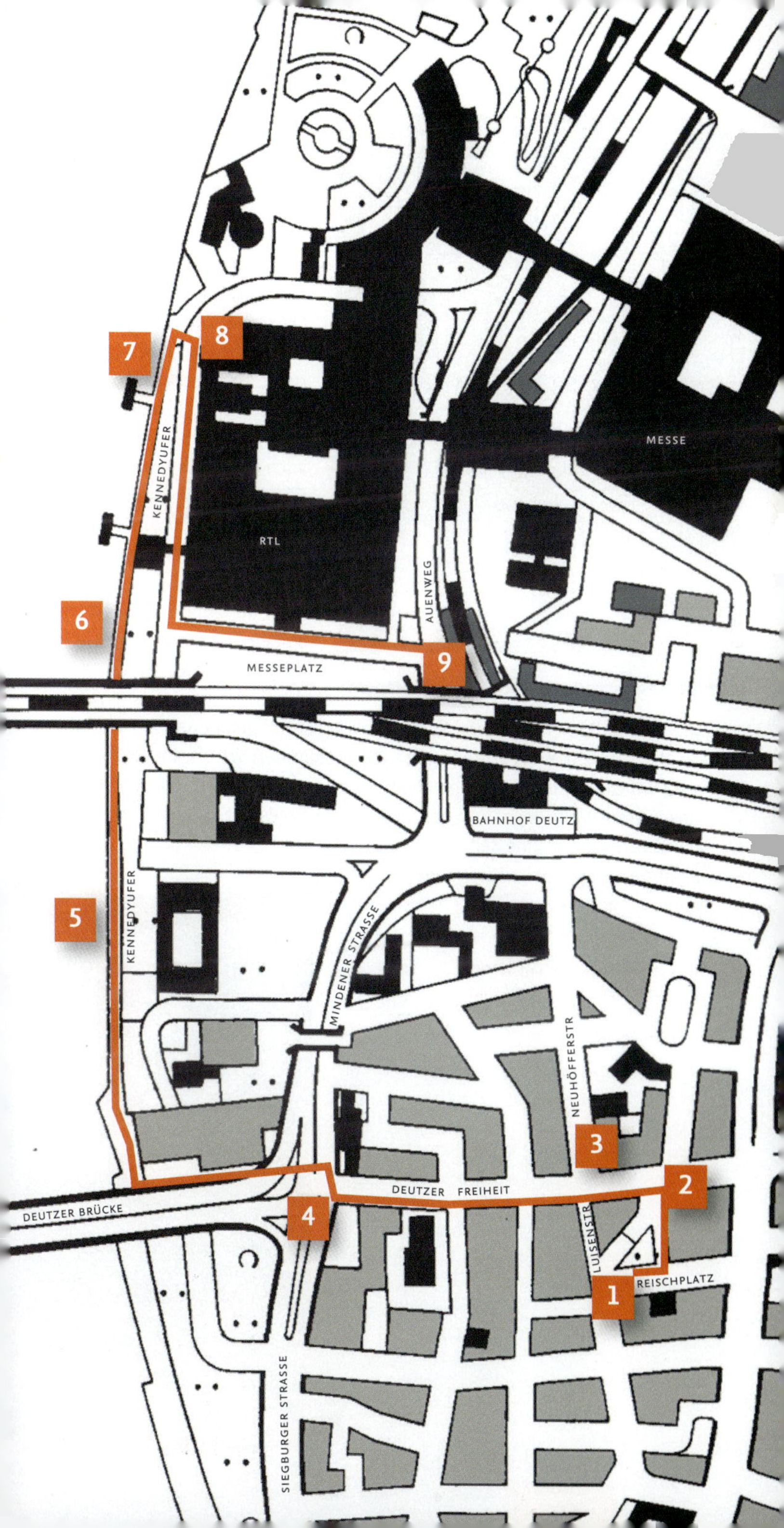

MESSE
RTL
KENNEDYUFER
AUENWEG
MESSEPLATZ
BAHNHOF DEUTZ
KENNEDYUFER
MINDENER STRASSE
NEUHÖFFERSTR
DEUTZER FREIHEIT
LUISENSTR
REISCHPLATZ
DEUTZER BRÜCKE
SIEGBURGER STRASSE
1
2
3
4
5
6
7
8
9

Synagogenfassade, Rekonstruktion durch Wolfram Hagspiel, 2011

Auch der Reischplatz gehörte zu den neu angelegten Vierteln. Dass er Standpunkt der letzten Deutzer Synagoge wurde, beruhte auf einer städtebaulichen Entscheidung, die den Bau einer neuen Rheinbrücke und damit auch den Abriss einer Reihe von Gebäuden am Deutzer Rheinufer vorsah. Zu diesen Gebäuden gehörte die Synagoge in der Freiheitstr. 4, da sie im Bereich der zukünftigen Brückenauffahrt lag. 1913 erwarb die Stadt Köln das Grundstück und sagte der jüdischen Gemeinde zugleich den Bau einer neuen Synagoge am zentral gelegenen Reischplatz zu, an dem bereits einige Wohngebäude entstanden waren. Im Frühsommer 1914 wurde die alte Synagoge abgerissen, im Juli 1915, ein Jahr nach Beginn des Ersten Weltkriegs, war der Neubau fertiggestellt. »Dem Ernst der Zeit entsprechend«, so eine Zeitungsmeldung, erfolgte seine Einweihung »nur durch eine synagogale Feier«.[5]

Tora-Mantel aus grünem Seidendamast mit Blumenornamenten, vermutlich aus der Synagoge Deutz, 2. Hälfte 18. Jahrhundert

Ernst Simons berichtete 1959: »In einem Seitenzimmer der Synagoge war ein riesiger Schrank eingebaut, der die Thoravorhänge, die Thoramäntel, Thorawimpel und den Silberschmuck und weitere Kultgegenstände barg. Auf Grund der alten traditionsreichen Deutzer Gemeinde hatten sich im Laufe der Jahrhunderte wertvolle Vorhänge etc. angesammelt. [...] Mir ist bekannt, dass an jedem Neumond und an jedem Feiertag die Vorhänge und dazu gleichzeitig die Decken des Vorbeter- und Vor-

Tora-Vorhang aus dunkelrotem Samt mit Applikationen aus Gold- und Silberfäden, aus der Synagoge Deutz, Anfang 18. Jahrhundert

Die Synagoge wurde nicht als frei stehender Bau konzipiert, sondern war in die Straßenfront der benachbarten Wohnhäuser eingefügt. Da bisher keine Abbildung der gesamten Fassade aufgefunden wurde, lässt sich ihr Aussehen nur vermuten. Eine Rekonstruktion geht von einer sehr schlichten Gestaltung mit mehreren Rundfenstern aus. Zur Hofseite, nach Südosten gerichtet, befand sich der Tora-Schrein, der nach außen durch einen Erker zu erkennen war. Auch Innenaufnahmen des Gebäudes sind nicht bekannt, doch finden sich in Nachkriegsakten detaillierte Beschreibungen durch Ernst Simons,

lesepultes eine andere Farbe hatten. Ich würde die Zahl der Vorhänge auf ca. 15–20 schätzen, dazu kamen jeweils die Decken. [...] Die Zahl der Thoramäntelchen schätze ich auf ca. 100. Ich würde sagen, dass etwa 15 Thorarollen mit Schild, Krone und Silberhand geschmückt waren. Einzelne Kultgegenstände waren sehr wertvoll. Diese Schmuckstücke wurden nach dem Gottesdienst von dem Synagogendiener, wie ich noch aus meiner Erinnerung als Junge weiß, immer schnell weggeschlossen. [...] Wie zu jeder Synagoge gehörten auch einige Chuppoth zur Einrichtung der Synagoge in Deutz. Auch hier wiederum alte und neue. [...] Die Laubhütte fasste 60 Personen. Sie war 60–70 qm groß. Von der Decke der Synagoge hingen 4–6 Kronleuchter. Ich nehme an, dass die Kronleuchter aus Messing waren. Ich meine auch, dass diese Kronleuchter evtl. von der alten Deutzer Synagoge mitgebracht waren.«[6]

Sohn des Rabbiners Dr. Simons[6]: Im Erdgeschoss befand sich demnach ein Raum für die Religionsschule mit Plätzen für circa 50 Kinder, außerdem ein Gemeindesaal für 100 Personen. Ein weiterer Raum diente als Sitzungszimmer und enthielt zudem eine umfangreiche Bibliothek. In der dritten Etage des Gebäudes lag die Wohnung der Familie Simons.

Julius Simons, 1887 in Rheydt geboren, war nach einer Ausbildung zum Volksschul- und Religionslehrer am Kölner Jüdischen Lehrerseminar seit 1908 für die Gemeinde Deutz tätig. 1914 legte er sein Lehrerexamen an der evangelischen Volksschule in Deutz ab. Nach dem Ersten Weltkrieg studierte er an den Universitäten Köln und Bonn sowie an der Frankfurter Jeschiwa von Mordechai Breuer, einem der bedeutendsten Führer der Neo-Orthodoxie, und promovierte 1924. Während des Pogroms 1938 wurde er verhaftet und im Konzentrationslager Dachau inhaftiert, schließlich mit der Auflage, Deutschland zu verlassen, entlassen. Anfang 1939 flüchtete er mit seiner Frau **Veronika geborene Mohl** und zwei Töchtern in die Niederlande. 1943 wurde das Ehepaar in das Sammellager Westerbork gebracht, 1944 nach Auschwitz deportiert und ermordet. Die Töchter überlebten die Verfolgung, einer der Söhne wurde in Auschwitz ermordet, ein zweiter starb kurz nach der Befreiung aus einem Konzentrationslager. Der dritte Sohn Ernst Simons überlebte das Lager Bergen-Belsen und kehrte nach Köln zurück.

Dr. Julius Simons, um 1925
Veronika Simons geborene Mohl, um 1938

Die Synagoge, die über den ersten und zweiten Stock reichte, umfasste 240 Sitze für Männer und auf einer Empore im zweiten Stock weitere 100 Sitze für Frauen. Auf einer Erhöhung stand, »in eine Marmorwand eingebaut«, der Tora-Schrein, zu dem einige Marmorstufen hinaufführten. Der Schrein war im Innern durch Einlegearbeiten verziert und beherbergte die Tora-Rollen der Gemeinde mit ihren Gold- und Silberkronen, Tora-Schildern und Tora-Zeigern. In der Mitte des Raums stand der Almemor, »ein in Holz aufgebautes Viereck« mit einer hölzernen, reich verzierten Brüstung.

Ihren über Jahrhunderte tradierten Schatz an rituellen Gegenständen und Objekten der Innenausstattung hatte die Gemeinde 1915 aus der alten Synagoge mit in den Neubau genommen, wo einiges weitergenutzt, anderes als Erinnerung an die eigene Geschichte aufbewahrt wurde. 1925 lieh die Gemeinde eine Reihe ihrer Kultgegenstände für die Jahrtausend-Ausstellung der Rheinlande in der Köln-Deutzer Messe aus. In den Jahren danach tauchten einzelne Objekte im Antiquitätenhandel auf und wurden für das in Köln geplante Rheinische Museum angekauft (siehe S. 275 ff.). Diese Gegenstände gehören heute zur Judaica-Sammlung des Kölnischen Stadtmuseums, einige von ihnen sind dort in der Dauerausstellung zu sehen.

Memorbuch der Deutzer Gemeinde

Die Geschichte des Hauses Reischplatz 6 als Synagoge und Gemeindezentrum war im November 1938 beendet. Während des Pogroms drangen SA-Männer in die Synagoge ein, legten Feuer und zertrümmerten die gesamte Einrichtung. Innenausstattung, Mobiliar und rituelle Gegenstände wurden zerstört oder geraubt, die Tora-Rollen zum Teil verbrannt, zum Teil in Stücke gerissen. Ernst Simons berichtete, dass seine Mutter einige Stücke von Tora-Rollen auf dem Deutzer jüdischen Friedhof beerdigte, einige Stücke auf die Flucht in die Niederlande mitnahm.

Die aus der Synagoge geraubten Gegenstände sind bis heute verschwunden. Nur der wohl älteste überlieferte Gegenstand der Gemeinde tauchte unvermittelt wieder auf: das 1581 begonnene Deutzer Memorbuch, eine in Leder gebundene, in hebräischer Schrift und Sprache verfasste Pergamenthandschrift, in der Gebete sowie Ereignisse und Biographien wichtiger Personen vermerkt waren. Bei der Zerstörung der Synagoge an der Freiheitstraße durch die Eisflut des Jahres 1784 war die Handschrift zwar beschädigt worden, blieb aber schließlich bis zum Novemberpogrom mehr als 350 Jahre im Gemeindebesitz. Nachdem sie als verschollen gegolten hatte, wurde sie

1971 in einem Amsterdamer Antiquariat zum Verkauf angeboten und von der Bibliotheca Rosenthaliana in Amsterdam erworben. Wie das Memorbuch die NS-Zeit überdauerte und auf welchen Wegen es an das Antiquariat gelangte, ist ungeklärt.

Reischplatz 6 als Sitz der Polizei, Mitte der 1980er Jahre

Das Gebäude Reischplatz 6 wurde während des Pogroms nicht völlig zerstört, sondern blieb in den Außenmauern und Teilen der inneren Struktur erhalten. 1939 wurden Grundstück und Gebäude vom Deutschen Reich beschlagnahmt und an die Kölner Polizeiverwaltung vermietet. Kurz darauf erfolgten rigorose Umbauten: Im Bereich des Betraums wurden neue Zwischendecken eingezogen und die Räume, wohl in allen Stockwerken, neu aufgeteilt. Um 1940/41 wurde das Gebäude Sitz des 19. Polizeireviers.

Trotz Beschädigungen durch Bomben wurde das Gebäude, auch über das Kriegsende hinaus, durch die Polizei genutzt. Nachdem Grundstück und Gebäude nach 1945 zunächst im Auftrag des Amtes für gesperrte Vermögen von einer Kölner Grundstücksgesellschaft verwaltet worden waren, kam es 1957 im Rahmen der Rückerstattung zu einem Vergleich, in dem das Land Nordrhein-Westfalen die Eigentumsrechte von der Jewish Trust Corporation, der nach dem Krieg entstandenen Institution zur Vertretung jüdischer Interessen, erwarb.

Eine intensive Prüfung des gesamten Baus durch den Landeskonservator 2007 ergab, dass zwar einige Relikte – so vor allem das Treppengeländer – auf den Umbau um 1940 verweisen, jedoch weder im Äußeren noch im Inneren des Gebäudes Spuren der ursprünglichen Nutzung erkennbar sind. Das Haus wurde daher nicht unter Denkmalschutz gestellt. Der Novemberpogrom und die daran anschließenden, von den Behörden beauftragten Umbauten haben somit die jüdische Tradition des Hauses dauerhaft zerstört.

Nach dem Erwerb des Gebäudes durch private Investoren Ende 2007 und dem Auszug der Polizeistelle Anfang 2010 wurde das Gebäude zu einem Mehrfamilienhaus umgebaut. Zwei Stolpersteine vor dem Gebäude erinnern an Veronika und Julius Simons.

Rechts um den Reischplatz gelangen wir zum nahe an der Ecke Deutzer Freiheit gelegenen Haus Reischplatz 1, das um 1913, kurz vor dem Bau der Synagoge, fertiggestellt wurde.

oben: Nachbarschaftskinder in Deutz, 3. von links: Fritz Grünberg, um 1930
unten: Stolpersteine für Sally und Paula Grünberg im Gehweg vor dem Haus Reischplatz 1

2 Reischplatz 1; Familie Grünberg

Die Hausfassade mit Erker und Spitzgiebel ist bis auf Veränderungen im Erdgeschoss noch weitgehend im ursprünglichen Zustand erhalten. Vor dem Haus liegen zwei Stolpersteine zum Gedenken an das Ehepaar Sally und Paula Grünberg, die hier bis 1933 mit ihren beiden Kindern wohnten. Die Familie zog in den nächsten Jahren mehrfach um. 1938 starb die Tochter, Sohn Fritz konnte im Oktober 1939 nach Chile emigrieren. Sally und Paula Grünberg fanden jedoch keine Möglichkeit zur Emigration. 1941 wurden sie in eines der Kölner Ghettohäuser eingewiesen und im Oktober 1941 vom Bahnhof Deutz-Tief nach Litzmannstadt/Lodz deportiert. Sally Grünberg starb dort vermutlich im August 1942, Paula Grünberg wurde im September in das Vernichtungslager Kulmhof verschleppt und ermordet.

Eigentümer des Hauses Reischplatz 1 war der jüdische Kaufmann Fedor Samuel, der mit seiner Frau Selma geborene Caspary in der Innenstadt wohnte, wo sie eine Modewarenhandlung führten. Fedor Samuel starb 1933, seine Frau musste um 1941 in ein Ghettohaus im linksrheinischen Köln ziehen; kurz darauf wurde sie in das Sammellager Köln-Müngersdorf eingewiesen, im Juli 1942 von Deutz-Tief aus nach Minsk deportiert und ermordet. Das Haus Reischplatz 1 war bereits Mitte der 1930er Jahre an einen nicht jüdischen Interessenten verkauft worden.

Wir biegen nun nach links in die Deutzer Freiheit – früher Freiheitstraße – ein und folgen ihr in Richtung Rhein.

Modewarenhandlung Fedor Samuel, Glockengasse/Ecke Herzogstraße, um 1920

Viertel um die Deutzer Freiheit/ Freiheitstraße, um 1905

3 Deutzer Freiheit, Freiheitstraße; Familie Dülken

In den meist recht schmalen Straßen der Deutzer Altstadt lebten im Laufe der Jahrhunderte viele jüdische Einwohner. Zu ihnen gehörte auch die Familie Dülken, deren männliche Mitglieder als Händler und Lehrer, Metzger, Barbiere, Musikanten und Bäcker, als Kaufleute, Schuhmacher und Fabrikanten tätig waren. Am Leben dieser Familie lässt sich die wechselhafte Geschichte der jüdischen Deutzer anschaulich nachzeichnen.

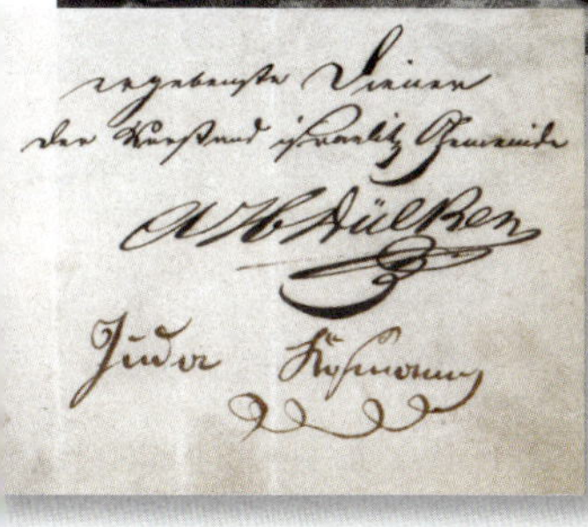

Anselm Heinrich und Jeanette Dülken mit ihren Kindern, um 1866
links: Unterschriften der Gemeindevorstände Anselm Heinrich Dülken und Juda Cossmann, um 1850
rechts: Jeanette Dülken, um 1850 *unten:* Isidor Dülken, um 1912

Nehmen wir das Jahr 1885 als Ausgangspunkt. In der rechtsrheinischen Region hatte die Industrialisierung eingesetzt, die Bevölkerung nahm zu, und auch in Deutz und dem Umland zeigte sich ein wirtschaftlicher Aufschwung. Zugleich wanderten viele alteingesessene Einwohner in das linksrheinische Köln ab, eine Entwicklung, wie sie sich schließlich auch in der Familie Dülken vollzog.

1885, kurz vor der Eingemeindung von Deutz in die Stadt Köln, wohnte im Haus Freiheitstr. 65 der Kaufmann Anselm Heinrich Dülken mit seiner Familie; seine erwachsenen Söhne und Teilhaber der gemeinsamen Firma, Joseph und Isidor, lebten in der Karlstr. 34 und 48. Haus und Geschäft seines Bruders, des Metzgermeisters Joseph Moises Dülken, befanden sich nicht weit davon entfernt in der Siegburger Str. 73. Keines dieser Häuser ist heute noch erhalten.

Die Brüder Anselm Heinrich und Joseph Moises Dülken gehörten zur fünften Generation der Familie Dülken in Deutz, zu deren weitläufigen Verwandten auch Heinrich Heine zählte. Der erste in Deutz ansässige männliche Vorfahr und Namensgeber der Familie, Joseph Dülken, war um 1700 zugezogen und hatte die hier geborene Feigel Rachel geheiratet, Witwe eines »Judendoktors« und selbst als Augenärztin bekannt. In der weiblichen

oben: Joseph Moises Dülken und Henriette Dülken geborene Bähr, um 1880 *rechts:* Kölner Adressbuch 1937

1837 **A. H. Dülken & Cie.** Gesellschaft mit beschränkterHaftung(Geschäftsf.: Karl Dülken, Köln u. Ernst Dülken, Frankfurt a.M.), Holzgroßhandlung, Hobelwerk u. Parkettfabrik, Hauptstr. 186. ☎ 2441.

Linie war die Familie damit weit länger in Deutz ansässig. Joseph Dülken war ein angesehenes Gemeindemitglied und Vertreter der kurkölnischen Judenschaft, sein Sohn Abraham amtierte zeitweise als Vorsteher der Deutzer Gemeinde. Während der Sohn Abrahams, Joseph Dülken, »Schulgelehrter« war, verdiente dessen Sohn Moses Dülken, der Vater von Anselm Heinrich und Joseph Moises, seinen Lebensunterhalt als Bäcker.

Betrachten wir zunächst die Biographien des 1808 geborenen Anselm Heinrich und seiner Nachkommen. Anselm Heinrich Dülken gründete 1837 ein Handelsgeschäft, das an die Bauern der Umgebung Guano aus Chile sowie Woll- und Baumwollwaren verkaufte, schon bald aber auch in den Holzhandel einstieg und diesen Bereich schließlich zum wichtigsten Betriebszweig ausbaute. In den folgenden Jahrzehnten konnte die Firma A. H. Dülken & Cie., »Holz- und Bordhandlung, Knochen und künstliche Düngemittel«, Sitz Freiheitstr. 65, kontinuierlich expandieren. Anselm H. Dülken, der zeitweise als Deutzer Stadtverordneter und viele Jahre als Vorsitzender der Deutzer jüdischen Gemeinde amtierte, starb 1887 und wurde auf dem

Eva Capell geborene Dülken mit ihrer Enkelin Lore, um 1921

Deutzer jüdischen Friedhof bestattet. Die Leitung der Firma übernahmen seine Söhne, die den Betrieb bald in die südliche Kölner Neustadt verlegten und auch selbst in das linksrheinische Köln zogen. Nach dem frühen Tod Josephs übernahm Isidor Dülken das Unternehmen. 1897 kaufte er in Porz, also wieder im Rechtsrheinischen, ein direkt am Rhein liegendes Grundstück, um hier ein modernes Hobel- und Sägewerk zu errichten. Als Isidor Dülken 1932 starb, wurde die inzwischen international tätige Firma von seinen beiden Söhnen weitergeführt. 1937 sahen sie sich gezwungen, das Unternehmen zu verkaufen und mit ihren Familien zu emigrieren. Den gesamten Verkaufspreis beschlagnahmten die NS-Behörden.

Während Anselm H. Dülken und seine Nachkommen zu erfolgreichen Unternehmern wurden, verblieb die Familie seines Bruders Joseph Moises Dülken in eher kleinbürgerlichem Milieu. Joseph Moises, geboren 1813, war Metzgermeister und führte mit seiner Frau Henriette in der Siegburger Str. 73 ein Geschäft, das von den Kindern des Ehepaars schließlich bis um 1930 betrieben wurde. Die 1856 geborene Tochter des Ehepaars Dülken, Eva, heiratete den Schuhmacher Hermann Capell und zog mit ihm ins linksrheinische Köln. Auch deren Tochter Else, geboren 1882, blieb nach ihrer Heirat im Linksrheinischen, ebenso Elses 1917 geborene Tochter Lore. Nach 1933 gelang weder Eva Capell und ihrer Tochter Else, beide inzwischen verwitwet, noch Lore die Emigration. Eva Capell wurde nach Theresienstadt verschleppt und ist verschollen. Else und Lore deportierte man in das Ghetto Riga. Sie überlebten Konzentrationslager und Zwangsarbeit und emigrierten nach kurzer Rückkehr nach Köln 1947 nach Palästina. Lore zog um 1957 wieder nach Köln zurück und eröffnete mit ihrem Mann eine Metzgerei in der Innenstadt. Sie starb 1998 in Köln und wurde auf dem Jüdischen Friedhof Köln-Bocklemünd beerdigt.

Am Ende der Deutzer Freiheit, links seitlich der Brückenauffahrt, machen wir halt.

4 Deutzer Freiheit/seitlich der Brückenauffahrt; Freiheitstr. 4, bis 1914 Synagoge

Unser Standort hat wie das gesamte Areal an der Deutzer Brücke keine Ähnlichkeit mehr mit den Straßen und Häuserfronten des 18. oder 19. Jahrhunderts, als sich hier, ungefähr in der Mitte der jetzigen Auffahrt zur Brücke,

oben: Blick auf Deutz und Köln; ganz links: Synagoge, um 1840 (siehe Ausschnitt)
rechts: Vorderhaus und Blick auf das Obergeschoss der Synagoge, um 1900

die Synagoge der Deutzer Gemeinde befand. Wann genau sie gebaut wurde, ist bislang ungeklärt. Belegt ist der Synagogenbau an der Deutzer Freiheit erst seit dem 17. Jahrhundert, möglicherweise aber hatte sie an diesem Standort schon eine lange, bis ins 15. Jahrhundert zurückreichende Geschichte. Weder zu Architektur noch Innenausstattung dieser frühen Synagoge sind Angaben überliefert, doch war sie mit Sicherheit ein einfacher Bau mit schlichter Einrichtung, der vermutlich auch Räume zu Schul- und Wohnzwecken umfasste. Der Zeitpunkt der Zerstörung dieser frühen Synagoge lässt sich genau datieren: Es war der 27./28. Februar 1784, als Deutz wie das gesamte Umland von einem verheerenden Hochwasser getroffen wurde. Neben vielen anderen Gebäuden wurde auch die Deutzer Synagoge durch die Wucht von Wasser und Eis zerstört. Das Mobiliar, viele liturgische Gegenstände, Gebetbücher und Textilien wurden vernichtet oder schwer beschädigt.

Schon kurz nach der Katastrophe entschloss sich die Deutzer Gemeinde, am gleichen Standort eine neue Synagoge zu errichten. Der 1786 eingeweihte Neubau, dessen Architekt unbekannt ist, bestand aus zwei Gebäuden. Ein zweigeschossiges, unscheinbares Vorderhaus, in dem Schul- und Wohnräume untergebracht waren, lag mit dem Giebel zur Freiheitstraße. Dahinter, von der Straße nur durch das Vorderhaus zu betreten, befand sich die Syn-

Blick auf die Synagoge nach Abbruch des davorliegenden Gebäudes, 1884

Der Mülheimer jüdische Lehrer und Historiker Carl Brisch schrieb zur Katastrophe des Februars 1784: »In Deutz floh der größte Theil der Stadtbewohner in die Benediktiner-Abtei. [...] [Auch die jüdischen Einwohner] ließen um Aufnahme in der Abtei anfragen, die ihnen bereitwilligst gewährt wurde. Die Mönche wiesen ihnen Zimmer an und theilten Brod, Butter und Trinkwasser mit ihnen. Am Freitag vor Tagesanbruch (5. Adar = 28. Februar) wagten sich einige beherzte Männer in die Synagoge hinüber und es gelang ihnen, dreizehn Thorarollen zu retten, mit denen sie den Rückweg über die Dächer der benachbarten Häuser nahmen. Am Sabbathnachmittag sah man die Synagoge bis auf den Grund zusammenstürzen. [...] Unter fürchterlichem Getöse und donnerähnlichem Krachen löste sich am Sabbat Mittag 12 Uhr die Eisdecke des Stromes, der Rhein floß wieder abwärts und das Wasser fiel zusehends. [...] Nach einigen Tagen war der Rhein wieder in sein Bett zurückgekehrt. Die Flüchtlinge konnten ihre Wohnungen, soweit diese stehen geblieben, wieder aufsuchen.[8]

Der auf dem Aquarell abgebildete Tora-Vorhang aus cremefarbener Seide, verziert mit Blumenranken, stammt aus der zweiten Hälfte des 18. Jahrhunderts. Eine mit Silberlitze eingefasste Applikation zeigt die Krone der Tora, mit der Abkürzung »Keter Tora« (Krone der Tora). Der Vorhang befindet sich heute im Bestand des Kölnischen Stadtmuseums, wird dort aber aus konservatorischen Gründen nicht ausgestellt.

linke Seite oben: Deutzer Synagoge, um 1910 *darunter:* Innenraum der Synagoge, 1914
rechts: Tora-Vorhang aus grüner Seide mit farbigen Applikationen und Stickereien aus der Deutzer Synagoge, 1781

agoge – ein schmaler, verputzter Backsteinbau, dessen Mansardendach das Vorderhaus überragte.[9] Hohe rundbogige Fenster im Obergeschoss, im Osten zusätzlich ein durch ein Sternornament verziertes Rundfenster gaben dem Bau ein prägnantes Aussehen. Von der Straße aus konnte nur sein Dreiecksgiebel, der mit zwei Davidsternen gekrönt war, gesehen werden, zum Rhein – nach Westen hin – jedoch war die Synagoge zunächst frei zu erkennen. Erst Mitte des 19. Jahrhunderts wurde sie durch den Bau eines Hotels auch nach dieser Seite hin verdeckt. Nach Niederlegung des Hotels um 1884 stand sie wiederum einige Zeit frei, bis sie schließlich teilweise hinter dem neu gebauten Eisenbahndamm verschwand.

Der eigentliche Synagogenraum lag im ersten Stock und war durch ein Treppenhaus zu erreichen, das Vorderhaus und Synagogenbau verband. Die Treppe führte somit zu dem fast quadratischen Schulzimmer im ersten Stock des Vorderhauses wie auch in den auf gleicher Höhe liegenden, rechteckigen, etwa 55 Quadratmeter großen und sieben Meter hohen Synagogenraum. Über das Treppenhaus gelangte man zudem zur Frauenempore, die sich als Galerie an drei Seiten des Innenraums entlangzog.

Ebenso wie die Gesamtarchitektur war das Synagogeninnere einfach gestaltet. Es war geprägt durch eine leicht gewölbte Decke, wenige Stuckaturen und eine schlichte Farbgebung der Wände. Der Tora-Schrein an der Ostwand, »ein in das Mauerwerk teilweise eingelassener, durch Flügeltüren verschließbarer Schrank« mit »portalartiger Architektur«,[10] wurde auf beiden Seiten von Säulen flankiert und durch das über ihm liegende Rundfenster mit farbiger Glasverzierung betont. In einer Kartusche hieß es in hebräischer Inschrift: »Bedenke, vor wem du stehst, vor Gott, dem König aller Könige, dem Heiligen, gepriesen sei sein Name«. Der Almemor stand auf einem erhöhten Podest in der Raummitte, die Sitze für die Männer waren schlichte Bänke, an den Wänden ließen sich Betpulte herunterklappen.

Synagoge Deutzer Freiheit, vermutlich kurz vor dem Abriss, um 1913 *rechts:* Auffahrt der neuen Köln-Deutzer Brücke, im Vordergrund links der ehemalige Standort der Synagoge, um 1915

Trotz ihrer Schlichtheit bot die Synagoge eine eindrucksvolle, intime Stimmung, die auf einem harmonischen Zusammenwirken von hohem Raum, einfallendem Licht und einzelnen, mit reichen Ornamenten verzierten Ausstattungsstücken beruhte. Zur Ausstattung gehörten das Ewige Licht, verschiedene Leuchter sowie kunstvoll gearbeitete Objekte zum Schmuck des Tora-Schreins und der Tora-Rollen. Neben silbernen Tora-Schildern, -Zeigern und -Kronen besaß die Gemeinde eine große Anzahl von Textilien – Tora-Vorhänge, -Mäntel und -Wimpel –, die sie im Laufe der Jahrhunderte durch Stiftungen ihrer Mitglieder erhalten hatte.

Synagoge und Schulgebäude, die bereits in sehr schlechtem baulichen Zustand waren, mussten 1914 abgerissen werden, um Raum für die Auffahrt der neuen Köln-Deutzer Hängebrücke zu schaffen. Beim Abbruch der Bauten fand man unter dem Eingangsbereich des Schulhauses eine Mikwe, ein rituelles Reinigungsbad, das durch die Überschwemmung von 1784 verschüttet und in Vergessenheit geraten war. Stattdessen hatte man »eine einfache gemauerte Wanne auf dem Hof« als Ritualbad genutzt. Der ursprüngliche Zugang des alten Bades, eine steile Treppe, führte mit 25 Stufen sechs Meter unter das Straßenniveau. Dort befand sich ein Badebecken, das von einem niedrigen Gewölbe überspannt war und durch Grundwasser überflutet wurde. Die einfache Badanlage ließ, so ihre Entdecker, auf »hohes Alter« schließen, ihre Anfänge reichten also möglicherweise bis ins 15. Jahrhundert, in die früheste Zeit der Deutzer jüdischen Gemeinde, zurück. Diese Mikwe ist heute nicht mehr dokumentiert, doch könnte sie noch unterhalb der Brückenrampe existieren – falls sie nicht im Krieg oder während der Brückenerweiterung in der Nachkriegszeit zerstört wurde.

»Haus der Rheinischen Heimat«, um 1936

Wir gehen durch die Fußgängerunterführung unter der Brückenauffahrt her, steigen die Treppe zur Brücke hinauf und erreichen circa 100 Meter weiter die Treppe zum Kennedy-Ufer, dem wir bis zu unserer nächsten Station, dem Ende der 1950er Jahre errichteten Landeshaus, folgen.

5 Kennedy-Ufer 2, Landeshaus des Landschaftsverbands Rheinland; ehemals Rheinisches Museum und »Haus der Rheinischen Heimat«

Wir erinnern an dieser Stelle an eine Ausstellung, die **nicht** gezeigt wurde – an die nach der Jahrtausend-Ausstellung der Rheinlande 1925 (siehe S. 284 ff.) entstandene Sammlung zur Geschichte des rheinischen Judentums, die innerhalb eines geplanten Rheinischen Museums präsentiert werden sollte.

Der Gedanke, in Köln ein landesgeschichtliches Museum zur Geschichte des Rheinlands zu schaffen, war in der Eröffnungsfeier der Jahrtausend-Ausstellung geäußert und von Oberbürgermeister Konrad Adenauer sofort aufgegriffen worden. Bereits 1926 beschloss der Rat der Stadt die Errichtung eines Rheinischen Museums, sodass mit der konkreten Planung und dem Erwerb von Ausstellungsobjekten begonnen werden konnte. Trotz heftiger Auseinandersetzungen um die Struktur des Museums herrschte in der Zielsetzung rasch Einigkeit – das neue Museum sollte als patriotisches und publikumswirksames Prestigeobjekt Kölns die Entwicklung der Rheinlande modern und zugleich volkstümlich präsentieren. Geschichte und Kultur des rheinischen Judentums sollten in das Gesamtthema des Museums integriert und entsprechend dem 1930 vorgelegten Konzept gemeinsam mit katholischer und evangelischer Kirche in der Abteilung »Religiöse Kultur der Rheinlande« dargestellt werden.

Der Großteil der von 1926 bis 1932 systematisch zusammengetragenen Gegenstände zu jüdischem Kultus, Brauchtum und Alltag, von denen man einige schon in der Jahrtausend-Ausstellung gezeigt hatte, wurde nicht von privat, sondern über den Kunsthandel erworben. Nur wenige Objekte stammten aus dem Besitz Kölner jüdischer Familien, so etwa Beschneidungsbuch und -messer des 1924 verstorbenen Kantors der Kölner Synagogen-Gemeinde, Isidor Blumenthal. Aus der jüdischen Gemeinde Deutz jedoch gelangte eine ganze Anzahl kultischer Geräte und Textilien in die Be-

von links oben nach rechts unten:
Kiddusch-Becher; Silber, zum Teil vergoldet, 17. Jahrhundert / Hochzeitsring; Silber, vergoldet, 19. Jahrhundert / Hochzeitsring; 16./17. Jahrhundert / Lehrbüchlein für das Schächten und die Untersuchung des Fleisches, 1803/04

von oben nach unten: Kleines Gebetbuch / Besomim-Büchsen (Gewürzbüchsen); links: Silber, zum Teil vergoldet, 19. Jahrhundert; rechts: Silber, 1777 / Tora-Schild; Silber vergoldet, Anfang 19. Jahrhundert

stände des geplanten Museums. Eine der wichtigsten Quellen für den Ankauf der Judaica war ein Kölner Händler, von dem das Museum mehrfach auch Kultgegenstände aus der Deutzer Synagoge erwarb oder auch als Schenkung erhielt, so 1926 unter anderem zwei Tora-Vorhänge und »2 Thora Mäntel in gemusterter Seide, 2 Thora Mäntel in braunem Samt«,[11] aber auch zahlreiche andere Objekte – Schofarhörner, Schabbat- und Chanukka-Leuchter, Tora-Schilder, -Zeiger und -Kronen, die möglicherweise ebenfalls aus der Deutzer Gemeinde stammten. Wer den Händler mit dem Verkauf der Objekte beauftragt oder von wem er sie angekauft hatte, ist nicht bekannt.

Als Standort des neuen Rheinischen Museums wählte man die unmittelbar am Rhein gelegene ehemalige Kaserne des Kürassierregiments. 1927/28, in der Vorbereitung zur Internationalen Presse-Ausstellung, wurden die Gebäude so umgestaltet, dass sie nach dieser Ausstellung als Sitz des Rheinischen Museums verwendet werden konnten. Es entstand ein umfangreicher Bau mit großen Ausstellungsflächen, der zum Rhein hin eine repräsentative Ansicht bot. Die Realisierung des Rheinischen Museums im neuen Gebäude zögerte sich allerdings durch die schwierige Finanzlage der Stadt hinaus, sodass es auch Ende 1932 noch nicht fertiggestellt war.

Kurz nach der Machtübernahme der Nationalsozialisten 1933 begannen die neuen Machthaber, das Museumsprojekt in ihre Kulturpolitik einzubeziehen. In einem von den wissenschaftlichen Ausstellungsplanern äußerst willig geleisteten Prozess der Umdeutung

wurde das bisherige Konzept den Vorstellungen der NS-Ideologie angepasst und rheinische Geschichte im Sinne völkischer und rassistischer Ideen uminterpretiert. Im Mai 1936 schließlich fand in Anwesenheit von Reichspropagandaminister Goebbels die Eröffnung des Museums statt, nun unter dem Namen »Haus der Rheinischen Heimat«. Das Museum, das in der ursprünglichen Planung die kulturelle und konfessionelle Vielfalt der Region hatte dokumentieren sollen, war, wie es bei der Eröffnungsfeier hieß, eine »neue Stätte germanischer rheinischer Kultur« geworden. In dieser Darstellung hatte die Geschichte des Judentums keinen Platz mehr. Die Judaica-Sammlung war daher im »Haus der Rheinischen Heimat« nicht zu sehen, sie wurde jedoch auch nicht diffamierend gezeigt, verkauft oder zerstört.

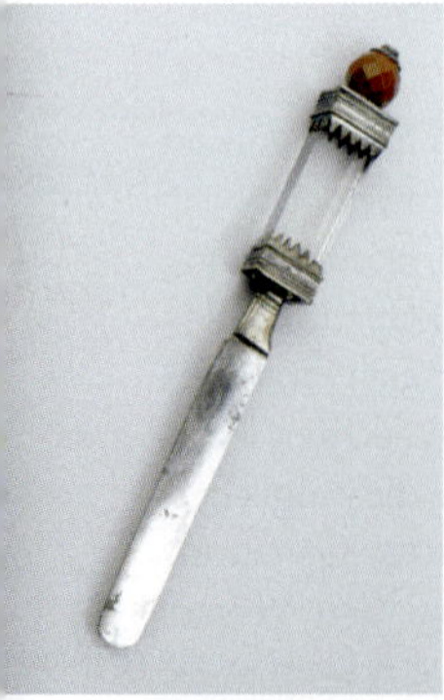

Bei Kriegsausbruch im September 1939 wurde das Museum geschlossen. In seinen Räumen fanden in der Folgezeit vor allem Veranstaltungen der Messe statt, da

das Messegelände zur Einrichtung verschiedener Lager genutzt wurde. Nach der fast völligen Zerstörung der Gebäude durch Bomben Mitte 1943 war die Tätigkeit des »Hauses der Rheinischen Heimat« beendet. Der Bestand des Museums, den man nach Kriegsbeginn ausgelagert hatte, blieb weitgehend erhalten, und auch die Judaica-Sammlung überdauerte so bis auf wenige Objekte den Krieg.

Zur Eröffnung des »Hauses der Rheinischen Heimat« im Mai 1936 erklärte Oberbürgermeister Riesen: »Vielleicht gelingt es uns hier, wo wir stehen, auf der rechten Rheinseite, wo der römische Eroberer vor 2.000 Jahren seine Vorposten hinstellte zur Wacht gegen die Germanen und ihre Kraft, hier nun in den Tagen Adolf Hitlers ein neues Vorpostenwerk zu schaffen für die Germanen, eine neue Stätte germanischer, rheinischer Kultur als Monument unsrer Kraftentfaltung durch fast zwei Jahrtausende, eine Museumsstadt, nicht das Ungetüm eines einzigen Museums, nein, einen stillen, weihevollen Tempelbezirk mit einzelnen Gebäuden in unserm schlichten, neuen architektonischen Stil, eine Via triumphalis rheinischen, deutschen Geistes hier auf den Trümmern der alten römischen Zwingburg, ein Zeichen und ein Bild des geistigen Ringens unsres Volkes um sein Leben, seine Freiheit und seine Größe.«[12]

linke Seite, von oben nach unten: **Rimmonim (Aufsätze der Tora-Rollen); Silber, zum Teil vergoldet, Mitte 19. Jahrhundert / Beschneidungsmesser; Griff aus Bergkristall in Silber gefasst, mit einer Verzierung aus Achat, um 1700 / Tora-Mantel von 1752 aus Seide mit der Darstellung von zwei Löwen, die Krone der Tora haltend, in der Mitte ein rituelles Waschgerät /** *rechts:* **»Haus der Rheinischen Heimat«, kriegszerstört, 1945**

Nach 1945 wurde ein spezielles Rheinisches Museum nicht mehr realisiert, die Judaica-Sammlung ging mit dem Großteil der gesamten Bestände an das Kölnische Stadtmuseum über. Diese, für das Rheinische Museum gesammelten Kultgegenstände, unter ihnen eine Anzahl von Objekten aus der Deutzer Gemeinde, bilden heute den Schwerpunkt der im Stadtmuseum gezeigten Präsentation zum Thema Judentum (siehe S. 118 ff.).

Unser Weg führt weiter am Rhein entlang, unter der Hohenzollernbrücke hindurch bis zum Messegelände.

6 Die Kölner Messe

Die Kölner Messe mit ihrem weitläufigen Areal hat auf mehrfache und sehr unterschiedliche Weise eine Verbindung zur jüdischen Geschichte: Hier fanden drei große Ausstellungen statt, die der Öffentlichkeit auch verschiedene Aspekte jüdischer Religion und Kultur präsentierten: die Werkbund-Ausstellung 1914, die Jahrtausend-Ausstellung 1925 und die Internationale Presse-Ausstellung 1928. Nur wenige Jahre später wandelte sich die Messe unter dem nationalsozialistischen Regime zu einem Ort antisemitischer Propaganda und Verfolgung.

Die Entscheidung zur Gründung einer Messe in Köln, für die sich vor allem Oberbürgermeister Konrad Adenauer eingesetzt hatte, wurde 1922 getroffen. Als Messegelände wählte man ein Terrain auf dem rechten Rheinufer, das durch die Nähe zum Bahnhof Deutz eine günstige Anbindung an das Fern-

Messegelände, um 1924

verkehrsnetz bot. Zudem hatte hier mit der Werkbund-Ausstellung einige Jahre zuvor eine erste bedeutende Ausstellung stattgefunden. Die Kölner Messe, die bei ihrer Eröffnung 1924 zu den größten Ausstellungszentren im Deutschen Reich gehörte, wurde rasch zu einem wirtschaftlichen Mittelpunkt, sodass die Anlagen schon einige Jahre darauf, in Vorbereitung der Internationalen Presse-Ausstellung 1928, erweitert wurden. Neubauten wurden errichtet, das bestehende Hauptgebäude durch einen mit Pfeilern gestützten Umgang vergrößert, die Fassade vertikal gegliedert und mit braunroten Ziegeln verkleidet. Zusammen mit dem Bau eines Messeturms verliehen die Umgestaltungen der Messe schließlich ihr bis heute unverwechselbares Aussehen.

Ausstellungen auf dem Messegelände Köln-Deutz; Deutsche Werkbund-Ausstellung Cöln 1914; Werkbund-Synagoge

1907 wurde in München der Deutsche Werkbund gegründet, ein Forum für Architektur, Kunst und Industrie, das angesichts von Massenkonsum und industrieller Produktion Wege zu einer neuen Ästhetik und zu neuen Formgebungen suchte. Ausstellungsort der ersten programmatischen Präsentation des Werkbunds 1914 wurde Köln-Deutz. Auf bis dahin unbebautem Terrain sowie einem Teil der niedergelegten Festungsanlagen zwischen Hohenzollernbrücke und Mülheimer Brücke, heute ein Teil des Rheinparks und der Messe, zeigte der Bund ein weites Spektrum von Gebäuden, Möbeln und Gebrauchsgegenständen. Mehr als 50 zum Teil einzeln stehende Bauten,

unter ihnen auch Gebäude von Henry van de Velde und Walter Gropius, wurden auf dem weitläufigen Gelände errichtet und gaben einen Einblick in die zeitgenössische marktorientierte Produktion, aber auch in Konzeptionen der Avantgarde.

Das zentrale Thema der Ausstellung – Raumgestaltung und künstlerische Ausstattung von Räumen – wurde in der Haupthalle präsentiert, die fast 250 verschiedene Abteilungen enthielt. Eine dieser Abteilungen befasste sich mit »kirchlicher Raumkunst« und zeigte neben den Innenräumen einer evangelischen und einer katholischen Kirche auch eine Synagoge mit Vorhalle und Hauptraum.

Die Werkbund-Synagoge war nach einem Entwurf des bekannten jüdischen Bildhauers und Designers Friedrich Adler errichtet und nach seinen Vorgaben ausgestattet. Architektur, Innenausstattung, zwei große Glasfenster mit der Darstellung der zwölf Stämme Israels wie die ausgestellten, ebenfalls von Adler entworfenen Ritualgegenstände sollten ein künstlerisches Gesamtwerk bilden, in dem sich Tradition und Moderne auf harmonische Weise verbanden. Dabei zeigte sich trotz deutlicher Anklänge an den Art déco ein starker Einfluss durch Synagogenräume, wie sie sich in Deutschland in der zweiten Hälfte des 19. Jahrhunderts verbreitet hatten: Orientalisierende Stilformen, neoromanische Elemente und eine reiche Ornamentik dominierten, sodass sich eine stilistische Beziehung zwischen der Werkbund-Synagoge und der Kölner Synagoge in der Glockengasse von 1861 sowie in der Roonstraße von 1899 herstellen lässt.

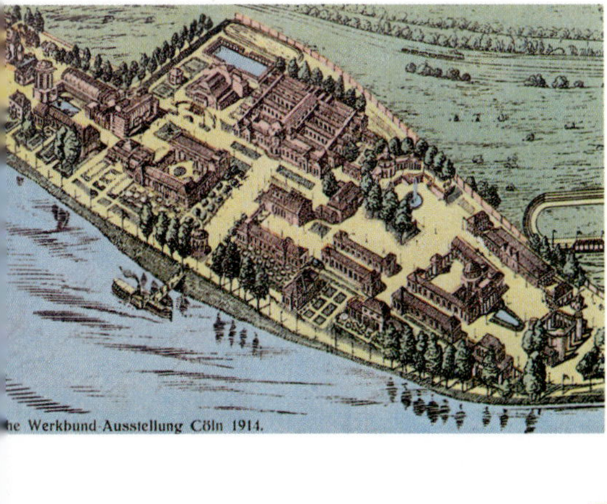

oben: Reklamemarke der Ausstellung
mitte: Der Katalog zur Ausstellung erschien im Verlag Rudolf Mosse, Köln, der zum Zeitungs- und Inseraten-Konzern der jüdischen Familie Mosse gehörte. Die Kölner Niederlassung befand sich in der Hohe Str. 52–58
links: Werkbund-Ausstellung, Lageplan

In einer jüdischen Zeitung hieß es zur Werkbund-Synagoge: »Der Eintritt zur Synagoge ist in Torform gehalten, mit etwas Anflug an den maurischen Stil, aufgebaut in schönen braunroten Terrakotten. [...] Der Innenraum: Weihe und Andacht bezeichnen die Stimmung, die mich sofort erfüllte. Ein weiches, gedämpftes Licht und eine freundliche, nirgends prunkende Ornamentik! Die Stirnwand der Synagoge, eine etwas romanische Rundung, mit reicher Goldbelegung um das Allerheiligste herum, über dem Allerheiligsten eine Wölbung, die wohl das Originellste dieses Idealtypes von Synagoge darstellen soll. Etwas mystisch verschleiert erscheinen hier die beiden Tafeln mit den 10 Worten [Zehn Gebote], und über denselben erhebt sich ein sphärisches Etwas, das, fast futuristischen Charakter tragend, blaugelbe Schattenstreifen auswirft, und wie ich später von einem Eingeweihten hörte, eine Ausstrahlung und Auslösung des grandiosen Gesetzesgedankens illustrieren soll. Außer dieser geheimnisvollen Künstelei ist alles andere klar und schön angelegt. [...] Von geradezu hervorragender Schönheit und künstlerischer Wirkung sind die beiden großen Seitenfenster, in denen die traditionellen Symbolisierungen der 12 Stämme in symmetrischer Weise verteilt sind. Hier spricht der denkende und formende Künstler eine belebende Sprache, und gut hat er es verstanden, den altjüdischen Geist der Versinnbildlichungen mit den ästhetischen Forderungen einer neuen Zeit in harmonischen Einklang zu bringen.«[13]

Die Einbeziehung jüdischer Kultur und Religion in eine Ausstellung, insbesondere eine Ausstellung mit übergeordneter Themenstellung und hohem Anspruch, war ein neues Phänomen, das von den jüdischen Zeitgenossen mit Genugtuung aufgenommen wurde. So hieß es in einer jüdischen Zeitschrift vom gleichen Jahr, die Werkbund-Ausstellung in Köln habe es geradezu als ein »officium nobile« (eine Ehrenpflicht) betrachtet, »der jüdischen Kultur eine Ausdrucksmöglichkeit zu geben, die die ethische Höhe und Lebenskraft derselben vor aller Augen kundtut«.[14]

Außer wenigen Fotografien ist von der Synagoge der Werkbund-Ausstellung nichts erhalten geblieben, da der Bau wie die meisten Ausstellungsbauten abgetragen wurde. Der Verbleib des Großteils der in ihr präsentierten Ausstattungsobjekte und Kultgegenstände ist unbekannt.

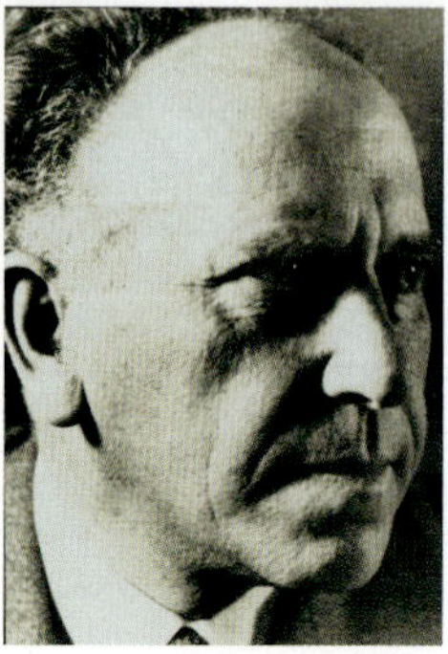

Friedrich Adler, geboren 1878 in Laupheim, war als Architekt, Bildhauer und Designer für Metall- und Textilgestaltung ein in vielen Bereichen erfolgreicher Künstler. Seine Arbeiten waren von Jugendstil und Art déco geprägt, enthielten aber auch expressionistische Elemente. Einige Jahre nach der Werkbund-Ausstellung schuf Adler die Entwürfe zu Fenstern für eine private Synagoge in Süddeutschland, in denen er erneut das Thema der zwölf Stämme Israels aufgriff. Anders als die Fenster der Werkbund-Synagoge ist diese expressiv gestaltete Arbeit erhalten und befindet sich heute im Museum of Art in Tel Aviv-Yafo. Friedrich Adler lehrte seit 1907 an der Kunstgewerbeschule in Hamburg, wo er eine Professur erhielt. 1933 wurde er zwangspensioniert, im Juli 1942 in das KZ Auschwitz deportiert und dort ermordet. Lange vergessen, wird das Werk Friedrich Adlers seit den 1990er Jahre wiederentdeckt.

oben: Hauptraum,
Blick zur Tora-Nische
links: Eingangshalle der
Werkbund-Synagoge

Jahrtausend-Ausstellung 1925; Juden und Judentum des Rheinlandes

Nicht lange nach der Eröffnung der Kölner Messe 1924 war sie Schauplatz einer Ausstellung, die als »Jahrtausend-Ausstellung der Rheinlande« zu einem Begriff wurde. Anlass war die sogenannte Tausend-Jahr-Feier, die mit Veranstaltungen in vielen rheinischen Städten die tausendjährige Zugehörigkeit des Rheinlands zum Deutschen Reich unterstreichen und Loyalität zum Reich propagieren sollte. Als Beitrag zu dieser Feier organisierte die Stadt Köln von Mai bis August 1925 in den Messehallen eine weit gespannte Präsentation von Geschichte, Wirtschaft, Politik, Kultur und Kunst der Rheinlande. Teil des Ausstellungskonzeptes war auch der religiöse Bereich, in dem katholische und evangelische Kirche sowie jüdische Religion und Kultur präsentiert werden sollten. Von insgesamt 91 Räumen befassten sich schließlich 14 mit der Geschichte der christlichen Kirchen, zur Darstellung von »Juden und Judentum des Rheinlandes« standen drei Räume zur Verfügung. Mit Konzeption und Organisation der jüdischen Abteilung wurden Dr. Adolf Kober, Historiker und Rabbiner der Synagogen-Gemeinde Köln, und Dr. Elisabeth Moses, Kunsthistorikerin und wissenschaftliche Mitarbeiterin am Kölner Kunstgewerbemuseum, beauftragt.

Dr. Elisabeth Moses wurde 1894 als Tochter des Kölner Arztes Dr. Salli Moses geboren. Nach Studium und Promotion in Kunstgeschichte erhielt sie 1920 eine Anstellung am Kölner Kunstgewerbemuseum, an dessen Neukonzeption sie beteiligt war. Seit 1925 war sie für die Textil- und Porzellansammlung des Kunstgewerbemuseums wie auch für die Abteilung Alte Gemälde im Wallraf-Richartz-Museum zuständig. Nach ihrer Mitarbeit an der Jahrtausend-Ausstellung war sie 1928 auch an der Gestaltung des jüdischen Pavillons auf der Kölner Pressa beteiligt. 1933 wurde Dr. Moses aus dem öffentlichen Dienst entlassen, 1934 verließ sie Deutschland und emigrierte in die USA. In San Francisco arbeitete sie am De Young Museum, für das sie verschiedene Ausstellungen konzipierte. Sie starb 1957 in San Francisco.

oben: Reklamemarke der Ausstellung, 1925
links: Jüdische Abteilung, Blick in einen der Räume

Die Planung der jüdischen Abteilung bedeutete eine große Herausforderung, denn anders als in der Ausstellung des Werkbundes ging es nicht um die bloße Gestaltung eines Synagogenraums. Stattdessen sollte den Besuchern, einem meist nicht jüdischen Publikum, das kaum über jüdische Religion und Kultur informiert war, die ganze Vielfalt des rheinischen Judentums gezeigt werden. Wichtigstes Ziel war es dabei, die enge Verbundenheit von jüdischer und rheinischer Geschichte bewusst zu machen und die Zugehörigkeit des Judentums zur deutschen Kultur zu vermitteln. Angesichts der während dieser Jahre zunehmenden antisemitischen Strömungen hatte die Darstellung also eine klare politische Dimension: Indem sie informierte, sollte sie ein Mittel zur Abwehr des Antisemitismus sein.

links: Jüdische Abteilung, Raum mit Tora-Vorhängen rheinischer Gemeinden _rechts:_ Nachbau einer Dorfsynagoge mit der Beschneidungsbank der Deutzer Synagoge (rechts) _unten:_ Beschneidungsbank der Deutzer Synagoge, Mitte 18. Jahrhundert

Schwerpunkt der Präsentation bildeten die Rechts- und Geistesgeschichte. Sie zeigten sowohl die Bedrückung und Einschränkung, unter denen das rheinische Judentum vom Mittelalter bis in die Emanzipationszeit des 18. und 19. Jahrhunderts gelebt hatte, als auch das innerhalb der Gemeinden dennoch entstandene vielfältige Geistesleben.

Breiten Raum nahm auch die Darstellung des religiösen Lebens, der jüdischen Gebräuche und des Alltags ein. Kunstvolle Tora-Vorhänge, darunter ein Vorhang der Deutzer Gemeinde von 1781, bildeten einen farbenprächtigen Blickfang. Die Präsentation des »Sederzimmers«, eines kleinen Raumteils mit einem für den Sederabend vorbereiteten Tisch, sollte einen Eindruck von der Lebenswelt jüdischer Familien vermitteln. Ein eigener Raum war der Darstellung

סדר
הגדה של פסח
אמשטרדם
בשנת
לפרט קטן

einer Synagoge gewidmet. Dazu hatte man Mobiliar der Synagoge von Zons aus dem Ende des 18. Jahrhunderts, ergänzt durch Objekte aus anderen Gemeinden, in einem Ensemble zusammengestellt. Vor dem Schrein war ein Vorlesepult aufgebaut, seitlich standen zwei Beschneidungsbänke, deren rechte aus der Deutzer Synagoge stammte.

Die sogenannte **Von Geldern-Haggadah** wurde 1723 von Moses Juda, einem Künstler aus Mähren, geschaffen. Auftraggeber war der Urgroßvater Heinrich Heines, Lazarus von Geldern, Hoffaktor des Kurfürsten von Jülich-Berg, der zeitweise in Düsseldorf, zeitweise in Wien lebte. Die Pergamenthandschrift, die Heinrich Heine vermutlich in seinem Elternhaus gesehen hat, erzählt die Geschichte des Moses und des Auszugs der Israeliten aus Ägypten und enthält eine Vielzahl faszinierender, farbenprächtiger Abbildungen. 1879 gelangte sie in den Besitz von Rabbiner Dr. Frank, der sie von einem Kölner Privatmann kaufte. Nach der Deportation seines Sohnes Heinrich Frank war die Handschrift zunächst verloren, tauchte jedoch 1946 in einem Amsterdamer Antiquariat auf. Erst nach langjährigem Prozess um die Eigentumsrechte erhielten sie die Söhne Heinrich Franks zurück. Die Handschrift wurde bisher nur in der Jahrtausend-Ausstellung öffentlich gezeigt. Sie befindet sich heute im Besitz der Familie Frank in den USA.

links: Titelbild der Von Geldern-Haggadah, 1723 *rechts:* Von Geldern-Haggadah: Familie beim Seder-Abend *unten:* Von Geldern-Haggadah: Tempel in Jerusalem

Die meisten Exponate der jüdischen Abteilung waren zum ersten Mal öffentlich zu sehen. Leihgeber aus 60 Städten – Archive, Bibliotheken, jüdische Gemeinden und Privatpersonen – hatten Objekte zur Verfügung gestellt. Kölner Leihgeber waren in erster Linie jüdische Familien des gehobenen Bürgertums. So lieh Justizrat Carl Eltzbacher der Ausstellung ein Porträt von Amalie Spiro, der Schwester des Schriftstellers und Journalisten Ludwig Börne (1786–1837), mit der die Familie Eltzbacher eng verwandt war; der Sohn des Kölner Rabbiners Dr. Abraham Frank, Rechtsanwalt Dr. Heinrich Frank, stellte die berühmte Von Geldern-Haggadah zur Verfügung. Aus dem Besitz der Deutzer jüdischen Gemeinde waren auch Teller, Becher und Chanukka-Leuchter ausgestellt.

Dr. Adolf Kober formulierte seinen Eindruck von der Wirkung der Jüdischen Abteilung schon während der Ausstellung: »Ob das Werk gelungen ist, so fragte Oberbürgermeister Dr. Adenauer bei dem herrlichen Festakt zur Eröffnung der Ausstellung, und antwortete: ›Aus vollem Herzen sage ich ja, denn aus ihm rufen Stimmen, die ihr hören sollt; aus ihm rufen die Stimmen unserer Ahnen, ruft die Stimme des Rheins, unseres heiligen Stromes. Lauschet unseren Altvordern, folget ihnen!‹ Ob die jüdische Abteilung gelungen ist, mögen diejenigen beurteilen, die sie besucht haben, aber das eine darf ich sagen, auch aus ihr rufen die Stimmen der Ahnen, die wir hören sollen, die Stimmen, die zum treuen Festhalten mahnen, zur opferbereiten Freudigkeit an dem von Vätern ererbten Gut und die aller Welt den innigen Zusammenhang von rheinischem Judentum und rheinischem Boden dartun. Jedenfalls scheint durch die jüdische Abteilung, wenn man auf die Urteile der Andersgläubigen hört, die zu vielen Tausenden die Abteilung besucht haben, auch dem Judentum ein Dienst erwiesen worden zu sein, da sie das Recht der deutschen Juden auf den rheinischen Heimatboden unwiderleglich beweist.«[15]

Illustration aus der Von Geldern-Haggadah

Die Jahrtausend-Ausstellung wurde mit eineinhalb Millionen Besuchern zu einem der wichtigsten kulturellen Großereignisse in Köln nach dem Ersten Weltkrieg. Die Darstellung jüdischer Geschichte fand allerdings in der öffentlichen Diskussion, auch aufseiten der politischen Rechten, so gut wie keine Beachtung. In der jüdischen Öffentlichkeit dagegen traf gerade die Präsentation des rheinischen Judentums als Bestandteil der Geschichte des Rheinlands und der deutschen Geschichte auf weite Anerkennung. Dies überrascht nicht, denn das Konzept des »Deutschen Staatsbürgers jüdischen Glaubens«, des »deutschen Juden auf rheinischer Erde«, spiegelte ein Bewusstsein wider, von dem der Großteil des deutschen, rheinischen wie kölnischen Judentums in den Jahren der Weimarer Republik geprägt war.

Internationale Presse-Ausstellung – Pressa, 1928; Jüdische Sonderschau

Nur drei Jahre nach der Jahrtausendfeier bot die Kölner Messe eine Veranstaltung, die als Weltausstellung geplant war. Thema dieser Internationalen Presse-Ausstellung war das Druck- und Zeitungswesen, dessen historische und zeitgenössische Vielfalt mit Mitteln moderner Architektur, Technik und Ausstellungskonzeption dargestellt werden sollte. Die Pressa verstand sich als Aufruf zur Völkerverständigung, war aber zugleich ein Medium, um die Entwicklung Kölns zur wirtschaftlichen und kulturellen Metropole zu intensivieren. Neben den einzelnen Ländern und Zeitungen, die auf der Pressa vertreten waren, präsentierten sich auch unterschiedliche gesellschaftliche

Gruppierungen. »Weltanschauungsgruppen« mit großen Sonderschauen in speziellen Gebäuden waren »Das katholische Schrifttum«, »Das deutsch-evangelische Pressewesen«, »Die Jüdische Presse« sowie »Die deutsche Arbeiterpresse«. Insgesamt zeigten sich auf der Pressa rund 1.500 Aussteller

oben: **Reklamemarke der Pressa, 1928**
mitte: **Messeturm und Hauptgebäude, um 1928**
unten: **Dr. Rudolf Callmann (1892–1976)**

aus mehr als 40 europäischen und überseeischen Ländern. Planung und Organisation der jüdischen Darstellung übernahm der Verein »Jüdische Sonderschau der Pressa 1928, JSOP, Köln, E.V.« mit jeweils einem Arbeitsausschuss in Köln und in Berlin. Die Leitung des Kölner Ausschusses wurde dem Juristen und bekannten Zionisten Dr. Max Isidor Bodenheimer übertragen, als dessen Stellvertreter Dr. Rudolf Callmann, ebenfalls Jurist und engagiertes Mitglied des Central-Vereins deutscher Staatsbürger jüdischen Glaubens, fungierte. Für die Innengestaltung der Schau war ein eigener Ausschuss verantwortlich, der von der Malerin und Journalistin Flora Jöhlinger geleitet wurde.

Das weltweite Forum der Pressa ermöglichte es erstmals, jüdische Geschichte und Kultur in internationalem Rahmen zu präsentieren und vor Millionen von Besuchern gegen antisemitische Vorurteile Stellung zu nehmen. Vor allem diese Abwehrargumentation prägte schließlich den Charakter der Jüdischen Sonderschau. Darüber hinaus wurden auch zionistische Bestrebungen stark artikuliert. Der wachsende Antisemitismus während der 1920er Jahre hatte sich somit deutlich auf jüdisches Selbstverständnis und jüdische Selbstdarstellung ausgewirkt.

Dr. Max I. Bodenheimer erklärte zur Zielsetzung der Jüdischen Sonderschau: »Die Sonderschau zeigt die Einheit des Judentums in seinen idealen Bestrebungen. Sie zeigt die Opferwilligkeit der Juden aller Zeiten im Kampf für ihre religiöse Freiheit und für Menschen- und Bürgerrechte. Sie zeigt, daß die Juden an Freud und Leid der Völker, unter denen sie wohnen, teilnehmen und an ihrem Vaterland mit ganzem Herzen hängen. Sie zeigt, daß die Juden vereint mit edlen Nichtjuden aller Länder an dem Aufbau einer nationalen Heimstätte für das jüdische Volk in Palästina mitarbeiten. Sie zeigt, daß die jüdische Presse ihre Macht nicht für Mammonismus und Materialismus mißbraucht, sondern daß sie die unvergänglichen sittlichen Werke des Judentums zu fördern bestrebt ist. Sie zeigt, daß das Judentum diese Gesinnung um so mehr betätigt, je größer die bürgerliche Freiheit ist, die es genießt, und daß es kein zersetzendes, sondern ein staatserhaltendes Volkselement ist. Wenn die Welt diese Tatsachen erkennt, wird die Sonderschau das wirksamste Mittel zur Bekämpfung verhängnisvoller Vorurteile über das Judentum sein und zur Beseitigung von Rassen- und Glaubenshaß beitragen. Dann ist unsere Arbeit nicht umsonst getan.«[16]

oben: **Pavillon der Jüdischen Sonderschau, 1928**
rechts: **Festschrift des ISOP, 1928**

Der Ausstellungspavillon für die jüdische Presse war nach einem Entwurf des Kölner jüdischen Architekten Robert Stern errichtet. Der Bau, ein flaches Erdgeschoss mit zweigeschossigem Mittelteil und schmalem Turm, war schlicht und funktional gestaltet – anders als das Gebäude der evangelischen Schau, für die eine burgartige »Kirche aus Stahl und Eisen« errichtet worden war, anders auch als die in der alten Deutzer Abtei präsentierte katholische Ausstellung. Die Thematik des jüdischen Pa-

links: In der Ehrenhalle des Pavillons wurde auch das Werk von Lesser Ury »Moses sieht das verheißende Land« gezeigt *rechts:* Holzschnitt von Marc Chagall; ausgestellt im Jüdischen Pavillon

villons war nach außen hin durch mehrere Symbole verdeutlicht: durch eine Menora, den siebenarmigen Leuchter, über den beiden Eingangstüren, durch die für einen zukünftigen jüdischen Staat vorgesehene Fahne und schließlich den Davidstern als Bekrönung des Turms. Mit der starken Nutzung symbolischer Motive ähnelt der Pavillonbau dem Konzept, das Robert Stern für die von ihm fast gleichzeitig geschaffene Synagoge in Köln-Ehrenfeld entwarf.

Der Großteil der Ausstellungsräume, die einen Überblick über das gesamte jüdische Schrifttum der Welt, von den ältesten Inkunabeln bis zu den modernen jüdischen Zeitungen, gaben, befand sich im Erdgeschoss des Pavillons. Mittelpunkt bildete eine »Ehrenhalle« mit einer reich verzierten Tora-Rolle aus der Wormser jüdischen Gemeinde als Hauptexponat. Weitere Objekte wie kostbare Bibel- und Talmudausgaben, Handschriften und Gebetbücher illustrierten die Entwicklung des hebräischen Schrifttums. Um die Ehrenhalle gruppierten sich vier weitere Räume. Ein erster Saal zeigte anhand von Schrifttum die Geschichte der deutschen Juden in ihrem Kampf um Gleichberechtigung, ein zweiter Raum widmete sich der jiddischen Presse mit ihren Schriften aus fast 20 Ländern, weitere Säle stellten die ausländische jüdische Presse und die Presse der zionistischen Bewegung vor. Schließlich bot ein mit kunstvollen Tora-Vorhängen geschmückter Lesesaal aktuell erscheinende jüdische Schriften zur Lektüre an. Im Obergeschoss des Pavillons waren Werke zeitgenössischer jüdischer Künstler ausgestellt, darunter Arbeiten von Marc Chagall, Max Liebermann und Ludwig Meidner. Über die Sonderschau im eigenen Pavillon

In einem eigenen Pavillon präsentierte sich der Verlag Rudolf Mosse, dessen Kölner Niederlassung sich auf der Hohe Straße befand. Der Entwurf des Pavillons stammte von dem Berliner jüdischen Architekten Erich Mendelsohn (1887–1957)

hinaus fanden sich jüdische Presseerzeugnisse auch in verschiedenen thematischen Zusammenhängen der Gesamtausstellung. Im Bereich »Jugend und Presse« etwa stellten sich die jüdischen Jugendverbände vor, in der Abteilung »Frau und Presse« war der Jüdische Frauenbund vertreten.

Bis zu 90.000 Personen pro Tag, fünf Millionen insgesamt, besuchten die Pressa, die national wie international große Aufmerksamkeit erzielte. Die jüdische Sonderschau wurde in der nicht jüdischen Presse kaum wahrgenommen. Die Kölner Nationalsozialisten allerdings nutzten die Pressa zu einer aggressiven Hetzkampagne, in der Oberbürgermeister Adenauer vorgeworfen wurde, er habe der »alljüdischen Weltpresse« zu erfolgreicher Präsentation verholfen.[17]

Die Kölner Messe in der Zeit des Nationalsozialismus: Ort des antisemitischen Terrors

Messegelände, 1930er Jahre

Schon im März und Oktober 1932 war Adolf Hitler bei Großkundgebungen der NSDAP in der Kölner Messe aufgetreten. Im Februar 1933, kurz nach seiner Ernennung zum Reichskanzler, besuchte er sie erneut zu einer publikumswirksam inszenierten Veranstaltung, an der Zehntausende von Menschen teilnahmen. Es war dies der Anfang einer Vielzahl von Veranstaltungen der nächsten Jahre, in denen das neue Regime das Messegelände nutzte, um seine Ideologie und seine Interessen zu propagieren. Völkische, rassistische und antisemitische Vorstellungen nahmen in vielen dieser Veranstaltungen einen großen Raum ein. Mit Beginn des Zweiten Weltkriegs im September 1939 musste die Messe ihre Tätigkeit weitgehend einstellen, da man das Gelände nun für Zwecke von Militär, Polizei, Gestapo und SS verwandte und es damit zu einem Schauplatz nationalsozialistischen Terrors wurde. Bis Kriegsende entstanden auf dem Areal der Messe verschiedene Lager: unter anderem Kriegsgefangenenlager, mehrere Lager für zivile Zwangsarbeiterinnen und Zwangsarbeiter (im Bereich des heutigen Tanzbrunnens) sowie in der Nähe des Messeturms Lager der Gestapo. Seit September 1942 befand sich auf dem Messegelände auch die »SS-Baubrigade III«, ein Außenlager des KZ Buchenwald. Diese Häftlinge wurden im Auftrag der Stadt zur Räumung von Trümmern, Entschärfung von Bomben und Leichenbergung nach Luftangriffen eingesetzt. Im Gestapolager waren auch Menschen jüdischer Konfession und Herkunft inhaftiert.

Eine Inhaftierte jüdischer Herkunft, die im Herbst 1944 von Aachen in das Gestapolager gebracht wurde, beschrieb die dortigen Lebensbedingungen: »Die Vergangenheit, das draußen, zählte nicht mehr. Es zählte nur noch das, was sich hier drinnen abspielte, die zehn Kartoffeln, die wir in der Asche unseres Barackenofens brieten, in dem wir Einlegebretter unserer Etagenbetten mit und mit verbrannten – und die wir zu 30 teilten. [...] Wir saßen und suchten die Nähte unserer Kleider nach Kleiderläusen ab, die uns die Ratten vom Rhein einschleppten und die uns den Lager-Typhus bescherten. Dauernd waren wir auf Jagd nach Wanzen, Flöhen, Läusen, Mäusen und Ratten – mit den bloßen Händen, wir hatten sonst nichts uns zu wehren. Und nie einen Augenblick alleine, nicht zum Waschen, nicht, um die Notdurft zu verrichten – immer waren die anderen dabei. Darin lag die Methode. Das Ziel war, einen menschlich zu entwürdigen, oder einfach gesagt, ›einen kleinzukriegen‹ – war dies erreicht, war bis zum Sterben nur ein kleiner Schritt. Auch bei uns. Und auch bei uns wurde gestorben. Überwiegend an Tbc und an Typhus oder Ruhr. Dabei war die Sterbequote unter den Männern um ein Vielfaches höher als bei uns. Männer, Gefangene, zogen die Toten auf einer großen Stoßkarre aus dem Lager in einen nahen Wald. Wir haben nie erfahren wohin.«[18]

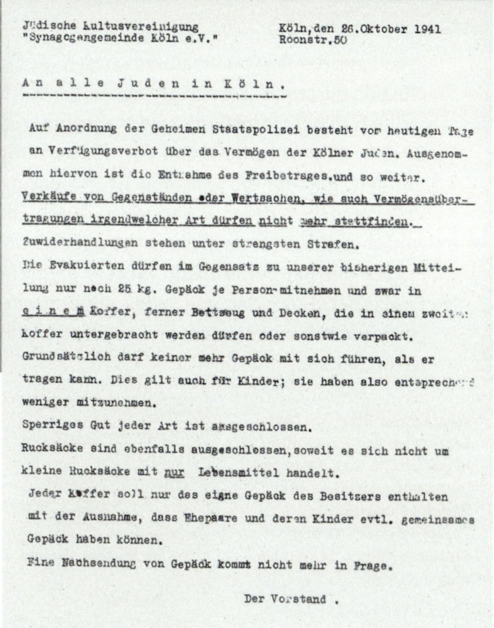

Jüdische Kultusvereinigung
"Synagogengemeinde Köln e.V."

Köln, den 26. Oktober 1941
Roonstr. 50

An alle Juden in Köln.

Auf Anordnung der Geheimen Staatspolizei besteht vom heutigen Tage an Verfügungsverbot über das Vermögen der Kölner Juden. Ausgenommen hiervon ist die Entnahme des Freibetrages und so weiter. Verkäufe von Gegenständen oder Wertsachen, wie auch Vermögensübertragungen irgendwelcher Art dürfen nicht mehr stattfinden. Zuwiderhandlungen stehen unter strengsten Strafen.

Die Evakuierten dürfen im Gegensatz zu unserer bisherigen Mitteilung nur noch 25 kg. Gepäck je Person mitnehmen und zwar in e i n e m Koffer, ferner Bettzeug und Decken, die in einem zweiten Koffer untergebracht werden dürfen oder sonstwie verpackt. Grundsätzlich darf keiner mehr Gepäck mit sich führen, als er tragen kann. Dies gilt auch für Kinder; sie haben also entsprechend weniger mitzunehmen.

Sperriges Gut jeder Art ist ausgeschlossen.

Rucksäcke sind ebenfalls ausgeschlossen, soweit es sich nicht um kleine Rucksäcke mit nur Lebensmittel handelt.

Jeder Koffer soll nur das eigne Gepäck des Besitzers enthalten mit der Ausnahme, dass Ehepaare und deren Kinder evtl. gemeinsames Gepäck haben können.

Eine Nachsendung von Gepäck kommt nicht mehr in Frage.

Der Vorstand.

Rundschreiben vom 26. Oktober 1941
***unten:* Kolonnaden der Messe, 1928**

Im Mai 1940 nutzten die NS-Behörden die Messehallen erstmalig als Sammellager vor einer Deportation. Tausend Sinti und Roma – »Zigeuner« – aus Köln und dem Rheinland wurden auf das Messegelände gebracht und vom Bahnhof Deutz-Tief aus in das besetzte Polen verschleppt. Weitere Deportationen von Sinti und Roma folgten.

Nach einer ersten Deportation am 28. Oktober 1938, in der Hunderte jüdischer Kölnerinnen und Kölner mit polnischer Staatsangehörigkeit ausgewiesen und nach Polen deportiert worden waren, begann im Oktober 1941 die systematische Verschleppung der jüdischen Bevölkerung aus Köln und dem Umland. Bereits einige Monate zuvor, im Mai 1941, hatte die Kölner Ge-

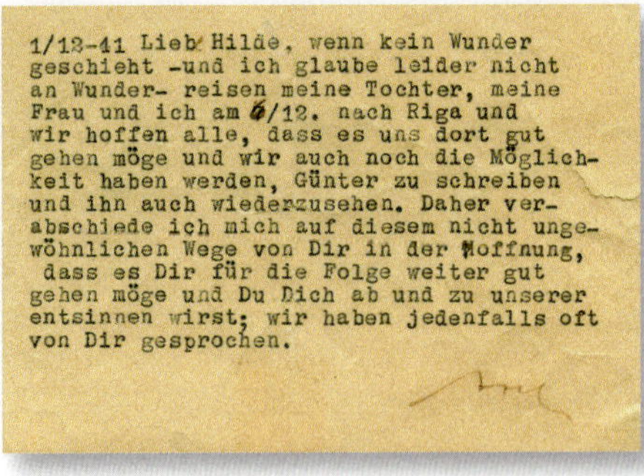

1/12-41 Lieb Hilde, wenn kein Wunder geschieht -und ich glaube leider nicht an Wunder- reisen meine Tochter, meine Frau und ich am 6/12. nach Riga und wir hoffen alle, dass es uns dort gut gehen möge und wir auch noch die Möglichkeit haben werden, Günter zu schreiben und ihn auch wiederzusehen. Daher verabschiede ich mich auf diesem nicht ungewöhnlichen Wege von Dir in der Hoffnung, dass es Dir für die Folge weiter gut gehen möge und Du Dich ab und zu unserer entsinnen wirst; wir haben jedenfalls oft von Dir gesprochen.

stapo die Zusammenlegung der jüdischen Einwohner in einigen der linksrheinischen Stadtviertel angeordnet, wo sie gezwungen wurden, in Ghettohäusern zu leben. Ende 1941 richteten die Behörden zudem ein Sammellager in Müngersdorf ein, in dem ein Teil der Kölner Juden sowie Juden aus der Region inhaftiert wurden. Auf einer Veranstaltung der Kölner NSDAP, die am 28. September 1941 in der voll besetzten Messehalle stattfand, stellte Gauleiter Josef Grohé die Maßnahmen zur Ausgrenzung der jüdischen Bevölkerung unverhüllt dar. Die »Entfernung« der Juden aus ihren Wohnungen, erklärte er, »hat den Grund darin, dass wir unseren deutschen Volksgenossen, deren Wohnungen durch Fliegerbomben zerstört wurden, zunächst einmal feste Wohnungen geben wollen. Es geht also hier um die Frage: Wer hat den Vorzug? Unsere deutschen Volksgenossen, denen die Engländer durch den von Juden angezettelten Krieg die Wohnung kaputt geworfen haben, oder unser Feind im Land, der Jude?« Grohé erhielt begeisterten Beifall.[19]

oben: **Letzter Brief von Axel Lazarus vor der Deportation in das Ghetto Riga, Dezember 1941** *rechts:* **Postkarte von Rudolf Löwenstein aus Theresienstadt an seine Mutter in Köln, 5. September 1943**

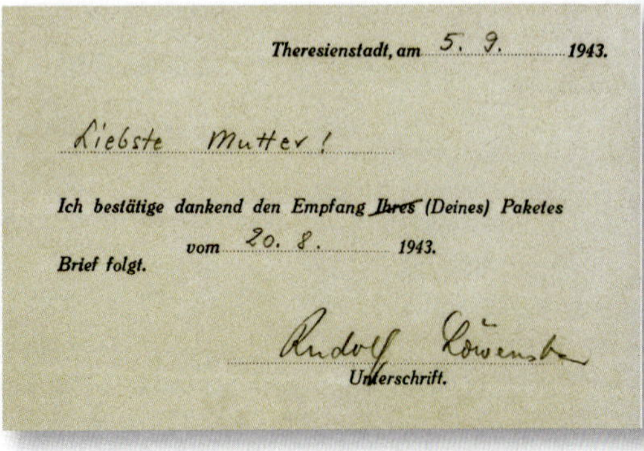

Theresienstadt, am 5. 9. 1943.

Liebste Mutter!

Ich bestätige dankend den Empfang ~~Ihres~~ (Deines) Paketes vom 20. 8. 1943.

Brief folgt.

Rudolf Löwenstein
Unterschrift.

Überliefert sind Verzeichnisse von sechs großen Deportationen aus Köln. In fünf Transporten wurden jeweils etwa 1.000 Menschen – Frauen, Männer, Kinder, darunter alte Menschen und Säuglinge – verschleppt, der sechste Transport umfasste circa 500 Personen. Der erste Deportationszug, der in das Ghetto Litzmannstadt/Lodz führte, verließ Köln am 22. Oktober 1941. Während ein zweiter Zug mit gleichem Ziel bereits am 31. Oktober folgte, ging ein dritter Transport am 8. Dezember in das Ghetto Riga. Nach einer Unterbrechung von einigen Monaten führten am 16. Juni 1942 ein Transport nach Theresienstadt, am 20. Juli 1942 ein Deportationszug nach Minsk, in dem auch die Kinder des jüdischen Kinderheims und des Waisenhauses verschleppt wurden, und am 27. Juli 1942 wieder ein Transport nach Theresienstadt. Mit diesem letzten großen Transport deportierte man auf Anordnung der Behörden auch die bisher zurückgestellten Schwerkranken und Altersschwachen. In den nächsten Monaten und Jahren gab es zahlreiche Deportationen kleiner Gruppen, allein im September und Oktober 1942 fanden mehrere Transporte mit bis zu 50 Personen statt. Im Herbst 1944 schließlich verschleppte man auch diejenigen Menschen, die bis dahin von den Deportationen verschont geblieben waren – die sogenannten »Mischlinge« und die in einer »Mischehe« lebenden Personen. Noch im Frühjahr 1945, kurz vor Kriegsende, wurden Menschen deportiert.

In Vorbereitung der Deportationen wurde die jüdische Gemeinde gezwungen, Namenslisten für die jeweiligen Transporte zusammenzustellen. Einige Tage oder auch nur einige Stunden vor der Deportation erhielten die Betroffenen die Aufforderung, sich zu einer bestimmten Uhrzeit, meist am frühen Morgen, auf dem Messegelände einzufinden. Wer sich nicht freiwillig stellte, wurde von Gestapo und Polizei abgeholt. Nur wenigen gelang es, sich der Verschleppung durch Flucht und Untertauchen zu entziehen.

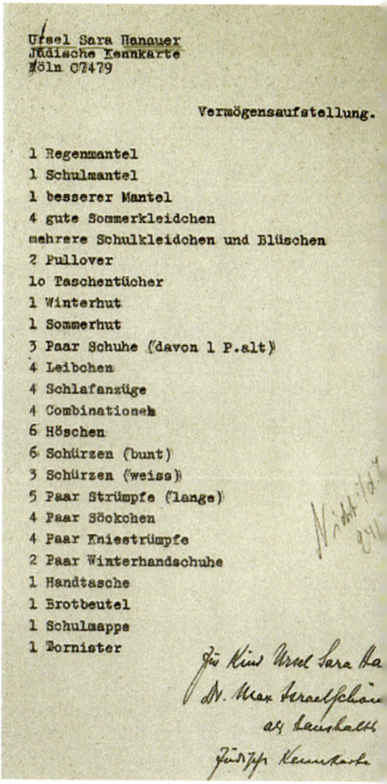

Ursel Sara Hanauer
Jüdische Kennkarte
Köln C7479

Vermögensaufstellung.

1 Regenmantel
1 Schulmantel
1 besserer Mantel
4 gute Sommerkleidchen
mehrere Schulkleidchen und Blüschen
2 Pullover
10 Taschentücher
1 Winterhut
1 Sommerhut
3 Paar Schuhe (davon 1 P.alt)
4 Leibchen
4 Schlafanzüge
4 Combinationen
6 Höschen
6 Schürzen (bunt)
3 Schürzen (weiss)
5 Paar Strümpfe (lange)
4 Paar Söckchen
4 Paar Kniestrümpfe
2 Paar Winterhandschuhe
1 Handtasche
1 Brotbeutel
1 Schulmappe
1 Tornister

»Vermögensaufstellung« der zwölfjährigen Ursel Hanauer, 11. Oktober 1941

Vor den Messehallen mussten sich die zur Deportation bestimmten Menschen sammeln und sich an den Pfeilern, an denen die Buchstaben des Alphabets angebracht waren, entsprechend ihren Namen aufstellen. Nach der Kontrolle des Gepäcks und einer Leibesvisitation brachte man sie in die Messehalle. Ein Verlassen der Messehalle war nicht mehr möglich, da das Gelände abgesperrt und bewacht war. Zur Bewachung und zur Durchführung der Deportationen wurde nahezu das gesamte Personal der Kölner Gestapo herangezogen, darüber hinaus Angehörige der SS, der Polizei, des Arbeitsamtes und der Oberfinanzdirektion.

»Mit sechs Koffern, drei Rucksäcken, Hand- und Aktentaschen traf meine Familie zum festgesetzten Zeitpunkt im Kölner Messegelände ein«, berichtete Hans Baermann, ein Überlebender der Deportation nach Riga. »Der Transport umfaßte rund 1.000 Personen. Unser Gepäck wurde auf Wertgegenstände untersucht, Schmuck, Uhren, Trauringe sowie sämtliche Legitimationspapiere wurden uns abgenommen. Nach einer neuen Leibesvisitation wurden jeder Person lediglich zehn Mark gelassen. Man trieb uns dann in den großen Saal der Messehalle, um die ein Stacheldraht gezogen war, und ließ uns vierundzwanzig Stunden in nassen Hobelspänen liegen.«[20]

Die Eingeschlossenen, unter ihnen viele Kinder und Kleinkinder, mussten bis zu zwei Tage in drangvoller Enge und unter katastrophalen hygienischen Bedingungen ausharren. Bereits während des Wartens starben Menschen, einige nahmen sich das Leben. Kurz vor Beginn der Deportation brachte man die Inhaftierten zum Bahnhof Deutz-Tief; von dort fuhren die Züge in das besetzte Osteuropa ab.

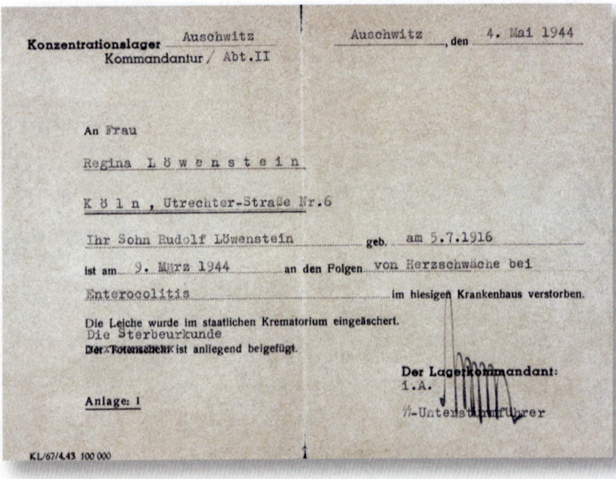

Konzentrationslager Auschwitz
Kommandantur / Abt.II

Auschwitz, den 4. Mai 1944

An Frau
Regina Löwenstein
Köln, Utrechter-Straße Nr.6

Ihr Sohn Rudolf Löwenstein geb. am 5.7.1916
ist am 9. März 1944 an den Folgen von Herzschwäche bei
Enterocolitis im hiesigen Krankenhaus verstorben.

Die Leiche wurde im staatlichen Krematorium eingeäschert.
Die Sterbeurkunde
Der Totenschein ist anliegend beigefügt.

Der Lagerkommandant:
i.A.
SS-Untersturmführer

Anlage: 1

KL/67/4.43 100 000

Benachrichtigung über den Tod von Rudolf Löwenstein im Konzentrationslager Auschwitz, 4. Mai 1944

Helmut Lohn, damals 27 Jahre alt, berichtete über die erste Deportation am 22. Oktober 1941 nach Litzmannstadt/Lodz: »Der erste Transport beginnt. In aller Frühe kommen die dazu Gezwungenen mit ca. 50 Kilo Gepäck beladen vor der Messehalle Köln-Deutz an. Polizei steht draußen und läßt keinen Fremden mit herein. Alle Zurückgebliebenen verabschieden sich tränenden Auges von ihren Angehörigen und Freunden, welche in ohnmächtigem Schmerz draußen bleiben müssen. Nur etwa 20 Mann sind von der Gestapo genehmigt worden, in Notfällen diesen Menschen helfen zu dürfen. Dazu gehöre auch ich. […] Wir kommen nun in die Messe. Jeder Deportierte bekommt ein Nummernschild um den Hals. Von SS-Leuten wird das gesamte Gepäck durchsucht, ob keine Wertsachen und Geld mitgeführt werden. Zu Hause ist ihre ganze Wohnung beschlagnahmt worden. Schon vor Tagen wurde der Inhalt der Wohnungen festgelegt, und keiner durfte mehr etwas verkaufen oder gar verschenken. […] Gegen Abend sind alle kontrolliert. Die Messehalle ist nun voll mit Menschen, welche sich auf Ihr Gepäck setzen oder auf dem kalten Steinboden zu schlafen versuchen. Die Abfahrt soll erst in

24 Stunden sein. Wir bekommen die Erlaubnis, ihnen um vier Uhr morgens etwas Kaffee bringen zu dürfen. [...] Der erste Tote ist auch bereits zu beklagen: Ein kleines Baby von wenigen Monaten, was trotz seiner Krankheit mitmußte, ist bei seinem Fieber durch den Temperaturwechsel sanft entschlafen. Es braucht die Reise nicht erst mitzumachen, und wir können es noch hier beerdigen.«[21]

Amtliche Bekanntmachungen

Achtung Fliegergeschädigte! Am Dienstag, dem 19. Mai, und Mittwoch, dem 20. Mai, versteigere ich in der Ehrenhalle des Messegebäudes von 9.30 Uhr bis 16 Uhr folgende Gegenstände gegen Barzahlung: Speisezimmer, Schlafzimmer, Küchen, Schränke, Tische, Lampen, Stühle, Betten, Nachtschränkchen, Matratzen, Plümos, Kopfkissen, Gasherde, Oefen, Bilderrahmen, Spiegel, Gardinenstangen, Gardinenleisten und Kleiderhaken. Die Sachen sind aus nichtarischem Besitz und gebraucht. Die Sachen sind sofort abzufahren. Der Dienststellenleiter der Vollstreckungsstelle des Finanzamts Köln-Nord.

Westdeutscher Beobachter, 18. Mai 1942

Eine besondere Funktion nahm die Kölner Messe auch im Prozess der Enteignung der jüdischen Bevölkerung ein. Seit den zunehmenden Luftangriffen war ein hoher Bedarf an Gebrauchsgegenständen entstanden, den die Kriegswirtschaft nicht mehr decken konnte. Dieser Mangel sollte nun durch Beschlagnahmung und systematischen Verkauf »nicht arischen« Eigentums behoben werden. Unmittelbar vor ihrer Verschleppung zwang man die Betroffenen daher, genaue Verzeichnisse ihres letzten Hab und Guts anzufertigen, die wenigen ihrer verbliebenen Wertsachen und die Schlüssel zu ihren Wohnungen abzuliefern. Das Kölner Oberfinanzpräsidium und die Kölner Finanzämter, die die Erfassung und Verwertung des zurückgelassenen Eigentums übernommen hatten, ließen den gesamten Hausrat aus den Wohnungen der deportierten oder inhaftierten jüdischen Besitzer räumen und in den Messehallen und anderen Depots lagern. Angekündigt in der lokalen Presse, in der die Herkunft der Gegenstände aus »nicht arischem« Besitz deutlich benannt war, wurden Möbel, Bilder, Teppiche, Wäsche, Hausrat und Kleidung in öffentlichen Versteigerungen zum Kauf angeboten. Seit Mai 1942 fanden Versteigerungen im »Ehrenhof« der Messe, dann in einer der Hallen statt.

Nicht nur das mobile Eigentum von Kölner Deportierten wurde auf dem Messegelände versteigert, auch weiteres geraubtes Besitztum gelangte in großen Mengen in die Messe. Die Maßnahmen dieses Raubzugs setzten Ende 1941 ein. In der Folgezeit wurden sowohl die Besitztümer von emigrierten Juden, deren Umzugsgut noch in verschiedenen Häfen eingelagert war, beschlagnahmt und ins Deutsche Reich gebracht, wie auch die Wohnungseinrichtungen der aus Frankreich, den Niederlanden und Belgien deportierten Menschen. Schon im Juni 1942 meldeten Kölner Behörden ihr Interesse an diesem Raubgut an, sodass in den nächsten Monaten und Jahren Tausende von Containern mit ganzen Wohnungseinrichtungen, unzähligen Umzugskisten und Koffern in Köln angeliefert und in der Messe versteigert wurden. Auf die Herkunft der Gegenstände wurde auch hierbei deutlich hingewiesen. Den Ertrag aus den Verkäufen, die bis Ende 1944 stattfanden, erhielten die

Finanzbehörden. Durch die Teilnahme an diesen Auktionen profitierten Zehntausende von Kölnerinnen und Kölnern von der Ausplünderung und Ermordung der jüdischen Bevölkerung.

Das Messegelände wurde durch Bombardierungen während des Kriegs so schwer beschädigt, dass es bei Kriegsende weitgehend zerstört war. Bereits 1947 jedoch wurde die Messetätigkeit wieder aufgenommen und der Wiederaufbau in den folgenden Jahren vorangetrieben. Die Geschichte der Kölner Messe während des Nationalsozialismus verdrängte man allerdings, und erst in den 1980er Jahren begann die Auseinandersetzung mit diesem Teil ihrer Vergangenheit. Das Messegelände, das wir heute sehen, ist nur noch in geringem Teil original. Kriegszerstörungen, Neubauten der Nachkriegszeit, schließlich eine umfassende Modernisierung mit einer vollständigen Entkernung 2006 haben das gesamte Messegelände stark verändert. Dennoch – die Außenfassaden der Hauptgebäude mit Kolonnaden und Messeturm sind erhalten geblieben.

Wir gehen an den Messegebäuden am Rhein entlang zum Messeturm. Hier treffen wir auf zwei Denkmale, die an die Messe als Ort des Terrors während der NS-Zeit erinnern.

7 Messeturm; Gedenktafel und Mahnmal

An der Entstehungsgeschichte dieser Denkmale lässt sich erkennen, wie spät und widerwillig sich Kölner Bevölkerung und Politik mit diesem Teil der Geschichte auseinandersetzten. Erst 1981 – 36 Jahre nach Kriegsende – wurde eine Metallplakette an der Nordseite des Messeturms angebracht, die an die Häftlinge

links: Messe im Umbau, 2006
unten: Messeturm mit der 1986 angebrachten Gedenktafel
rechts: Mahnmal vor der Messe

der Außenstelle des KZ Buchenwald erinnerte. Die Plakette wurde zwar von Oberbürgermeister Norbert Burger im Namen des Kölner Stadtrats enthüllt, die Initiative zu dieser Plakette ging jedoch nicht von den politischen Gremien Kölns aus, sondern im Wesentlichen von einem einzelnen Bürger, dem Kölner Sammy Maedge. Diese erste Gedenkplakette wurde mit der Errichtung des Mahnmals vor dem Messeturm 1993 entfernt und wird heute im NS-Dokumentationszentrum aufbewahrt.

An der Front des Messeturms zum Rhein hin befindet sich eine runde Wandtafel, die ebenfalls speziell das Häftlingslager thematisiert. Sie wurde 1986 anlässlich eines Kongresses der »Internationalen Ärzte für die Verhütung des Atomkriegs« gestiftet. Auch das dritte Denkmal, einige Schritte vom Messeturm entfernt an der Rheinpromenade errichtet, beruht nicht auf einer Initiative des offiziellen Kölns. Das aus roten Ziegeln bestehende Mahnmal, das in seiner Gestaltung die charakteristische Architektur der Messehalle aufgreift, wurde von einer Kölner Bürgerinitiative, der »Projektgruppe Messelager«, angeregt, 1993 schließlich von der Stadt Köln finanziert. Der Text des Denkmals nennt die verschiedenen Lager und Verfolgtengruppen, die auf dem Messegelände inhaftiert waren, und macht so auf die Bedeutung dieses Ortes als ein Zentrum des NS-Terrors in Köln aufmerksam.

Vom Messeturm wenden wir uns zurück, biegen nach links um das Gebäude und gehen über Messeplatz und Auenweg bis zum Bahnhof Köln Messe/Deutz. Links vor dem Haupteingang befindet sich eine Treppe, die zu den Gleisen der Station Deutz-Tief führt.

Bahnhof Köln Messe / Deutz, Bahnhof Deutz-Tief;
Ausgangspunkt der Deportationen

Der Deutzer Bahnhof, in unmittelbarer Nähe zu Rhein und Messegelände gelegen, war und ist ein bedeutender Verkehrsknotenpunkt. Er wird als Turmbahnhof mit zwei Stockwerken – Deutz-Hoch und Deutz-Tief – betrieben, die an unterschiedliche Verkehrsverbindungen angeschlossen sind.

oben: Bahnhof Deutz, um 1925
unten: Gedenktafel an der Treppe zu den Gleisen Deutz-Tief, 2011

Deutz-Tief ist heute, nach einer vollständigen Umgestaltung um 2000, Ausgangspunkt der Schnellfahrtstrecke Köln–Rhein/Main und ICE-Bahnhof für Köln. Trotz aller baulichen Veränderung entspricht die heutige Gleisführung der Situation der 1940er Jahre. Kaum einer der Passagiere, die hier auf ihre Züge warten, kennt die Geschichte des Bahnhofs Deutz-Tief während der NS-Zeit, kaum einer weiß, dass er für Tausende von Menschen ein Ort des Schreckens und der Verzweiflung war, an dem ihre Verschleppung in den Tod begann.

Die Organisation der Transporte, mit denen die jüdische Bevölkerung von Deutz-Tief aus verschleppt wurde, verlief nach einem festen Muster: Nachdem die in den Messehallen inhaftierten Menschen Stunden oder Tage gewartet hatten, wurde der Befehl zum Aufbruch gegeben. Polizei und SS sperrten den Weg von der Messehalle zum Bahnhof, den Auenweg sowie Teile des Bahnhofs selbst ab und brachten die Inhaftierten über den Treppenzugang zu den Gleisen Deutz-Tief. Eine Begleitung durch Angehörige und Freunde war verboten, lediglich einige von der jüdischen Gemeinde beauftragte Personen waren als Hilfe für die Deportierten zugelassen. Zum Transport standen auf dem Gleis alte Personenzüge bereit, in deren Abteile acht, zehn oder mehr Menschen gedrängt wurden, bei späteren Deportationen wurden auch Güterwagen ohne Sitzbänke eingesetzt. In wenigen Minuten musste Einsteigen und Einladen des Gepäcks abgeschlossen sein, sodass in der Eile und aufgrund von Platzmangel oft nur Teile des Gepäcks mitgenommen werden konnten. Damit waren den Deportierten auch die letzten Habseligkeiten genommen.

Helmut Lohn nach der Befreiung aus dem Konzentrationslager, 1945

Helmut Lohn beschrieb die Abfahrt des Deportationszuges am 22. Oktober 1941: »Kurz vor Morgengrauen hören wir dann Marschschritte, und eine Hundertschaft der SS zieht unter den Klängen des Liedes ›Kameraden, Soldaten, stellt die Juden, diese Lumpen, an die Wand‹ in die Messehalle ein. Die Gewehre werden scharf geladen, und die SS bleibt diesen Menschen als Begleitmannschaft zugeteilt. Morgens früh, gegen sechs Uhr, nach 24-stündigem Aufenthalt in der Messe, kommt der Befehl zum Aufbruch. Es dämmert noch, und der Bezirk zum rückwärtigen Teil des Deutzer Bahnhofes ist im großen Ausmaß für die Bevölkerung durch Polizei abgesperrt. Da sind nun unzählige Familien mit kleinen, nicht gehfähigen Kindern, die alle auf ihre Kinder achten müssen und dadurch praktisch nicht in der Lage sind, ihr und der Kinder Gepäck gleichzeitig zu tragen. Bis zur Messe hatten gute Freunde geholfen. Jetzt sollen wir

Der in Köln lebende Schweizer Konsul von Weiss berichtete über die Deportation am 22. Oktober 1941: »Der Bahnhof von Köln-Deutz, von wo aus die Abfahrt stattfand, war in weitem Umkreise von der Gestapo abgesperrt worden. Hier spielten sich an diesem Morgen die traurigsten Szenen ab. Nur ein Bruchteil der abfahrenden Juden konnte ihr auf 50 kg begrenztes Gepäck mitnehmen, viele unter ihnen mussten ihre Habe zurücklassen. Vor der Bahnfahrt wurden die Züge noch von SS- und Gestapo-Leuten mit entsicherten Revolvern durchsucht. Zwei Frauen, die Veronal eingenommen hatten, starben, bevor die Züge wegfuhren. [...] Am Bahnhofe sangen die SS- und SA-Leute verschiedene Lieder mit Anspielungen darauf, dass die Juden über das Rote Meer getrieben werden.«[22]

Während eines Prozesses 1954 berichtete die Kölner Staatsanwaltschaft über die Deportation vom 16. Juni 1942 nach Theresienstadt: »Kurz vor der Abfahrt des Transportszuges wurden die zum Transport gehörigen Juden unter Bewachung, teilweise unter Schlägen und Beschimpfungen, zum nahegelegenen Bahnhof Köln-Deutz und alsdann in alte Personenwagen geführt. Anfangs kamen in jedes Abteil des Waggons acht, später zehn und mehr Menschen. Ein oder zwei Güterwagen wurden mitgeführt für Gepäck. Die Türen der Waggons wurden vor der Abfahrt von außen verschlossen. Unterwegs, meistens auch während der häufigen und langen Halte, wurden die Türen verschlossen gehalten. Allenfalls durften besonders dazu ermächtigte Juden ihre Waggons zum Wasserholen oder ähnlichen dringenden Gängen verlassen. Jeder Zug wurde von einem uniformierten, bewaffneten Kommando begleitet, das den jeweiligen Transport am Bestimmungsort den dortigen SS-Leuten oder tschechischen Polizisten zu übergeben hatte. Kranke, Gebrechliche, Greise, Kinder und andere Hilfsbedürftige wurden nicht besser als die Gesunden behandelt. Schon in der Messe, aber auch auf dem Transport traten Todesfälle ein.«[23]

Helmut Lohn berichtete über den Transport nach Minsk am 20. Juli 1942: »Mit diesem Transport ging die jüdische Jugend Kölns, bis auf wenige, restliche, mit. Es war dies ein Transport, den ich nie vergessen werde. Alles junge, kräftige Menschen, die sich zu helfen wußten. Es war dies der einzige Transport, wo keine Trauer herrschte, wo das hundertprozentige Gefühl herrschte: wir werden wiederkommen! Gefaßt und reibungslos ging dieser Transport vonstatten. Ein flottes Liedchen wurde allem zum Trotz noch gesungen. – Der Bahnsteig 5 sah diesmal keine verzweifelten, sondern mutige Menschen, die bewußt ihr Schicksal auf sich nahmen. Und gerade von diesem Transport ist nicht einer am Leben geblieben.«[24]

rechts: **Koffer von Emil, Sidonie und Heinz Nathan, die am 20. Juli 1942 von Köln nach Minsk deportiert und ermordet wurden** *links:* **Oberbürgermeister Norbert Burger bei der Versenkung der Skulptur von Helga Eitz, 1993** *unten:* **Gedenktafel**

ganze 20 Mann den Hunderten von Bittenden helfen, die alle gleichzeitig abzumarschieren haben, mit oder auch ohne Gepäck. [...] Wenn der Zug einläuft, muß alles in wenigen Minuten verladen sein. Was nicht drin ist, bleibt zurück. [...] Fünf Minuten nach dem Einlauf fährt der Zug aus der Halle, dem wir noch wehen Herzens die letzte Ehre erweisen. Grüßend und winkend stehen wir fassungslos auf dem Bahnhof. Das war der erste Transport nach Litzmannstadt/Lodz vom Deutzer Bahnhof, Bahnsteig 5.«[25]

Nur wenige der Tausenden von Köln-Deutz aus Deportierten überlebten die Lager.

Als Anfang der 1990er Jahre der Bahnhof umgebaut und neu gestaltet wurde, ließ die Stadt Köln an der Treppe zu den Gleisanlagen von Deutz-Tief, der »Treppe der Tränen«, eine Gedenktafel anbringen. Als mahnendes Gedenken an die Opfer des NS-Regimes verstand sich auch eine Kunstaktion, die im gleichen Jahr an dieser Stelle stattfand und ein »unsichtbares« Denkmal schuf. Angesichts des erstarkenden Neonazismus und einer Reihe von Gewalttaten rechtsradikaler Gruppen hatte die Künstlerin Helga Eitz 1992 eine Skulptur entworfen, die sie »Nie wieder« nannte – einen Kopf aus Ton mit eingesetztem Hakenkreuz. Im Oktober 1993 versenkte Helga Eitz die Skulptur im Boden vor der Gedenktafel, zusammen mit einem von mehr als 200 Künstlern unterzeichneten Aufruf gegen Rassismus und Gewalt.

Deportierte aus Köln
(v.l.n.r.)
Hedwig Henriette Spiegel, geboren 1862
Elise Joschkowitz, geboren 1859
David Ostrowsky, geboren 1928
Fanny Mendel, geboren 1911
Rolf Bischofswerder, geboren 1913
Johanna Katz, geboren 1886
Max Joski, geboren 1877
Mathel Moses, geboren 1939
Emil Treumann, geboren 1870
Max Hirschfeld, geboren 1892
Henriette Lenz, geboren 1922
Denny Lenz, geboren 1940
Salomon Salm, geboren 1927
Adela Benjamin, geboren 1885
Rudolf Löwenstein, geboren 1916
Amalie Inge Salm, geboren 1927
Hilde Lippmann, geboren 1906
Ida Tobar, geboren 1852

ZUR GESCHICHTE DER JUDEN IN EHRENFELD

Bis zur zweiten Hälfte des 19. Jahrhunderts erstreckte sich vor den Kölner Stadtmauern ein wenig besiedeltes, fast ausschließlich landwirtschaftlich genutztes Gebiet. Als mit der zunehmenden Industrialisierung Kölns und seinem rapiden Bevölkerungszuwachs die Erschließung neuen Terrains begann, wurden auch im Westen Kölns, im heutigen Ehrenfeld, das damals zur Bürgermeisterei Müngersdorf gehörte, Straßen angelegt sowie erste Fabriken und Wohnsiedlungen gebaut. In den folgenden Jahrzehnten nahm die Zahl der Einwohner rapide zu: 1868 zählte Ehrenfeld schon über 4.000 Einwohner, 1900 waren es 40.000 und 1920 70.000. Ehrenfeld entwickelte sich so zum bevölkerungsreichsten Vorort Kölns, der bereits 1867 zur selbstständigen Gemeinde erklärt wurde. 1875/79 erhielt er das Stadtrecht, das allerdings mit der Eingemeindung in die Stadt Köln 1888 wieder verloren ging.

oben: Simon Samuel (1847–1920)
rechts: Kölner Adressbuch 1910

XVII. Synagogen-Gemeinde Ehrenfeld.
(Ehrenfeld: Venloerstr. 254.)
Vorsitzender: S. Samuel. Stellvertr.: M. Wolf.

Zunächst waren es vor allem Fabrikarbeiterinnen und -arbeiter, Handwerker sowie kleine Beamte und Angestellte, die in den neu gebauten Mietshäusern Ehrenfelds lebten. Seit Ende des Jahrhunderts jedoch verstärkte sich der Zuzug bürgerlicher Bevölkerungsgruppen, sodass Straßen mit Baumbestand und stuckverzierten Häusern entstanden, in denen Familien mit mittlerem und höherem Einkommen wohnten. Vor allem in dem seit circa 1900 entstehenden Neuehrenfeld, etwa in der Ottostraße, Eichendorffstraße und am Ehrenfeldgürtel, wurden Häuser auch für den Bedarf höherer Einkommensschichten gebaut. Dennoch blieb Kölns westlicher Vorort, dessen Einwohnerschaft 1933 schließlich auf 93.000 gestiegen war, bestimmt durch Industrieanlagen und eine proletarisch-kleinbürgerliche Bevölkerung.

Marktplatz/Venloer Straße; Mitte der Häuserzeile rechts, Nr. 280: Modewarenhandlung Max Hartoch, um 1910

Die Arbeiterparteien SPD und KPD hatten daher in Ehrenfeld eine starke Stellung.

Die Zahl der Juden, die sich in Ehrenfeld ansiedelten, war zunächst sehr klein. Für den gesamten Bereich der Bürgermeisterei Müngersdorf verzeichneten die Verwaltungsakten 1853 nur zwölf Personen jüdischer Religion, darunter lediglich zwei selbstständige Männer, die Metzger Jakob Simon und Herz Haas. Doch mit dem Wachstum des Ortes nahm allmählich auch die jüdische Bevölkerung zu. 1875 lebten schon etwa 30 selbstständige jüdische Männer mit ihren Familien – insgesamt 170 Personen – in Ehrenfeld, vor allem in dem schon dicht besiedelten Gebiet um die Venloer Straße, in der Geissel-, Wahlen- oder Klarastraße. Die meisten der Männer waren in den traditionellen Berufen für Juden als Kaufleute, Viehhändler und Metzger beschäftigt.

1860 teilte die preußische Regierung die jüdischen Einwohner der Bürgermeisterei Müngersdorf der Synagogen-Gemeinde Köln zu. Ein Versuch der Kölner Gemeinde im Jahr 1875, sich von dieser Aufgabe zu entlasten und die »Lostrennung der Israeliten zu Ehrenfeld« und damit die Bildung einer selbstständigen Vorortgemeinde in die Wege zu leiten, traf auf den Widerstand der Ehrenfelder, die sich aufgrund ihrer immer noch geringen Zahl und der sehr begrenzten finanziellen Möglichkeiten nicht in der Lage sahen, eine Eigenständigkeit zu realisieren. Eine stärkere Interessensvertretung der Ehrenfelder in der Kölner jüdischen Gemeinde gab es zumindest seit Mitte der 1890er Jahre, als der Ehrenfelder Metzgermeister Joseph Simons,

Silberhochzeit von Simon und Jeanette Samuel, um 1913

Venloer Str. 287, in die Repräsentation der Kölner Gemeinde gewählt wurde. Nur wenige Jahre später, um 1899, kam es schließlich unter Vorsitz des Metzgers Simon Samuel zur Errichtung einer selbstständigen Synagogen-Gemeinde Ehrenfeld. Einen eigenen Verwaltungssitz hatte die Ehrenfelder Gemeinde nicht, ihr Büro befand sich in der Wohnung von Simon Samuel, Venloer Str. 254, ab 1913/14 Simrockstr. 1.

oben links: Vermutlich befand sich hier, Keplerstr. 25A, Hofseite, der jüdische Betsaal, 2010
oben rechts: Jüdischer Friedhof in Ehrenfeld, 2008
rechts: Kölner Adressbuch 1925

25 A (Betsaal d. israelitischen Gemeinde.)
Berger Joh., Vergolder. 2
Rhein.-Berg. Konsum-Gen. Hoffnung, e.G.m.b.H. (Vkfsst.)
Schirk Joh., Metallarb. a
Schüller A., Lat.-Wärt. 3

Bereits um 1860 hatten sich ein jüdischer Frauenverein und ein Männerverein gebildet, die sich vor allem religiös-karitativen Zwecken widmeten. Wann erste Räumlichkeiten für den Gottesdienst geschaffen und Religionsunterricht für die Kinder eingerichtet wurde, ist nicht bekannt. Belegt ist von Anfang der 1890er Jahre bis 1897 die Nutzung eines Betraums in der Rothehausstr. 53 (damals Franzstr. 53); seit etwa 1906 fand jüdischer Gottesdienst in der Keplerstr. 25A statt, einem einige Jahre zuvor errichteten Wohnhaus, in dem die Gemeinde einen Versammlungsraum angemietet hatte. Als Begräbnisplatz nutzten Ehrenfelder wie Kölner Juden den jüdischen Friedhof in Deutz. Um 1900 jedoch gelang es, einen eigenen jüdischen Friedhof neben dem städtischen Friedhof Melaten anzulegen. Dieser Begräbnisplatz wurde bis in die 1940er Jahre belegt.

Gegen Ende des 19. Jahrhunderts hatte sich das soziale Spektrum der jüdischen Einwohnerschaft Ehrenfelds wesentlich erweitert. Es umfasste nun neben Arbeitern und Handwerkern, Besitzern kleiner und größerer Geschäfte auch Unternehmer, einige Ärzte und andere Akademiker. Ein besonderes Gewicht erhielten die traditionell jüdischen Berufe im Viehhandel und Flei-

oben: Städtischer Schlachthof, 1903
links: Annonce, in: Kölner Jüdisches Wochenblatt, 1928

schereigewerbe, als 1895 der städtische Kölner Schlacht- und Viehhof an der Liebigstraße eingerichtet wurde. Ehrenfeld wurde nun zum wirtschaftlichen Mittelpunkt vieler jüdischer Händler und Gewerbetreibender aus Köln und Umgebung, die in diesem Sektor tätig waren. Es entstand eine Reihe von Firmen – Metzgereien, Großschlächtereien, Viehagenturen und Viehversicherungen –, deren jüdische Besitzer und Beschäftigte zum Teil auch in Ehrenfeld ansässig wurden.

Mit der Eröffnung des Israelitischen Asyls für Kranke und Altersschwache 1908 in der Ottostraße erhielt Ehrenfeld eine Einrichtung mit einem klaren Selbstverständnis als jüdische Institution, doch mit überkonfessioneller Orientierung. Vor allem nicht jüdische Patienten aus Ehrenfeld nahmen in den

oben: Annonce, 1927
links: Der jüdische Metzgermeister Benno Katz (rechts) mit Kollegen im Schlachthof, um 1930

Willst Du froh durch's Leben wandern,
Nimm „Chasalla“
keine andern!

Verkaufsstelle der weltberühmten Chasalla-Fabrikate:

Schuhhaus Jakobs

Köln-Ehrenfeld

Venloer Str. 265 :: Fernruf West 55215

Mitglieder des J.T.V. erhalten einen besonderen Rabatt.

oben: Venloer Straße links: Nr. 265: Schuhhaus Jakobs, um 1930 _rechts:_ Annonce, 1927

folgenden Jahrzehnten die medizinischen und karitativen Leistungen des jüdischen Krankenhauses in Anspruch.

Neue Impulse für die jüdische Gemeinde brachte die Zuwanderung von Juden aus Osteuropa, die sogar eine kleine eigene orthodoxe Gebetsgemeinschaft bildeten. Doch gerade unter den ostjüdischen Immigranten waren viele Arme, die kaum einen Beitrag zur finanziellen Stärkung der Gemeinde leisten konnten, sondern im Gegenteil bei ihr Unterstützung suchten.

links: Rabbiner Dr. Isidor Scheftelowitz (1876–1934)
rechts: Berek und Paula Kalmanowicz, Vogelsanger Str. 22, wurden 1925 von Rabbiner Scheftelowitz getraut

Mit der religiösen Betreuung der Ehrenfelder Juden wurde jeweils einer der Kölner Rabbiner beauftragt. Von 1914 bis 1920 übernahm die Betreuung Dr. Isidor Scheftelowitz (1876–1934). Scheftelowitz, Rabbiner sowie Sprach- und Religionswissenschaftler, war seit 1909 an der Kölner Synagogen-Gemeinde tätig. Seit 1919 lehrte er als Dozent für Indo-Iranische Philologie an der Kölner Universität, 1933 wurde ihm die Lehrerlaubnis entzogen. Als er im gleichen Jahr einen Ruf an die Universität in Oxford erhielt, emigrierte er mit seiner Familie nach Großbritannien. Bereits 1934 starb er in Oxford. Sein 1919 in Köln geborener Sohn Bruno B. Scheftelowitz, später Brian Shefton, wurde ein bedeutender Archäologe und Initiator des Shefton-Museums in Newcastle.

Trotz ihrer Bemühungen um Eigenständigkeit erwies sich die jüdische Bevölkerung Ehrenfelds schließlich als zu klein und nicht finanzkräftig genug, um ein intensives Gemeindeleben organisieren zu können. Sie blieb daher im Wesentlichen auf die religiösen, sozialen und karitativen Institutionen der Kölner Gemeinde angewiesen. Schon um 1914 beschloss man daher, die Ehrenfelder Gemeinde mit ihren nun rund 600 Mitgliedern wieder in die Kölner Synagogen-Gemeinde zu integrieren. Zur Wahrung der Ehrenfelder Interessen schuf man zugleich innerhalb der Gemeindeverwaltung eine spezielle Kommission. Vorsitzender dieser Kommission war für viele Jahre bis zu seinem Tod 1935 Moses Franken, der selbst lange in Ehrenfeld wohnte und in der Nähe des Schlachthofs einen Viehgroßhandel unterhielt.

Mitte der 1920er Jahre war die Zahl der jüdischen Einwohner Ehrenfelds und der umliegenden Orte auf circa 1.100 angewachsen, sodass man den Bau einer eigenen Synagoge ins Auge fasste. 1927 konnte die neue Synagoge in der Körnerstraße eingeweiht werden. Den bisherigen Betsaal in der Keplerstraße gab man auf; der Hauseigentümer vermietete ihn daraufhin an die christliche Gemeinschaft der Adventisten.

Nach der Machtübernahme der Nationalsozialisten 1933 änderte sich die Lage der jüdischen Bevölkerung mit erschreckender Schnelligkeit. Schon der vom neuen Regime am 1. April 1933 organisierte Boykott der Geschäfte, Arztpraxen und Kanzleien jüdischer Eigentümer traf viele der Ehrenfelder Juden mit großer Härte.

Annonce, in: Jüdisches Gemeindeblatt für Rheinland und Westfalen, 1938

Auf dem städtischen Schlachthof an der Liebigstraße kam es an den Boykotttagen zu wüsten Szenen. Bereits in den vorangegangenen Wochen hatte es dort massive Aggressionen gegen jüdische Händler und Gewerbetreibende gegeben. Ein spezieller, von der Neuehrenfelder Ortsgruppe der NSDAP gegründeter »Aktionsausschuss« hatte begonnen, die systematische Vertreibung der Juden vom Schlachthof zu organisieren, Gruppen von SS und SA waren in den Schlachthof eingedrungen und hatten Juden bedroht. Während der Boykotttage verstärkten sich die Angriffe. Der Viehhändler Max Moses aus Wesseling wurde brutal misshandelt und starb 1934 an den Folgen der schweren Verletzungen. Nach dem Boykott wurde die Tätigkeit am Schlachthof für Juden zunehmend schwieriger, für viele war die Ausübung ihres Berufes nicht mehr möglich.

In der Folgezeit war die Ehrenfelder jüdische Bevölkerung einem raschen sozialen Abstieg ausgesetzt. Juden mussten ihre Arbeitsstellen verlassen, Wohnungen und Geschäfte aufgeben und ihre Häuser verkaufen. Gerade im mehrfachen Wohnungswechsel seit 1933 zeigte sich die zunehmende gesellschaftliche Ausgrenzung sehr deutlich. Juden zogen in kleinere Wohnungen,

Die Ehrenfelder Familie Kalmanowicz bei der Überfahrt in die USA, 1938

in Häuser jüdischer Besitzer und versuchten dabei häufig, im vertrauten Viertel zu bleiben und mit Verwandten zusammenzuwohnen. Manche entschlossen sich schon früh zur Emigration, vielen jedoch wurde erst durch den Pogrom von 1938 deutlich, dass sie Deutschland verlassen mussten. Eine Auswanderung war nun aber oft nicht mehr möglich.

Von den Gewaltaktionen während des Pogroms waren auch in Ehrenfeld zahlreiche Geschäfte und Wohnungen jüdischer Besitzer betroffen. Eigentum wurde verwüstet, die Synagoge in der Körnerstraße niedergebrannt, Menschen wurden misshandelt, verhaftet und in Konzentrationslager verschleppt.

Bericht eines Ehrenfelders über den 10. November 1938: »In der Körnerstraße, fast am Subbelrath, stand früher eine Synagoge. Sie stand nicht direkt an der Straße, sondern etwas zurück. Direkt an der Körnerstraße stand das Haus des jüdischen Kantors. Beide Gebäude wurden durch Brand zerstört. [...] Nach einiger Zeit betrat ich die zerstörte Synagoge. Es roch vernehmlich nach Brand. Verkohlte Sachen lagen herum. Ich nahm ein beschädigtes Buch, das auf dem Boden lag, mit nach Hause. Auf der Venloer Straße waren einige jüdische Geschäfte. Sie waren geplündert. Die Scheiben waren eingeschlagen. Ich erinnere mich noch an die ›Sparsame Hausfrau‹. Der Laden war zertrümmert. [...] Ich kam an der Kirche St. Joseph vorbei. Der Küster schloß eilends den Haupteingang auf der Venloer Straße. Man konnte ja nicht wissen, was noch geschehen konnte. Auf der Venloer Straße war das jüdische Geschäft Hartoch. Es verkaufte Bettwaren. Es blieb verschont. Im Schaufenster des geschlossenen Geschäftes hing ein großes Plakat: ›In der Arisierung begriffen‹. Dadurch blieb es von der Plünderung verschont.« [1]

Anzeigen-Annahme
des Gemeindeblattes
Köln-Ehrenfeld
Hospeltstraße 37
Telefon 51869
Felix Hanau
Teutoburgerstraße 12
Telefon 92397

In der Papierwarenfabrik und Buchdruckerei Max Klestadt, Hospeltstr. 37, wurde in den 1930er Jahren das Gemeindeblatt für die jüdischen Gemeinden in Rheinland und Westfalen gedruckt

Im Sommer 1941 ordneten die NS-Behörden die systematische Zusammenlegung der jüdischen Bevölkerung in bestimmten Stadtvierteln und dort in sogenannten »Judenhäusern« an. In Ehrenfeld, das zu diesen Vierteln gehörte, wurde eine Anzahl von Ghettohäusern eingerichtet, etwa die Häuser Ehrenfeldgürtel 134, 136 und 163, Eichendorffstr. 43, Nußbaumerstr. 7, Siemensstr. 60 und Venloer Str. 265.

Eichendorffstr. 43, um 1930

Schon von der ersten Deportation aus Köln, die am 21./22. Oktober 1941 in das Ghetto Litzmannstadt/Lodz führte, waren Bewohner der Ehrenfelder Ghettohäuser betroffen. Vor den folgenden Deportationen wurden manche der noch in Ehrenfeld lebenden Juden zunächst in andere Kölner Ghettohäuser eingewiesen, manche im Sammellager für Juden in Köln-Müngersdorf inhaftiert. Bis Mitte 1942 schließlich hatte man Hunderte jüdischer Frauen, Männer und Kinder aus Ehrenfeld in die Ghettos und Lager Osteuropas verschleppt. Das in Köln verbliebene – enteignete – Hab und Gut der Deportierten versteigerten die Behörden in öffentlichen Auktionen. Einige dieser Versteigerungen, deren Träger das Finanzamt Köln-Nord war, fanden im August 1942 in einer Halle des Schlachthofs statt.

Amtliche Bekanntmachungen

Achtung Fliegergeschädigte! Am Mittwoch, dem 5., Donnerstag, dem 6., Freitag, dem 7. und Samstag, dem 8. August 1942, versteigere ich in der Großviehmarkthalle im Städtischen Schlachthof Liebigstraße von 9.30—16 Uhr Betten, Schränke, Einzelmöbel, Lampen, Teppiche, Linoleums, Küchengeschirre, Herde, Oefen, Bilder, Bilderrahmen, Brandholz u. a. m. gegen bar. Fliegergeschädigte erhalten gegen Vorzeigung ihres Berechtigungsscheins des Kriegsschädenamts zum Kauf von Sachen den Vorzug beim Zuschlag. Die Sachen sind aus nichtarischem Besitz und gebraucht. Die Besichtigung findet am Dienstag, dem 4. August 1942, von 14—18 Uhr statt. Die angesteigerten Sachen sind sofort abzufahren Ich bitte daher, für Transportmöglichkeiten Vorsorge zu treffen. Der Dienststellenleiter der Vollstreckungsstelle des Finanzamts Köln-Nord.

Westdeutscher Beobachter, 4. August 1942

Am Ende des Krieges, nach der Befreiung Kölns im März 1945, waren große Bereiche Ehrenfelds weitgehend zerstört. Auch das ehemalige Israelitische Asyl in der Ottostraße hatte schwere Schäden erlitten. Gleichwohl gab es hier, im Gegensatz zum ehemaligen Gemeindezentrum an der Roonstraße, noch einige Gebäudeteile, die nutzbar waren. Diese Gebäude wurden Sitz der sich neu konstituierenden Kölner jüdischen Gemeinde und damit für alle Rückkehrer und Zuwanderer Mittelpunkt und Symbol eines Neuanfangs.

Zu den Einrichtungen, die in den Nachkriegsjahren in der Ottostr. 85 untergebracht waren, gehörte auch die 1953 gegründete Israelische Handelsorganisation, kurz Israel-Mission genannt. Nach einer zeitweisen Unterbringung am Habsburgerring 2–12 befand sie sich seit 1955 in der Subbelrather Str. 15, einem neu errichteten Gebäude. Die Leitung der Israel-Mission übernahm der Diplomat und Wirtschaftsexperte Dr. Felix Elieser Shinnar, der zuvor maßgeblich an der Erarbeitung des deutsch-israelischen Wiedergutmachungsabkommens von 1952 beteiligt gewesen war. Shinnar setzte sich in seiner Amtszeit engagiert für den Aufbau der Beziehungen zwischen der

1946 wurde Sukkoth (Laubhüttenfest) auf dem Gelände des ehemaligen Israelitischen Asyls gefeiert: »Nach dem Gottesdienst begab sich die ganze Gemeinde mit dem Rabbiner zur Sukkah, die auf den Trümmern des Krankenhauses stand. Die Sukkah – die Hütte als Symbol der Erinnerung an die Wanderzeit der Kinder Israels in der Wüste. Nun symbolisierte sie jetzt mehr denn je die Verbundenheit des jüdischen Menschen mit seinem Gott, demselben Gott, der sein Volk aus Ägypten herausführte bis zum heutigen Tage. Dieses Nichtalleinsein, dieses ewige Geführtwerden durch alle Zeiten empfand man besonders tief, als der Rabbiner den Kidduschbecher in die Hand nahm, den Segen sprach und Worte an seine Gemeinde richtete. Unvergeßlich ist dieser Tag in den Herzen des kleinen Restes Übriggebliebener. Die Sukkah und die Worte des Rabbiners wurden zu einem einmaligen Erlebnis, zum Impetus und quellenden Glauben für die nachfolgenden Schritte in die Zukunft.«[2]

Als erster Rabbiner der neu konstituierten Synagogen-Gemeinde amtierte von 1953 bis 1961 Dr. Zvi Asaria (1913 – 2002)

Bundesrepublik Deutschland und Israel ein. Nach dem Beschluss zur Aufnahme diplomatischer Beziehungen im Mai 1965 wurde die Israel-Mission aufgelöst. In das Gebäude Subbelrather Str. 15 zog im August 1965 die Israelische Botschaft unter ihrem ersten Botschafter Asher Ben-Natan ein. Ben-Natan, 1938 aus Österreich geflüchtet, amtierte nur kurze Zeit in Köln, da die Botschaft schon wenige Wochen später nach Bonn verlegt wurde. Als Standort von Israel-Mission und Israelischer Botschaft war Ehrenfeld also Schauplatz der ersten Schritte in der Beziehung zwischen Israel und der Bundesrepublik Deutschland. Das Gebäude Subbelrather Str. 15 wurde in den folgenden Jahrzehnten unterschiedlich genutzt. Nach dem Abbruch des Gebäudes um 2007 wurde das Grundstück neu bebaut.

Die Synagogen-Gemeinde blieb in der Ottostraße, bis sie 1959 in das wieder aufgebaute Zentrum an der Synagoge Roonstraße umzog. Nach einer Nutzung des Geländes durch das belgische Militär konnte 2003/04 am historischen Ort Ottostr. 85 das neue Jüdische Wohlfahrtszentrum eröffnet werden.

Viele der für die jüdische Geschichte wichtigen Gebäude in Ehrenfeld, die Ende des 19. und in den ersten Jahrzehnten des 20. Jahrhunderts entstanden, existieren nicht mehr. Es lassen sich aber noch Spuren des jüdischen Lebens in Ehrenfeld vor 1945 finden: Einzelne Gebäude erinnern an jüdische Einrichtungen und jüdische Persönlichkeiten sowie an antisemitische Diskriminierung und Verfolgung. An manchen Orten ist nichts mehr von der ursprünglichen Bebauung erhalten, und dennoch sind es Orte der Erinnerung

Nach der Ankunft am 16. August 1965 auf dem Flughafen Köln-Wahn erklärte Asher Ben-Natan: »Ich bin mir der historischen Bedeutung meiner Präsenz als erster Botschafter des Staates Israel in Deutschland sehr bewusst. Ich beginne diese Arbeit mit viel Motivation und in der Hoffnung, einen neuen Weg aus der Vergangenheit, die nicht vergessen werden kann und darf, in eine Zukunft einzuschlagen, die von notwendigen Aussprachen, von Verständnis und von Frieden getragen sein wird, begleitet von Wohlstand für beide Völker.«[3] Am gleichen Tag besuchte er die Synagoge in Köln und legte dort einen Kranz für die Ermordeten des NS-Regimes nieder.

oben: **Gebäude der Israel-Mission, Subbelrather Str. 15, 1955**
rechts: **Eröffnung der Israelischen Botschaft durch Botschafter Asher Ben-Natan (mitte), 1965**

– oder sollten es sein. An einigen dieser Stellen im Straßenbild haben es Stolpersteine übernommen, den heutigen Bewohnern Ehrenfelds diesen Teil der Geschichte ihres Umfelds bewusst zu machen. 2011 sind es in Ehrenfeld und Neuehrenfeld mehr als 70 Stolpersteine, die an jüdische Opfer des Nationalsozialismus erinnern.

Ehrenfeld hat jedoch nicht nur eine jüdische Vergangenheit – mit der Einrichtung des Jüdischen Wohlfahrtszentrums als zweitem Mittelpunkt der Kölner Synagogen-Gemeinde ist Ehrenfeld heute wieder zu einem bedeutenden Standort jüdischen Lebens und jüdischer Kultur geworden.

TOUR 6
RUNDGANG DURCH EHRENFELD

Länge der Tour: ca. 3,4 Kilometer

1 Nußbaumerstraße, Israelitisches Asyl für Kranke und Altersschwache; Jüdisches Wohlfahrtszentrum

(Informationen zu den Einrichtungen siehe Anhang S. 354 ff.)

Wir beginnen unseren Rundgang an der Nußbaumerstraße vor dem Eingang des Jüdischen Wohlfahrtszentrums. Offizielle Adresse ist jedoch Ottostr. 85, denn an dieser Adresse, mit dem Zugang an der Ottostraße, befand sich von 1908 bis 1942 das jüdische Krankenhaus und Altersheim. Es trug den Namen Israelitisches Asyl für Kranke und Altersschwache, wurde in Köln aber oft auch kurz das »Jüddespidohl« (Judenspital) genannt.

Jüdisches Wohlfahrtszentrum, Eingang Nußbaumerstraße

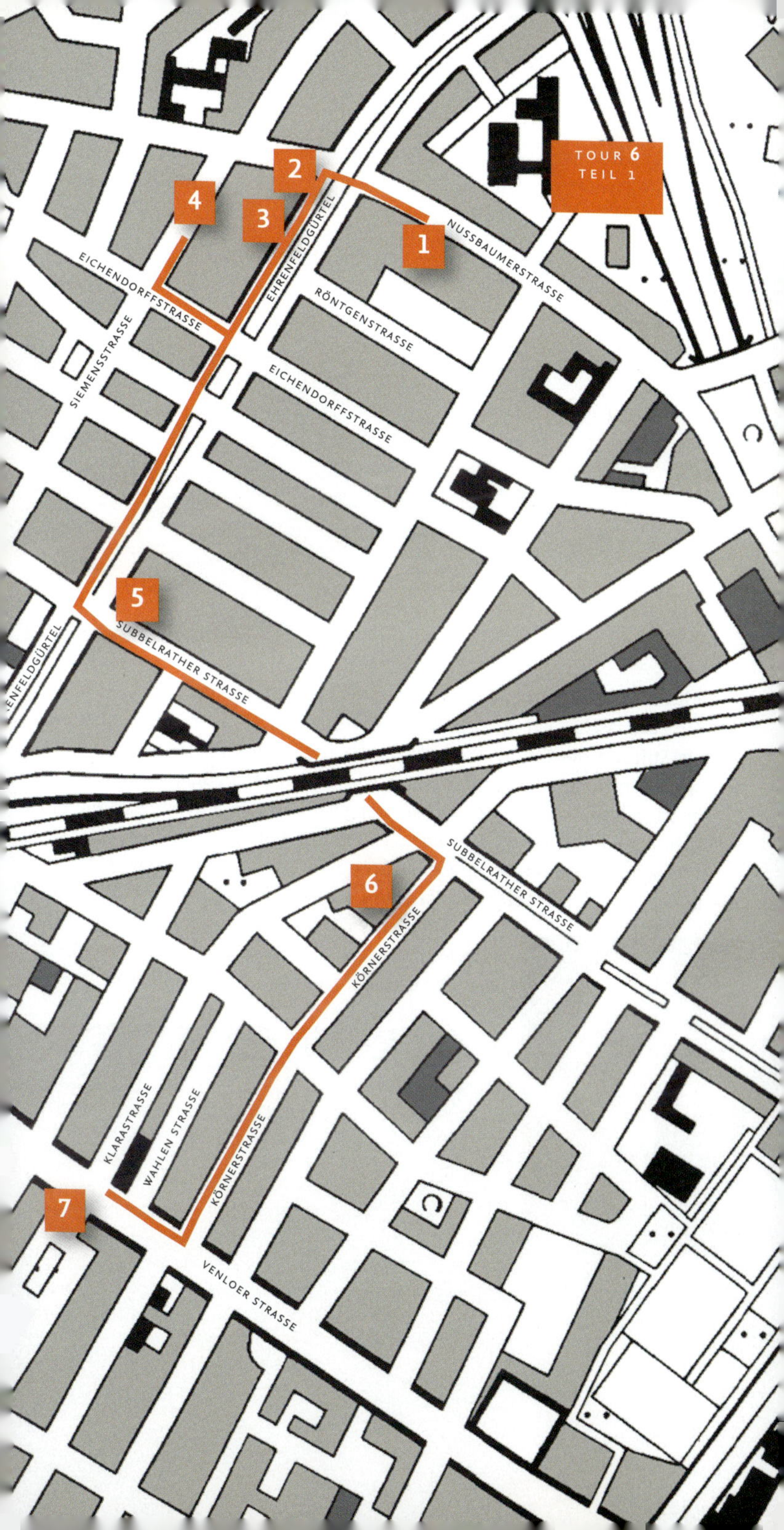
TOUR 6
TEIL 1
1
2
3
4
5
6
7
NUSSBAUMERSTRASSE
EHRENFELDGÜRTEL
RÖNTGENSTRASSE
EICHENDORFFSTRASSE
EICHENDORFFSTRASSE
SIEMENSSTRASSE
SUBBELRATHER STRASSE
SUBBELRATHER STRASSE
KÖRNERSTRASSE
KÖRNERSTRASSE
KLARASTRASSE
WAHLEN STRASSE
VENLOER STRASSE

Die erfolgreiche Entwicklung des Israelitischen Asyls war vor allem **Dr. Benjamin Auerbach,** Leiter des Asyls seit 1885, zu verdanken, der sich intensiv um hohe Standards in Medizin und Hygiene bemühte. Auerbach, geboren 1855, war ebenso wie seine Frau **Ida geborene Kohn** in hohem Maße sozial engagiert. Er war unter anderem Mitbegründer der Kölner Rheinlandloge, Initiator des Kölner Vereins für jüdische Krankenpflegerinnen und des Israelitischen Lehrlingsheims. 1908 stellten die Behörden fest, Auerbach gelte als »besonders befähigter, wissenschaftlich tüchtiger Arzt«, der wegen seiner »langjährigen uneigennützigen Tätigkeit« für das Asyl »in der Bürgerschaft hohes Ansehen« genieße. Dennoch riet man von einer Ordensauszeichnung ab, denn Auerbach, der der Sozialdemokratie nahestand, sei »in seinen Ansichten, insbesondere auch politisch, sehr radikal«.[4] Nachdem Dr. Auerbach 1935 als Leiter des Asyls zurückgetreten war, emigrierten er und seine Frau 1939 in die USA. Er starb 1940 in New York, seine Frau zwei Jahre später. 1946 wurde der Auerbachplatz in Köln-Sülz nach ihm benannt.

Dr. Benjamin Auerbach (1855–1940)
***unten:* Thekla Dünkelsbühler, geb. 1891, um 1940**

Als das Israelitische Asyl 1908 in Ehrenfeld eröffnet wurde, konnte es bereits auf eine fast 40-jährige Geschichte in Köln zurückblicken. Gegründet 1869 als Stiftung der Kölner Bankiers Eltzbacher, hatte es seinen Standort ursprünglich innerhalb der Stadtmauern im Süden der Stadt, im Severinsviertel in der Silvanstr. 10–12. Zunächst noch sehr klein, entwickelte sich die Einrichtung kontinuierlich. Während die Ärzte des Asyls jüdischer Religion waren und seit 1899 auch eine eigene jüdische Schwesternorganisation im Asyl arbeitete, war der Großteil der Patienten, darunter viele Arme, nicht jüdisch.

Angesichts der wachsenden Inanspruchnahme des Asyls entschloss man sich um die Jahrhundertwende zu einem Neubau im Vorort Ehrenfeld. Eine

Verein für jüdische Krankenpflegerinnen zu Köln Neben katholischen Pflegeorden und evangelischen Gemeinschaften der Diakonissen entstanden in den 1890er Jahren auch Vereine jüdischer Krankenpflegerinnen. 1899 wurde ein Kölner Verein gegründet, der jüdische Mädchen und Frauen für den Pflegeberuf ausbildete und die Pflege im Israelitischen Asyl übernahm. 1908 erhielt die Schwesternschule des Vereins die staatliche Anerkennung. Obwohl der Verein im Oktober 1939 von den NS-Behörden aufgelöst wurde, konnten die Pflegerinnen bis zur Räumung des Asyls tätig sein und noch im Lager Müngersdorf eine Versorgung der Kranken aufrechterhalten. Die ersten Pflegekräfte des Asyls wurden im Oktober 1941 deportiert, die letzten Schwestern, unter ihnen die letzte Oberin, Thekla Dünkelsbühler, 1943.

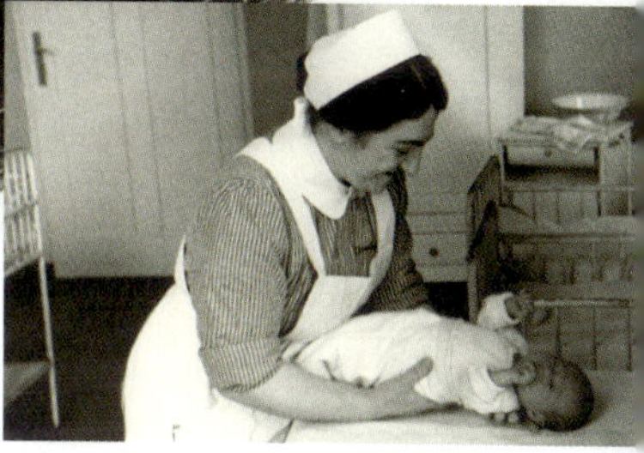

Gesamtanlage des Israelitischen Asyls, um 1910 ***rechts:*** **Kinderschwester, um 1935** ***unten:*** **Brosche der Krankenpflegerinnen** ***unten rechts:*** **Annonce, in: Jüdisches Gemeindeblatt für Rheinland und Westfalen, 1938**

Stiftung des Bankiers Sir Ernest Cassel, der aus Köln stammte und in Großbritannien zu einem der einflussreichsten Männer des Empires avanciert war, ermöglichte die Realisierung des Projekts.

Das neue Israelitische Asyl für Kranke und Altersschwache wurde 1908 nach einem Entwurf des Berliner Architekten Wilhelm Winkler »in einfachem Barockstil« realisiert. In einer ausgedehnten Gartenanlage befanden sich Krankenhaus, Altersheim, Schwesternheim und verschiedene Wirtschaftsgebäude. Den Hauptbau mit zwei Flügeln bildete das Krankenhaus, das bis zu 200 Patienten aufnehmen konnte, während das Altersheim 60 Betten umfasste. In den folgenden Jahren zählte das Asyl zu den modernsten Krankenanstalten Kölns und versorgte bis zu 80 Prozent nicht jüdische Patienten.

Als mit der Machtübernahme der Nationalsozialisten 1933 Repressalien gegenüber jüdischen Ärztinnen und Ärzten, Pflegepersonal und medizinischen Einrichtungen einsetzten, war auch die Tätigkeit des Asyls bald stark eingeschränkt. Seit Mitte der 1930er Jahre konnten nur noch jüdische Patienten behandelt werden, mit dem schrittweisen Ausschluss der jüdischen Bevölkerung aus dem öffentlichen Gesundheitswesen war es schließlich das einzige Hospital im gesamten Umland, das jüdische Patienten aufnahm.

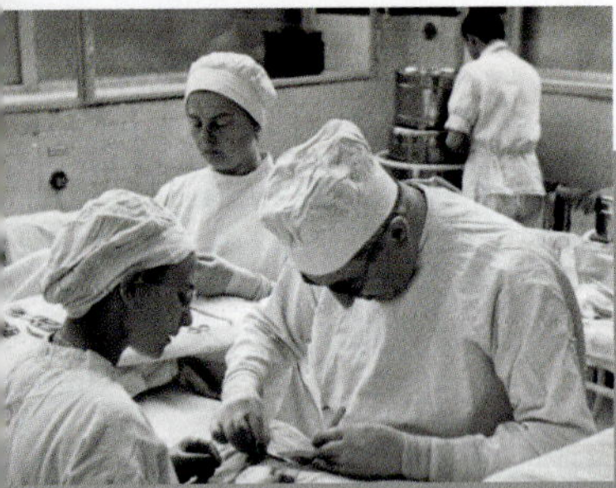

Operation, links Dr. Trude Schiff-Löwenstein, um 1937

Die 15-jährige Hilde Nathan, Patientin im Israelitischen Asyl, berichtet über die Zwangsräumung am 1. Juni 1942: »[Die Stationsschwester trat ein] und sagte: ›Alles ruhig bleiben. Dieses Krankenhaus muss in zwei Stunden geräumt werden, weil in der Stadt ein Krankenhaus getroffen worden ist und die Patienten hierher verlegt werden.‹ [...] Sie brachte uns unsere Anziehsachen. Ich zog mich schnell an, half auch noch einigen Bettlägerigen sich anzuziehen und ging dann vollbeladen zur Haupteingangstür. Dort sah ich gerade noch, wie ein Lastwagen vollbeladen mit Menschen abfuhr und ein zweiter fuhr vor. Die Pfleger hoben uns auf das Verdeck, forderten uns auf, uns am Rand desselben festzuhalten, neben uns wurden Bahren mit Schwerkranken hereingeschoben. Als das Verdeck voll besetzt war, wurde die Klappe geschlossen und der Fahrer fuhr ab.«[5]

rechts: Dokumente aus dem Nachlass von Dr. Trude Schiff-Löwenstein, die bis zu ihrer Emigration in die USA 1939 als Chirurgin am Asyl tätig war. Die Dokumente befinden sich heute im NS-Dokumentationszentrum
unten: Teekännchen; eines der wenigen Objekte aus dem Israelitischen Asyl, die erhalten sind

Im Pogrom vom November 1938 bot das Asyl vielen verzweifelten Menschen eine Zuflucht. Da die völlige Ausschaltung jüdischer Sozialeinrichtungen zu diesem Zeitpunkt noch nicht im Interesse des NS-Regimes lag, wurde das Asyl nicht angegriffen und zerstört, sondern konnte seine Arbeit zunächst weiterführen. Am 1. Juni 1942 wurde das Israelitische Asyl schließlich gewaltsam aufgelöst, nachdem das Städtische Bürgerhospital am Neumarkt am Tag zuvor während eines Bombenangriffs völlig zerstört worden war. Die Behörden beschlagnahmten die Gebäude des Asyls und brachten Patienten wie Personal in das Sammellager Müngersdorf, von wo sie in den folgenden Wochen und Monaten deportiert wurden.

Zerstörte Gebäude des ehemaligen Asyls, 1945
unten links: 1949 wurde auf dem Gelände ein Betsaal eingerichtet, 1949
unten rechts: Das Fenster des ersten Betsaals wurde in das Wohlfahrtszentrum integriert, 2006

Nach der Räumung übernahm die Stadt die Gebäude des Asyls, um hier das »Hilfskrankenhaus Köln-Ehrenfeld« einzurichten. Im Oktober 1944 wurden die Bauten von Bomben so schwer beschädigt, dass sie aufgegeben werden mussten.

Unmittelbar nach der Befreiung Kölns im März 1945 kehrten die ersten jüdischen Überlebenden, zunächst kaum 100 Menschen, aus Verstecken und Lagern zurück. Da das ehemalige Zentrum der Kölner jüdischen Gemeinde in der Roonstraße völlig zerstört war, wurde ihr Sitz zunächst in den Ruinen des

Asyls eingerichtet. Es entstanden Verwaltungsräume und eine kleine Synagoge; im Hauptgebäude, dem ehemaligen Krankenhaus, wurden Flüchtlinge untergebracht. Der Plan, wieder ein jüdisches Krankenhaus zu eröffnen, konnte nicht realisiert werden, stattdessen übernahm das belgische Militär 1950 den Hauptbau, um hier ein Hospital einzurichten. Die jüdische Gemeinde nutzte in den übrigen Teilen des ehemaligen Asyls verschiedene Räume, die in den folgenden Jahren viele wieder und neu gegründete jüdische Einrichtungen beherbergten: Kindergarten und Jugendgruppen, Kulturbund, Sportklub Makkabi, Jüdischer Nationalfonds sowie die Israel-Mission. Auch der erste Nachkriegs-Rabbiner der Gemeinde, Zvi Asaria, war hier tätig.

Die von einem Trägerverein geleitete **Lauder-Morijah-Grundschule,** die mit ihrem Namen an den Sponsor, den Amerikaner Ronald S. Lauder, wie an die ehemalige orthodoxe Schule in der St.-Apern-Straße erinnert, ist eine private Ganztagsschule und eine von sechs jüdischen Grundschulen in der Bundesrepublik. Der Unterhalt der Schule wird im Wesentlichen von der Bezirksregierung Köln, das heißt vom Staat, getragen. Grundlage des Unterrichts bilden die Lehrpläne des Landes NRW, ein besonderes Gewicht erhält darüber hinaus die Vermittlung von jüdischer Religion, Geschichte und Tradition sowie des Hebräischen. Ziel der Erziehung in der Schule, die von circa 80 Schülerinnen und Schülern besucht wird, ist die Integration der Kinder in die jüdische Gemeinschaft wie in die deutsche Kultur und Gesellschaft, ein Ziel, das insbesondere auch eine Erziehung zu Toleranz umfasst.

oben: **Abschlussfeier der Lauder-Morijah-Schule, 2011**
unten: **Konzert im Elternheim mit dem Chor Schalom der Synagogen-Gemeinde, 2009**

1959 zog die Gemeinde mit ihren Einrichtungen in ihr früheres Zentrum an der Roonstraße zurück, sodass das belgische Militär den gesamten Komplex in Gebrauch nehmen konnte. Die jüdische Geschichte des Areals, das um 1974 in Besitz der Bundesrepublik überging, geriet in Vergessenheit.

Synagoge des Wohlfahrtszentrums, 2011

Mitte der 1990er Jahre wurde mit dem Abzug der belgischen Truppen aus Deutschland auch das Gelände an der Ottostraße frei. Da die Bauten marode waren, planten die Behörden den Verkauf an ein Immobilienunternehmen. Währenddessen aber beschloss die Kölner Synagogen-Gemeinde, sich für den Erhalt der historischen Bauten und für eine Nutzung durch jüdische Einrichtungen einzusetzen. Für die Gemeinde, die rund 2.500 Mitglieder hatte und sich durch den Zuzug von Juden aus den Staaten der ehemaligen Sowjetunion kontinuierlich vergrößerte, waren weitere Räumlichkeiten dringend notwendig. Gleichzeitig stellte der Stadtkonservator die Gebäudeteile mit originaler Bausubstanz unter Schutz. Ende 1997 kam es, wie schon 1950, zu einer Zweiteilung des Geländes: Die jüdische Gemeinde kaufte den Teil, auf dem sich die historischen Gebäude befanden, die Immobiliengesellschaft erwarb das übrige Gelände und errichtete hier Wohnhäuser.

Nachdem sich die Synagogen-Gemeinde für ein Konzept der Architekten Ulrich Coersmeier, Köln, und Alfred Jacoby, Frankfurt a. M., entschieden hatte, begann im Jahr 2000 der Um- und Neubau. Im Sommer 2004 wurde das Jüdische Wohlfahrtszentrum offiziell eröffnet. Heute befinden sich hier der Kindergarten, die Lauder-Morijah-Grundschule – beide überkonfessionell –, Altersheim, Verwaltung und Sozialdienste der Gemeinde sowie eine Synagoge. Das Israelitische Asyl für Kranke und Altersschwache erhielt damit eine umfassende neue Nutzung, mit der in moderner Form an seine ursprüngliche karitative Zielsetzung angeknüpft wurde.

Rekonstruierter Fassadenschmuck der Gartenseite

Im Bau des Jüdischen Wohlfahrtszentrums ist die Verbindung zwischen Altem und Neuem auf eindrucksvolle Weise gelungen. Vor allem in der Gebäudeseite zum Garten hin bemühte man sich, historische Strukturen sowohl des Baus von 1908 wie des Anbaus von 1950 zu erhalten oder wiederherzustellen. Mansardendach und Dachreiter wurden sorgfältig renoviert, ebenso die vereinzelt original erhaltenen Schmuckfelder des Verputzes. Zur Nußbaumerstraße hin nahm man dagegen umfangreiche Eingriffe vor. Parallel zur ursprünglichen Außenmauer wurde eine neue, durch große Glasflächen bestimmte Außenwand errichtet und das Gebäude damit erheblich vergrößert. Zur rechten Seite fügte man eine kleine Synagoge an, die dem Hauptbau vorgesetzt ist. Der Tora-Schrein im Innern der Synagoge wurde durch eine Holzverkleidung nach außen hin kenntlich gemacht, durch große Glasfenster ist zudem für außen stehende Betrachter ein Blick in die Synagoge und auf das Ewige Licht möglich.

Die Architektur des Jüdischen Wohlfahrtszentrums ist also durch große Transparenz geprägt. Umso auffälliger ist der Kontrast dieses bewusst gewählten Konzepts mit den Sicherheitsmaßnahmen, die aufgrund der politisch-gesellschaftlichen Situation notwendig erscheinen: Der Spielplatz von Kindergarten und Schule wird durch eine hohe Mauer abgeschirmt, die unmittelbare Umgebung des Areals ist mit Überwachungskameras ausgestattet und wird durch Sicherheitskräfte kontrolliert. Ein Besuch des Wohlfahrtszentrums ist nur durch einen gesicherten Eingang und nach einer Personenkontrolle möglich.

An den nächsten Stationen unseres Rundgangs passieren wir eine Anzahl Wohnhäuser, die eng mit dem Schicksal jüdischer Bewohner oder Eigentümer verknüpft sind. Einige dieser Gebäude – vor 1933 Häuser mittleren und gehobenen Standards, in denen jüdische wie nicht jüdische Bewohner lebten – wurden seit dem Sommer 1941 von den NS-Behörden zur Ghettoisierung der jüdischen Bevölkerung genutzt. Die ersten drei Gebäude, deren Geschichte wir uns näher ansehen wollen, stehen in Zusammenhang mit der Familie des Literaturwissenschaftlers Hans Mayer, dem neben Isidor Scheftelowitz und Hirsch Plato bedeutendsten jüdischen Wissenschaftler mit enger biographischer Verbindung zu Köln-Ehrenfeld.

Zunächst wenden wir uns auf der Nußbaumerstraße in Richtung Ehrenfeldgürtel und gehen dabei an der teils erhaltenen, teils rekonstruierten Mauer des Israelitischen Asyls entlang, hinter der die um 2000 neu gebauten Wohnblöcke liegen. Die dichte Bebauung auf dem ehemaligen Grundstück des Asyls lässt nichts mehr von der ursprünglichen Großzügigkeit des Areals, das sich von der Ottostraße bis zum Ehrenfeldgürtel erstreckte, erkennen. Wir überqueren den Gürtel und erreichen links das Haus Nr. 177.

Ehrenfeldgürtel 177, 2010

2 Ehrenfeldgürtel 177; Albert und Emma Mayer

Der dreigeschossige Bau mit turmähnlichem Erker und großzügigen Wohnungen wurde 1911 gebaut; nach mehrmaligem Besitzerwechsel gehörte er in den 1930er Jahren einer wohl nicht jüdischen Eigentümerin in Hamburg. Unter den Mietern war seit etwa 1916 das jüdische Ehepaar Albert Mayer und Emma geborene Meyer-Wachmann. Albert Mayer, 1870 als Sohn des Viehhändlers David Mayer in Neuss geboren, war bald nach seiner Heirat nach Köln gezogen. Sein Bruder Rudolf, geboren 1881, hatte Ida, die Schwester Emmas, geheiratet. Gemeinsam betrieben die Brüder mit ihrem Vater einen Vieh- und Fleischgroßhandel an der Liebigstraße, in der Nähe des Schlachthofs. Die Mayers gehörten also zu den jüdischen Familien, die sich um die Jahrhundertwende in Ehrenfeld niederließen, als der Vorort durch die Eröffnung des Schlachthofs zu einem Zentrum des Viehhandels geworden war. Die Familie wurde wohlhabend, und Emma Mayer konnte sich im karitativen Bereich engagieren. Seit den 1920er Jahren war sie Vorsitzende des Ehrenfelder Israelitischen Frauenvereins, in den 1930er Jahren auch Vorsitzende einer »Nähstube«, die mit ihren Erträgen »Kohlen und Kartoffeln für die jüdischen Armen in Ehrenfeld« kaufte.

Über Mitgliedschaft und Tätigkeit dieser Vereine wie über andere jüdische Vereine Ehrenfelds ist im Einzelnen wenig bekannt. Erste Vereine waren bereits um 1860 als religiös-wohltätige Organisationen entstanden, die es

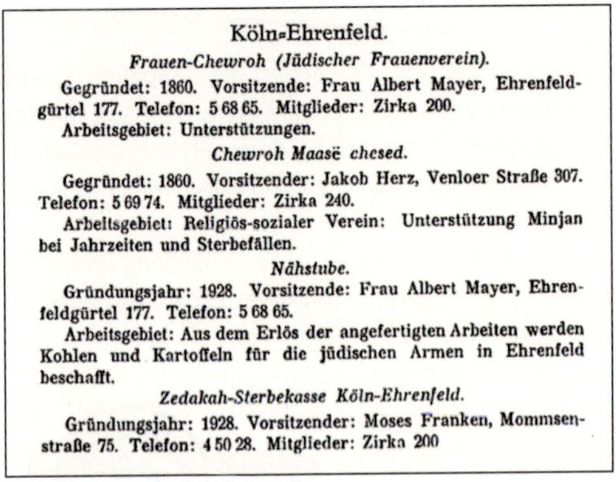

Köln-Ehrenfeld.

Frauen-Chewroh (Jüdischer Frauenverein).

Gegründet: 1860. Vorsitzende: Frau Albert Mayer, Ehrenfeldgürtel 177. Telefon: 5 68 65. Mitglieder: Zirka 200.

Arbeitsgebiet: Unterstützungen.

Chewroh Maasë chesed.

Gegründet: 1860. Vorsitzender: Jakob Herz, Venloer Straße 307. Telefon: 5 69 74. Mitglieder: Zirka 240.

Arbeitsgebiet: Religiös-sozialer Verein: Unterstützung Minjan bei Jahrzeiten und Sterbefällen.

Nähstube.

Gründungsjahr: 1928. Vorsitzende: Frau Albert Mayer, Ehrenfeldgürtel 177. Telefon: 5 68 65.

Arbeitsgebiet: Aus dem Erlös der angefertigten Arbeiten werden Kohlen und Kartoffeln für die jüdischen Armen in Ehrenfeld beschafft.

Zedakah-Sterbekasse Köln-Ehrenfeld.

Gründungsjahr: 1928. Vorsitzender: Moses Franken, Mommsenstraße 75. Telefon: 4 50 28. Mitglieder: Zirka 200

Jahrbuch der Synagogengemeinde Köln, 1934

als Frauen- und Männervereine seit Jahrhunderten in fast jeder noch so kleinen jüdischen Gemeinschaft gab. Sie übernahmen vor allem Aufgaben in der Krankenbetreuung, bei Waschung und Bestattung der Toten, darüber hinaus auch in der Armenfürsorge. Die beiden früh gegründeten Ehrenfelder Vereine waren bis in die Zeit des Nationalsozialismus aktiv, während ein um 1913 bestehender jüdischer Bürgerverein, eine vorwiegend gesellige Organisation, nicht lange existierte. 1934 gehörten dem Frauenverein immerhin 200 Personen an, dem Männerverein 240. Eine 1928 eingerichtete Sterbekasse hatte 200 Mitglieder.

Zu Emma Mayer fanden sich keine näheren Angaben, nicht einmal ein Foto von ihr war aufzufinden. Ihr Schicksal und das ihres Mannes während des NS-Regimes ließ sich klären: Um 1937/38 sah sich das Ehepaar gezwungen, die Wohnung am Ehrenfeldgürtel aufzugeben und in die Siemensstr. 60 umzuziehen, in ein Haus, das sie nach dem Tod von Emmas Onkel Ludwig Meyer-Wachmann zusammen mit ihren Verwandten geerbt hatten. Doch auch dieses Haus mussten Emma und Albert Mayer einige Jahre später verlassen, sie wurden 1942 vom Ghettohaus St.-Apern-Str. 29–31 nach Theresienstadt deportiert und ermordet.

Drei Häuser weiter, am Ehrenfeldgürtel 171, lebten Verwandte und Geschäftspartner des Ehepaars Mayer.

3 Ehrenfeldgürtel 171;
Familie Rudolf, Ida und Hans Mayer, Familie Caro

Das Gebäude mit vier Geschossen, einer eindrucksvollen Fassade und großen, für einen bürgerlichen Personenkreis gedachten Wohnungen gehörte in den 1930er Jahren der Continentalen Handelsbank in Amsterdam. Seit Errichtung des Hauses 1910 hatte es jüdische wie nicht jüdische Bewohner, und noch um 1936 zogen jüdische Mieter zu. In den Jahren darauf jedoch verließen die jüdischen Bewohner das Haus, die letzten von ihnen 1940.

Rudolf und Ida Mayer hatten mit ihrem Sohn Hans bereits um 1912 eine komfortable Parterrewohnung bezogen. Hans Mayer, geboren 1907, verbrachte Kindheit und Jugend daher im gutbürgerlichen Milieu Neuehrenfelds mit seinen »schönen Baumreihen, Einzelhäusern oder Wohnhäusern mit geräumigen Wohnungen für wenige Familien«, wie er in seinen Erinnerungen schrieb.[6] Mit den in der Nachbarschaft lebenden Verwandten – Onkel

Ehrenfeldgürtel 171, 2008
unten: **Jankel Adler (1895–1949), Gemälde von Otto Dix, 1926**

Hans Mayer (1907–2001) zur Ehrung an seinem 90. Geburtstag in Köln, 1997

und Tante in unmittelbarer Nähe und Großmutter und Großonkel in der Siemensstr. 60, »einem hübschen Haus mit schönem Garten« –, pflegte man engen familiären Kontakt. Rudolf Mayer war künstlerisch interessiert und hatte nach dem Ersten Weltkrieg begonnen, Bilder zu sammeln. Zu seinem Freundeskreis zählten die Kölner Maler der Moderne, deren Werke er zunehmend schätzte und, beraten von dem Kölner Sammler moderner Kunst, Josef Haubrich, ankaufte. Hans Mayer erinnerte sich, verschiedenen Künstlern bei seinen Eltern und den Ehrenfelder Verwandten begegnet zu sein: Jankel Adler, Otto Dix und Max Ernst, auch der Dichterin Else Lasker-Schüler, die Gast seiner Mutter war.

Hans Mayer besuchte das Schiller-Gymnasium in Ehrenfeld, studierte Jura unter anderem in Köln und promovierte 1930. Seit 1928 war er in sozialdemokratischen, sozialistischen, dann kommunistischen Gruppierungen engagiert und knüpfte Verbindungen zu Politikern der Linken. Einige von ihnen, etwa der Mitbegründer der Sozialistischen Arbeiterpartei Deutschlands, Kurt Rosenfeld, Reichstagsabgeordneter und Jurist, war 1932 für einige Zeit zu Besuch im Haus Ehrenfeldgürtel 171, wo Hans Mayer noch bei seinen Eltern wohnte. Hans Mayer gehörte damit zum großen, Ende der Weimarer Republik allerdings zersplitterten Kölner Kreis sozialistischer und kommunistischer Intellektueller, zu dem auch Erich Sander und Heinz Kühn zählten.

Um Repressalien der Kölner NSDAP zu entkommen, zog Hans Mayer 1933 nach Berlin. Kurz darauf wurde die Wohnung seiner Eltern von SA durchsucht, seine Bibliothek dabei verwüstet. Noch im gleichen Jahr floh er nach Frankreich, schließlich in die Schweiz. Auch seine Eltern Rudolf und Ida Mayer mussten die Wohnung einige Jahre später aufgeben. Sie zogen 1937/38 zu ihren Verwandten in die Siemensstr. 60.

In seinen Erinnerungen schrieb Hans Mayer: »Heute weiß ich, daß man es schon immer gewußt hat. Alles war auf Widerruf angelegt. In der ehemals Freien Reichs- und Hansestadt Köln konnte das bürgerliche Judentum mit viel Duldung und keiner ernsthaften Gleichberechtigung rechnen [...]. Das bürgerliche Judentum [...] vermochte sich auf niemand zu stützen: nicht auf den reichen und einflußvollen bürgerlichen Katholizismus, ebensowenig auf die diffusen und in sich uneinigen Neinsager. Als Bürger konnten die Kölner Juden nicht gemeinsame Sache machen mit der Arbeiterschaft. Als Juden verfielen sie der theologischen Verurteilung. Deutsche Staatsbürger jüdischen Glaubens. Sie hatten nichts für sich anzuführen als die Gleichheit vor dem Gesetz. Das war zu wenig.«[7]

Hans Mayer, Ansichten. Zur Literatur der Zeit, 1962; Stadtansichten, 1989; Die umerzogene Literatur, 1991

In der Zeit seines Exils, in dem ihm die deutsche Staatsbürgerschaft und der Doktortitel aberkannt wurden, begann Hans Mayers sozial- und literaturwissenschaftliche Arbeit, die ihn nach seiner Rückkehr nach Deutschland Ende 1945 zu einem der wichtigsten deutschen Geisteswissenschaftler werden ließ. Tätig als Universitätslehrer in Leipzig und Hannover, wurde Prof. Dr. Hans Mayer für sein Werk vielfach ausgezeichnet. 1980 erhielt er den Literaturpreis der Stadt Köln, 1981 erneuerte die Kölner Universität sein Doktordiplom. Er starb 2001 in Tübingen. Seinen literarischen Nachlass hatte Hans Mayer 1985 dem Historischen Archiv der Stadt Köln übergeben, das zu diesem Anlass eine Ausstellung zu seinem Leben und Werk zeigte. Ob dieser Nachlass den Einsturz des Archivs 2009 überdauert hat, ist bislang ungeklärt. An einen weiteren Bewohner des Hauses erinnert ein Stolperstein vor dem Hauseingang. Dr. Isidor Caro, 1877 in Posen geboren, wurde nach Rabbiner-

Mahnmal für die Kölner jüdischen Opfer des NS-Regimes auf dem Jüdischen Friedhof Bocklemünd. In der Mitte des Mahnmals befindet sich eine Gedenktafel für Isidor Caro, 2008
rechts: **Dr. Isidor Caro (1877 – 1943)**

ausbildung und einem Studium der Philosophie und Geschichte 1908 an die Kölner Synagogen-Gemeinde berufen. Seit Mitte der 1930er Jahre war er auch als Rabbiner an der Ehrenfelder Synagoge tätig. Seine Frau Klara geborene Beermann engagierte sich in unterschiedlichen sozialen Bereichen der jüdischen Gemeinde sowie in der Frauenbewegung. Isidor und Klara Caro, die mit ihren Kindern viele Jahre in der Lochnerstraße nahe der Synagoge in der Roonstraße gewohnt hatten, zogen erst um 1935 zum Ehrenfeldgürtel 171. 1940 mussten sie das Haus verlassen und in das Hinterhaus der Synagoge, Roonstr. 50, umsiedeln, das bald zu einem der Kölner Ghettohäuser wurde. Das Ehepaar emigrierte nicht, sondern entschied sich, bei seiner Gemeinde zu bleiben, als deren letzter Rabbiner Dr. Caro nun amtierte. Nachdem Isidor und Klara Caro im Juni 1942 in das Ghetto Theresienstadt deportiert worden waren, setzten sie sich dort mit aller Kraft für die Inhaftierten ein. Schon bald nach ihrer Ankunft hielt Dr. Caro Gottesdienste ab. Klara Caro berichtete darüber: »So primitiv diese äußerlich in den ehemaligen Pferdeställen oder in den als Schlaf- und Wohnräumen dienenden Stätten auch waren, die Nazis ahnten nicht, welche Quelle des Trostes und der Erhebung diese Andachten für unsere armen Gequälten bedeuteten. Von den wenigen deutschen Rabbinern dort hatte jeder einen eigenen Gottesdienst. Aber das Hauptamt des Rabbiners war die traurige Pflicht, seine Gemeindemitglieder zu Grabe zu tragen. Es war schaurig, wie der Tod in diesem ersten Jahre durch Hunger und Infektion unter unseren Kölnern wütete.«[8]

Isidor Caro starb unter den unmenschlichen Bedingungen des Ghettos im August 1943, Klara Caro überlebte die Deportation, sie starb 1979 in den USA. 1954 wurde für Dr. Caro eine Gedenktafel auf dem jüdischen Friedhof in Köln-Bocklemünd eingeweiht, 1970 eine Straße in Köln-Stammheim nach ihm benannt.

Wir gehen nun den Ehrenfeldgürtel weiter und nach rechts über die Eichendorffstraße zur Siemensstraße, in die wir rechts einbiegen. Die Straße mit ihren gepflegten Vorgärten und renovierten Fassaden strahlt auch heute noch, wie vor 100 Jahren, eine gediegene bürgerliche Atmosphäre aus.

4 Siemensstr. 60;
Familie Meyer-Wachmann und Familie Mayer; Ghettohaus

Das zweigeschossige Haus Nr. 60 mit Stuckfassade, Fachwerkgiebel und kleinem Vorgarten wurde 1910 gebaut und entstand damit etwa gleichzeitig mit den übrigen Häusern der Straße. Geplant für den Bedarf einer wohlhabenden Familie, gehörte es seit circa 1912 Ludwig Meyer-Wachmann. Dieser hatte in Cloppenburg gemeinsam mit seinem Bruder, dem Großvater Hans Mayers, ein Bekleidungsgeschäft geführt. Nach dem Tod seines Bruders hatte Ludwig Meyer-Wachmann das Geschäft aufgegeben und war mit Sophie Mayer, der Witwe seines Bruders, nach Köln in die Siemensstr. 60 gezogen.

Ludwig Meyer-Wachmann wird in den Erinnerungen seines Großneffen Hans Mayer als Vertreter des assimilierten jüdischen Bürgertums charakterisiert, der sich, wohlhabend, gebildet und deutsch-patriotisch gesinnt, völlig in die Gesellschaft integriert glaubte. »Ludwig Meyer-Wachmann kam 1843 zur Welt«, schrieb Hans Mayer, »er ist sehr alt geworden und wurde bei seinem 80. und 85. Geburtstag gebührend gefeiert. Von seinem 90. Geburtstag hingegen nahm man in Köln nicht Notiz: da pflegte man, nämlich im Jahre 1933, das jüdische Alter nicht mehr zu ehren. Onkel Ludwig starb bald danach.«[9] Sophie Meyer-Wachmann starb 1936, ihr Schwager Ludwig im Jahr

linke Seite: Siemensstr. 60, 2008
oben: Blick von der Nußbaumerstraße in die Siemensstraße, um 1910

darauf; beide wurden auf dem Ehrenfelder jüdischen Friedhof beerdigt. Das Haus ging in den Besitz der Ehrenfelder Verwandten über.

Als sich in den nächsten Jahren die Diskriminierung der jüdischen Bevölkerung verstärkte, wurde das Haus Siemensstr. 60 zunächst zu einer Zuflucht. Um 1937/38 zogen Ida und Rudolf Mayer sowie Emma und Albert Mayer in das Haus, in den nächsten Jahren folgten weitere Angehörige, schließlich wiesen die Behörden einige Personen ein, sodass das Haus zu einem der Ehrenfelder Ghettohäuser wurde. Schutz bot es nun nicht mehr. Ida und Rudolf Mayer verschleppte man Ende Oktober 1941 in das Ghetto Litzmannstadt/Lodz, 1942 in das Vernichtungslager Kulmhof/Chelmno, wo sie ermordet wurden. Emma und Albert Mayer wurden gezwungen, in das Ghettohaus St.-Apern-Str. 29–31 zu ziehen. Von dort wurden sie im Juni 1942 nach Theresienstadt deportiert. Albert Mayer starb im Dezember 1943, das Sterbedatum von Emma Mayer ist unbekannt. Seit etwa 1938 hatte auch der Bruder von Ida und Emma, Alex Meyer-Wachmann, bei seinen Verwandten gelebt. Wann er deportiert wurde, ist nicht geklärt, er wurde in Auschwitz ermordet. Unmittelbar vom Haus Siemensstr. 60 aus verschleppte man Mitte

> **Todesfall.** Im Alter von fast 94 Jahren ist am vergangenen Freitag Herr Ludwig Meyer-Wachmann, der Patriarch der Ehrenfelder Gemeinde, sanft entschlafen. Der Heimgegangene erregte bis in seine letzten Lebenstage Bewunderung durch seine geistige Elastizität und Energie, gepaart mit einem feinen Humor. Herr Rabb. Dr. Caro schilderte der Trauerversammlung auf dem Ehrenfelder Friedhof die weite Aufgeschlossenheit und Noblesse des Verblichenen, der die menschlichen Vorzüge einer versunkenen jüdischen Generation, die Treue gegen sich und gegen die Seinen, in selten idealer Weisc verkörpert hat. F.N.

Nachruf, in: Jüdisches Gemeindeblatt für Rheinland und Westfalen, 1937

Oktober 1941 das Ehepaar Max und Charlotte-Margarete Alexander mit ihrer 14-jährigen Tochter Lilli-Ruth nach Litzmannstadt/Lodz. Im Mai 1942 wurde die Familie weiter nach Kulmhof/Chelmno deportiert und ermordet. An die ermordeten acht Bewohner des Hauses erinnern Gedenksteine.

oben: Ehrenfeldgürtel 134 und 136, 2009
unten: Annonce, in: Jüdisches Gemeindeblatt für Rheinland und Westfalen, 1938; Unterschrift von Dr. Adolf Fruchtländer

Wir kehren auf dem gleichen Weg zum Ehrenfeldgürtel zurück, überqueren ihn und folgen ihm über die Kreuzung Subbelrather Straße bis zu den Häusern Nr. 134 und 136.

5 Ehrenfeldgürtel 134 und 136; Ghettohäuser

Beide Häuser gehören zu einer Häuserzeile, die auch anliegende, heute nicht mehr existierende Gebäude umfasste. Um 1924 kaufte der jüdische Ingenieur und Bauunternehmer Dr. Adolf Fruchtländer das bereits 1907 entstandene Mehrfamilienhaus Nr. 138 und ließ wenige Jahre darauf die Häuser Nr. 134 und 136 errichten. Die Bauausführung übernahm eine Firma, an der er selbst als Gesellschafter beteiligt war und die 1927 auch am Bau der Synagoge in der Körnerstraße mitgewirkt hatte. Dr. Fruchtländer lebte mit seiner Frau Eva im Haus Nr. 138, später in Nr. 136.

Während in den Häusern zunächst vor allem nicht jüdische Mieter wohnten, zogen seit Mitte der 1930er Jahre vermehrt jüdische Bewohner ein, die man aus ihren bisherigen Wohnungen gedrängt hatte. Unter ihnen war der Allgemeinmediziner Dr. Albert Grödel, der viele Jahre im Haus Schirmerstr. 40 gelebt und praktiziert hatte und nun versuchte, an seinem neuen Wohnsitz eine kleine Praxis zu unterhalten.

Um 1935 verkaufte Dr. Adolf Fruchtländer das Haus Ehrenfeldgürtel 138 an einen nicht jüdischen Arzt und emigrierte 1938/39 mit seiner Frau nach London. Wie ihnen gelang um 1939 nur noch drei weiteren Mietern des Hauses die Emi-

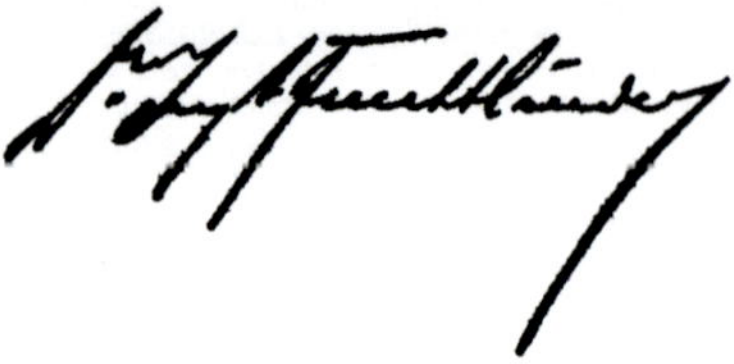

gration. Ab 1940 wurden die im Besitz Dr. Fruchtländers gebliebenen Häuser Nr. 134 und 136 von den Behörden als Ghettohäuser genutzt, sodass in ihnen nun viele Menschen zusammengedrängt leben mussten – in wirtschaftlicher Not und ohne Hoffnung auf Flucht oder Emigration. Ihre genaue Zahl ist nicht mehr festzustellen, doch sind für 1941 die Namen von fast 50 jüdischen Bewohnern bekannt.

Als bekannt wurde, wer der ersten, auf den 21./22. Oktober festgelegten Deportation zugeteilt werden sollte, nahmen sich innerhalb weniger Tage 37 Menschen das Leben, wie es der in Köln residierende Schweizer Konsul an seine Gesandtschaft in Berlin berichtete. Darunter waren sieben Bewohner des Hauses Ehrenfeldgürtel 136. Mit diesem ersten und dem wenige Tage später folgenden Transport verschleppte man 23 Bewohner der beiden Häuser nach Litzmannstadt/Lodz, von dort wurden die meisten von ihnen im Mai 1942 in das Vernichtungslager Kulmhof/Chelmno gebracht und ermordet.

Stolpersteine vor den Häusern Ehrenfeldgürtel 134 und 136

Unter den in das Ghetto Litzmannstadt deportierten Bewohnern war auch Dr. Grödel. Nachdem er dort als Mediziner gearbeitet hatte, wurde er schließlich im Juli 1944 als begleitender Arzt einem Transport von 700 Menschen zugeteilt. Das Ziel des Transports ist ungeklärt, der Sterbeort Albert Grödels nicht bekannt. Sechs weitere Bewohner deportierte man im Dezember 1941 nach Riga, etwa zur gleichen Zeit wurden zwei Ehepaare in andere Kölner Ghettohäuser verlegt. Schon Ende 1941 hatten die Häuser daher vermutlich keine jüdischen Bewohner mehr. Soweit bekannt, überlebte niemand der Deportierten die Lager. Im Mai 1942 schließlich wurde Adolf Fruchtländer enteignet, die Häuser Nr. 134 und 136, »bisheriger Eigentümer Dr. Ing. Fruchtländer (Jude)«, gingen »auf das Deutsche Reich (Oberfinanzpräsident Köln)« über.[10] Nach 1945 wurde Adolf Fruchtländer sein Eigentum zurückerstattet.

An zwei Bewohner, das Ehepaar Anna und Leopold Fassbender, erinnern Stolpersteine, für Dr. Grödel liegt vor dem Haus Schirmerstr. 40 ein Gedenkstein.

Es geht nun bis zur Subbelrather Straße zurück, in die wir nach rechts einbiegen, von ihr aus nach rechts in die Körnerstraße.

oben: Synagoge Körnerstraße, um 1927
rechts: Gedenktafel, Körnerstr. 91, 2010

6 Körnerstr. 93; Synagoge 1927 bis 1938

Vor der Fassade des Hauses Nr. 91 und einem Durchgang zu dahinterliegenden Gebäuden halten wir an. Hier, Körnerstraße 93, befand sich – für nur elf Jahre – die Ehrenfelder Synagoge. Die heutige Bebauung lässt nichts mehr von den zerstörten Vorgängerbauten erkennen, jedoch ist seit einigen Jahren durch verschiedene Hinweise ein Bezug zur Geschichte des Geländes geschaffen.

Die Entscheidung zum Bau einer Synagoge in Ehrenfeld fiel um 1925, als die Kölner jüdische Gemeinde beschloss, das religiöse Leben in den westlichen Vororten durch die Errichtung eines eigenen Mittelpunktes zu stärken. Als Standort wählte man die Körnerstraße, die als schmale, ruhige Verbindung von Venloer und Subbelrather Straße zentral und gut erreichbar im Geschäftsviertel Alt-Ehrenfelds lag. Sie war vor allem durch dreigeschossige Häuser im Kölner Dreifensterstil geprägt und umfasste Bewohner der Arbeiter- und Handwerkerschichten wie der bürgerlichen Mittelschicht. 1927 fanden sich als Mieter des Hauses neben dem Synagogengrundstück je ein Tagelöhner, Fabrikarbeiter, Gärtner, Schlosser und Straßenbahnschaffner mit ihren Familien. Auf der anderen Seite grenzten Betriebe zur Herstellung von Goldleisten und Rahmen an, während sich gegenüber die Villa wohlhabender

oben: Robert Stern als Soldat im Ersten Weltkrieg, um 1916
unten: Heddy Stern mit Tochter Ilse, 1915

Mit Planung, Realisierung und Innenausstattung der Synagoge wurde **Robert Stern** beauftragt. Stern, geboren 1885 in Köln, war neben Georg Falck der bedeutendste jüdische Architekt Kölns bis zur NS-Zeit. Seit der Eröffnung eines eigenen Architekturbüros 1909 realisierte Robert Stern in Köln und außerhalb eine Vielzahl von Wohn-, Geschäfts- und Warenhäusern, zudem Lichtspieltheater und Ausstellungshallen. Darüber hinaus war er mit Neu- und Umbauten für jüdische Belange tätig. Nach seinen Plänen entstanden 1928 der jüdische Pavillon auf der Internationalen Presse-Ausstellung in Deutz und 1930 die Eingangsbauten auf dem jüdischen Friedhof in Bocklemünd. In seinen Entwürfen zeigen sich die Architekturkonzepte seiner Zeit – Bauten im modernen neoklassizistischen Stil wie Gebäude, die sich an expressionistischen Formen und an Zielen des Bauhauses orientierten. Robert Stern und seine Frau **Heddy geborene Heydt** emigrierten 1936/37 nach London, später nach New York. Die Tochter des Ehepaars wurde mit ihrer Familie deportiert und ermordet. Im Exil konnte Robert Stern nicht mehr als Architekt arbeiten, verarmt starb er 1964 in den USA.

Eigentümer befand. Bis heute ist dieser ruhige, unprätentiöse Charakter der Körnerstraße nicht verloren gegangen.

Nach einjähriger Bauzeit konnte die neue Synagoge 1927 »mit Orgelspiel und Chorgesang« eingeweiht werden. Der Ehrenfelder Anzeiger merkte zur Feier an: »Der Flaggenschmuck in der Umgebung des neuen Gotteshauses der israelitischen Gemeinde [...] zeugte von dem guten Einvernehmen, das in Köln zwischen den verschiedenen Bekenntnissen besteht.«[11]

Rabbiner Dr. Lazar Dünner (1876–1950) und das Ex Libris seiner Büchersammlung

Synagoge Körnerstraße, 1928

Die neue Synagoge fügte sich gut in die Atmosphäre der Körnerstraße ein. Von der Straße aus gesehen lag sie etwas zurückgesetzt hinter einem kleinen, von einer Mauer eingeschlossenen Vorhof, der »mit einem alten Baum in der Mitte malerisch und intim« wirkte.[12] Rechts der Synagoge befand sich ein einstöckiges Haus mit der Wohnung des Kantors.

Im Konzept der Synagoge hatte sich Robert Stern bewusst gegen orientalisierende Formen, wie sie lange Zeit die Synagogenarchitektur prägten, entschieden. Sein Bau folgte, so hieß es in der Kölner Jüdisch-liberalen Zeitung, »neuzeitlicher klarer Baugesinnung« und stellte ein »dauerndes Denkmal moderner Baukunst« dar.[13] Modern wirkte die klare Fassade mit klassizistischen Anklängen, drei rundbogigen Eingängen und einer Vorhalle. Die Sprossen der über den Eingängen liegenden Rundfenster waren in Form eines Davidsterns gestaltet, wiesen also deutlich auf den jüdischen Kontext des Gebäudes hin. Getrennt in einen Betraum für Männer und eine Empore für Frauen, bot die Synagoge insgesamt 400 Sitzplätze. Der Hauptraum in Form eines Oktogons und von einer Zeltkuppel überdacht schuf eine Beziehung zum Stiftszelt der Israeliten zur Zeit ihrer Wanderung und knüpfte so an biblische Traditionen an. Über Wände und Decken zogen sich gezackte Farbfelder in Rot- und Gelbtönen, die zusammen mit starkfarbigen Fenstern eine fast dramatische Wirkung erzeugten.

Der Gottesdienst der Ehrenfelder Synagoge entsprach wie in den meisten Kölner Synagogen dieser Zeit dem liberalen Ritus; ein kleiner Betraum mit 60 Plätzen war jedoch einer orthodoxen ostjüdischen Gemeinschaft zur Verfügung gestellt. Als Rabbiner an der Synagoge wirkte zunächst Dr. Lazar Dünner, seit Mitte der 1930er Jahre Dr. Isidor Caro.

Synagoge Körnerstraße, 1928

Obwohl die Zahl der Gemeindemitglieder seit 1933 durch Fortzug und Auswanderung sank, fanden bis zum Pogrom 1938 regelmäßige Gottesdienste statt. Am 10. November 1938 drang eine Gruppe von Männern in die Synagoge ein, zerstörte das Innere und zertrümmerte die gesamte Ausstattung. Auch die Wohnung des Kantors Leopold Grünebaum und seiner Familie wurde verwüstet, das Mobiliar auf den Hof geworfen. Schließlich setzte man die Gebäude in Brand, während sich die Feuerwehr darauf beschränkte, die anliegenden Häuser vor einem Übergreifen der Flammen zu schützen. Der Sohn des Kantors, Henry Gruen, geboren 1923, berichtete über die Ereignisse des Pogroms 1938: »Wir wohnten in dem Häuschen, das direkt an der Synagoge lag. [...] Am Morgen des 9. oder 10. November versammelten sich einige Leute vor dem Gittertor, das auf den Hof der Synagoge führte. Zwei Leute, die in Halbzivil gekleidet waren – sie hatten lange Stiefel und dunkle, schwarze Hosen an –, läuteten und verlangten Eintritt. Sie bestanden darauf, Einlaß in die Synagoge zu bekommen. [...] Sie hatten auch Äxte dabei. Ich ging mit ihnen in die Synagoge, und sie fingen an, mit diesen Äxten die Bänke zu zerschlagen. [...] Sie kümmerten sich nicht um mich, sondern schlugen auf alles, zerschlugen auch den Almemor, das heißt das Pult, auf dem die Thorarollen verlesen werden. Nach einiger Zeit ging ich hinaus. Für das Folgende ist mein Gedächtnis nicht mehr so klar. Ich weiß aber noch, daß dann eine neue Gruppe von Leuten hereinkam, den Eintritt in unser Häuschen erzwang, anfing die Möbel herauszuwerfen und sie auf dem Hof in Brand zu stecken. In der Zwischenzeit hatte sich draußen eine ziemliche Menschenmenge versammelt, und – in dieser Beziehung ist mein Gedächtnis ganz klar – es war eine Menschenmenge, aus der gar kein Laut kam. Es herrschte Schweigen. Es war weder Anteilnahme für uns noch Ermutigung für die Aktivitäten dieser Leute zu merken. Als die Männer begannen, unsere Wohnung zu zertrümmern, bekam meine Mutter einen Weinkrampf. Mein Vater war scheinbar gefaßter und sagte mir, ich sollte besser gehen und das Nötigste für mich mitnehmen. Ich ging in die Wohnung hinauf und holte einen Schlafanzug, ein Hemd und mein Klavieralbum: Johann Sebastian Bachs Stücke für Maria Magdalena, das waren meine Lieblingsstücke. [...] Ich setzte mich aufs Fahrrad und fuhr durch das Tor hinaus.«[14]

Rekonstruktion der Farbgestaltung durch Shlomo Paschtan, einen Mitarbeiter Robert Sterns, 1994

Leopold Grünebaum, geboren 1885, war der letzte Kantor der Ehrenfelder Synagoge. Seit 1910 war er als Lehrer an der städtischen jüdischen Volksschule tätig und zugleich bis 1925 als Leiter des Israelitischen Lehrlingsheims in der Utrechter Straße. Nach seiner Heirat 1922 mit **Thekla Plaut** wurden der Sohn Heinz und die Tochter Inge geboren. 1937, mit der Übernahme der Stelle des Kantors in Ehrenfeld, bezog die Familie das Haus neben der Synagoge. Heinz konnte im Januar 1939 mit einem Kindertransport nach Großbritannien in Sicherheit gebracht werden, für seine Eltern und seine Schwester war eine Emigration nicht mehr möglich. Am 27. Juli 1942 wurden sie nach Theresienstadt deportiert, 1944 nach Auschwitz verschleppt und ermordet. Heinz Grünebaum, nun Henry Gruen, emigrierte 1947 von Großbritannien in die USA, 1971 kehrte er nach Deutschland zurück.

Leopold, Thekla und Ilse Grünebaum, um 1937
rechts: Henry Gruen kurz vor der Emigration, 1939

Ein Inventarverzeichnis der Synagoge und ihrer Nebenräume, das 1957 erstellt wurde, führt detailliert die während des Pogroms zerstörten oder geraubten Gegenstände auf.[15] In der Hauptsynagoge waren dies unter anderem: 26 Tora-Rollen mit Gold- und Silberkronen, Tora-Schilder und -Zeiger, 650 Gebetbücher für die Hohen Feiertage, 1.200 Gebetbücher, 200 Gebetmäntel, 200 Gebetsriemen, ein Ewiges Licht (eine Öllampe in Gold), 20 silberne Leuchter, zwei goldene Leuchter, acht Sabbat-Öllampen aus Silber, ein goldener Chanukka-Leuchter, eine Laubhütte, vier Kandelaber in Silber, zwölf Tora-Vorhänge (Samt mit Gold gestickt), silberne Waschgefäße, Weinbecher, Gewürzdosen und Sederschüsseln.

Nach dem Brand standen von Synagoge und Wohnhaus nur noch die Mauern, die Ende 1939 eingerissen wurden. 1942 wurde das Grundstück an einen Kölner Kaufmann verkauft. Neben diesem Trümmergrundstück, auf einer unbebauten Gartenfläche, errichtete man 1942/43 einen Luftschutzbunker. Der Bunker, der in seiner ursprünglichen Form erhalten ist und seit 1995 unter Denkmalschutz steht, befindet sich also nicht, wie häufig angenommen wurde, auf dem Grundstück der Synagoge. Das Gelände der Synagoge blieb unbebaut, erst um 1950 ebnete man Mauerreste und Keller ein. Eigentümer war in den 1950er Jahren die Jewish Trust Corporation, die es 1954 an die Stadt Köln verkaufte.

oben: Front des Bunkers, 2010
links: Wandbild am Haus Nr. 85, um 1988

Das Areal war auch in den 1980er Jahren noch nicht bebaut, sondern wurde als Spielplatz genutzt. 1988 schließlich, 50 Jahre nach dem Novemberpogrom, versuchte man, durch eine Gestaltung der damals noch freien Hauswand auf der linken Seite an die jüdische Geschichte des Grundstücks zu erinnern. Nach einem Entwurf der Graphikerin Brigitte Schulten entstand ein großes Wandbild, das die Motive eines Mosaiks aus dem 6. Jahrhundert n. d. Z. in der Synagoge von Beth Alpha in Israel aufgriff und die Tierkreiszeichen mit dem Sonnenwagen darstellte. Erst Mitte der 1990er Jahre beschloss die Stadt Köln eine Bebauung des Areals; bis 2000 entstanden auf dem ehemaligen Synagogengelände ein Wohnhaus und eine Kindertagesstätte, wobei das Wandgemälde überdeckt wurde.

Heute erinnern mehrere Elemente an die Ehrenfelder Synagoge. Links, unmittelbar unter der Hausnummer 91, ist eine Gedenktafel mit dem Grundriss der Synagoge und einem kurzen Text angebracht. Rechts an der Bunkerfassade ist ein kleines Wandgemälde zu sehen, das in stilisierter Form die Front der Synagoge mit ihren drei Rundbogen darstellt, darüber ist, als Zeichen der Versöhnung, ein Regenbogen skizziert.

Zwischen Bunker und Tagesstätte führt ein Durchgang in das hintere Grundstück. Durch ein Gitter blickt man auf den Teil des Areals, auf dem die Synagoge stand – heute der Innenhof der Tagesstätte. Auch hier finden sich verschiedene Gestaltungselemente, die einen Bezug zur Geschichte herstellen: Die gesamte, fensterlose Seitenwand des Gebäudes Körnerstr. 85 ist von einem Wandbild mit goldenen Sternen und einem Davidstern auf hellblauem Grund bedeckt; im Boden des Hofs wurde, vom Gitter aus nicht zu erkennen, der Grundriss der Synagoge mit eingelassenen Steinen nachgezeichnet. Der Innenhof ist nur durch die Tagesstätte zugänglich.

Über die Körnerstraße erreichen wir die Venloer Straße, heute wie schon um 1900 eine lebhafte, verkehrsreiche Verbindung zwischen der Innenstadt und den westlichen Vororten. Hier reiht sich Geschäft an Geschäft – Kneipen, italienische, türkische, thailändische Lokale, Läden mit Billigwaren oder Geschenkartikeln, Friseurläden und Bekleidungsgeschäfte. Wir überqueren sie in Höhe der Kirche St. Joseph und halten vor dem rechten Eckgebäude zum Neptunplatz.

7 Venloer Str. 301; Kaufhaus Julius Bluhm

Im Vorgängerbau des Gebäudes, das heute von der Filiale einer Warenhauskette genutzt wird, befand sich das Kaufhaus Julius Bluhm. Bis in die 1930er Jahre gehörte zum wirtschaftlichen Angebot Ehrenfelds eine Reihe kleiner und mittlerer Betriebe jüdischer Besitzer, neben dem Bekleidungsgeschäft Bluhm etwa das Bettwarengeschäft Max Hartoch und das Schuhhaus Jakobs. Vor allem in Alt-Ehrenfeld im Umfeld der Venloer Straße hatten sich jüdische Handwerker und Kaufleute angesiedelt. Die systematische Diskriminierung durch die NS-Behörden seit 1933 schränkte ihre Möglichkeiten rasch ein, sodass Geschäfte und Häuser in den folgenden Jahren – meist unter Preis – veräußert werden mussten. Dabei nutzten Nachbarn und Konkurrenten die Zwangslage oft zu günstigen Ankäufen.

oben: Venloer Str. 301, 2010
rechts: Kaufhaus Bluhm, Venloer Str. 301, um 1920

im Uhrzeigersinn:
Vorfahren der Familie Bluhm in Minden, um 1860; Hochzeitsfoto von Julius und Anna Bluhm, 1910; Julius Bluhm und Söhne, um 1915; Reklamemarke, um 1925

Die Biographie der Familie Bluhm steht stellvertretend für viele Juden, die sich in der Hoffnung auf eine erfolgreiche Zukunft im aufstrebenden Vorort Ehrenfeld niedergelassen, sich hier akzeptiert und zu Hause gefühlt hatten. Herbert Bluhm, 1912 als Sohn von Julius und Anna Bluhm geboren, beschrieb in seinen Erinnerungen diese Haltung seiner Familie: »Wir haben uns absolut integriert gefühlt. Wir haben uns deutscher gefühlt, als man sich deutsch denken kann. Uns ist niemals die Idee gekommen, daß wir nicht vollwertige Deutsche seien. Das zeigte sich unter anderem darin, daß meine Familie an allem Anteil nahm, was zum Beispiel patriotische Feiern, ob noch im Kaiserreich oder in der Republik, betraf. Wir nahmen an allen Ereignissen der deutschen Politik teil und beteiligten uns als Kölner selbstverständlich an Karnevalssitzungen und Karnevalsfeiern verschiedenster Art. Wir fühlten uns als absolut vollwertige Deutsche. In jeder Beziehung.«[16]

Die plötzliche Distanz oder Feindseligkeit im Verhalten von Kunden, Geschäftspartnern und Bekannten seit 1933 traf die Familie Bluhm überraschend und wehrlos. In der Hoffnung auf ein baldiges Ende der nationalsozialistischen Herrschaft dachten sie erst spät an eine Emigration.

Julius Bluhm, in Westpreußen geboren, war 1905 nach Köln gezogen, wo er die aus Aachen stammende Anna Mayer heiratete. Nachdem er zunächst mit seinem Bruder ein Warenhaus in Nippes geführt hatte, eröffnete er um 1910 ein eigenes Textilkaufhaus in der Venloer Str. 301. Aufgrund der allgemeinen Wirtschaftskrise Anfang der 1930er Jahre verkaufte er das Geschäft und richtete einige Häuser weiter, Venloer Str. 291, eine kleinere Handlung für Kurz-, Weiß- und Wollwaren mit nur wenigen Beschäftigten ein. Erste Repressalien durch die Nationalsozialisten erfuhr die Familie bereits während des Boykotts am 1. April 1933. Julius Bluhm wurde bedroht, in seinem Geschäft wurden Vitrinen zerstört und Waren gestohlen. Gleichwohl konnte das Geschäft bis zum Novemberpogrom 1938 weitergeführt werden. Kurz nach dem Pogrom jedoch sahen sich Julius und Anna Bluhm gezwungen, ihre Textilwarenhandlung zu verkaufen. Die drei Söhne des Ehepaars waren bereits einige Jahre zuvor ausgewandert: Hans nach Argentinien, Herbert und Leo nach Palästina. »Im Frühjahr 1938«, berichtete Herbert Bluhm, »kam mein Vater zu einem Besuch nach Palästina. Er war nicht zu überzeugen, ganz überzusiedeln, bis ihn dann die ›Kristallnacht‹ im November 1938 eines anderen belehrte. Wir besorgten den Eltern noch Ende 1938 ein Zertifikat, aber sie konnten es nicht antreten, weil sie einfach keine Mittel zum Reisen hatten. Sie waren gebunden an das Geschäft, und das Geschäft konnten sie nicht verkaufen, weil man ihnen noch nicht einmal einen minimalen Preis bot. Nach der ›Kristallnacht‹ mußten sie dann zwangsverkaufen, sie saßen dann praktisch auf der Straße und konnten mit den letzten Mitteln gerade noch reisen und ein paar Möbel mitnehmen. [...] Die Eltern sind im April 1939 mit dem letzten offiziellen Schiff ins Land [nach Palästina] gekommen.«[17]

Julius Bluhm als Hausierer in Israel, 1950er Jahre

Wie viele jüdische Ehrenfelder mussten die Bluhms in einem fremden Land ein neues Leben beginnen.

8 Venloer Straße

Heute ist das Viertel um die Venloer Straße ein Stadtteil, der auch von vielen Immigrantinnen und Immigranten geprägt wird. Vor allem der Straßenabschnitt weiter stadtauswärts, dem wir nun folgen, ist eine der Kölner Straßen mit einer kulturell sehr gemischten Atmosphäre. Passantinnen und Passanten stammen aus verschiedensten Ländern und Kulturen, viele Frauen tragen Kopftücher – die große Moschee Kölns liegt nicht weit von hier.

TOUR 6
TEIL 2
12
11
10
9
8
7
SUBBELRATHER STRASSE
LEYENDECKERSTR.
THIELENSTR.
MARIENSTR.
LESSINGSTRASSE
PLATENSTRASSE
SENEFELDERSTRASSE
VENLOER STRASSE
EHRENFELDGÜRTEL
EHRENFELDGÜRTEL
SÖMMERINGSTRASSE
KEPLERSTRASSE
ROTHEHAUSSTRASSE
VENLOER
STRASSE
VOGELSANGER STRASSE
NEPTUNBAD
LINDENBORNSTRASSE

Ein Zeitsprung von 60 Jahren »Entlang der Venloer Straße« führt uns von der Zeit des Nationalsozialismus zu einem 2001 veröffentlichten Roman mit ebendiesem Titel.[18] Sein Autor ist der Arzt Dr. Peter Rosenthal, der, geboren 1960 als Sohn eines jüdischen Arztes in Siebenbürgen, Anfang der 1970er Jahre mit seiner Familie aus dem Rumänien Ceausescus nach Deutschland flüchtete. Nachdem Rosenthal in Köln Medizin studiert hatte, ließ er sich als Arzt in Ehrenfeld nieder. Täglich fuhr er mit dem Fahrrad über die Venloer Straße zu seiner Praxis. »Diese Straße ist nicht schön und wird in keinem Reiseführer besonders hervorgehoben«, merkt er an. »Sie bewahrt trotzdem einen speziellen, kaum fassbaren Charakter, trotz oder wegen ihres scheinbar unerschöpflichen Fassungsvermögens für alles, was die Welt hervorbringt – auch für mich. Wie eine riesige Schlange, breitet sie sich hier aus und verschlingt ganze Heerscharen von Passanten, die ihr begegnen.«[19]

Diese Atmosphäre der Venloer Straße mit ihrer Vielfalt von Menschen und Stimmungen, auf der »ebenso viele Sprachen gesprochen werden wie in Jerusalem oder New York«,[20] wurde für Peter Rosenthal Anlass, sich mit seiner Verlorenheit in der Fremde und seinem Suchen nach Zugehörigkeit auseinanderzusetzen. Berührend schildert er die Zerrissenheit, die aus dem Verlust der Heimat entsteht, und die Versuche, sich über die Bedeutung seiner jüdischen Herkunft für sich klar zu werden. Gegenwart und Vergangenheit werden dabei miteinander verwoben, und schließlich erscheint die Venloer Straße als Symbol eines Zuhauseseins in der Fremde. Damit beschreibt Rosenthal ein Gefühl, das für viele der zugewanderten Einwohner Ehrenfelds – nicht nur für jüdische Immigranten – Grundlage ihres Lebens ist.

Stolperstein vor dem Haus Sömmeringstr. 57

Unser Weg führt ein kleines Stück auf der Venloer Straße stadtauswärts und biegt links in die schmale Sömmeringstraße ein.

9 Sömmeringstr. 57; Friseurgeschäft Spiro

Im Haus Nr. 57, ursprünglich ein einfaches Wohn- und Geschäftshaus mit zwei Geschossen, das durch einen Nachkriegsbau ersetzt ist, befanden sich Wohnung und Friseurgeschäft des jüdischen Ehepaars Moritz und Erna Spiro. Während des Pogroms am 10. November 1938 drangen mehrere Männer in das Geschäft ein, zerschlugen die Fensterscheiben und begannen, die Einrichtung zu zerstören.

Stolperstein für Moritz Spiro

Als Moritz Spiro versuchte, sie daran zu hindern, wurde er von einem der Männer niedergeschlagen und schwer am Kopf verletzt. Nachdem Erna Spiro ihren Mann in das Israelitische Asyl gebracht hatte, wurde er dort operiert. Aufgrund seiner Schädelverletzung starb er am 18. November 1938. Da Erna Spiro Anzeige wegen Totschlags erstattete, untersuchte die Kölner Justiz den Vorfall. Der Täter, ein 32-jähriger Ehrenfelder Bürogehilfe und Mitglied der NSDAP, gab sowohl Zerstörungen im Geschäft Spiros wie eine tätliche Auseinandersetzung mit ihm zu. Im August 1939 stellte der Kölner Oberstaatsanwalt fest: »Die Einlassung des Beschuldigten, nicht die Absicht gehabt zu haben, den Juden Spiro zu töten, wird sich kaum widerlegen lassen. Danach liegt Körperverletzung mit Todesfolge – Verbrechen gegen § 226 StGB – vor. Eine Notwehr gegen einen tätlichen oder vermeintlichen Angriff des Juden Spiro dürfte, da sich dieser, wie der Beschuldigte selbst einräumt, bereits auf der Flucht befunden hat, nicht in Frage kommen.«[21]

Trotz der Ermittlung des Täters und der Aufklärung der Tatumstände wurde das Verfahren durch einen Erlass des Reichsjustizministers im Oktober 1940 eingestellt, der Täter nicht belangt. Erna Spiro wurde gemeinsam mit ihrem Sohn Erich im Oktober 1941 nach Litzmannstadt/Lodz deportiert. Im Mai 1942 verschleppte man sie in das Vernichtungslager Kulmhof/Chelmno, wo sie ermordet wurde. Wann Erich Spiro starb, ist unbekannt, er ist verschollen. An Moritz Spiro erinnert ein Stolperstein.

Nur wenige Schritte weiter halten wir erneut an.

10 Sömmeringstr. 70 bzw. 72; Wohnung von Albert Richter

Stolperstein für Albert Richter

Im Bereich dieser Häuserzeile befand sich vor dem Krieg das Haus Nr. 72, in dem seit circa 1910 die Familie Richter lebte. Der 1912 geborene Sohn Albert, dessen Mutter evangelisch, der Vater katholisch war, verbrachte hier seine Kindheit und behielt bis zu seinem Tod eine Wohnung im Haus. Albert Richter war Ende der 1920er Jahre zu einem erfolgreichen Radsportler, 1932 zum deutschen Radrennweltmeister avanciert. Nach der Machtübernahme der Nationalsozialisten erwies sich Albert Richter als erklärter Gegner des NS-Regimes, der sich auch für jüdische Verfolgte einsetzte. Als er Ende 1939 versuchte, Geld zur Unterstützung jüdischer Flüchtlinge in die Schweiz zu schmuggeln, wurde er an der Schweizer

Albert Richter (1912–1940)

Grenze festgenommen und im Gefängnis von Lörrach inhaftiert. Dort starb er unter bis heute ungeklärten Umständen – vermutlich wurde er von der Gestapo ermordet. 1996 erhielt die Radrennbahn in Köln-Müngersdorf seinen Namen, seine Grabstätte auf dem alten Ehrenfelder Friedhof, der heute Teil des Melatenfriedhofs ist, wurde städtisches Ehrengrab.

Von der Sömmeringstraße geht es weiter nach rechts über die Lindenbornstraße zum Melatengürtel, nach rechts bis zur Venloer Straße und diese stadtauswärts unter der Bahnunterführung hindurch bis zur Ecke Senefelderstraße.

11 Venloer Str. 376 und 378; Jüdisches Lehrerseminar und Übungsschule

Auf dem Areal der heutigen Häuser standen in den 1870er Jahren zwei Wohnhäuser mit Hintergebäuden und Gärten, die damals die Hausnummern 180 und 182 trugen. Für kurze Zeit war hier der Sitz des Jüdischen Lehrerseminars, einer im Rheinland einzigartigen Bildungseinrichtung. Das Seminar war 1867 von Vertretern der rheinischen Orthodoxie, zu denen auch einige Kölner gehörten, in Düsseldorf gegründet worden. Ziel der neuen Einrichtung war es, auf der Basis einer orthodoxen Orientierung Religions- und Elementarschullehrer auszubilden, um damit dem wachsenden Bedarf an Lehrern für jüdische Schulen zu entsprechen und zugleich die orthodoxe Richtung innerhalb der jüdischen Bevölkerung zu stärken. 1874 erhielt das Seminar eine umfangreiche Stiftung des Kölner jüdischen Kaufmanns Julius Harff, dessen Familie in Ehrenfeld eine Ziegelei, später eine Nietenfabrik betrieb. Die Harffs gehörten damit zu den ersten wirtschaftlich erfolgreichen Juden in dieser Region. Julius Harff und sein Sohn Max waren auch die einzigen jüdischen Mitglieder der Verordnetenversammlung der Gemeinde Müngersdorf.

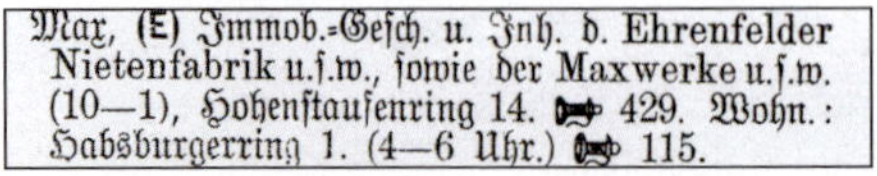

Max, (E) Immob.-Gesch. u. Inh. d. Ehrenfelder Nietenfabrik u.s.w., sowie der Maxwerke u.s.w. (10—1), Hohenstaufenring 14. ☎ 429. Wohn.: Habsburgerring 1. (4—6 Uhr.) ☎ 115.

Eintrag zu Max Harff, Kölner Adressbuch 1898

In seiner Stiftung überließ Julius Harff dem Lehrerseminar die beiden Häuser in der Venloer Straße, in einem Bereich, der zu diesem Zeitpunkt noch wenig bebaut war. Da Harff die Häuser 1874 hatte bauen lassen, ist es möglich, dass sie speziell für die Bedürfnisse des Lehrerseminars errichtet wurden. Abbildungen oder Beschreibungen der Gebäude sind nicht überliefert, doch handelte es sich vermutlich um einfache zwei- oder dreigeschossige Bauten mit genügend Raum für das noch recht kleine Seminar. Alle »Zöglinge« wohnten während ihrer Ausbildung im Seminar, und auch der Seminarleiter, Rabbiner Dr. Hirsch Plato, zog mit seiner Familie nach Ehrenfeld und wohnte in den Gebäuden in der Venloer Straße. Zum Seminar gehörte bald eine kleine private Elementarschule, da Dr. Plato im Oktober 1874, schon kurz nach dem Umzug, die Behörden um die Erlaubnis zur Errichtung einer vierklassigen jüdischen Übungsschule gebeten und die staatliche Genehmigung erhalten hatte. Die jüdischen Kinder Ehrenfelds konnten daher erstmals eine jüdische Volksschule in ihrer Nähe besuchen.

Dr. Hirsch Plato (1822–1910) vertrat als Schüler des berühmten Frankfurter Reformers der Orthodoxie in Deutschland, Rabbiner Dr. Samson R. Hirsch, einen Standpunkt, der traditionelles Judentum und weltliche Bildung, Beachtung der religiösen Gesetze und Integration in die umgebende Gesellschaft zu verbinden suchte. Ziel des Jüdischen Lehrerseminars, das er bis 1904 leitete, war es daher, auf der Basis orthodoxen Glaubens ein hohes professionelles Niveau zu gewährleisten. Nach dem Umzug von Ehrenfeld nach Köln 1876/77 wurde Dr. Plato Rabbiner der Kölner orthodoxen Gemeinde Adass Jeschurun. Er starb 1910, seine Frau **Julie geborene Hirsch,** Initiatorin des Israelitischen Kinderheims, 1917. Beide sind auf dem jüdischen Friedhof in Deutz bestattet.

oben: **Rabbiner Dr. Hirsch Plato (1822–1910)**
links: **Jüdischer Friedhof Deutz; im Hintergrund links: Grabsteine für Hirsch und Julie Plato, um 1920**

Allerdings blieb das Lehrerseminar nur kurz in Ehrenfeld ansässig. Bereits 1876/77 siedelte es nach Köln über, wo es sich unter der Leitung von Dr. Plato in den folgenden Jahrzehnten zu einer für das gesamte Rheinland bedeutenden Einrichtung entwickelte. Die Häuser an der Venloer Straße waren noch um 1898 im Besitz des Lehrerseminars, nicht lange danach wurden sie verkauft. Im Zweiten Weltkrieg brannten die Häuser aus, wurden aber im gleichen Grundriss wieder aufgebaut.

Wir gehen nun die Venloer Straße weiter bis zur Leyendeckerstraße, der wir rechts bis zur Ecke Thielenstraße folgen.

12 Leyendeckerstr. 32; Familie Becker

Während der erste Teil unseres Rundgangs durch Viertel führte, die ursprünglich für gutbürgerliche Schichten – in Neuehrenfeld – und für eine sozial gemischte Bevölkerung – im älteren Bereich Ehrenfelds – geplant wurden, passieren wir nun mit der Gegend um Senefelder-, Lessing-, Leyendecker- oder Marienstraße ein Viertel, das nach 1900 für den Bedarf unterer Einkommensgruppen entstanden war. Auch nach dem Zweiten Weltkrieg wohnte in diesen Straßen Ehrenfelds vor allem eine arme Bevölkerung. Erst in den letzten Jahren findet es Interesse bei mittleren Schichten, sodass auch hier immer mehr Häuser in modernem Geschmack renoviert werden.

Wie viele Bewohner dieser Straßen während der 1920er und 1930er Jahre jüdisch oder jüdischer Herkunft waren, ist nicht mehr festzustellen. Über ihre Lebens- und Arbeitswelt, den Alltag armer Familien, unter denen auch eine Reihe Zuwanderer aus Osteuropa war, ist wenig bekannt, da kaum Biographien, Dokumente oder Fotografien überliefert sind. Die Geschichte einer Familie, der Familie Becker, jedoch lässt sich rekonstruieren und steht damit für die Ehrenfelder jüdischer Religion oder Herkunft, die zur Unterschicht zählten. Ihr Leben war wie das Zehntausender Kölner Familien in der Zeit nach dem Ersten Weltkrieg von den Auswirkungen der Weltwirtschaftskrise, von Arbeitslosigkeit und Not geprägt. Die Familie Becker gehörte darüber hinaus zu denjenigen, die sich während der Weimarer Republik kommunistischen Gruppierungen angeschlossen hatten und diese politische Haltung auch nach der Machtübernahme der Nationalsozialisten nicht aufga-

oben: Wohnung und Geschäft der ostjüdischen Familie Krigstein, Marienstr. 24, um 1909
rechts: Leyendeckerstr. 32, 2009

ben, sondern sich im Widerstand gegen das NS-Regime engagierten. Sie wurden daher sowohl aufgrund ihrer jüdischen Herkunft als auch ihrer politischen Überzeugung verfolgt.

Ende des Ersten Weltkriegs hatten der katholische Schreiner Anton Becker, geboren 1888, und die jüdische Julie Cahn, geboren 1892, deren Vater in Köln eine Glaserei betrieb, geheiratet. 1919 kam eine Tochter zur Welt, 1920 Sohn Heinrich. Weder Julie noch Anton Becker führten die religiösen Traditionen ihrer Familien fort. Ihre Kinder wurden zwar katholisch getauft, eine religiöse Erziehung erhielten sie aber nicht. Anfang der 1920er Jahre, als sich die wirtschaftliche Situation in Deutschland mehr und mehr verschlechterte, entschloss sich die Familie, nach Brasilien auszuwandern und einen Neuanfang zu wagen. Da sich ihre Hoffnungen nicht erfüllten, kehrten sie schon einige Jahre später nach Köln zurück. Aber auch hier konnte die Familie nur schwer Fuß fassen. Während Julie Becker zunächst in der Ehrenfelder Wäscherei ihrer Verwandten Regine und Sally Seligmann, Philippstr. 41, arbeitete, blieb ihr Mann ohne reguläre Arbeit. 1931 zog die Familie in eine kleine Mietwohnung im zweiten Stock des Hauses Leyendeckerstraße 32, einem Eckhaus zur Thielenstraße, das von der Gemeinnützigen AG für Wohnungsbau speziell für den Bedarf von Arbeiterfamilien geplant und gerade fertiggestellt worden war. 1937 vermerkt das Kölner Adressbuch als Berufe der Hausbewohner: Fabrikarbeiter, Schreiner, Schuhmacher, Schlosser, Postschaffner, Vulkanisierer und Stanzer. Das heutige Gebäude entspricht, bis auf Veränderungen vor allem im Erdgeschoss, im Wesentlichen dem ursprünglichen Zustand.

Dampfwäscherei HANSA G. m. b. H.
(Geschäftsführer S. Seligmann)
Ehrenfeld, Philippstr. 41 - Fernspr. West 51400/1

Annahmestellen: Bach, Ehrenfeld, Tondernstr. 8
Nast, „ Hauptstr. 6

Stärke-Wäsche in tadelloser Ausführung
Schrankfertige Haushaltungs-Wäsche
Pfund-Wäsche

Freie Abholung und Zustellung in Köln und allen Vororten

oben: Familie Becker in Brasilien, um 1924 *mitte:* Regine und Sally Seligmann, um 1910 *links:* Annonce, in: Kölner Jüdisch-liberale Zeitung, 1928

Kommunistische Partei und Organisationen hatten in der Arbeiterbevölkerung Ehrenfelds während der Weimarer Republik einen starken Rückhalt. Auch Julie und Anton Becker begannen sich um 1930 in der Internationalen Arbeiterhilfe (IAH), einer der KPD nahestehenden Organisation, zu engagieren. Wie sie waren die meisten Hausbewohner Kommunisten und bildeten eine enge Gemeinschaft. Zum Freundeskreis der Familie Becker gehörten außerdem Josef Frenkel und seine Frau, jüdische Immigranten aus Polen, die mit ihrem Sohn Max ganz in der Nähe, in der Leyendeckerstr. 77, lebten.

Familie Becker in ihrer Wohnküche, Leyendeckerstr. 32, um 1942 ***rechts:*** **Heinrich Becker und seine Schwester, um 1922**

»Die Organisation«, so berichtete Heinrich Becker über die IAH, »war in einzelne lokale Gruppen unterteilt: Gruppe Ehrenfeld, Gruppe Bickendorf und so weiter, und bei uns trafen sich die Mitglieder der Umgebung, die Leute, die im Umkreis unserer Wohnung in der Leyendeckerstraße wohnten. Es waren so 20, 30 Leute, die da zu uns kamen und in unserer Wohnküche saßen. Wir hatten eine ziemlich große Küche, wie das damals so war in den Arbeiterwohnungen.«[22]

Als unmittelbar nach der nationalsozialistischen Machtübernahme die brutale Verfolgung ihrer politischen Gegner, insbesondere der Mitglieder von SPD, KPD und deren Organisationen, einsetzte, wurde jede Unterstützung kommunistischer Gruppen lebensgefährlich. Dennoch versuchte eine Reihe ihrer Mitglieder, im Untergrund weiterzuarbeiten und Widerstand gegen das Regime zu organisieren. Auch Anton und Julie Becker hielten Kontakt zu kommunistischen Freunden, Julie Becker beteiligte sich unter anderem an der Weitergabe von kommunistischen Schriften. Heinrich Becker,

Heinrich Becker als Häftling im KZ Buchenwald, 1944

der manchmal seine Mutter bei der Verteilung von Schriftmaterial begleitet hatte, berichtete: »Es war so, daß wir Leuten, die wir besuchten oder in deren Geschäft wir zum Einkaufen gingen, einfach Schriften da ließen. Ich erinnere mich besonders an einen Gemüseladen und einen Kolonialwarenladen [...] in unserer Nähe. Die Empfänger der Schriften waren Leute, die ich durch die Versammlungen bei meinen Eltern kannte und die meist in der Leyendeckerstraße in unserer Umgebung lebten, Leute, die der Partei angehört hatten oder von denen man eben wußte, daß es keine Faschisten waren.«[23]

Während dieser Jahre blieb die Wohngemeinschaft im Haus Leyendeckerstr. 32 intakt, außer einem einzelnen Anhänger des Regimes hielten die übrigen Familien »gegen die Nazis« zusammen und unterstützten sich.

Im Mai 1936 wurde Julie Becker verhaftet und einige Monate später zusammen mit circa 30 weiteren Beschuldigten wegen Vorbereitung zum Hochverrat, Vertrieb einer kommunistischen Zeitung sowie wegen Unterstützung und Unterbringung von Funktionären der KPD angeklagt und zu zwei Jahren Gefängnis verurteilt. Die Haft verbrachte sie im Kölner Gefängnis Klingelpütz.

Anders als die Linksintellektuellen mit großbürgerlichem Hintergrund wie etwa Hans Mayer, die über genügend Geld und persönliche Kontakte verfügten, um früh emigrieren zu können, waren Flucht und Auswanderung für die Angehörigen der Arbeiterschicht weit schwieriger. Auch Familie Becker sah sich, als Julie Becker 1938 aus der Haft entlassen wurde, nicht in der Lage, eine Emigration vorzubereiten. Gleichwohl war die Stimmung, wie Heinrich Becker sich erinnerte, »zu Hause trotz allem nicht resigniert, eher das Gegenteil. Mein Vater hoffte noch, daß es schnell zu Ende ginge mit den Nazis, und auch ich habe es immer noch nicht so ernst gesehen. Vielleicht war es so, daß wir einfach gedacht haben: Die Zeit geht vorbei.«[24]

Julie Becker, um 1930

Doch die Situation wurde immer bedrohlicher und die Gefahr auch im Umfeld der Familie deutlich zu spüren. Heinrichs Freund Max Frenkel verhaftete man 1939 und deportierte ihn in das Konzentrationslager Buchenwald; 1941 wurden enge Verwandte von Julie Becker den Deportationszügen zugeteilt und verschleppt.

Julie Becker war durch ihre Ehe mit einem Nichtjuden zunächst von den Deportationen ausgenommen, ebenso ihre Kinder, die als »Mischlinge« galten. 1943 aber wurde Heinrich Becker, der eine nicht jüdische Freundin hatte, denunziert und unter dem Vorwurf der »Rassenschande« verhaftet. Anfang 1944 verschleppte man ihn vom Klingelpütz aus nach Buchenwald. Im gleichen Jahr zwang man seine Eltern, ihre Wohnung zu verlassen, und wies sie in das Sammellager Müngersdorf ein. Julie Becker wurde nach Theresienstadt deportiert, Anton Becker tauchte bei Verwandten in Sachsen, später in Köln-Bocklemünd unter. Ihre Tochter konnte sich bei Angehörigen der Zeugen Jehovas, einer christlichen, vom NS-Regime verfolgten Gemeinschaft, in Köln verstecken. Julie und Heinrich Becker wie auch Max Frenkel überlebten die Lager. Nach Kriegsende fanden sich alle Mitglieder der Familie Becker wieder in Köln zusammen. Anders als die meisten Überlebenden der Verfolgung blieben sie in Köln, aber es war für sie, wie Heinrich Becker berichtete, eine durch bittere Erfahrungen fremd gewordene Stadt.

Dennoch, es waren Rückkehrer und erste Zuwanderer, die den Mut hatten, die Grundlage für die wieder entstehende jüdische Gemeinde zu schaffen und damit die Voraussetzungen für das heutige jüdische Leben in Köln und in Ehrenfeld.

linke Seite: Einbringung der Tora-Rolle in die Synagoge des Wohlfahrtszentrums, Ottostr. 85, 2005; *oben:* Rabbiner Jaron Engelmayer entzündet die Chanukka-Kerzen, 2009 *unten:* Feier in der Synagoge des Jüdischen Wohlfahrtszentrums, 2010

JÜDISCHE EINRICHTUNGEN UND EINRICHTUNGEN ZU JÜDISCHER THEMATIK, KULTUR UND GESCHICHTE; ARCHIVE, MUSEEN, BEGEGNUNGSSTÄTTEN, GEDENK- UND LERNORTE, THEATER UND MUSIK, GESCHÄFTE UND RESTAURANT

Die Synagogen-Gemeinde Köln und mit ihr verbundene Einrichtungen

Synagogen-Gemeinde Köln

Roonstr. 50
50674 Köln
Tel.: +49-(0)221/92 15 60-0
E-Mail: info@sgk.de;
rabbinat@sgk.de
Internet: www.sgk.de
Gottesdienst: Mo – Fr 7.15 Uhr, So 8.15 Uhr, an allen jüdischen Feiertagen
Schabbat-Gottesdienst: Freitagabends u. Sa 9.30 Uhr
Nutzung der Mikwe nach Absprache
Führungen und Besichtigung der Synagoge nach Anmeldung

Die Synagogen-Gemeinde Köln umfasst das Gebiet der Stadt Köln sowie Bergheim, Bergisch Gladbach, Gummersbach, Wipperfürth und Brühl. Gemeindemitglieder sind alle im Gemeindegebiet wohnenden Personen, die »nach dem jüdischen Religionsgesetz Juden sind«. Die Gemeinde, die orthodox ausgerichtet ist, hat circa 5.000 Mitglieder, davon sind 80 Prozent Zuwanderer aus den Staaten der ehemaligen Sowjetunion. Offizieller Sitz und religiöses Zentrum der Gemeinde sind Synagoge und Gemeindehaus, Roonstr. 50, hier befindet sich auch das Rabbinat. Als Gemeinderabbiner amtiert seit 2008 Jaron Engelmayer. Ihn unterstützt ein Assistenzrabbiner. Die Gemeinde beschäftigt darüber hinaus einen Kantor.

Seit 2003/04 sind viele Gemeindeeinrichtungen im Jüdischen Wohlfahrtszentrum in Ehrenfeld untergebracht. Darüber hinaus bestehen Begegnungszentren in Chorweiler im Kölner Norden und im rechtsrheinischen Stadtteil Porz.

Begegnungszentrum Porz

Theodor-Heuss-Str. 43 – 45
51149 Köln
Tel.: +49-(0)2203/201-554
E-Mail: bgz-porz@sgk.de
Gottesdienst: Nach Ankündigung und an allen hohen Feiertagen

Vielen der jüdischen Zuwanderer, die seit Anfang der 1990er Jahre aus den Staaten der ehemaligen Sowjetunion nach Köln kamen, wurden von den städtischen Behörden Sozialwohnungen in Porz und Chorweiler zugewiesen. Erste Angebote der Synagogen-Gemeinde Köln in Porz entstanden Mitte der 1990er Jahre; 2004 wurde das Begegnungszentrum eröffnet, das 2008 größere Räume beziehen konnte. Das Zentrum umfasst eine Synagoge und bietet den circa 800 jüdischen Bewohnern in Porz religiöse Betreuung, soziale, juristische und psychologische Beratung, Sprachkurse, Informations- und Kulturveranstaltungen sowie eine Bibliothek. 2006 wurde die Einrichtung als Interkulturelles Zentrum der Stadt Köln anerkannt.

Begegnungszentrum Chorweiler

Pariser Platz 30
50765 Köln
Tel.: +49-(0)221/7 09 92 79 - 0
E-Mail: bgz-chorweiler@sgk.de
Gottesdienst: Nach Ankündigung und an allen hohen Feiertagen

Sukkot-Feier in der Begegnungsstätte Chorweiler, 2011

Neben Porz ist der Vorort Chorweiler der Stadtteil mit der größten Zahl jüdischer Zuwanderer (2011 circa 900 Personen). Zu ihrer Betreuung richtete die Synagogen-Gemeinde 2009 das Begegnungszentrum Chorweiler ein. Neben individueller Beratung in vielen Bereichen wird ein umfangreiches Kursprogramm organisiert. Die Begegnungsstätte, zu der eine Synagoge gehört, versteht sich als Ort des interkulturellen Dialogs zwischen Einheimischen und jüdischen Zuwanderern.

Soziale Einrichtungen, Bildung und Erziehung

Sozialabteilung

Jüdisches Wohlfahrtszentrum
Ottostr. 85, Eingang Nußbaumerstraße
50823 Köln
Tel.: +49-(0)221/7 16 62 - 515
E-Mail: info@sgk.de

Das Angebot der Sozialabteilung – Sprachkurse, Beratung in Fragen der Ausbildung und Hilfe bei der Arbeitssuche – richtet sich vor allem an die Bedürfnisse der Neuzuwanderer. Dienste der Sozialabteilung werden auch in den Begegnungszentren in Porz und Chorweiler sowie als wöchentliche Beratungsstunden in den Stadtteilen Ostheim und Meschenich, in Bergisch Gladbach, Frechen und Hürth angeboten.

Elternheim (Seniorenheim)

Jüdisches Wohlfahrtszentrum
Ottostr. 85, Eingang Nußbaumerstraße
50823 Köln
Tel.: +49-(0)221/7 16 62 - 560
E-Mail: elternheim@sgk.de

Die Einrichtung, die in das Wohlfahrtszentrum integriert ist, bietet circa 70 Plätze in Einzel- und Doppelzimmern und ist für Senioren aller Pflegestufen gedacht. Da ein Großteil der Senioren aus den Staaten der ehemaligen Sowjetunion stammt, sind viele der über 30 Pflegekräfte des Heims russischsprachig. Das Heim ermöglicht ein Leben in der jüdischen Tradition und bietet eine koschere Küche. Das Seniorenheim legt Wert auf ein abwechslungsreiches Programm, das kulturelle, gesellige und therapeutische Angebote umfasst.

Schachspiel im Elternheim, 2009

Religionsunterricht

Roonstr. 50
50674 Köln
E-Mail: info@sgk.de

Der Religionsunterricht für Schülerinnen und Schüler der Klassen 5 bis 13 orientiert sich an staatlich anerkannten Lehrplänen. Er findet im Gemeindehaus sowie an einigen städtischen Gymnasien statt.

Eltern-Kind-Spielkreis »Roonis e.V.«

Roonstr. 50
50674 Köln
Tel.: +49-(0)221/205 34 26
E-Mail: info@sgk.de

Die Krabbelgruppe betreut Kinder im Alter von ein bis drei Jahren.

Franz-Herschtritt-Kindertagesstätte

Jüdisches Wohlfahrtszentrum
Ottostr. 85, Eingang Nußbaumerstraße
50823 Köln
Tel.: +49-(0)221/7 16 62 - 301
E-Mail: info@sgk.de

Die Tagesstätte nimmt Kinder im Alter von drei bis sechs Jahren auf. 2011 hat die Einrichtung drei Gruppen mit je 20 Kindern.

Lauder-Morijah-Grundschule

Träger: Trägerverein der Jüdischen Grundschule zu Köln e.V.
Jüdisches Wohlfahrtszentrum
Ottostr. 85, Eingang Nußbaumerstraße
50823 Köln
Tel.: +49-(0)221/7 16 62 - 402
E-Mail: lauder-morijah-schule@netcologne.de

Die 2002/03 gegründete Ganztagsschule, die von circa 80 bis 100 Kindern besucht wird, führt bis zur 4. Klasse.

Jugendzentrum Jachad

(hebr.: Gemeinsam)

Roonstr. 50
50674 Köln
Tel.: +49-(0)221/92 15 60-0
Internet: www.snif-jachad.de

Das Zentrum, das über eigene großzügige Räumlichkeiten verfügt, bietet Gemeindemitgliedern zwischen sechs und 19 Jahren Möglichkeiten der Freizeitgestaltung: u. a. Sport, Musik, Ausflüge.

Friedhof Köln-Bocklemünd

(heute Stadtteil Vogelsang)

Venloer Straße 1152
50829 Köln
Tel.: +49-(0)221/50 81 19
E-Mail: friedhof@sgk.de
Öffnungszeiten:
1. April bis 31. Oktober
So 9.00–18.00 Uhr, Mo–Do 8.30–18.00 Uhr, Fr 8.30–14.00 Uhr
An gesetzlichen Feiertagen:
10.00–18.00 Uhr
1. November bis 31. März
So 9.00–17.00 Uhr, Mo–Do 8.30–17.00 Uhr, Fr 8.30–14.00 Uhr
An gesetzlichen Feiertagen:
10.00 bis 17.00 Uhr
An den Vorabenden von Schabbat und jüdischen Feiertagen ist der Friedhof bis 14.00 Uhr geöffnet, am Schabbat und an den jüdischen Feiertagen ist der Friedhof geschlossen.
Gruppenführungen über den Friedhof sind an allen Tagen möglich, ausgenommen sind Freitagnachmittage, Samstage und jüdische Feiertage. Auch Führungen über den jüdischen Friedhof in Deutz können angefragt werden.

Der 1918 eröffnete Friedhof ist die einzige heute genutzte jüdische Begräbnisstätte in Köln. Der Friedhof umfasst mehr als 6.000 Gräber, darunter die Grabstätten vieler bedeutender Kölner Persönlichkeiten. Zahlreiche Grabanlagen zeigen eindrucksvolle und kunsthistorisch herausragende Grabarchitekturen. Die Eingangsbauten zum Friedhof entstanden 1930 nach Plänen des Kölner jüdischen Architekten Robert Stern. Sie wurden 1986 unter Denkmalschutz gestellt. Zur Synagogen-Gemeinde Köln gehören fünf historische jüdische Friedhöfe im Stadtgebiet, die nicht mehr belegt werden: in Deckstein, Deutz, Ehrenfeld, Mülheim und Zündorf.

Beim Besuch des Friedhofs ist von Männern eine Kopfbedeckung zu tragen.

Gemeindeblatt der Synagogen-Gemeinde Köln

Tel.: +49-(0)221/7 16 62-0
E-Mail: gemeindeblatt@sgk.de

Das Gemeindeblatt erscheint monatlich und wird kostenlos an die Mitglieder der Gemeinde verschickt. Es berichtet vor allem über das Gemeindeleben, über jüdische Religion und Tradition. Seit mehreren Jahren erscheint es zweisprachig in deutscher und russischer Sprache.

Jüdischer Friedhof Bocklemünd, Trauerhalle
***oben:* Kuppel der Trauerhalle**

Clubs und Vereinigungen in der Synagogen-Gemeinde

Bibliothek

Jüdisches Wohlfahrtszentrum
Ottostr. 85, Eingang Nußbaumerstraße
50823 Köln
Tel.: +49-(0)221/7 16 62 - 530
E-Mail: info@sgk.de
Öffnungszeiten:
Mo u. Do 11.00–15.00 Uhr
Die um 1995 gegründete Bibliothek, die von ehrenamtlichen Kräften geführt wird, zählt mehr als 7.000 Publikationen vorwiegend in russischer, aber auch in deutscher, englischer und hebräischer Sprache.

B'nai B'rith Rheinland-Loge zu Köln e.V.

Ottostr. 85, Eingang Nußbaumerstraße
50823 Köln
Tel.: +49-(0)221/9 84 10 60
E-Mail: rheinlandloge@koeln.de
Treffen: monatlich
Der Kölner Verein, der Teil der weltweiten Loge B'nai B'rith (Söhne des Bundes) ist, steht in der Tradition der 1888 in Köln gegründeten und vom NS-Regime aufgelösten Rheinlandloge. Er verbindet soziales Engagement mit dem Ziel, jüdisches Bewusstsein zu stärken und Verbundenheit mit dem Staat Israel zu zeigen.

Bund jüdischer Jugendlicher und Studenten Köln (BjJSK)

Roonstr. 50
50674 Köln
Tel.: +49-(0)221/92 15 60 - 0
E-Mail: bjjsk@gmx.net
Ziel des Bundes ist es, jüdischen Jugendlichen und Studierenden Begegnung und Austausch zu ermöglichen. Der Bund will das jüdische Bewusstsein seiner Mitglieder stärken und zugleich jede Form rassistischer, religiöser und politischer Diskriminierung, insbesondere antisemitische Strömungen, bekämpfen. Der Kölner Bund arbeitet mit anderen Studentenverbänden in Deutschland zusammen und ist Mitglied des Bundesverbands jüdischer Studierender in Deutschland.

Chevro Ahavas Réeim – Köln e.V., Verein der Nächstenliebe

Jüdisches Wohlfahrtszentrum
Ottostr. 85, Eingang Nußbaumerstraße
50823 Köln
Tel.: +49-(0)221/7 16 62 - 0
E-Mail: info@chevro.org
Internet: www.chevro.org
Der Verein widmet sich den traditionellen Aufgaben einer Chewra Kadischa (Beerdigungs- und Wohltätigkeitsverein): Hilfe für Bedürftige, Krankenbesuch, Sterbebegleitung, Totenwache, rituelle Waschung der Toten und Bestattung.

Club Mameloschen (Club für die Muttersprache)

Roonstr. 50
50674 Köln
Tel.: +49-(0)221/2 40 50 49
E-Mail: info@sgk.de
Treffen: vorletzter Dienstag im Monat, 17.30 Uhr
Treffpunkt für alle, die sich für die jiddische Sprache interessieren. Zum Programm des Clubs gehören Konversation auf Jiddisch, Lesungen jiddischer Literatur, aber auch Gesang und Tanz.

Chor der Synagogen-Gemeinde

E-Mail: ekat111@gmx.de

In der Synagogen-Gemeinde gibt es zwei Chöre, den gemischten Erwachsenenchor Schalom, der 1999 gegründet wurde, und den 2001 entstandenen Kinderchor Kochawit (Sternchen). Die Chöre mit einem umfangreichen Repertoire an hebräischen und jiddischen Liedern sowie an Liedern in vielen weiteren Sprachen singen bei Veranstaltungen der Gemeinde, aber auch bei anderen Anlässen.

ESRA, Senioren- und Freundschaftsclub

Roonstr. 50
50674 Köln
Tel.: +49-(0)221/7 16 62 - 0
E-Mail: info@sgk.de
Treffen: monatlich

Der deutschsprachige Club ist Ort der Begegnung für jüdische und nicht jüdische Kölnerinnen und Kölner. Mit den Zusammenkünften ist meist ein kulturelles Programm – etwa Lesungen oder Konzerte – verbunden.

Freunde der ILAN Organisation in Deutschland e.V.

Roonstr. 50
50674 Köln
Tel.: +49-(0)221/2 40 44 40
Fax: +49-(0)221/4 68 07 48
E-Mail: eogweiss@aol.com

Der 2007 in Köln als lokaler Zweig der in Israel ansässigen Organisation ILAN (Israel Foundation For Handicapped Children) gegründete Verein unterstützt – konfessionsübergreifend – Projekte für behinderte Menschen in Israel.

Jüdischer Frauenverein

Roonstr. 50
50674 Köln
Tel.: +49-(0)221/42 87 06
E-Mail: hennydevries@yahoo.com

Im Rahmen seines generellen Ziels, Frauen und Mädchen zu fördern und ihre Rechte zu stärken, ist die aktuelle Tätigkeit des Vereins vor allem darauf gerichtet, Einwanderinnen bei der Integration zu unterstützen.

Jüdischer Turn- und Sportverein Makkabi Köln e.V.

Roonstr. 50
50674 Köln
Tel.: +49-(0)221/7 16 62 - 0
E-Mail: info@makkabi-koeln.de
Internet: www.makkabi-koeln.de

Der Club bietet eine große Auswahl an Sport- und Spielmöglichkeiten, u. a. Aerobic, Badminton, Basketball, Karate, Squash und Tischtennis, Schach und Bridge.

Literatursalon

Roonstr. 50
50674 Köln
Tel.: +49-(0)221/92 15 60 - 0
Treffen: 2. Mittwoch im Monat, 17.30 Uhr

Als Treffpunkt für Literaturinteressierte organisiert der Salon Veranstaltungen und Vorträge zu Literatur, Religion, Kultur, Geschichte und Politik, zudem Film- und Musikveranstaltungen.

Nasch-Dom
(russ.: Unser Heim)

Roonstr. 50
50674 Köln
Tel.: +49-(0)221/7 16 60 - 0
E-Mail: lvolfson@gmx.de

Der Club wendet sich vor allem an ältere, russischsprachige Gemeindemitglieder. Er bietet Geselligkeit und organisiert kulturelle Veranstaltungen.

■ **WIZO-AVIV/WIZO** (Women's International Zionist Organisation)
Roonstr. 50
50674 Köln
Tel: +49-(0)173/2 71 12 11
E-Mail: wizokoeln@gmx.de
WIZO (Mitglied der UNICEF) ist ein weltweiter Frauenverband mit circa 250.000 ehrenamtlichen Mitgliedern, der soziale Einrichtungen in Israel unterstützt. Der Kölner Zweigverein sammelt Spenden, die über die WIZO-Zentrale Deutschland unterschiedlichen Projekten in Israel zugeleitet werden. Die WIZO Köln organisiert Vortragsabende und kulturelle Veranstaltungen. Ihr jährlicher Wohltätigkeitsball zu Chanukka ist eine Kölner Institution.

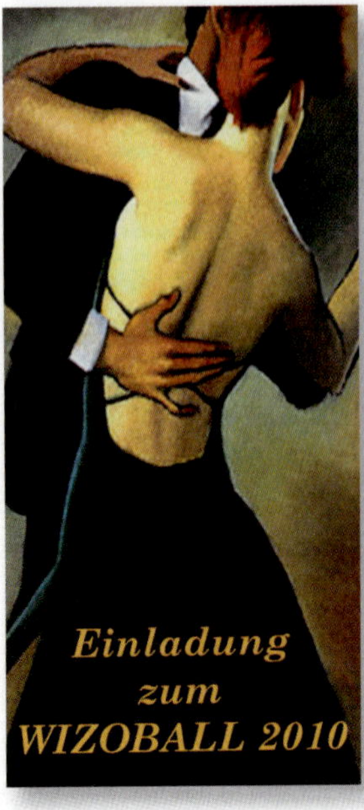

Weitere jüdische religiöse Gemeinschaften

■ **Jüdische Liberale Gemeinde Köln – Gescher LaMassoret e.V.** (hebr.: Brücke zur Tradition)
Tel.: +49-(0)221/2 87 04 24
E-Mail: Jlg.koeln@gmx.de
Internet: www.gescherlamassoret.de
Gottesdienste: An den ersten drei Freitagabenden im Monat, jeden Schabbat Schacharit (Morgengebet): 4. Samstag im Monat sowie an allen jüdischen Feiertagen
Die 1996 gegründete Gemeinde ist Mitglied der Union progressiver Gemeinden in Deutschland und der World Union for Progressive Judaism. Sie unterhält enge Beziehungen zu Partnergemeinden in den USA und in Frankreich. Die Gemeinde ist als eingetragener Verein organisiert und finanziert sich überwiegend aus Mitgliedsbeiträgen und Spenden. Sie verfügt über eine eigene Synagoge in Köln-Riehl und wird von Rabbiner Dr. Walter Rothschild betreut.
Die noch kleine Gemeinde entfaltet vielfältige und sich stetig erweiternde Aktivitäten. Sie bietet Religionsunterricht für Erwachsene und Kinder, Hebräischunterricht, kulturelle Veranstaltungen, einen Literatursalon und eine Bibliothek. Seit Längerem werden Verhandlungen zwischen Synagogen-Gemeinde und Jüdischer liberaler Gemeinde über eine Zusammenarbeit geführt.

■ **Chabad Lubawitsch Köln**
Tel.: +49-(0)221/2 40 39 02
E-Mail: kchabad@t-online.de
Internet: www.chabadkoeln.de
Seit 1994 beschäftigt die Kölner Synagogen-Gemeinde mit Mendel Schtrocks einen Rabbiner, der sich für die Bewegung Chabad Lubawitsch

Einbringung der Tora in die Synagoge der liberalen Gemeinde Gescher LaMassoret

engagiert. Das von ihm geführte Kölner Chabad-Haus ist eines von circa 15 Niederlassungen in Deutschland. Es gehört zur chassidischen Bewegung Chabad Lubawitsch, einer orthodoxen Gemeinschaft, die weltweit tätig ist. Die Kölner Einrichtung organisiert religiösen Unterricht und zahlreiche Veranstaltungen.

Jüdische Gemeinde Köln e.V.
Annostr. 46
50678 Köln
Tel.: +49-(0)221/47 14 40-6
E-Mail: info@jgkoeln.de
Der gemeinnützige Verein ist eine Gemeinschaft, die alle religiösen Richtungen des Judentums umfasst. Sie bietet religiösen Unterricht sowie verschiedene kulturelle Veranstaltungen, setzt sich für Toleranz ein und beteiligt sich am interkonfessionellen Dialog.

Einrichtungen und Projekte zu jüdischer Geschichte und Kultur, Gedenk- und Lernorte, Begegnungsstätten

■ Archäologische Zone – Haus der Jüdischen Geschichte und Kultur
(siehe auch S. 22ff.)
Verwaltung
Heumarkt 64–66
50667 Köln
Tel.: +49-(0)221/2 21-3 34 22
E-Mail: CCAA@stadt-koeln.de
Internet: www.museenkoeln.de/archaeologische-zone
Führungen durch das Ausgrabungsareal: Kostenlose Führungen jeden Freitag um 14.00 Uhr. Treffpunkt am Grabungszelt Nordseite, gegenüber dem Spanischen Bau am Rathausplatz. Teilnehmerzahl circa 25 Personen.
Anmeldung: Mo–Fr 10.00–12.00 Uhr
Öffnungszeiten Praetorium:
Di–So 10.00–17.00 Uhr

Bundespräsident Christian Wulff bei einem Besuch der Ausgrabungen auf dem Rathausplatz mit Sven Schütte, Oberbürgermeister Jürgen Roters, Kulturdezernent Georg Quander und Margot Käßmann 2011

Mikwe: Die Mikwe ist für Einzelbesucher und Gruppen während der Öffnungszeiten des Praetoriums, Kleine Budengasse 2, zugänglich. Gegen Hinterlegung des Personalausweises erhält man den Schlüssel an der Kasse des Praetoriums; Reservierung wird empfohlen.
Gruppenanmeldungen
Tel.: +49-(0)221/2 21 - 2 23 94.
Sonderführungen sind über den Museumsdienst Köln zu buchen:
E-Mail: service.museumsdienst@stadt-koeln.de
Internet: www.museenkoeln.de/museumsdienst

Das Areal im Bereich von Rathaus und Rathausplatz ist seit 2.000 Jahren ein Kulminationsort der Stadtgeschichte. Neben den Monumenten des römischen Köln, die in einer unterirdischen Ausstellung zugänglich sind, birgt der Boden bedeutendes Material späterer Jahrhunderte, insbesondere die Relikte des mittelalterlichen jüdischen Viertels. Bei Ausgrabungen in den 1950er Jahren wurden die Fundamente von Wohnhäusern, Synagoge und Gemeindeeinrichtungen sowie eine Mikwe entdeckt. In den 1990er Jahren konkretisierte sich der Gedanke, hier ein jüdisches Museum zu errichten. Damit verband sich der Plan, die verschiedenen archäologischen Stätten zu einem großen musealen Bereich zusammenzufassen. Seit 2006 wird an der Realisierung dieser »Archäologischen Zone« gearbeitet, 2007 begannen umfangreiche neue Grabungen. 2008 wurde ein internationaler Architekturwettbewerb für das »Haus und Museum der Jüdischen Kultur in Köln« ausgeschrieben und ein Siegerentwurf ermittelt. Auseinandersetzungen um Entwurf, Standort und Finanzierung verhinderten allerdings bisher (Stand Anfang 2012) eine Umsetzung des Projekts. Auch die Archäologische Zone ist noch weit von einer Realisierung entfernt.

Bundesverband Information & Beratung für NS-Verfolgte e.V.

Holweider Str. 13–15
51065 Köln
Tel. (Zentrale): +49-(0)221/17 92 94 - 0
Tel. (Beratung): +49-(0)221/17 92 94 - 17
(Di u. Do 10.00–12.00 Uhr)
E-Mail: info@nsberatung.de
Internet: www.nsberatung.de
Öffnungszeiten: Mo–Do 9.00–17.00 Uhr, Fr 9.00–16.00 Uhr

Der 1990 in Köln gegründete Bundesverband ist eine unabhängige Organisation, die sich weltweit für die Anerkennung und gerechte Entschädigung der NS-Verfolgten einsetzt. Er berät Betroffene und tritt gemeinsam mit nationalen und internationalen Opferverbänden für bessere gesetzliche Regelungen im In- und Ausland ein. Seit einigen Jahren richtet der Verband sein Engagement zunehmend auf die Verbesserung der Lebenssituation der alt gewordenen, oft bedürftigen NS-Verfolgten. In einem besonderen Projekt informiert er Wohlfahrtsverbände, Träger und Personal der Altenhilfe und -pflege über die psychosozialen Bedürfnisse der Betroffenen und wirkt auf eine optimale Betreuung hin. Auch das vom Bundesverband in Köln alle 14 Tage veranstaltete Erzähl- und Begegnungscafé, das NS-Verfolgten und Interessenten Austausch und Diskussion ermöglicht, bietet den Betroffenen Unterstützung. Derzeit ist der Bundesverband bemüht, die Belange der Angehörigen der »zweiten Generation« in den Fokus der Öffentlichkeit zu rücken und seine Angebote auf diese Gruppe auszudehnen.

Einladungsprogramm des Oberbürgermeisters der Stadt Köln für jüdische ehemalige Kölner Bürgerinnen und Bürger

(siehe auch S. 38)
Amt des Oberbürgermeisters
Repräsentation – Protokoll
Rathaus
50667 Köln
Tel.: +49-(0)221/22 12 60 34
E-Mail: protokoll@stadt-koeln.de

Viele jüdische ehemalige Kölnerinnen und Kölner und ihre Nachkommen

Ehemalige Kölnerinnen und Kölner als Gäste der Stadt Köln, 2011

leben in aller Welt, insbesondere in Israel und den USA. Seit 1986 lädt die Stadt Köln jedes Jahr einige ihrer ehemaligen Bürgerinnen und Bürger zu einem offiziellen Besuch in Köln ein, der den Gästen die Möglichkeit gibt, viele Facetten des heutigen Kölns kennenzulernen. Unter anderem besuchen sie die Synagogen-Gemeinde und das Kölner NS-Dokumentationszentrum.
Für jüdische ehemalige Bürgerinnen und Bürger, die Köln unabhängig vom Besuchsprogramm der Stadt besuchen möchten, finanziert die Stadt einmalig einen einwöchigen Hotelaufenthalt für zwei Personen. Auskunft hierzu gibt das Büro des Oberbürgermeisters.

EL-DE-Haus-Verein e.V.

c/o NS-Dokumentationszentrum der Stadt Köln
Appellhofplatz 23–25
50667 Köln
E-Mail: el-de-haus@web.de
Der 1988 gegründete gemeinnützige Verein ist ein Forum für alle in Köln, die sich kritisch mit dem Nationalsozialismus und seinen Auswirkungen auseinandersetzen wollen. Er unterstützt das NS-Dokumentationszentrum der Stadt Köln in seiner Tätigkeit und entwickelt selbst Projekte, organisiert Veranstaltungen, fördert Publikationen und Ausstellungen. Der Verein beteiligt sich an politischen Initiativen, arbeitet mit Schulen, Geschichtswerkstätten und Vereinen zusammen und engagiert sich gegen Rechtsextremismus und Gewalt.

Germania Judaica. Kölner Bibliothek zur Geschichte des deutschen Judentums e.V.

(siehe auch S. 191ff.)
Im Haus der Zentralbibliothek am Neumarkt
Josef-Haubrich-Hof 1
50676 Köln
Tel.: +49-(0)221/23 23 49
E-Mail: germaniajudaica@stbib-koeln.de
Internet: www.stbib-koeln.de/judaica
Öffnungszeiten:
Di–Fr 10.00–18.00 Uhr, Sa 10.00–15.00 Uhr (samstags keine Beratung)
Die wissenschaftliche Spezialbibliothek zur Geschichte des deutschsprachigen Judentums, gegründet 1959, ist die größte Sammlung dieser Art in Deutschland und Europa. Ihre Bestände umfassen circa 500 deutsch-jüdische Zeitungen und Zeitschriften sowie circa 90.000 weitere Publikationen. Ein Großteil der Bücher kann über die Stadtbibliothek ausgeliehen werden, Zeitschriften-, Präsenz- und Rara-Bestand sind am Ort einsehbar.

Gesellschaft zur Förderung eines Hauses und Museums der jüdischen Kultur e.V.

Tel.: +49-(0)2234-47 47 3
E-Mail: foerdergesellschaft@hmjk-koeln.de
Internet: www.juedischesmuseum-koeln.de
Der Förderverein ist wichtiger Initiator und Förderer eines Hauses der jüdischen Geschichte und Kultur in Köln. Seit seiner Gründung 1997 setzt er sich dafür ein, ein Konzept zu entwickeln und Sponsoren zu gewinnen. Frühzeitig schlug er als Standort der Einrichtung den Bereich des mittelalterlichen jüdischen Viertels vor dem Rathaus vor, um das Leben der jüdischen Kölner im Mittelalter an historischer Stelle und in Zusammenhang mit den dortigen Fundstätten zu präsentieren. Darüber hinaus soll das ge-

plante Haus die Geschichte der Kölner jüdischen Bevölkerung bis in die Gegenwart darstellen und dabei vor allem auch die Zeit des Nationalsozialismus berücksichtigen. Die Einrichtung ist als Museum und Erinnerungsort, als Forschungs- und Begegnungsstätte gedacht.

Historisches Archiv der Stadt Köln

Lesesaal
Heumarkt 14
50667 Köln
Tel.: +49-(0)221/2 21 - 2 36 69
E-Mail: historischesarchiv@stadt-koeln.de; info@historischesarchiv.de
Internet: www.historischesarchivkoeln.de
Öffnungszeiten: Di–Fr 9.00–16.30 Uhr

Am 3. März 2009 stürzte das Gebäude des Kölner Stadtarchivs in der Severinstraße ein, sodass fast alle Bestände verschüttet und schwer beschädigt wurden. Zu den im Archiv aufbewahrten Materialien gehörten umfangreiche Bestände zur Kölner jüdischen Geschichte: mittelalterliche Dokumente wie das einzigartige Judenschreinsbuch, Akten des 19. Jahrhunderts zur Entwicklung der jüdischen Gemeinde in Köln und der Region, Unterlagen zu jüdischen Personen und Familien sowie Akten zur Verfolgung während der NS-Zeit. Anfang 2011 waren circa 85 Prozent des Archivguts geborgen, allerdings mit zum großen Teil stärksten Beschädigungen, sodass aufwendige Restaurierungen notwendig sind. Die Nutzung des Archivmaterials ist daher in absehbarer Zeit nicht möglich. Zurzeit können fast ausschließlich verfilmte und digitale Bestände eingesehen werden, die im Internet verfügbar sind. Geplant ist ein Archivneubau, der 2015 fertiggestellt werden soll.

DAS LEHRHAUS
Eine Bildungsreihe der Kölnischen Gesellschaft für Christlich-Jüdische Zusammenarbeit e.V.

Kölnische Gesellschaft für Christlich-Jüdische Zusammenarbeit e.V.

Richartzstr. 2–4
50667 Köln
Tel.: +49-(0)221/61 72 84
E-Mail: chrjuedzus@aol.com
Internet: www.koelnische-gesellschaft.de

Die Kölnische Gesellschaft, gegründet 1958, setzt sich für die Achtung der Menschenwürde, für Toleranz und die Überwindung von religiösen, ethnischen und kulturellen Vorurteilen ein. Insbesondere engagiert sie sich für ein gegenseitiges Verständnis der Religionsgemeinschaften, unterstützt den christlich-jüdischen Dialog und den Trialog zwischen Juden, Christen und Muslimen. In öffentlichen Aktionen wendet sich die Gesellschaft, die Initiator und Mitglied des »Runden Tischs für Integration« ist, gegen Antisemitismus, Rassismus und Rechtsextremismus, veranstaltet zu diesem Themenbereich Seminare und gibt hierzu pädagogische und didaktische Handreichungen heraus. Sie fördert darüber hinaus die Begegnung mit Israel und unterstützt die Städtepartnerschaft zwischen Tel Aviv-Yafo und Köln. Sie organisiert Vorträge und Gedenkveranstaltungen, Theater- und Musikaufführungen, fördert Publikationen und Ausstellungen. In ihrer Bildungsreihe »Das Lehrhaus« bietet sie speziell Vorträge und Diskussionen zu jüdischer Religion und Geschichte an.

Ehemalige Schüler der Jawne bei einer Veranstaltung des Lern- und Gedenkorts Jawne

Kölnisches Stadtmuseum, Judaica Sammlung
(siehe auch S. 118ff.)
Zeughausstr. 1–3
50667 Köln
Tel.: +49-(0)221/2212-57 89
E-Mail: ksm@museenkoeln.de
Internet: www.museenkoeln.de/koelnisches-stadtmuseum/
Öffnungszeiten:
Di 10.00–20.00 Uhr,
Mi–So 10.00–17.00 Uhr,
1. Do im Monat 10.00–22.00 Uhr
(an Feiertagen 10.00–17.00 Uhr)
Die Judaica-Sammlung des Stadtmuseums ist eine der bedeutendsten Sammlungen ihrer Art in Deutschland. Sie umfasst mehrere hundert Kultobjekte, Handschriften, Grafiken, Fotografien und Bücher. Viele der Objekte stammen aus Köln und dem Rheinland. In der Dauerausstellung werden zahlreiche künstlerisch wie historisch herausragende Exponate präsentiert: rituelle Gegenstände aus Synagoge und häuslicher Welt, aus Brauchtum und Lebenszyklus.
Die Sammlung wird kontinuierlich durch Ankäufe erweitert.

Lern- und Gedenkort Jawne
(siehe auch S. 117)
Erich-Klibansky-Platz
Albertusstr. 26
50667 Köln
Tel.: +49-(0)151/25 18 49 88
Internet: www.jawne.de
Öffnungszeiten: Di u. Do 11.00–14.00 Uhr, So 12.00–16.00 Uhr
Führungen: 1. So im Monat 12.00 Uhr u. nach Vereinbarung
Der Lern- und Gedenkort wurde an der Stelle eingerichtet, an der sich das orthodoxe Gemeindezentrum Adass Jeschurun und die jüdischen Schulen Moriah und Jawne befanden. Auf dem ehemaligen Schulhof erinnert der Löwenbrunnen an die 1.100 Kölner jüdischen Kinder, die ermordet wurden. Ihre Namen sind auf einer Bronzetafel am Brunnen verzeichnet. Der Lern- und Gedenkort wird von einem Förderverein getragen; seine Arbeit beruht im Wesentlichen auf ehrenamtlichem Engagement. Er unterhält eine Dauerausstellung zur Geschichte der Jawne, organisiert Sonderausstellungen und Gedenkveranstaltungen und führt Projekte zur Geschichte der Kölner jüdischen Schulen und zu den Biographien jüdischer Kinder und Lehrkräfte durch. Im Rahmen dieser Tätigkeit hält er Kontakte zu vielen ehemaligen Schülerinnen und Schülern der Kölner jüdischen Schulen in aller Welt.

Martin-Buber-Institut für Judaistik an der Universität zu Köln
Hausanschrift:
Kerpener Str. 4
50937 Köln
Postanschrift:
Albertus-Magnus-Platz
50923 Köln
Tel.: +49-(0)221/4 70 29 89
E-Mail: judaistik@uni-koeln.de

Internet:
www.uni-koeln.de/phil-fak/juda/
Öffnungszeiten:
Mo–Do 9.30–16.00 Uhr,
Fr 10.00–13.00 Uhr
Das Kölner Institut befasst sich generell mit der Erforschung der hebräischen, aramäischen und der judäoarabischen Sprache als auch der jüdischen Kultur, Religion und Geschichte von der Antike bis zur Gegenwart. Die Bibliothek des Instituts, eine der wichtigsten Spezialbibliotheken Deutschlands, umfasst circa 40.000 Bände, darüber hinaus hebräische Frühdrucke, Briefe und Manuskripte jüdischer Persönlichkeiten.

NS-Dokumentationszentrum der Stadt Köln im EL-DE-Haus
(siehe auch S. 126ff.)
Appellhofplatz 23–25
50667 Köln
Tel.: +49-(0)221/22 12 - 63 32
Tel. (Führungen): +49-(0)221/22 12-63 31
E-Mail: nsdok@stadt-koeln.de
Internet: www.nsdok.de
Öffnungszeiten
Gedenkstätte, Dauerausstellung und Sonderausstellungen:
Di–Fr 10.00–18.00 Uhr,
Sa u. So 11.00–18.00 Uhr,
1. Do im Monat 10.00–22.00 Uhr (außer an Feiertagen)
Bibliothek, Medien- und Arbeitsräume:
Di u. Mi 10.00–16.00 Uhr, Do 10.00–18.00 Uhr, Fr 10.00–13.00 Uhr
Das NS-Dokumentationszentrum befindet sich seit 1988 im EL-DE-Haus, das von 1935 bis 1945 als Zentrale der Geheimen Staatspolizei (Gestapo) diente. Das Zentrum umfasst eine Gedenkstätte im ehemaligen Gestapogefängnis im Keller des Gebäudes sowie eine Dauerausstellung zur Geschichte Kölns im Nationalsozialismus. Das Dokumentationszentrum bietet Sonderausstellungen, organisiert ein breites Spektrum an Veranstaltungen und führt eine eigene Publikationsreihe. Als Forschungseinrichtung mit umfangreichem Archiv und großer Bibliothek berät das Zentrum Historiker und alle, die sich für die Geschichte des Nationalsozialismus – nicht nur in Köln – interessieren. Die Forschung zur Geschichte der jüdischen Bevölkerung Kölns, insbesondere biographische Recherchen und die Klärung des Schicksals während der Verfolgung, bilden einen Schwerpunkt seiner Tätigkeit. Der Archivbestand zu diesem Bereich umfasst Zeitzeugenberichte, Interviews, Dokumente und Fotografien sowie eine Datenbank. Zum Internetangebot des NS-Dokumentationszentrums gehört das Gedenkbuch für die jüdischen Opfer Kölns, Interviews mit jüdischen Zeitzeugen und die Datenbank der Kölner Stolpersteine.

Stadtführungen
Das Jüdische Köln – Sichtbares und Verborgenes
Tel.: +49-(0) 221 / 22 12 - 63 31
E-Mail: nsdok@stadt-koeln.de
Die Rundgänge, angelehnt an die Touren des Stadtführers »Das Jüdische Köln«, folgen den Spuren des

Gunter Demnig verlegte 2011 vor dem Kloster der Karmeliterinnen einen Stolperstein für die wegen ihrer jüdischen Herkunft ermordete Karmeliterin Dr. Edith Stein

Judentums in seiner 1700-jährigen Kölner Geschichte. Sie zeigen verschiedene jüdische Lebenswelten – Phasen der Anerkennung und Ausgrenzung, der Integration und der Diskriminierung bis zur Vertreibung und Ermordung der jüdischen Bevölkerung während des NS-Regimes. Die Touren schildern die Vielfalt des Kölner Judentums in Vergangenheit und Gegenwart, indem sie zu Orten und Gebäuden führen und Einrichtungen, Familien und Personen vorstellen.

■ Stolpersteine Köln

E-Mail: stolpersteine@stadt-koeln.de
Internet: www.nsdok.de

Das Projekt des Künstlers Gunter Demnig begann in Köln im Jahr 2000. Seither wurden mehr als 1.700 Stolpersteine für die Opfer des NS-Regimes verlegt, die meisten erinnern an jüdische Opfer. Die Recherchen für das Projekt – Schicksalsklärung und biographische Forschung – werden vom NS-Dokumentationszentrum der Stadt Köln durchgeführt. In einer Internetdatenbank des NS-Dokumentationszentrums sind alle Kölner Stolpersteine mit Fotografie und Angaben zu den Personen verzeichnet.

■ Verein EL-DE-Haus

siehe EL-DE-Haus-Verein e.V.

■ Verein zur Förderung der Städtepartnerschaft Köln–Tel Aviv-Yafo e.V.

E-Mail: vorstand@koelntelaviv.de
Internet: www.koelntelaviv.de

Bereits seit 1960 entwickelten sich zwischen Köln und Tel Aviv-Yafo engere Kontakte, die etwa einen regelmäßigen Schüleraustausch, seit 1993 auch einen Austausch von Fachkräften in der Jugendarbeit umfassen. Ziel des 1995 entstandenen Fördervereins der Städtepartnerschaft ist es, die Beziehungen der Städte und ihrer Bevölkerung zu vertiefen. Auf der Basis des 1997 geschlossenen offiziellen Partnerschaftsvertrags Köln–Tel Aviv-Yafo konnten diese Beziehungen er

Chor Voices in Peace; 1. Reihe, Mitte: Leiterin Ekaterina Margolin, 2011

weitert werden. Der Förderverein trägt dazu engagiert bei. Er organisiert Schüleraustausch, Partnerschaftstreffen und Studienreisen nach Israel, berät bei der Kontaktanbahnung zu Institutionen in Tel Aviv-Yafo und führt Informationsveranstaltungen durch.

Einrichtungen und Projekte zu jüdischer Musik und zu jüdischem Theater

■ Chor Voices in Peace (V.I.P.)

E-Mail: ekat111@gmx.de
Internet: www.voicesinpeace.wordpress.com
Der überkonfessionelle Chor wurde 2002 gegründet und ist eng mit der Kölner Jazz Haus Schule verbunden. Das vielseitige Konzertprogramm ist international ausgerichtet, hat jedoch seinen Schwerpunkt auf modernen wie traditionellen hebräischen Liedern. Der Chor singt bei Veranstaltungen in der Kölner Synagogen-Gemeinde, bei Gedenkveranstaltungen, aber vor allem bei Kulturfestivals in Köln und Umgebung.

■ Jüdische Impressionen

Internet: www.diejuden.de
Unter diesem Titel wird seit 2005 in Köln eine Veranstaltungsreihe geführt, die unter der Schirmherrschaft des Oberbürgermeisters steht. Sie umfasst Ausstellungen, Theateraufführungen sowie vor allem Konzerte klassischer Musik wie Klezmer-Musik.

■ Jüdische Kulturtage in NRW

Die Kulturtage wurden 2002 erstmals mit der Beteiligung von 14 Städten, 2011 zum vierten Mal mit mehr als 50 Städten durchgeführt. 2011 wurde das Projekt, das insgesamt 500 Veranstaltungen anbieten konnte, von vielen Institutionen getragen und unterstützt. Zu den Veranstaltern gehörten unter anderen die drei Landesverbände der jüdischen Gemeinden in NRW sowie die Landschaftsverbände Rheinland und Westfalen-Lippe. Ziel

Theater Michoels

des ambitionierten Projekts ist es, die Öffentlichkeit mit der großen Bandbreite der zeitgenössischen jüdischen Kultur und Kunst bekannt zu machen, sie über Entwicklungen in den jüdischen Gemeinden zu informieren und interreligiösen und interkulturellen Dialog zu stärken. Köln, das sich an allen bisherigen Kulturtagen engagiert beteiligte, bot 2011 eine umfangreiche Skala von Veranstaltungen, die von sehr unterschiedlichen Initiativen gestaltet waren: Autorenlesungen, Filmreihen und Ausstellungen, Diskussionsrunden und Vorträge, Konzerte, Theater- und Tanzaufführungen.

Kol-Cole Band (Klang aus Colonia)

E-Mail: bellalieber@googlemail.com; nc-giesekfr2@netcologne.de

Die Gruppe von vier Musikern bietet in ihrem Repertoir neben klassischer Musik sowie Salon- und Unterhaltungsmusik eine große Auswahl jiddischer Lieder und Klezmer-Musik.

Rhenania Judaica/Jüdisches Rheinland Stadtführungen & Veranstaltungen

Tal Kaizmann

Tel.: +49-(0)221/47 67 245; +49-(0)160/93 778 778

E-Mail: dastalkaizman@googlemail.com

Tal Kaizmann, in Israel geboren, lebt seit Langem in Köln. Seit über zehn Jahren bietet sie Stadtführungen, Seminare und Veranstaltungen für Erwachsene, Lehrkräfte, Schüler und Schülerinnen zur jüdischen Geschichte und Kultur an. Die Angebote können auf Deutsch, Englisch und Hebräisch gebucht werden.

Theater Michoels. Das erste jüdische Theater Deutschlands
Verwaltung
Im Integrations- und Begegnungszentrum
Annostr. 27–33
50678 Köln
Tel.: +49-(0)221/25 16 69
Internet: www.theatermichoels.de
Das Theater ging aus dem Verein zur Förderung der jüdischen Kultur und zur Errichtung des ersten jüdischen Kultur- und Theaterhauses in Deutschland e.V. hervor. Da das Theater noch keine eigene Bühne hat, werden eigene Inszenierungen und Gastspiele an verschiedenen Kölner Spielstätten aufgeführt. Für die Zukunft ist die Einrichtung eines speziellen Kulturzentrums mit Räumlichkeiten für Theater und Konzerte, mit Ausstellungsräumen und koscherem Restaurant geplant.

Verein zur Förderung der jüdischen Kultur und zur Errichtung des ersten jüdischen Kultur- und Theaterhauses in Deutschland e.V.
Im Integrations- und Begegnungszentrum
Annostr. 27–33
50678 Köln
Tel.: +49-(0)221/25 16 69
Der 1996 gegründete Verein hat sich das Ziel gesetzt, jüdischer Kultur einen Platz im öffentlichen Leben und der öffentlichen Wahrnehmung zu geben. Im Rahmen dieser Zielsetzung ist der Verein Initiator verschiedener kulturpolitischer Aktivitäten und Projekte. Neben der Gründung des Theater Michoels und dem Engagement für die »Jüdischen Impressionen« gestaltet der Verein verschiedene Theater- und Bildungsprojekte für Schüler und Jugendliche.

Weltmusik, Klezmer & Ästhetik Akademie e.V.
Im Integrations- und Begegnungszentrum
Annostr. 27–33
50678 Köln
Tel.: +49-(0)221/93 11 90-10
E-Mail: mail@klezmerakademie.org
Internet: www.klezmerakademie.org
Die 2005 gegründete Musikschule, die allen Interessenten offensteht, bietet eine Ausbildung in Instrumentalmusik, aber auch in den Bereichen Gesang, Schauspiel und Tanz.
Ein Schwerpunkt der Akademie ist die Pflege des jüdischen Kulturerbes und hier insbesondere der Klezmer-Musik, darüber hinaus umfasst das Angebot Weltmusik, Klassik und Jazz. Ziel der Schule ist es, Toleranz zu stärken, Vorurteilen entgegenzuwirken und Musik und Kunst als Brücke zwischen kulturellen und religiösen Gruppen verstehen zu lernen.

Koschere Lebensmittel und Restaurant

In Köln ist es möglich, wenn auch nicht ganz einfach, nach den Kaschrut-Vorschriften, den für Essen und Trinken geltenden religiösen Gesetzen, zu leben. Eine Bäckerei in der Innenstadt, die vom Rabbinat anerkannt ist, bietet seit vielen Jahren koschere Brot- und Backwaren an. Koschere Metzgereien und Lebensmittelgeschäfte gibt es nicht, doch kann man in einem kleinen Geschäft in der Beethovenstraße eine Reihe von koscheren Lebensmitteln kaufen. Ansonsten müssen Lebensmittel entweder über das Internet bestellt oder in den Städten mit entsprechendem Angebot, z. B. Frankfurt a. M. oder Antwerpen, gekauft werden. Nur ein Kölner Restaurant ist als koscher geführt vom Gemeinderabbiner anerkannt.

Bäckerei Zimmermann, Ehrenstr. 75, 2012

Bäckerei Zimmermann
Ehrenstr. 75
50672 Köln
Tel.: +49-(0)221/ 25 56 32
E-Mail: Zimmermann@koeln.de
Internet: www.baeckereizimmermann.de
Das seit 1875 bestehende Familienunternehmen, das bekannt ist für qualitätvolle, traditionell hergestellte Produkte, ist die einzige Bäckerei Kölns, die koschere Backwaren bietet. Das Angebot umfasst mit etwa 50 verschiedenen Sorten von Brot und Brötchen eine breite Palette. Die koscheren Produkte stehen unter Aufsicht des Rabbinats der Synagogen-Gemeinde.

Getränkemarkt Beethoven
Beethovenstr. 33
50674 Köln
Tel.: +49 (0)221 / 8 01 73 05
E-Mail: kg@koscherland.de
Internet: www.koscherland.de
Öffnungszeiten: Mo–Sa 9.00 bis 22.30
Das Geschäft, das von einem iranischen Eigentümer geführt wird, bietet auf kleinem Raum ein umfangreiches Warensortiment. Dazu gehört auch eine erstaunliche Vielfalt koscherer Lebensmittel: Tee, Milch und Wein, Salate und Hummus, Hähnchenfleisch, Süßigkeiten und Käse. Die freundlichen Mitarbeiter beraten gerne, und auch nicht jüdische Kunden kaufen koschere Waren als Spezialitäten, die es nur hier gibt. Über die Internetadresse können Waren online bestellt werden.

Koscheres Restaurant Weiss, Kantine Weiss
Gemeindezentrum
Roonstr. 50
Tel.: +49-(0)221/2 40 44 40
Mobil: +49-(0)172/9 02 86 33
E-Mail: eogweiss@aol.com
Seit über 30 Jahren bietet das Restaurant im Gemeindehaus koschere Küche mit traditionellen Speisen und Spezialitäten aus vielen Kulturen. Das Restaurant, das einzige koschere Restaurant in Köln, steht für Veranstaltungen und Familienfeiern im Gemeindehaus zur Verfügung und bietet darüber hinaus innerhalb eines Umkreises von 100 Kilometern einen Catering-Service an.

ANHANG

Anmerkungen

Tour 1

1 Zit. in: W. Eck, Köln in römischer Zeit, Köln 2004, S. 778
2 Zit. in: Z. Asaria (Hg.), Die Juden in Köln von den ältesten Zeiten bis zur Gegenwart, Köln 1959, S. 37 f.
3 Aus der Judenordnung von 1404, zit. in: Zur Geschichte des Judentums in Köln bis zum Ausgang des 19. Jahrhunderts. Ausstellung des Historischen Archivs der Stadt Köln, 1962, S. 14
4 Zit. in: J. Wilhelm (Hg.), Zwei Jahrtausende jüdische Kunst und Kultur in Köln, Köln 2007, S. 74
5 Louise Straus-Ernst, Nomadengut, Hannover 1999, S. 131 f.
6 R. Schünemann-Steffen (Hg.), Kölner Straßennamen-Lexikon, Köln 2006, S. 460
7 Das Judenschreinsbuch der Laurenzpfarre zu Köln, hrsg. v. R. Hoeniger, unter Mitwirkung v. M. Stern, Berlin 1888, S. 62 f.
8 Zit. in: J. Oepen, Das Judenprivileg im Kölner Dom, in: Der Kölner Dom und »die Juden«. Fachtagung der Karl Rahner Akademie Köln in Zusammenarbeit mit der Dombauverwaltung Köln, 2006 (Jahrbuch des Zentral-Dombau-Vereins), hrsg. v. B. Wacker u. R. Lauer, Köln 2008, S. 59–92, hier: S. 92
9 Psalm 121, in: Das Buch der Preisungen, verdeutscht von M. Buber, 10. Aufl. Gerlingen 1992, S. 184

Tour 2

1 A. Joseph, Meines Vaters Haus. Ein Dokument, Köln 1959, S. 73 f.
2 Stadt-Anzeiger, 11.7.1912
3 H. H. Bodenheimer (Hg.), So wurde Israel. Aus der Geschichte der zionistischen Bewegung. Erinnerungen von Dr. M. I. Bodenheimer, Köln 1984, S. 12, 15
4 Ebd., S. 68
5 Ebd., S. 72 f.
6 C.V.-Zeitung, 26.6.1925
7 Jahrbuch der Synagogengemeinde 1934, hrsg. v. S. Braun, Köln 1934, S. 79
8 Z. Asaria (Hg.), Juden in Köln von den ältesten Zeiten bis zur Gegenwart, Köln 1959, S. 246 f.
9 A. Carlebach, zit. in: Die Kinder auf dem Schulhof nebenan. Zur Geschichte der Jawne 1919–1942. Materialien zur Ausstellung im Lern- und Gedenkort Jawne, Köln, Köln 2009, S. 12
10 H. Dreyer, Erinnerungen (unveröffentlichtes Manuskript), NS-Dokumentationszentrum der Stadt Köln
11 S. Chaim, zit. in: Jahrbuch der Synagogengemeinde Köln 1934, hrsg. v. S. Braun, Köln 1934, S. 34

Tour 3

1 Westdeutscher Beobachter, 4.7.1933
2 Kölner Tageblatt, 7.12.1902, zit. in: P. Fuchs, 100 Jahre Kaufhof Köln, 1891–1991, Köln 1991, S. 41 f.
3 Kölner Tageblatt, 18.11.1903, zit. in: P. Fuchs, 100 Jahre Kaufhof Köln, 1891–1991, Köln 1991, S. 43
4 Kölner Tageblatt 7.12.1902, zit. in: P. Fuchs, 100 Jahre Kaufhof Köln, 1891–1991, Köln 1991, S. 41
5 Das neue Haus der Firma Leonhard Tietz A.-G. in Köln, o. O., o. J. (Köln 1914), S. 34
6 A. Joseph, Meines Vaters Haus. Ein Dokument, Köln 1959, S. 129
7 Ebd., S. 10, 13, 15
8 Ebd., S. 142 f.

9 Der Mittag, 14.12.1939, zit. in: M. Tatzkow, Walter Westfeld (1889–1945), Düsseldorf; in: M. Müller/M. Tatzkow, Verlorene Bilder. Verlorene Leben. Jüdische Sammler und was aus ihren Kunstwerken wurde, 2. Aufl., München 2009, S. 86–97, hier S. 87
10 Kunst-Rundschau, Dezember 1939, zit. in: M. Tatzkow, Walter Westfeld (1889–1945), Düsseldorf; in: M. Müller/M. Tatzkow, Verlorene Bilder. Verlorene Leben. Jüdische Sammler und was aus ihren Kunstwerken wurde, 2. Aufl., München 2009, S. 86–97, hier S. 92
11 Das neue Geschäftshaus von Gebr. Bing Söhne, Köln a. Rh., Neumarkt 15, 17, 19 (Köln 1909), S. 6
12 Ebd., S. 3 f.
13 Kölner Jüdisches Wochenblatt, 25.6.1932
14 Flugblatt Richard Sterns, 1.4.1933, NS-Dokumentationszentrum der Stadt Köln
15 K. D. Ziegellaub, zit. in: B. Becker-Jákli (Hg.), Ich habe Köln doch so geliebt, Köln 1993, S. 68, 72 f.
16 Ebd., S. 71 f.

Tour 4

1 Kölnische Zeitung, 1.3.1899, zit. nach Der Israelit, 6.3.1899
2 L. Rosenthal, in: Jahrbuch der Synagogengemeinde 1934, hrsg. v. S. Braun, Köln 1934, S. 24
3 Kölnische Zeitung, 1.3.1899, zit. nach Der Israelit, 6.3.1899
4 Anordnung v. 12.5.1941, NS-Dokumentationszentrum Köln
5 Israelitischer Gemeindebote, Beiblatt zur Allgemeinen Zeitung des Judentums, Nr. 27, 2.7.1909
6 Vgl. zu Architektur, Ausstattung und Entwicklung des Kinderheims: Israelitischer Gemeindebote, Beiblatt zur Allgemeinen Zeitung des Judentums, Nr. 27, 2.7.1909; und Nr. 34, 25.8.1916
7 L. Schottländer/Mansfeld, in: B. Becker-Jákli (Hg.), Ich habe Köln doch so geliebt, S. 99 f.
8 Kölner Jüdisches Wochenblatt, 30.4.1932
9 S. Braun, in: Jahrbuch der Synagogengemeinde Köln 1934, hrsg. v. S. Braun, Köln 1934, S. 7
10 L. Rosenthal, in: Jahrbuch der Synagogengemeinde Köln 1934, hrsg. v. S. Braun, Köln 1934, S. 65
11 R. Piperberg, in: B. Becker-Jákli (Hg.), Ich habe Köln doch so geliebt, S. 294 f.
12 S. Cahn, Lebenserinnerungen (Manuskript), NS-Dokumentationszentrum Köln
13 Ebd.
14 S. Kleemann, Brief v. 25.3.1942, Institut für Stadtgeschichte Frankfurt a. M.
15 E. Kleemann, Brief v. 14.5.1942, Institut für Stadtgeschichte Frankfurt a. M.
16 E. Kleemann, Brief v. 24.5.1942, Institut für Stadtgeschichte Frankfurt a. M.
17 E. Kleemann, Brief v. 15.6.1942, Institut für Stadtgeschichte Frankfurt a. M.

Tour 5

1 Judenordnung des Kurfürstentums Köln von 1700, in: J. J. Scotti, Sammlung der Gesetze und Verordnungen, welche in dem vormaligen Churfürstenthum Cöln über Gegenstände der Landeshoheit, Verfassung, Verwaltung und Rechtspflege ergangen sind, Bd. I, Düsseldorf 1830, S. 557–570
2 Historisches Archiv der Stadt Köln, Best. Deutzer Freiheit, Nr. 100, Protokoll v. 11.12.1812
3 Vgl.: M. Jehle (Hg.), Die Juden und die jüdischen Gemeinden Preußens in amtlichen Enquêten des Vormärz, Teil 4 (Rheinprovinz), München 1998, S. 1292

4 Zit. in: B. Becker-Jákli/ A. Müller-Jerina, Juden in Deutz im Zeitalter der Emanzipation (1800-1870), in: Rechtsrheinisches Köln, 14, 1988, S. 40
5 Kölner Stadt-Anzeiger, 16.7.1915
6 Vgl. für das Folgende: E. Simons, Archiv der Synagogen-Gemeinde Köln, K 37, 23.7.1959
7 Ebd.
8 C. Brisch, Geschichte der Juden in Cöln und Umgebung aus ältester Zeit bis auf die Gegenwart. Nach handschriftlichen und gedruckten Quellen bearbeitet, Bd. 2, Cöln 1882, S. 143 f.
9 Zu Architektur und Innenausstattung der Synagoge vgl. F. C. Heimann, Die alte Synagoge in Deutz, in: Rheinischer Verein für Denkmalpflege und Heimatschutz, Köln, 1914, Heft 2, S. 108–118
10 Ebd., S. 110
11 Kölnisches Stadtmuseum, Inventarbuch des Rheinischen Museums, 1926, S. 46
12 Kölnische Zeitung, 22.5.1936
13 Ost und West, Juli 1914
14 Ebd.
15 A. Kober, in: C.V.-Zeitung, 26.6.1925
16 M. I. Bodenheimer, in: Menorah, Festnummer zur »Jüdischen Sonderschau der Pressa 1928, Köln«, Juni/Juli 1928, S. 8
17 Westdeutscher Beobachter, 21.10.1928
18 I. Protzner-Kaufmann (unveröffentlichtes Manuskript), NS-Dokumentationszentrum Köln
19 Rede von Josef Grohé in der Messehalle, 28.9.1941, TK 134 u.135, NS-Dokumentationszentrum Köln
20 H. Baermann, zit. in: H. Matzerath/ B. Holzhauser (Hg.), »... Vergessen kann man die Zeit nicht, das ist nicht möglich ...« Kölner erinnern sich an die Jahre 1929–1945. Zum 40. Jahrestag des Kriegsendes hrsg. v. der Stadt Köln, Köln 1985, S. 213
21 H. Lohn, zit. in: D. Corbach, 6.00 ab Messe Köln-Deutz, S. 51
22 Schweizerisches Bundesarchiv Bern, 2300, Köln 7, Bericht Weiss v. 28.10.1941
23 Zit. in: D. Corbach, 6.00 ab Messe Köln-Deutz, S. 27 f.
24 H. Lohn, zit. in: D. Corbach, 6.00 ab Messe Köln-Deutz, S. 51
25 H. Lohn, zit. in: D. Corbach, 6.00 ab Messe Köln-Deutz, S. 53

Tour 6

1 Zit. in: Jüdisches Schicksal in Köln 1918–1945. Ausstellung des Historischen Archivs der Stadt Köln/NS-Dokumentationszentrum, Köln 1988, S. 330
2 Z. Asaria (Hg.), Die Juden in Köln von den ältesten Zeiten bis zur Gegenwart, Köln 1959, S. 412 u. 415
3 A. Ben-Natan, Die Chuzpe zu leben. Stationen meines Lebens, Düsseldorf 2003, S. 120
4 Zit. in: B. Becker-Jákli, Das jüdische Krankenhaus in Köln. Die Geschichte des Israelitischen Asyls für Kranke und Altersschwache, Köln 2004, S. 161
5 H. Nathan, zit. in: B. Becker-Jákli, Das jüdische Krankenhaus in Köln. Die Geschichte des Israelitischen Asyls für Kranke und Altersschwache, Köln 2004,S. 336
6 Vgl. zum Folgenden: H. Mayer, Ein Deutscher auf Widerruf. Erinnerungen, Frankfurt a. M. 1988, B. I, S. 10
7 Ebd., S. 53 u. 55
8 K. Caro, Der Untergang der Synagogengemeinde Köln 1939–1945 (Manuskript), NS-Dokumentationszentrum Köln
9 H. Mayer, Ein Deutscher auf Widerruf. Erinnerungen, Frankfurt a. M. 1988, Bd. I, S. 14
10 Hist. Archiv der Stadt Köln, Best. 458, 549; 10.12.1943
11 Ehrenfelder Anzeiger, 25.9.1927
12 Jahrbuch der Synagogengemeinde 1934, hrsg. v. S. Braun, Köln 1934, S. 26

13 Jüdisch-liberale Zeitung, 14.10.1927
14 H. Gruen, zit. in: B. Becker-Jákli (Hg.), Ich habe Köln doch so geliebt, S. 258 f.
15 Archiv der Synagogen-Gemeinde Köln, K 24 und K 37, um 1959
16 H. Bluhm, zit. in: B. Becker-Jákli (Hg.), Ich habe Köln, S. 30
17 Ebd., S. 43
18 P. Rosenthal, Entlang der Venloer Straße. Briefroman, Oldenburg 2001
19 Ebd., S. 70
20 Ebd., S. 41
21 Zit. in: Jüdisches Schicksal in Köln. Ausstellung des Historischen Archivs der Stadt Köln/NS-Dokumentationszentrum, Köln 1988, S. 360
22 H. Becker, zit. in: B. Becker-Jákli (Hg.), Ich habe Köln, S. 211
23 Ebd., S. 213 f.
24 Ebd., S. 221

Literaturtipps

Archäologische Zone & Jüdisches Museum Köln. Wettbewerbsdokumentation, 2008

Asaria, Z. (Hg.), Die Juden in Köln von den ältesten Zeiten bis zur Gegenwart, Köln 1959

Becker-Jákli, B./Müller-Jerina, A., Juden in Deutz im Zeitalter der Emanzipation (1800–1870), in: Rechtsrheinisches Köln, 14, 1988, S. 35–54

Becker-Jákli, B. (Hg.), Ich habe Köln doch so geliebt. Lebensgeschichten jüdischer Kölnerinnen und Kölner, Köln 1993

Becker-Jákli, B., Das jüdische Krankenhaus in Köln. Die Geschichte des Israelitischen Asyls für Kranke und Altersschwache, Köln 2004

Blaschke, W./Fings, K./Lissner, C., Unter Vorbehalt. Rückkehr aus der Emigration nach 1945, Köln 1997

Bohnke-Kollwitz, J./Eckert, W. E., u. a. (Hg.), Köln und das rheinische Judentum. Festschrift Germania Judaica 1959–1984, Köln 1984

Bopf, B., »Arisierung« in Köln, Die wirtschaftliche Existenzvernichtung der Juden 1933–1945, Köln 2004

Brisch, C., Geschichte der Juden in Cöln und Umgebung aus ältester Zeit bis auf die Gegenwart. Nach handschriftlichen und gedruckten Quellen bearbeitet, Bd. 1, Mülheim a. Rh 1879, Bd. 2, Cöln 1882

Carlebach, A., Adass Yeshurun of Cologne. The Life and Death of a Kehilla, Belfast 1964

Corbach, D., Die Jawne zu Köln. Zur Geschichte des ersten jüdischen Gymnasiums im Rheinland und zum Gedächtnis an Erich Klibansky (1900–1942). Ein Gedenkbuch, Köln 1990

Corbach, D., 6.00 Uhr ab Messe Köln-Deutz. Deportationen 1938–1945, Köln 1999

Deres, Th., Das Bing-Haus. Ein Fallbeispiel von »Arisierung« und »Wiedergutmachung« durch die Stadt Köln, in: Geschichte in Köln, Heft 49, Okt. 2002, S. 193–204
Die jüdischen Opfer des Nationalsozialismus aus Köln. Gedenkbuch, Redaktion NS-Dokumentationszentrum der Stadt Köln, Köln 1995
Die Kinder auf dem Schulhof nebenan. Zur Geschichte der Jawne 1919–1942. Materialien zur Ausstellung im Lern- und Gedenkort Jawne, Köln, Köln 2009
Dietmar, C., Das mittelalterliche Köln, Köln 2004
Döpp, S., Jüdische Jugendbewegung in Köln 1906–1938, Münster 1997
Dreßen, W. (Hg.), Betrifft: »Aktion 3«. Deutsche verwerten jüdische Nachbarn. Dokumente zur Arisierung, Berlin 1998
Fings, K., Messelager Köln. Ein KZ-Außenlager im Zentrum der Stadt, Köln 1996
Franken, I., Frauen in Köln. Der historische Stadtführer, Köln 2008
Ginzel, G. B./Güntner, S. (Hg.), »Zuhause in Köln ...« Jüdisches Leben 1945 bis heute, Köln/Weimar/Wien 1998
Grübel, M., Seit 321. Juden in Köln. Ein Kurzführer, Köln 1999
Hagspiel, W., Köln und seine jüdischen Architekten, Köln 2010
Jahrbuch der Synagogengemeinde Köln 1934, hrsg. v. S. Braun, Köln 1934
Joseph, A., Meines Vaters Haus. Ein Dokument, Köln 1959
Juden in Köln. Von der Römerzeit bis ins 20. Jahrhundert. Foto-Dokumentation, hrsg. v. Kölnischen Stadtmuseum, bearb. v. L. Franzheim, Köln 1984
Jüdisches Schicksal in Köln 1918–1945. Ausstellung des Historischen Archivs der Stadt Köln/NS-Dokumentationszentrum, Köln 1988
Jung, W., Das neuzeitliche Köln, Köln 2004
Jung, W., Das moderne Köln, Köln 2006
Kier, H./Liesenfeld, K./Matzerath, H. (Hg.), Architektur der 30er und 40er Jahre in Köln. Materialien zur Baugeschichte im Nationalsozialismus, Köln 2000
Kober, A., Cologne, Philadelphia 1940
Kober, A. (Hg.), Grundbuch des Kölner Judenviertels 1135–1425. Ein Beitrag zur mittelalterlichen Topographie, Rechtsgeschichte und Statistik der Stadt Köln, Bonn 1920 (Reprint Düsseldorf 2000)
Köln im Nationalsozialismus. Ein Kurzführer durch das EL-DE-Haus, hrsg. v. NS-Dokumentationszentrum der Stadt Köln, Köln 2011
Krymalowski, Jeanette (Hg.), Hier und Jetzt. Ein Fotobuch von Herbert Sachs. Bilder und Texte vom jüdischen Leben in Köln, Köln 1999
Luig, K., »... weil er nicht arischer Abstammung ist.« Jüdische Juristen in Köln während der NS-Zeit, Köln 2004
Matzerath, H./Holzhauser, B. (Hg.), »... Vergessen kann man die Zeit nicht, das ist nicht möglich ...« Kölner erinnern sich an die Jahre 1929–1945. Zum 40. Jahrestag des Kriegsendes hrsg. v. der Stadt Köln, Köln 1985
Matzerath, H., Der Weg der Kölner Juden in den Holocaust: Versuch einer Rekonstruktion, in: Die jüdischen Opfer des Nationalsozialismus aus Köln. Gedenkbuch, Redaktion NS-Dokumentationszentrum der Stadt Köln, Köln 1995, S. 530–553
Matzerath, H., Köln in der Zeit des Nationalsozialismus 1933–1945, Köln 2009
Müller, A., Die Geschichte der Juden in Köln von der Wiederzulassung 1798 bis um 1850. Ein Beitrag zur Sozialgeschichte einer Minderheit, Köln 1984
NS-Dokumentationszentrum der Stadt Köln (Hg.), Stolpersteine. Gunter Demnig und sein Projekt, Köln 2007

Pracht, E., Jüdisches Kulturerbe in Nordrhein-Westfalen, Bd. 1 (Regierungsbezirk Köln), Köln 1997

Reuter, U., Jüdische Zeitungen in Köln, 1919–1938, in: Geschichte in Köln, 1991, Heft 29, S. 83–117

Roeseling, S., Das braune Köln. Ein Stadtführer. Die Innenstadt in der NS-Zeit, Köln 1999

Rüther, M., Köln im Zweiten Weltkrieg. Alltag und Erfahrungen zwischen 1939 und 1945, Köln 2005

Sass, A., Mehr als nur Kwartier Latäng. Leben am Rathenauplatz, Köln 1994

Schilling, K. (Hg.), Monumenta Judaica. 2000 Jahre Geschichte und Kultur der Juden am Rhein, Köln 1963, Bd. I und II

Schmandt, M., Judei, cives et incole: Studien zur jüdischen Geschichte Kölns im Mittelalter, Hannover 2002

Schütte, S., Der Almemor der Kölner Synagoge um 1270/80 – Gotische Kleinarchitektur aus der Kölner Dombauhütte. Befund, Rekonstruktion und Umfeld, in: Colonia Romanica, 13, 1998, S. 188–215

Schulte, K. H. S., Familienbuch der Deutzer Juden, Köln/Weimar/Wien 1992

Serup-Bilfeldt, K., Zwischen Dom und Davidstern. Jüdisches Leben in Köln von den Anfängen bis heute, Köln 2001

Serup-Bilfeldt, K., Stolpersteine. Vergessene Namen, verwehte Spuren. Wegweiser zu Kölner Schicksalen in der NS-Zeit, Köln 2003

Stürmer, M./Teichmann, G./Treue, W., Wägen und Wagen. Sal. Oppenheim jr. & Cie. Geschichte einer Bank und einer Familie, München 1989

Teichmann, G., Die Familie Oppenheim – Jüdische Stifter für die Domvollendung, in: Der Kölner Dom und »die Juden«. Fachtagung der Karl Rahner Akademie Köln in Zusammenarbeit mit der Dombauverwaltung Köln, 2006, Jahrbuch des Zentral-Dombau-Vereins 2008, hrsg. v. B. Wacker/R. Lauer, S. 165–206

Wacker, B./Lauer, R. (Hg.), Der Kölner Dom und »die Juden«. Fachtagung der Karl Rahner Akademie Köln in Zusammenarbeit mit der Dombauverwaltung Köln, 2006, Jahrbuch des Zentral-Dombau-Vereins 2008

Wenge, N., Integration und Ausgrenzung in der städtischen Gesellschaft. Eine jüdisch-nichtjüdische Beziehungsgeschichte Kölns 1918–1933, Mainz 2005

Wilhelm, J. (Hg.), Zwei Jahrtausende jüdische Kunst und Kultur in Köln, Köln 2007

Zieher, J., Im Schatten von Antisemitismus und Wiedergutmachung. Kommunen und jüdische Gemeinden in Dortmund, Düsseldorf und Köln 1945–1960, Berlin 2005

Glossar

Alijah (Aufstieg) *Hier: Bezeichnung für die Einwanderung nach Palästina bzw. Israel.*

Almemor (Erhöhung), auch Bima *Podest in der Synagoge, von dem aus die Tora vorgelesen wird.*

»Arier«, »arisch« *Bezeichnet in der NS-Ideologie Angehörige einer angenommen nordischen Rasse.*

Auschwitz *Hier: Größtes Konzentrationslager und Vernichtungslager, in der Nähe der polnischen Stadt Oswiecim gelegen, in dem über eine Million Menschen ermordet wurde.*

Awoda (Dienst, Arbeit) *Hier: Verweis auf den Gottesdienst im Tempel in Jerusalem als Teil des Gottesdienstes an Jom Kippur.*

Bar-Mizwa (Sohn des Gesetzes, Gebotspflichtiger) *Mit 13 Jahren wird ein jüdischer Junge religiös mündig und in der Synagoge erstmals zur Lesung aus der Tora aufgerufen.*

Bergen-Belsen *Hier: Kriegsgefangenenlager, seit 1943 Konzentrationslager für jüdische Häftlinge bei Bergen, Niedersachsen; seit Ende 1944 wurden Zehntausende von Häftlingen aus frontnahen Lagern nach Bergen-Belsen verschleppt. Mehr als 50.000 Menschen starben im Lager an Krankheit, Hunger und durch Mordaktionen.*

Beschneidung *Jeder jüdische Junge soll am achten Tag nach der Geburt beschnitten werden und zugleich seinen rituellen Namen erhalten. Der Beschneider (hebr. Mohel) benutzt ein spezielles Messer; Datum der Beschneidung und der Name des Kindes werden in ein Beschneidungsbuch eingetragen. Auf der Beschneidungsbank, die zwei Sitze hat, nimmt der Pate mit dem Kind Platz, der zweite Sitz ist für den Propheten Elias gedacht.*

Besomim-Büchse (Gewürz-Büchse) *Sie gehört zur Hawdala-Zeremonie, mit der der Schabbat verabschiedet wird. Der Duft der Gewürze soll die Trauer über das Ende des Schabbats vertreiben.*

Bima *siehe: Almemor*

Buchenwald *Hier: Konzentrationslager bei Weimar; errichtet um 1937. Funktion des Lagers war vor allem, Zwangsarbeiter für die Rüstungsindustrie zu stellen. Eines der vielen Außenkommandos des Konzentrationslagers Buchenwald war ein Lager in der Kölner Messe.*

Challa *Schabbatbrot, meist in Form eines Zopfes.*

Chanukka (Einweihung) *Das achttägige Lichterfest im Dezember erinnert an die Wiedereinweihung des Tempels in Jerusalem 165 v. d. Z.*

Chanukka-Leuchter *Zur Erinnerung an die Wiedereinweihung des Tempels in Jerusalem und das dabei aufgetretene Wunder wird während des acht Tage dauernden Chanukka-Festes jeden Tag ein Licht mehr im achtarmigen Chanukka-Leuchter angezündet.*

Chasan (Vorbeter, Vorsänger), auch Kantor *Vorbeter in der Synagoge.*

Chassidismus (Chassiden: die Frommen) *Religiös-mystische Richtung des Judentums, entstanden im 18. Jahrhundert in Polen und der Ukraine, wo sie weite Verbreitung fand.*

Chuppa, Pl. Chuppot *Baldachin, unter dem das Brautpaar bei der Hochzeitsfeier steht.*

Dachau *Hier: Gefängnis und Konzentrationslager bei Dachau in Bayern; eingerichtet 1933 als eines der ersten Konzentrationslager des NS-Regimes. Während des Novemberpogroms wurden auch Hunderte jüdischer Männer aus Köln nach Dachau verschleppt.*

Davidstern, Davidschild (Magen David) *Sechseckiger Stern, Symbol des Judentums.*

Esrog, Etrog *Zitronenartige Frucht. Am Laubhüttenfest wird mit ihr und drei anderen Pflanzen (Palmzweig, Myrtenzweigen und Bachweidenzweigen) ein Segen gesprochen. Während die Zweige zusammengebunden sind, liegt die Esrog-Frucht in einer Schale (auch Dose oder Büchse), die oft kunstvoll gestaltet ist.*

Esther-Haggadah *siehe: Purim und Megilla*

Ewiges Licht (hebr.: Ner Tamid) *Befindet sich in der Synagoge vor dem Tora-Schrein, meist in Form einer Ampel.*

Gebetsmantel (hebr.: Tallit) *Tuch, das von Männern zum Gebet umgelegt wird.*

Gebetsriemen *siehe: Teffilin*

Haggadah *siehe: Pessach-Haggadah*

Halacha (Wandel) *Bezeichnung für die vor allem im Talmud formulierten religiösen Gesetze. Halachische Werke befassen sich mit der Analyse und Deutung dieser Gesetze.*

Hawdala (Unterscheidung) *Feier zum Abschluss des Schabbat.*

Hohe Feiertage *Rosch Haschanah (Neujahr) und Jom Kippur (Versöhnungstag) im September/Oktober, die als Anfangs- und Endtag eine zehntägige Zeitspanne, die Zehn Bußtage, umschließen.*

Israelitisch *Hier: vor allem im 19. Jahrhundert verwendetes Synonym für jüdisch.*

Jeschiwa *Talmudhochschule.*

Jewish Trust Corporation *Organisation, die 1945 in der britischen und französischen Besatzungszone gegründet wurde, um jüdisches Vermögen zu erfassen, zu sichern und zu verwalten.*

Jiddisch *Sprache der Juden, die sich in Osteuropa aus dem Mittelhochdeutschen sowie aus hebräischen und slawischen Einflüssen entwickelte.*

Jom Kippur (Versöhnungstag) *Wichtigster jährlicher Feiertag im Judentum, der zehn Tage nach dem Neujahrsfest stattfindet. Er wird mit strengem Fasten, feierlichem Sündenbekenntnis und ununterbrochenem Gebet in der Synagoge begangen.*

Jugend-Alijah *1933 in Berlin gegründete jüdische Organisation, die mehr als 20.000 Kinder und Jugendliche vor der Verfolgung im nationalsozialistischen Deutschland nach Palästina in Sicherheit brachte.*

Kantor *siehe: Chasan*

Keren Hajessod (Grundfonds) *1921 als zentrale Finanzorganisation der Zionistischen Weltorganisation zum Aufbau Palästinas gegründet, seit 1926 Sitz in Jerusalem.*

Keter Tora *Krone der Tora.*

Kleine Zählung *Der jüdische Kalender zählt die Jahre seit Erschaffung der Welt, die auf biblischer Grundlage für das Jahr 3761 v. Chr. angenommen wird. Dem Jahr 2011 entspricht im jüdischen Kalender also das Jahr 5772. In der Angabe des Jahres nach der Kleinen Zählung wird die Bezeichnung des Jahrtausends ausgelassen, sodass nur die drei letzten Zahlen genannt sind.*

Koscher *Im Sinne der Religionsgesetze erlaubt, rituell rein. Der Begriff wird vor allem in Bezug auf Speisevorschriften gebraucht. Koscheres Essen schließt bestimmte Nahrungsmittel wie Schweinefleisch aus und fordert eine rituell reine Zubereitung. Dabei werden »milchige« und »fleischige« Nahrungsmittel streng getrennt. Sie dürfen nicht miteinander in Berührung kommen, werden in gesondertem Geschirr gekocht und gegessen.*

Kulmhof, Chelmno *Hier: Vernichtungslager in Polen, nicht weit vom Ghetto Litzmannstadt/Lodz entfernt, in dem seit Ende 1941 Zehntausende von Juden sowie Sinti und Roma ermordet wurden.*

Laubhütte *siehe: Sukka*

Litzmannstadt/Lodz *Hier: Ghetto, Durchgangslager in der polnischen Stadt Lodz; eingerichtet im Frühjahr 1940, geschlossen im Sommer 1944. Vom Ghetto Litzmannstadt aus wurden Zehntausende von Inhaftierten nach Kulmhof und nach Auschwitz verschleppt und dort ermordet.*

Mazze *Ohne Sauerteig gebackenes Brot, das für die Pessach-Tage vorgeschrieben ist. Es symbolisiert die Hast, mit der die Israeliten Ägypten verlassen mussten, sodass sie nur ungesäuertes Brot backen konnten.*

Megilla, Pl. Meggilot (Rolle) *siehe auch: Purim. Spezielle Bezeichnung für das Buch Esther, in dem die Rettung der Juden durch Esther erzählt wird. Die Megilla ist oft in besonders künstlerischer Form gestaltet.*

Memorbuch *Gedenkbuch einer jüdischen Gemeinde, das kurze Biographien von Mitgliedern der Gemeinschaft, Anmerkungen zu wichtigen Ereignissen sowie Gebete und Segenssprüche enthält.*

Menora (Leuchter) *Siebenarmiger Leuchter, Symbol des Judentums.*

Mikwe (Sammlung des Wassers) *Ritualbad, Tauchbad zur religiösen Reinigung.*

Minsk *Hier: Ghetto, das die deutsche Besatzung 1941 in einem Teil der weißrussischen Stadt Minsk einrichtete. In das Vernichtungslager Maly Trostinez, in der Nähe von Minsk, wurden ab 1942 Juden aus verschiedenen deutschen Städten, auch etwa 1.000 Menschen aus Köln, deportiert. Sie wurden unmittelbar nach ihrer Ankunft ermordet.*

Misrachi (östlich, auch geistiges Zentrum) *Orthodoxe zionistische Organisation, gegründet 1902 in Wilna, seit 1922 Sitz in Jerusalem. Deutschland hatte eine eigene Landesorganisation.*

Ner Tamid *siehe: Ewiges Licht*

Ost- und Westjuden *Bezeichnung für die Juden in oder aus Ost- und Südosteuropa bzw. die Juden Westeuropas. Während das westjüdische Judentum stark von der Aufklärung beeinflusst war und sich im 19. Jahrhundert einem Prozess der Assimilation unterzog, blieb das ostjüdische Judentum der Tradition verpflichtet und weitgehend orthodox orientiert. Die westjüdische Bevölkerung sprach die Sprache ihrer jeweiligen Umwelt, in Osteuropa bildete sich das Jiddische als Sprache der Juden heraus.*

Pessach (vorüberziehen) *Fest im Frühjahr zur Erinnerung an den Auszug der Juden aus Ägypten unter Moses.*

Pessach-Haggadah (Erzählung zu Pessach) *Sie wird am Sederabend zu Beginn des Pessach-Fests vorgetragen und erzählt die Geschichte vom Auszug der Juden aus Ägypten.*

Purim (Lose) *Eine freudige Feier im Frühjahr zur Erinnerung an die Rettung der Juden in Persien durch Esther, die Ehefrau des persischen Königs Ahasveros. Beim Fest wird die Esther-Haggadah, die Erzählung dieser Geschichte, vorgelesen.*

Riga *Hier: Das Rigaer Ghetto in der lettischen Stadt Riga wurde im Herbst 1941 errichtet. Seit Ende 1941 wurden hier Tausende von Juden aus Deutschland, Österreich und der Tschechoslowakei inhaftiert. Im November 1943 löste man das Ghetto auf, die Überlebenden wurden in andere Lager verschleppt.*

Rimmon, Pl. Rimmonim (Granatapfel) *Aufsatz zum Schmuck der Tora-Rolle.*

Rosch Haschana (Kopf, Anfang des Jahres) *Nach dem jüdischen Kalender festgelegtes Neujahrsfest, das im Herbst stattfindet.*

Sabbat, Schabbat, Schabbes, Shabbat (Ruhe) *Wöchentlicher Ruhetag, an dem jede Arbeit verboten ist. Er beginnt bei Sonnenuntergang am Freitagabend und endet bei Sonnenuntergang am Samstagabend.*

Schächten (Hebr. Schechita: Schlachtung) *Alle Tiere, deren Fleisch gegessen werden soll, müssen nach religiös vorgeschriebenen Regeln geschlachtet werden. Ein ausgebildeter Schächter (Schochet) tötet das Tier mit einem Schnitt durch Speise- und Luftröhre, um es dann vollständig ausbluten zu lassen. Nur so ist das Fleisch koscher.*

Scheitel *Perücke, die eine verheiratete jüdische Frau entsprechend streng religiösem Brauch trägt.*

Schofar *Blasinstrument aus dem Horn eines Widders, das in der Synagoge an Rosch Haschana und an Jom Kippur geblasen wird.*

Sederabend (Seder: Ordnung) *Der erste Abend des Pessach-Festes, das als Familienfest begangen wird, verläuft nach einer festen Ordnung. Es umfasst die Lesung der Erzählung vom Auszug aus Ägypten und ein Essen nach tradiertem Ritus. Auf einer Schüssel (Sederschüssel) werden verschiedene Speisen, die symbolische Bedeutung tragen, vorgelegt.*

Shoah (Unheil, Katastrophe) *Bezeichnung für den Völkermord des NS-Regimes an den europäischen Juden.*

Sukkot (Hütten) *Freudiges Laubhüttenfest zur Erinnerung an die Wanderung der Israeliten nach dem Auszug aus Ägypten. Im Freien wird aus Zweigen und Stoff eine Laubhütte gebaut, in der man sich während der Festtage aufhält. Zu den Gottesdiensten bringt man an diesen Tagen einen Strauß aus vier Pflanzenarten mit.*

Tallit (Gebetsmantel, Gebetsschal) *Der Tallit wird traditionell von jüdischen Männern beim Gebet getragen.*

Talmud (Lehre, Studium) *Der Talmud ist die neben der Tora wichtigste Schrift des Judentums. Er entstand aus mündlicher Überlieferung und umfasst in den beiden Teilen Mischna und Gemarra eine Sammlung von Lehrsätzen und Vorschriften zu allen Bereichen des Lebens, zudem Kommentare und Analysen, Sagen und Gleichnisse.*

Teffilin (von Tefilla: Gebet), Gebetsriemen *Die Gebetsriemen werden von Männern beim Gebet am linken Arm und an der Stirn angelegt. Sie halten jeweils eine schwarze Kapsel, in der sich auf Pergament geschriebene Abschnitte der Tora befinden.*

Theresienstadt *Hier: Ghetto, nicht weit von Prag; eingerichtet im November 1941, um Transporte von Juden aus dem Deutschen Reich und den besetzten Gebieten aufzunehmen. Bis April 1945 wurden mehr als 150.000 Menschen hierher deportiert, Zehntausende von ihnen kamen hier um.*

Tora (Lehre, Gesetz) *Bezeichnung vor allem der ersten fünf Bücher der hebräischen Bibel, des Pentateuch, aber auch des ganzen Alten Testaments.*

Tora-Rolle *Schriftrolle mit der Aufzeichnung der Tora.*

Tora-Schmuck *Die Tora-Rolle wird traditionell durch Mantel, Wimpel, Schild, Krone und Rimonim geschmückt.*

Tora-Schrein *Die Tora-Rollen werden in der Synagoge in einem speziellen Schrein aufbewahrt, der sich an der östlichen, nach Jerusalem gerichteten Wand befindet. Der Schrein wird durch einen meist kunstvoll verzierten Vorhang verdeckt.*

Tora-Zeiger (hebr. Jad: Hand) *Zeigestab, mit dem man beim Lesen der Tora den Zeilen folgt, sodass man vermeidet, den heiligen Text mit bloßer Hand zu berühren.*

Vorsänger, Vorbeter *siehe: Chasan*

Westerbork *Hier: Ursprünglich niederländisches Internierungslager für jüdische Flüchtlinge aus dem Deutschen Reich, seit 1940 Durchgangslager für Juden vor der Verschleppung nach Osteuropa. Zwischen Juli 1942 und September 1944 wurden von hier aus über 100.000 Menschen deportiert.*

Westjuden *siehe: Ost- und Westjuden*

Zion *Ursprünglich Name für eine Burg bei Jerusalem (Burg Davids), der zum Begriff des jüdischen Volkes und seines Landes wurde.*

Zionismus *Bewegung, die Ende des 19. Jahrhunderts in Europa entstand und auf die Gründung einer jüdischen Gemeinschaft, eines jüdischen Staates im historischen Ursprungsland der Juden, zielte.*

Zwölf Stämme Israels *Entsprechend der Tradition wird die Entstehung des jüdischen Volkes (des Volkes Israel) auf zwölf Stämme zurückgeführt: Ruben, Simeon, Levi, Juda, Dan, Naftali, Gad, Asher, Issachar, Sebulon, Josef, Benjamin.*

ildnachweis

oweit nicht bereits angegeben)

bkürzungen

= links
. = mitte
= oben
= rechts
= unten

mt des Oberbürgermeisters der Stadt Köln: *38 u., 363*
rchäologische Zone Köln: *15 o., 15 m., 16, 17 u., 19, 24, 25 l., 25 m., 25 u., 28ff., 32 o., 32 u., 45 u., 362*; Fotograf: M. van den Bogaard: *25 o.r., 26, 27, 30, 32 m.*
saria, Z. (Hg.), Die Juden in Köln von den ältesten Zeiten bis zur Gegenwart, Köln 1959: *76, 82, 83 u., 111, 116 u., 201 u., 202 u.l., 216 l., 262 o., 327 r., 332 o., 345 o.*
uktionskatalog Kunsthaus Lempertz, Versteigerung der Sammlung Westhof, 1939: *163 u.r., 164 o.*
achem-Verlag Köln: *83 u., 193 m.*
bliotheca Rosenthaliana, Amsterdam: *263*
emann, G.: *133*
ohnke-Kollwitz, J./Eckert, W. E., u.a. (Hg.), Köln und das rheinische Judentum. Festschrift Germania Judaica 1959–1984, Köln 1984: *103 m.*
entral Zionist Archives, Jerusalem: *104 m.*
odex Maimuni. Moses Maimonides' code of law. The illuminated pages of the Kaufmann Mishneh Torah, hrsg. v. A. Schreiber, Frankfurt a. M. u.a. 1984: *17 o., 17 m., 47*
orbach, D., 6.00 Uhr ab Messe Köln-Deutz. Deportationen 1938–1945, Köln 1994: *302 o.*
ombauarchiv Köln (Matz und Schenk): *8 u., 49 bis 61, 62 o., 62 m., 63 u., 64ff., 68 o.*
eßen, W. (Hg.), Betrifft: »Aktion 3«. Deutsche verwerten jüdische Nachbarn. Dokumente zur Arisierung, Berlin 1998: *295*
Eck, W., Köln in römischer Zeit, Köln 2004: *14, 246 o.*
Eitz, H.: *302 m.*
EL-DE-Haus-Verein e.V.: *364*
Leo-Baeck-Institute New York, Sammlung Hans Schiff: *97 u., 98 u., 318 o.*
Franz, R.: *344 o.*
Fuchs, P., 100 Jahre Kaufhof Köln. 1891–1991, Köln 1991: *143 o.l., 143 u., 148 o.*
Germania Judaica, Köln: *192 u., 247 m., 247 u., 251 m.*
Hagspiel, W.: *100 o., 100 m., 107, 108 l., 139 o., 156 o., 163 o., 170, 182, 199 o., 237 o., 258 o., 260 o., 281 u., 290 o., 330, 333 o., 333 m., 334f., 357*
Geis, W./U. Krings (Hg.), Köln: Das gotische Rathaus und seine historische Umgebung, Köln 2001: *34, 36*
Historisches Archiv der Stadt Köln: *248 u.l., 248 u.r., 252 u., 253 o.*
Institut für Stadtgeschichte Frankfurt a. M.: *243*
Jacques Offenbach, hrsg. v. Nachrichtenamt der Stadt Köln, Kölner Biographien, 1, Köln 1969: *251 o.*
Jankel Adler 1895–1949, hrsg. v. Städtischer Kunsthalle Düsseldorf und Tel Aviv Museum, Köln 1985: *325 u.*
Jüdischer Nationalfonds – Keren Kayemeth LeIsrael, Düsseldorf: *106 o.r.*
Kaufhof Köln, Archiv: *143 o.r.*
Khazan, O. u. J.: *205 u.l.*
Kiepenheuer & Witsch: *161, 162 m.*
Kölnische Gesellschaft für Christlich-Jüdische Zusammenarbeit: *365*
Körber-Leupold, C.: *46 o.*
Kunst- und Ausstellungshalle der Bundesrepublik Deutschland (Hg.), Synagogen in Deutschland. Eine virtuelle Rekonstruktion, Bonn 2000: *89 o.r.*
Lang, K.: *79 r.*
Leo Baeck-Institute New York: *97 u., 98 u., 115 r., 317 o.r., 318 o.l.*
Lern- und Gedenkort Jawne: *366*
Lesser Ury, Bilder der Bibel/Der Malerradierer, Berlin 2002: *291 o.l.*
Margolin, E.: *320 u., 369*

Synagogen-Gemeinde Köln, Gemeindeblatt: *221 o., 351 o.;* Fotografen: V. Grade: *320 o.;* R. Herlich: *205 u.r.;* N. Marschan: *13, 206 u., 256 u., 320 u., 351 u., 354 ff.*

Tatzkow, M., Walter Westfeld (1889–1945), Düsseldorf, in: M. Müller/M. Tatzkow, Verlorene Bilder. Verlorene Leben. Jüdische Sammler und was aus ihren Kunstwerken wurde, München 2009: *164 u., 165;*

Theater Michoels: *370*

Universität zu Köln, Theaterwissenschaftliche Sammlung, Schloss Wahn: *93 o., 98 o., 209 u., 210 o., 210 m.*

Verwaltungsbericht der Stadt Köln 1954/55: *313 o.*

Verwaltungsbericht der Stadt Köln 1965: *313 u.*

Verwaltungsgericht Köln/NSDOK: *132 u.*

Weltmusik, Klezmer & Ästhetik Akademie Köln: *371*

WIZO Köln: *232, 360*

Würich, S./N. Jaeger: *234 o., 235 o.*

Yad Vashem, Jerusalem: *113*

Personen- Orts- und Sachregister

(für S. 8 bis S. 351)

Personenregister

Orts- und Sachregister

Danksagung

Dieses Buch beruht auf der Hilfe vieler jüdischer ehemaliger Kölnerinnen und Kölner und ihrer Familien in aller Welt. Ihnen bin ich zu größtem Dank verpflichtet.
Darüber hinaus gilt mein Dank Werner Jung, Direktor des NS-Dokumentationszentrums, und Hejo Emons für die Förderung des Buchprojekts sowie meinen Kolleginnen und Kollegen im NS-Dokumentationszentrum, die mir alle über lange Zeit geduldig und effizient behilflich waren.

Ebenso danke ich der Synagogen-Gemeinde Köln für ihre Unterstützung. Benzion Wieber hatte immer Zeit für meine Fragen und half bei der Suche nach Dokumenten und Fotografien. Ich danke auch den Mitarbeiterinnen der Gemeinde Ute Mühleib und Natalja Marschan sowie Winfried Günther.

In besonderer Weise möchte ich Karin Richert für ihre Verlässlichkeit und Freundschaft danken. Sie hat für das Buch nicht nur aktuelle Standorte fotografiert, sondern den Großteil der Abbildungen gescannt und bearbeitet.

Hans Schlimbach danke ich für sein großes Engagement in der Gestaltung des Buches und seine erfolgreichen Bemühungen, meinen Vorstellungen entgegenzukommen. Christina Kuhn bin ich für das sorgfältige Lektorat dankbar.

Darüber hinaus danke ich ganz besonders Ralf Gier und Wolfram Hagspiel für die vielen, vielen Antworten auf meine Fragen, ohne ihre endlose Geduld und ihr umfangreiches Wissen hätte ich manches nicht klären können.
W. Hagspiel stellte mir zudem viele Abbildungen aus seinem privaten Archiv zur Verfügung. Jürgen Müller und Nicola Wenge danke ich für Diskussionen und kritische Anmerkungen zum Text.

Wie immer erhielt ich äußerst kompetente Unterstützung durch die Germania Judaica: Annette Haller bin ich für unzählige Gespräche und freundschaftliche Unterstützung dankbar, ihren Mitarbeiterinnen Nadine David und Rita Rahmann für vielfältige Hilfe bei Recherchen. Ursula Reuter unterstützte mich durch ihre umfassenden Kenntnisse zur jüdischen Geschichte.

Besonders möchte ich mich auch bei den Mitarbeiterinnen des Rheinischen Bildarchivs Evelyn Bertram-Neunzig und Marina Fröhling bedanken, bei Marianne Gechter und Sven Schütte, Archäologische Zone/Jüdisches Museum, bei Gabriele Teichmann, Hausarchiv von Sal. Oppenheim jr. & Cie., bei Bettina Mosler und Rita Wagner, Kölnisches Stadtmuseum, sowie bei Ulrike Brinkmann und Christine Di Costanzo von Dombauhütte und Dombauarchiv, die mir alle großzügig Informationen und Bildmaterial zur Verfügung stellten.

Prophet Josua und König David, Hansasaal des Rathauses

Folgenden Personen danke ich für Informationen, Korrekturen und Bildrecherchen:
Josef Abt, Anja Breer, Thomas Deres, Stefanie Driever, Sabine Eichler, Paula Feldmann-Hornung, Karola Fings, Irene Franken, Renate Franz, Ralf Frehde, Hans-Dieter Gehrke, Hannelore Göttling-Jakoby, Christina Goldmann, Christiane Hoss, Manfred Huiskes, Tal Kaizmann, Ulrike Kaltenbrunner, Martin Kasch, Aaron Knappstein, Ulrike Klausmann, Birgit E. Klein, Volker Klein, Marcus Leifeld, Gudrun Marek-Stasch, Dieter Maretzky, Nina Matuszewski, Henriette Meynen, Monika Möller, Vera Nohl, Andreas Pohlmann, Nora Probst, Wolli Richter, Thomas Roth, Martin Rüther, Martin Scherpenstein, Emile G. L. Schrijver, Regine Schlungbaum, Astrid Sürth, Martin Vollberg, Eva Weissweiler, Christian Welke, Falk Wiesemann.

Für alles und mehr danke ich meinem Mann.

Mit Bild- und Schriftdokumenten unterstützten zahlreiche Leihgeber – Institutionen wie Einzelpersonen – das Buchprojekt. Ich danke ihnen allen ganz herzlich.

Institutionen:
Amt des Oberbürgermeisters der Stadt Köln
Archäologische Zone/Jüdisches Museum Köln
Bachem Verlag Köln
Bibliotheca Rosenthaliana, Amsterdam
Central Zionist Archives, Jerusalem
Dombauarchiv Köln
EL-DE-Haus-Verein e.V.
Galeria Kaufhof, Köln
Germania Judaica, Köln
Historisches Archiv der Stadt Köln
Institut für Stadtgeschichte Frankfurt a. M.
Jüdische Liberale Gemeinde Köln Gescher LaMassoret
Jüdischer Nationalfonds e.V. – Keren Kayemeth LeIsrael, Düsseldorf
Kiepenheuer & Witsch Köln
Kölnische Gesellschaft für Christlich-Jüdische Zusammenarbeit
Kölnisches Stadtmuseum
Kunst- und Museumsbibliothek Köln
Leo-Baeck-Institute, New York
Lern- und Gedenkort Jawne
Museum zur Geschichte von Christen und Juden, Schloss Großlaupheim
NS-Dokumentationszentrum der Stadt Köln
Rheinisches Bildarchiv, Köln
Römisch-Germanisches Museum Köln
Rowohlt Verlag, Reinbek b. Hamburg
Sal. Oppenheim jr. & Cie., Hausarchiv, Köln
Staatsarchiv München
Staatsbibliothek zu Berlin – Preußischer Kulturbesitz
Stadtkonservator Köln
Suhrkamp Verlag, Berlin
Synagogen-Gemeinde Köln
Theater Michoels Köln

Universitäts- und Stadtbibliothek Köln
Universität zu Köln, Theaterwissenschaftliche Sammlung, Schloss Wahn
Weltmusik, Klezmer & Ästhetik Akademie Köln
WIZO Köln
Yad Vashem, Jerusalem
Verwaltungsgericht Köln

Private Leihgeber

Ruth Azoulai, Israel | Heinrich Becker | Mary Beer | Ellen Bendix, USA | Margot Berlin, Israel | Georg Biemann | Doris Blom-Cahn, Niederlande | Herbert Bluhm, Israel | Vera Bondy | Nathan Brenner, Israel | Rachel Brooker, Israel | Arno Cahn, USA | Erich Cohen | Lilo Cordaro, USA | Peter Ditgen | Fred Dreyer, USA | Sally Dünner, Israel | Josef Ehrlich, Israel | Margot Eisner, USA | Helga Eitz | Erika Ernst, Israel | Arthur Feiner, USA | Paula Feldmann-Hornung | Renate Franz | Inge Geiler | Aharon Getzow, Israel | Miriam Gewürz, Israel | Helmut und Ria Goldschmidt | Henry Gruen | Federico Gruenberg, Chile | Hermann Gurfinkel, USA | Wolfram Hagspiel | Mareile Hanse-Erb | Ruth Harber, USA | Jona Hatsor, Israel | Anni Homa-Neuberger, Kanada | Esther Jacobson, Israel | Eva Jäger | Natascha Jaeger | Walter Jakoby, Argentinien | Familie Janinhoff | Werner Joski | Gary Kahn, USA | Lutz Kann | Arnold H. Katz, Großbritannien | Gisela Kaufmann, Israel | Walter Kentof, Israel | Olga und Jurij Khazan | Tirza Knaani, Israel | Celia Körber-Leupold | Rose B. Koppel, USA | Karsten Lang | Joel Lawy-Maringer, Israel | Helmut Lenz | Gisela Lippmann | Helmut Lohn, Brasilien | Sammy Maedge | Lore Mansfeld | Michael Rene Marcan, Israel | Ekatarina Margolin | Naomi Meir, Israel | Dorothy Moss, Großbritannien | Zvi Miller, Israel | Herbert Nathan, Israel | Rudolf Nathan, Dänemark | Heinrich Nezer, Israel | Shlomo Paschtan, Israel | Karen Raispour | Csaba Peter Rakoczy | Mirjam Rauchwerger, USA | Rosa Rauner, Israel | Karin Richert | Rina und Joe Rosenbaum, USA | David Rosenfield, Australien | Rafi Rothenberg | Ya'acov Sa'ar, Israel | Herby Sachs | Hannelore Samama, Frankreich | Helga Samson-Feldheim, Niederlande | Trude Schiff-Löwenstein, USA | Miriam Schlessinger, Israel | Alex S. Schneider | Wolfgang Schwarz | Ruth Scully-Falck, USA | Max Siegellack | Ernst Simons | Herbert Spiegel, USA | William Stanley, USA | Emanuel Stein, Israel | Eric Stern, USA | Marguerite und Kuno Treumann, Israel | Ruthie Turoff, USA | Marianne Vogelhut, Schweden | Erika Wagner | Gerald Weiss, USA | Herman G. Wingens, USA | Sabine Würich | Yehudith Zeiri, Israel | Karl D. Ziegellaub, Israel | Marlis Zilken | Markus Zimmermann | Lea Zwick, Israel

Barbara Becker-Jákli
ist deutsch-ungarischer Herkunft und lebt seit ihrer Kindheit in Köln.
Seit 1988 ist sie als Historikerin am NS-Dokumentationszentrum der Stadt Köln tätig. Sie publizierte Bücher zur jüdischen Geschichte, zur Geschichte des Protestantismus, zur Medizingeschichte sowie einen Kriminalroman.

Rafi Rothenberg

Hans Schlimbach

Karin Richert

ìcola Wenge

Marion Mennicken

Dorothea Heiermann

Christina Kuhn

Emanuel Stein

ım Stadtführer durch das jüdische Köln
ıben in besonderer Weise beigetragen:
itautorin N. Wenge, Lektorin Chr. Kuhn
ıd Grafiker H. Schlimbach sowie als Foto-
afinnen und Fotografen: D. Heiermann,
. Mennicken, K. Richert, R. Rothenberg,
Stein und S. Würich.

Sabine Würich

Bücher zum Thema aus dem emons verlag: